两希文明哲学经典译丛

包利民 章雪富 主编

古典共和精神的捍卫
普鲁塔克文选

[古罗马] 普鲁塔克 著

包利民 俞建青 曹瑞涛 译

Philosophical Classics of Hellenistic-Roman Times

中国社会科学出版社

图书在版编目(CIP)数据

古典共和精神的捍卫：普鲁塔克文选 /［古罗马］普鲁塔克著；包利民等译. —北京：中国社会科学出版社，2017.8

（两希文明哲学经典译丛 / 包利民 章雪富主编）
ISBN 978-7-5161-8316-8

Ⅰ.①古… Ⅱ.①普…②包… Ⅲ.普鲁塔克，C.(45~120)—哲学思想—文集 Ⅳ.B502.4-53

中国版本图书馆 CIP 数据核字（2016）第 124018 号

出 版 人	赵剑英
责任编辑	凌金良　陈　彪
责任校对	张依婧
责任印制	张雪娇
出　　版	中国社会科学出版社
社　　址	北京鼓楼西大街甲 158 号
邮　　编	100720
网　　址	http://www.csspw.cn
发 行 部	010-84083685
门 市 部	010-84029450
经　　销	新华书店及其他书店
印刷装订	环球东方（北京）印务有限公司
版　　次	2017 年 8 月第 1 版
印　　次	2017 年 8 月第 1 次印刷
开　　本	650×960　1/16
印　　张	27.5
插　　页	2
字　　数	382 千字
定　　价	85.00 元

凡购买中国社会科学出版社图书，如有质量问题请与本社营销中心联系调换
电话：010-84083683
版权所有　侵权必究

2016年再版序

我们对哲学的认识无论如何都与希腊存在着关联。如果说人类的学问某种程度上都始于哲学的探讨，那么也可以说，在某种程度上我们都是希腊的学徒。这当然不是说希腊文明比其他文明更具优越性和优先性，而只是说人类长时间以来都得益于哲学这种运思方式和求知之道，希腊人则为基于纯粹理性的求知方式奠定了基本典范，并且这种基于好奇的知识探索已经成为不同时代人们的主要存在方式。

希腊哲学的光荣主要是与苏格拉底、柏拉图和亚里士多德联系在一起。这套译丛则试图走得更远，让希腊哲学的光荣与更多的哲学家——伊壁鸠鲁、西塞罗、塞涅卡、爱比克泰德、斐洛、尼撒的格列高利、普卢克洛、波爱修、奥古斯丁等名字联系在一起。在编年史上，他们中的许多人已经是罗马人，有些人在信仰上已经是基督徒，但他们依然在某种程度上、或者说他们著作的主要部分仍然是在续写希腊哲学的光荣。他们把思辨的艰深诠释为生活的实践，把思想的力量转化为信仰的勇气，把城邦理念演绎为世界公民。他们扩展了希腊思想的可能，诠释着人类文明与希腊文明的关系。

这套丛书被冠以"两希文明哲学经典译丛"之名，还旨在显示希腊文明与希伯来文明的冲突相生。希腊化时期的希腊和罗马时代的希腊已经不再是城邦时代的希腊，文明的多元格局为哲学的运思和思想的道路提供了更广阔的视域，希腊化罗马时代的思想家致力于更具个体性、时间性、历史性和实践性的哲学探索，更倾心于在一个世俗的世界塑造一种盼望的降临，在一个国家的时代奠基一种世界公民的身份。在这个时代并且在后续的世代，哲学不再只是一个民族的事业，更是人类知识探索的始终志业；哲学家们在为古代哲学安魂的时候开启了现代世界的图景，在历史的延续中瞻望终末的来临，在两希文明的张力中看见人类更深更远的未来。

十年之后修订再版这套丛书，寄托更深！

是为序！

包利民　章雪富

2016 年 5 月

2004年译丛总序

西方文明有一个别致的称呼，叫作"两希文明"。顾名思义，西方文明有两个根源，由两种具有相当张力的不同"亚文化"联合组成，一个是希腊——罗马文化，另一个是希伯来——基督教文化。国人在地球缩小、各大文明相遇的今天，日益生出了认识西方文明本质的浓厚兴趣。这种兴趣不再停在表层，不再满意于泛泛而论，而是渴望深入其根子，亲临其泉源，回溯其原典。

我们译介的哲学经典处于更为狭义意义上的"两希文明时代"——这两大文明在历史上首次并列存在、相遇、互相叩问、相互交融的时代。这是一个跨度相当大的历史时代，大约涵括公元前3世纪到公元5世纪的八百年左右的时期。对于"两希"的每一方，这都是一个极为具有特色的时期，它们都第一次大规模地走出自己的原生地，影响其他文化。首先，这个时期史称"希腊化"时期；在亚历山大大帝东征的余威之下，希腊文化超出了自己的城邦地域，大规模地东渐教化。世界各地的好学青年纷纷负笈雅典，朝拜这一世界文化之都。另一方面，在这番辉煌之下，却又掩盖着别样的痛楚；古典的社会架构和思想的范式都在经历着巨变；城邦共和体系面临瓦解，曾经安于公民德性生活范式的人感到脚下不稳，感到精神无所归依。于是，"非主流"型的、非政治的、"纯粹的"哲学家纷纷兴起，企图为个体的心灵宁静寻找新的依据。希腊哲学的各条主要路线都在此时总结和集大成：普罗提诺汇总了柏拉图和亚里士多德路线，伊壁鸠鲁/卢克来修汇总了自然哲学路线，怀疑论汇总了整个希腊哲学中否定性的一面。同时，这些学派还开出了与古典哲学范式相当不同的、但是同样具有重要特色的新的哲学。有人称之为"伦理学取向"和"宗教取向"的哲学，我们称之为"哲学治疗"的哲学。这些标签都提示了：这是一个在巨变之下，人特别关心人自己的幸福、宁静、命运、个性、自由等的时代。一个时代应该有一个时代的哲学。那个时代的哲学会不会让处于类似时代中的今人感到更多的共鸣呢？

另一方面，东方的另一个"希"——希伯来文化——也在悄然兴起，逐渐向西方推进。犹太人在亚历山大里亚等城市定居经商，带去独特的文化。后来从犹太文化中分离出来的基督教文化更是日益向希腊—罗马文化的地域慢慢西移，以至于学者们争论这个时代究竟是希腊文化的东渐、还是东方宗教文化的西渐？希伯来—基督教文化与希腊文化是特质极为不同的两种文化，当它们终于遭遇之后，会出现极为有趣的相互试探、相互排斥、相互吸引，以致逐渐部分相融的种种景观。可想而知，这样的时期在历史上比较罕见。一旦出现，则场面壮观激烈，火花四溅，学人精神为之一振，纷纷激扬文字、评点对方，捍卫自己，从而两种文化传统突然出现鲜明的自我意识。从这样的时期的文本入手探究西方文明的特征，是否为一条难得的路径？

还有，从西方经典哲学的译介来看，对于希腊—罗马和希伯来—基督教经典的译介，国内已经有不少学者做了可观的工作；但是，对于"两希文明交汇时期"经典的翻译，尚缺乏系统工程。这一时期在希腊哲学的三大阶段——前苏格拉底哲学、古典哲学、晚期哲学——中属于第三大阶段。第一阶段与第二阶段分别都已经有了较为系统的译介，但是第三阶段的译介还很不系统。浙江大学外国哲学研究所的两希哲学的研究与译介传统是严群先生和陈村富先生所开创的，长期以来一直追求沉潜严谨、专精深入的学风。我们这次的译丛就是集中选取希腊哲学第三阶段的所有著名哲学流派的著作：伊壁鸠鲁派、怀疑派、斯多亚派、新柏拉图主义、新共和主义（西塞罗、普鲁塔克）等，希望向学界提供一个尽量完整的图景。同时，由于这个时期哲学的共同关心聚焦在"幸福"和"心灵宁静"的追求上，我们的翻译也将侧重介绍伦理性—治疗性的哲学思想；我们相信哲人们对人生苦难和治疗的各种深刻反思会引起超出学术界的更为广泛的思考和关注。另一方面，这一时期在希伯来—基督教传统中属于"早期教父"阶段。犹太人与基督徒是怎么看待神与人、幸福与命运的？他们又是怎么看待希腊人的？耶路撒冷和雅典有什么干系？两种文明孰高孰低？两种哲学难道只有冲突，没有内在对话和融合的可能？后来的种种演变是否当时就已经露现了一些端倪？这些都是相当有意思的学术问题和相当急迫的现实问题（对于当时的社会和人）。为此，我们选取了奥古斯丁、斐洛和尼撒的格列高利等人的著作，这些大哲的特点是"跨时代人才"，他们不仅"学贯两希"，而且"身处两希"，体验到的张力真切而强烈；他们的思考必然有后来者所无法重复的特色和原创性，值得关注。

这些，就是我们译介"两希文明"哲学经典的宗旨。

另外，还需要说明两点：一是本丛书中各书的注释，凡特别注明"中译者注"的，为该书中译者所加，其余乃是对原文注释的翻译；二是本译丛也属于浙江大学跨文化研究中心系列研究计划之一。我们希望以后能推出更多的翻译，以弥补这一时期思想经典译介之不足。

包利民　章雪富
2004 年 8 月

目 录

2016 年再版序｜1
2004 年译丛总序｜1
中译者导言｜1

上编　《道德论集》选

一　伊壁鸠鲁实际上使幸福生活不可能｜3
二　"隐秘无闻的生活"是一个好准则吗？｜46
三　斯多亚派的话比诗人的还要荒谬｜52
四　哲学家尤其应该与当权者交谈｜55
五　雅典人的名声是赢自战争还是源于智慧？｜62
六　致一位无知的统治者｜74
七　论神的惩罚的延迟｜81
八　善与恶｜118
九　妇女的勇敢（14 则）｜120
十　人如何意识到德行的进步｜135
十一　如何从敌人那里获益｜154
十二　致妻子的安慰信｜167
十三　论妒忌与憎恨｜173

十四　论爱财｜177

十五　论偶然｜187

十六　论流放｜193

十七　把酒畅谈（15则）｜215

下编　《希腊罗马名人合传》选

一　亚历山大传｜275

二　恺撒传｜346

附录一　普鲁塔克著作目录｜398

附录二　译名对照表｜404

中译者导言

"普鲁塔克"这个名字在西方的影响显然远远超出学院的门墙。它几乎成为一个文化符号,一种时代精神的代表,一种政治文化的象征。当少年卢梭和他手工艺匠人的父亲在工余一道读普鲁塔克而热泪盈眶时,人们似乎已经可以看到《社会契约论》中公民共和精神的孕育与萌发。当独立和建国时代中的美国革命者本着服务于公共事业的精神投身政治时,同时代的人会很自然地评价说:"他真是一个普鲁塔克时代的人。"这里的"普鲁塔克时代"并不是指普鲁塔克生活的2世纪的罗马,而是指普鲁塔克以他富于魅力的文笔在《道德论集》和《希腊罗马名人合传》中栩栩如生、令人信服地刻画出的一个时代:希腊罗马共和时代。当代著名公民共和主义思想家、普林斯顿大学政治学系教授派迪特(Pettit)说:"公民共和主义精神可以追溯到罗马,在罗马,这是由历史学家李维、波利比乌斯、普鲁塔克和塔西陀以及哲学家西塞罗等人所张扬的。"我们不妨补充一句:在众多罗马史学家和哲学家中,以怀恋和张扬希腊共和主义一线传统为己任的,唯有普鲁塔克。普鲁塔克生活在1世纪罗马统治下的希腊,他对于罗马统治已经不排斥,他在《希腊罗马名人合传》中对于罗马共和英雄的德性的刻画和赞许也同样衷心诚恳。但是,他没有忘记自己是希腊人。他花费了大量笔墨生动地记载了希腊伟大的政治家群体,记载了他们的丰富高尚的德性和丰功伟业,他们的命运起伏,他们的隽永人性。在与罗马伟人的比较中,普鲁塔克总是有意无意地把希腊人的德性放在罗马人之上。

普鲁塔克（公元45—120年），希腊波埃提亚（Boeotia）的一个小镇克罗尼亚（Chaeronea）人。普鲁塔克生逢罗马帝国第二个王朝比较兴盛的时代，尽管当时的希腊早已失去500年前伯里克利时期那种地中海重镇的地位，但是普鲁塔克依然积极参加城邦政治，担任过当地行政长官，并多次出使外国。他是当时罗马世界中的一流思想家，影响很大，在罗马的几个重要元老中有密友。他还担任希腊著名的德尔菲日神祭司，并长期在克罗尼亚开办哲学学校，会聚天下同道进行认真的思考和讨论。

普鲁塔克被视为罗马的柏拉图主义者。不过，我们看到他既继承了古典政治哲学的基本理念，又在"共和主义"政治哲学上超过了柏拉图和亚里士多德，对近代政治和当代政治哲学产生了非常大的影响。正如影响了中世纪的柏拉图不是柏拉图本人，而是希腊化—罗马时期的柏拉图主义大师普罗提诺的《九章集》一样，影响了近代共和政治思想家的"柏拉图精神"也主要是普鲁塔克的《希腊罗马名人合传》及其道德著作。莫伦多弗（U. VON Wilamowitz-Moellendorf）说："从14世纪到18世纪，普鲁塔克比任何一位古典作者吸引了更多的读者，因而成为学术圈外最具影响力的人物。"读读彼得拉克的《名人传》、薄伽丘的《但丁传》、维拉尼的《佛罗伦萨名人传》、拉伯雷的《巨人传》、蒙田的《随笔集》、莎士比亚的各部历史剧、弗朗西斯·培根的《论文集》、卢梭的《爱弥尔》、爱默生的《普鲁塔克道德论集翻译》（5卷本）及其导言，还有密尔顿和科顿·马忒等人的著作，人们都不难发现普鲁塔克的影响。普鲁塔克对古典德性的出色描述征服了近代读者。拿破仑是《希腊罗马名人合传》的热心读者；法国大革命中的革命者夏洛蒂·科尔黛在刺杀激进派领袖马拉的前一天，读的也是普鲁塔克。

当古典政治哲学诞生时，伊壁鸠鲁和斯多亚学派还没有出现。但是在普鲁塔克的年代，这两个学派已经俨然是两家新崛起的哲学阵营，旗下信众甚多，形成了对古典哲学的生存权的严重威胁。事实上，伊壁鸠鲁和斯多亚学派在某种意义上已经在古代世界里开启了现代性的哲学。所以，普鲁塔克与它们的冲突可以视为人类迄今为止两大政治哲学形态的古典精神与现代精神的一次对决。唇枪舌剑起处，火光四溅，煞是精彩。伊壁鸠鲁哲学有很强的专门治疗加法哲学及宗教及政治追求的"疾病"的使命意识，伊壁鸠鲁派的科洛特写下檄文："听从其他哲学家的教导则不可能幸福"，普鲁塔克立即就回击以"答科洛特——为其他哲学家们辩护"和"伊壁鸠鲁实际上使幸福生活不可能！"对"减法治疗"类型的哲学加以揭批。在这样的激烈论战中，各种取向的哲学的长处和短处就暴露得一清二楚，各自的自我身份意识也比一般的阐述性文字更强烈，所以"柏拉图主义者"普鲁塔克能发柏拉图和亚里士多德所未能发。

普鲁塔克长期以来担任德尔菲的日神祭司，这并不意味着他相信迷信，实际上他常常撰文批评迷信。我们不如把"日神祭司"理解为代表和捍卫希腊理性精神的一种使命。尼采早就告诉人们，在希腊，日神代表的是理性，与此相对立的是以酒神为象征的非理性迷狂。非理性的、肉身的、欲望的放纵的大海汹涌澎湃，时时席卷而来，企图一举淹没奥林匹斯山上的一点日光；或者如沉沉死水，逐渐消磨掉宇宙中的生气；用希腊自然哲学的术语说，"水"的元素时时威胁着"火"的元素。柏拉图哲学的一个中心任务就是要求人们从似水的肉欲中挣脱出来，提升到干燥洁净的高度，展开公共性的价值大序。普鲁塔克的大量著述也是在继承这一传统，捍卫理性的价值，用希腊的教化提升人们的境界，用日神之光普照质料的世界；故而他尤其攻击在他看来代表着感性肉欲、代表着"快捷方式"的还原论生活的伊壁鸠鲁哲学。普鲁塔克笔下的英雄人物大多是"燥热"气质的（参看《亚历山大传》），他们或许臣服于激情与荣誉，但是绝不臣服于今人近学看得如此之重的感

3

官享乐（参看《恺撒传》）。共和主义政治所依托的基本理想就是：从事政治的人必须是高贵的人、具有大公心和大智慧的人。共和主义的对立面是暴君和大众民主。暴君和大众民主看上去是两个极端，但是在普鲁塔克看来，它们实际上是完全相通的，都是以欲望为唯一价值取向的政治哲学。普鲁塔克在攻击暴君和潜在的暴君时，都指出他们打压高贵的人的基本模式就是用物质利益讨好大众，与之结成强有力的联盟。当然，民众总会有一天发现"人民领袖"的真相，但是那时一切都已经太迟了。

另一方面，普鲁塔克的思想有许多比柏拉图和亚里士多德更为丰富的地方；这与他"共和精神"的政治哲学是分不开的。我们试举一二。首先，与柏拉图相比，普鲁塔克更为肯定理性、激情和欲望三分法心理学中的激情（thumos，也可以翻译为"血性"、"热忱"），他所推崇的，是一种理性指导下的激情的生活，这激情必然是公共的、以人民的实际利益为旨归。他专门写文章激烈批评伊壁鸠鲁派的"退隐的生活"，张扬兼济天下；他把存在与不存在定义为呈现与遗忘，等等；这其中难道没有委婉的对苏格拉底和柏拉图的走出洞穴的"纯粹理性"生活的批判吗？他撰文批判斯多亚学派贬低激情（把一切激情都说成是"坏"），肯定刺杀暴君、争取实际中的政治自由的共和英雄，这难道不也是在质疑古典政治哲学中已然存在的"不为激情所动"、"内在精神自由高于一切"的倾向吗？其次，与柏拉图和亚里士多德相比，普鲁塔克十分重视叙事伦理。他晚年思想成熟后精心撰写了浩浩巨著——50卷的《希腊罗马名人合传》，这种"传"不是近代意义上的客观事实记载的"传记"，而是通过仔细选择重要事件阐发人的品格和命运的"生平"（Lives），其目的不是历史的，而是道德的。但是，这种道德又不是道德学体系，而是一个个活生生的人的生平故事。柏拉图对感性的东西保持怀疑，亚里士多德的德性伦理学教科书中也没有多少感性的例子；当有人建议为晚期柏拉图大师普罗提诺画肖像时，普罗提诺干脆婉言拒绝说：我们的身体已经是"影子",难道还有必要再留下什么"影子的影子"吗？（见《九章集》之波菲利序）但是普鲁塔克身为"柏拉图派",却对现实个体、感性、个性极为关注和热衷。他在《亚历山大传》的开头就说：

> 我写的不是历史,而是人物传记；许多极为显赫的业绩并不一定就能彰显出人物的内在的善和恶,但是有的点滴小事,哪怕仅仅是只言片语、举手投足,却往往比伏尸千万的战役、铁马金戈的武备和攻城掠池的征杀更能够显明人物的个性。画师在绘画中着力刻画展示人物的精神品格的面容眼神,而很少在意身体的其他部分,画像却能得其神似。同样,我也必须专注于特别能表现人物灵魂的那些事迹,以此描绘他们的生活,而把那些对伟大功业的记述留给他人去写。

在此,普鲁塔克超出了古典政治哲学,而以更为宽广的胸怀包容整个希腊古典政治的精神,那种被黑格尔极为推崇的感性与理性难得和谐统一的希腊之美,那种肯定生命、肯定现实性的希腊精神。文征（H. Wzn）说,普鲁塔克反复强调：政治是人类生活中极为重要、极为关键的事业。公共生活所拥有的快乐是"最高尚的和最伟大的,我们甚至可以合理地推想,诸神从中获得他们唯一的或主要的乐趣。这些是发自善良行为和高贵活动的快乐"。

正因为如此,普鲁塔克对于时间中的、实践中的具体生活表示明确肯定；对于人的优缺点关注有加,他珍惜点滴的进步而反对斯多亚哲学主张的善恶截然二分（参看"人如何意识到德行的进步"和"斯多亚派比诗人还荒谬"）,他知道"善的脆弱"（让我们用纽斯邦的一本书的名字）,他知道命运的力量和德性与命运的抗争的张力,他也宁愿接受这种冲突的、激烈战争的、英雄般的生活,而不是仅仅逍遥遁世的思辨人生（见其"雅典人的名声在于战争还是智慧"）。他甚至在"论流放"的文字中还在点评着爱琴海上的岛屿的美丽。在他的"道德传记"中，普鲁塔克并没有像通常的希腊哲学家，特别是斯多亚哲学家所常常做的那样贬低功业、外在成功、命运遭际的价值，毋宁说他十分看重"成功"，看重求胜意志。他为英雄的业绩一唱三叹，为他的悲剧命运感慨不已。普鲁塔克对人们在追求政治"事业"中的种种得失还是那么的看重，那么的认真，他对于人性中的种种脾气、爱好、卓越津津乐道，他对于人性中的错误还能够愤怒、惋惜乃至宽容。正因为这些"道德传记"并不是简单的哲学家的道德评判，而是生活本身的道德里程，我们常常无法看到一清二白的评价，而是复杂的价值冲突问题。提姆·达夫在《普鲁塔克的名人传——德性和恶性探究》中说普鲁塔克阐述道德问题的方式是"引起读者的沉思。它并不只是简单地推出一系列价值观念，而是把价值问题留给读者思考。在大部分传记中，道德和德性被置于发人深省的问题情景和不确定性中，虽然有些核心价值观念未经如此质疑"。

在一个"末人"的时代，沐浴一下高贵、文雅、英雄和出类拔萃的古典精神的日光普照，保卫灵性深处的那一点火光，未尝不是一件有益的事情。

普鲁塔克精力充沛，著作"等身"，即使留存下来的也是浩瀚众多（参看附录）；它们大致分为两大类，一类是影响很大的50卷《希腊罗马名人合传》，另一类是统称为《道德论集》的78篇论文或讲演录。其内容跨度极大，既有一般理解的道德学文章，也有今日属于政治哲学、历史学、宗教、自然哲学乃至爱情的故事和新婚夫妇之道的文字。我们按照上面对普鲁塔克的基本精神的理解，选译了其中的一些重要文章，以展现"普鲁塔克风貌"。普鲁塔克对晚期希腊的两大哲学派别——斯多亚和伊壁鸠鲁——进行了激烈批评。其中专门批评斯多亚派的就有大约9篇，批评伊壁鸠鲁派的也有9篇左右；而且十分对称。我们在其对伊壁鸠鲁思想的批评中选择了两篇，一篇是"伊壁鸠鲁实际上使幸福生活不可能"，它从时间线索上讲，紧跟在另外一篇反对伊壁鸠鲁哲学的演讲《答科洛特——为其他哲学家们辩护》（本文集未选）后面，是对那篇讲演发表后的一些反应的回应。另一篇是《"隐秘无闻的生活"是一个好准则吗？》。此外，在他对于斯多亚哲学的专门批判中，我们选译了"斯多亚派的话比诗人的还要荒谬"。但是实际上，我们选的其他一些文章也与普鲁塔克的斯多亚批判有紧密关系。比如《人如何意识到德行的进步》就是普鲁塔克抨击斯多亚派的一篇论辩文章，它的矛头主要指向斯多亚哲学的两项信条。第一项是只有贤哲才具有德性，而且获得充满德性的智慧是顿悟的，没有任何预备步骤；第二项在某种程度上是第一项的必然结果：假如一个人不完美（即没有智慧），那么，不管他离完善是否仅仅只差一步之遥，也不管他的缺点大小如何，都没什么区别。"他只要犯了一点错，就是完全有罪。"普鲁塔克凭借其极强的常识感反抗诸如此类的信条。他力图表明道德的进步是可能的，而且可以从许多迹象意识到道德的进步。

如果说柏拉图在《理想国》中表达了"出了洞穴"的哲学家再也无心于回到洞穴中，回到政治中的强烈心向，那么普鲁塔克就强调哲学家应当与政治家进行更多的交谈，因为对公共权力的影响可以造福更广。我们选译了他的"哲学家尤其应该与当权者交谈"和"致一位无知的统治者"。

特别需要一提的是，我们选了普鲁塔克给他妻子的一封安慰信。这是他在获悉他两岁的女儿夭折的噩耗后，给在克罗尼亚家中的妻子写的。这封信可能和普鲁塔克的其他一些作品一样，是在他死后从不完整的草稿中整理出来的。我们选择翻译这封书信的理由之一是："安慰信"是古代哲学家的一个通常会发表的书信体文字。许多著名学者都写过流传很久的安慰信，比如塞涅卡和西塞罗。信中往往会反复提到一些主题，例如，必须回答"人死后灵魂将会怎样""死亡是坏事吗"等问题。普鲁塔克的思考方式与别人并不完全一样。我们希望通过普鲁塔克的这封信，让人看到一个极为人性和有血有肉的普鲁塔克，此外，也使读者可以对于当时流行的这一文体窥一斑而见全豹。

"论神的惩罚的延迟"也许是普鲁塔克众多哲学著作中最受称颂的作品，其中展现了古典世界的天地人神的四维宇宙。在古代，普罗克洛（Proclus）转录并改编了大部分内容。在近现代，它得到了具有不同信念的基督徒的盛赞。

普鲁塔克编选的《妇女的勇敢》故事集是送给他的朋友克莱娅的。克莱娅是德尔菲的高级女祭司之一。普鲁塔克在听到一位高贵的女子莱昂提丝的去世消息后，曾与克莱娅讨论了男女平等问题。这部故事集是那次讨论的补充，一共有 27 个动人的故事。作为柏拉图主义者，普鲁塔克相信男女平等，可以拥有同等的德性，相信女子之美德不应当止于闺房，应当扬名于天下。我们选译了这部记载了古代各国高贵的妇女的品德的生动故事中的 14 则。

"把酒畅谈"是普鲁塔克《道德论集》中的一些轻松话题，十分风趣、亲切和雅致，可谓希腊的小品。"把酒畅谈"也可以翻译为"会饮"；柏拉图的《会饮》魅力无比，众所周知；其他哲学家如色诺芬等也都写过"会饮"。它是人们在微醉之中讨论"轻松话题"的好形式，它侧面体现了希腊人的"文雅教化"精神贵族的素养。教育对于养成德性必不可少。希腊文化的教育可以发挥尤其重要的作用。它绝不是像有些罗马人（老加图）所想象的那样有害于罗马人的青年，而是控制、驯服暴躁的自然天性的唯一方式。文征正确地看到：普鲁塔克是一个希腊人，而且他为此骄傲。即使希腊当时在政治和军事上远远不及罗马，但是对于普鲁塔克来说，道德价值比力量与成功要更有价值。"普鲁塔克的希腊理想乃是教育，文化的精致，中道和宽厚。""希腊的"是普鲁塔克用来赞美人的一个词。"希腊的"并不只是血缘地域的概念。教养可以使一个罗马人成为"希腊的"。所以，希腊文化的教育是至关重要的。有学者指出，普鲁塔克在论及希腊人的教育时，都不加展开，但是在论及罗马人的教育——有没有获得过"希腊教育"时——都仔细分析，以揭示主人公德性发展的得失。普鲁塔克写了很多"把酒畅谈"的话题，编成了9册，其中1—6册占据了目前《道德论集》的第8卷；7—9册占据了《道德论集》的第9卷的一半篇幅。我们从中选取了一部分以飨读者。

普鲁塔克的《希腊罗马名人合传》一共有50个，其中"合传"有23组，他把希腊和罗马的"类似的"名人放在一起两两做传，让人比照其中的德性和缺点、命运和遭际。汉语学术界出过一个黄宏煦主编的节选本，翻译了其中的一小部分传记。我们这里选取翻译的是两个没有中文译本的传记，即《亚历山大传》和《恺撒传》，因为这是《名人传》中极为重要的两部传记。亚历山大大帝和恺撒大帝被分别公认为希腊和罗马的两个关键性的历史人物，亚历山大是古典希腊时代走向希腊化时代的"划时代人才"，恺撒是罗马共和国走向罗马帝国的标志性人物。普鲁塔克在他们的身上倾注了不少心血，把他们刻画得非常饱满和动人。他们固然不是"共和英雄"，但是他们身上散发出了古典共和精神的一些基本要素，其人格中的高贵伟大和缺点弱点皆栩栩如生、呼之欲出。既然希腊与罗马的共和朝帝制转变的关键分别发生在这两个人身上，读者当可以从中看到所谓"君主""共和"和"大众民主"之间的互动更为突出和戏剧化的写照。

本文集的翻译分工是：在《道德论集》中，包利民翻译了"伊壁鸠鲁实际上使幸福生活不可能"，"'隐秘无闻的生活'是一个好准则吗？"，"斯多亚派的话比诗人的还要荒谬"，"哲学家尤其应该与当权者交谈"，"妇女的勇敢"；李春树翻译了"致一位无知的统治者"，李嘉翻译了"把酒畅谈"，俞建青翻译了所有其他的道德论集的文章。在《希腊罗马名人合传》中，曹瑞涛翻译了《亚历山大传》，顾云和黄聪聪共同翻译了《恺撒传》。曹瑞涛和唐翰负责编制译名对照表，包利

9

民负责最后统校全书。

　　本书的翻译主要依据的是哈佛大学出版社的 Loeb 古典丛书中的普鲁塔克希英对照本，同时也参考了一些其他的英文译本。道德文集中的专有名词第一次出现时，附上英文；但是由于名人传中的专有名词太多，我们没有在正文中附上英文名，而是统一放在译名对照表中，供人查看，请读者识之。

包利民
2005 年 4 月 7 日

参考书目

1. P. Pettit, *Republicanism*, Oxford University Press, 1997.

2. Tim Duff, *Plutarch's Lives*: *Exploring Virtue and Vice*, Oxford University Press, 1999.

3. B. Scordigli, ed., *Essays on Plutarch's Lives*, Oxford Unviersity, 1995.

4. 包利民：《生命与逻各斯——希腊伦理思想史论》，东方出版社 1996 年版，第 30 页。

5. G. J D. Aalders H. Wzn, *Plutarch's Political Thought*, North-Holland Publishing Company, 1982.

6. 黄宏煦主编翻译：《希腊罗马名人传》，商务印书馆 1990 年版。

7. C. Pelling, *Plutarch and History*, The Classical Press of Wales and Duckworth, 2002.

上编

《道德论集》选

一 伊壁鸠鲁实际上使幸福生活不可能[*]

伊壁鸠鲁的门徒科洛特（Colotes）出了一本书，名字叫《服从其他各派哲学家的教义将会使生活不可能》。我为哲学家们出面反驳他的文字已经写好了。[①] 但是，在发表过了一段时间后，我们在散步中又提出了对这个学派的一些批评，我决定把它们也和其他的批评一样记录下来，即使不是为了其他理由，起码也是告诫那些打算更正其他人的人：他们必须仔细研究所抨击对象的论证和著作，不能断章取义，不能离开了词语的指称而攻击词语本身，总之不能误人子弟。

当我们按照习惯在讲演之后走到健身场时，宙西普斯（Zeuxippus）说："我个人认为这一论证的表述远远没有达到简练的演讲词的要求。但是赫拉克莱德斯（Heracleides）已经给了我们过分的激情，要我们攻击与人为善的伊壁鸠鲁和梅特洛多诺（Metrodorus）。"[②] 这时铁翁（Theon）插话："而你没有回答说，根据他们的标准，科洛特看上去简直就是合体得宜的讲演的典范？因为他们收集了一大堆人间最难听的词：'吹牛'，'肤浅'，'造假的'，'娼妓'，'杀人犯'，'低沉呻吟者'，'干尽坏事者'，'傻瓜'，然后把它们倾倒在亚里士多德、苏格拉底、毕达戈拉斯、普罗泰戈拉、特奥弗拉斯特（Theophrastus）、[③] 赫拉

---

[*] 本篇从时间线索上讲，跟在普鲁塔克的一篇题为《答科洛特——为其他哲学家们辩护》的批判伊壁鸠鲁哲学的演讲后面，是对那篇讲演发表后的一些反应的回应。但是本文中的主角是普鲁塔克学派中的阿里斯托德姆斯和铁翁，而不是普鲁塔克本人。地点在普鲁塔克学校附近的运动场。文章可以看作由两大部分组成。第一部分讨论了身体的、精神的、政治的快乐之间的比较。第二部分讨论了伊壁鸠鲁反对宗教（神和来世）的看法，结论是：那会导致更大的不快乐。

① 即普鲁塔克的《答科洛特》。
② 这是伊壁鸠鲁的重要助手。——中译者注
③ 亚里士多德最重要的学生，并继任亚里士多德担任"逍遥学派"领导人。

克莱德斯①以及希帕基亚（Hipparchia）②等人头上——确实，他们放过了哪位著名人物？所以，即使他们其他事情都做得很有理智，这种辱骂人的恶言恶语也使他们远离智慧，因为'嫉妒在神圣的歌队绝无一席之地'，③而且嫉妒之心过于虚弱，它是不可能掩藏自己的刻薄的。"阿里斯托德姆斯（Aristodemus）插嘴说："赫拉克莱德斯是搞文学的，他遭到伊壁鸠鲁派的辱骂，比如'诗人中的胡话者'、'荷马的蠢货'，以及梅特洛多诺在众多文字中对这位诗人的连篇累牍的诸般侮辱；赫拉克莱德斯也加以回骂。不过，宙西普斯，让我们放过赫拉克莱德斯的事吧。我们不如还是再回到我们讨论开始时讲的那个话题，当时我们批评伊壁鸠鲁派无法使幸福生活成为可能。而且，既然我们的朋友〔即普鲁塔克〕已经累了，我们可以自己来讨论，铁翁也可以一道来。"铁翁听了后说："我们前面的其他人'已经完成了这个任务'；如果你同意的话，让我们'竖起另外一个靶子'，④为这些哲学家复仇，对那些家伙提出我下面要描述的惩罚：让我们去论证——如果这是可以论证的话——那些家伙才真的使快乐的生活不可能呢。""啊！"我笑着说："看起来你打算跳到他们的'肚子'上，让他们为了自己的'肉体'逃跑，因为你夺走了那些喊着'我们不是雄壮的拳击手'或不是演说家、不是共同体的拥护者或官员的人的快乐，这些家伙

　　　　总是感到筵席餐桌才是最可爱的，⑤

并且喜爱'所有的肉体愉快感受，这些感受向上转化，给心灵带

---

① 指与普鲁塔克同时代的一位语法学家；应当不是前面提到的那位"赫拉克莱德斯"。
② 一位犬儒派哲学家，克拉底鲁的妻子。
③ 柏拉图：《菲德罗》247A。
④ 参看荷马《奥德赛》卷22，5—6：奥德修在对众多求婚者说了这话后，就开始刺杀他们。
⑤ 荷马：《奥德赛》卷8，246，248。

来了某种快乐和愉悦'。所以我认为你不是在像格言中说的那样'把他们一年当中的春光给夺走了',而是夺走了这些人的生命,如果你不打算给他们留下快乐生活的可能性的话。"铁翁说:"如果你同意这个话题,为什么你自己不继续下去,既然现在有机会了?""我会继续的,"我回答道,"不过是作为一个听众;而且如果你希望的话,我还可以回答问题;但是我让你和其他人主持这个讨论"。可是在铁翁草草说了几句之后,阿里斯托德姆斯喊起来了:"你对这个话题的处理太简短轻易了!可我们无法明白其中的道理,因为你反对我们先审查一下他们对于美好生活的观点。要知道,很难把那些认为快乐是最高的'好'[①] 的人与快乐生活分离开来;可是,如果我们把他们从拥有美好生活中给赶出去,他们也就会同时被从快乐生活中驱赶了出去,既然他们自己说过,一个快乐的生活不可能离开一个美好的生活而存在。"[②]

铁翁听了后就说:"好吧,如果我们这么决定了,我们就把决定好的讨论方向调个头,首先尽可能了解他们向我们提供的是什么。他们相信'好'存在于肚子里以及其他快乐和痛苦由以进入的肉体通道中,文明的所有著名的、辉煌的发明都是为这种以口腹为中心的快乐以及这一快乐的可靠获得而设计的;他们的圣人梅特洛多诺就是这么说的。所以,我的朋友,这很清楚,他们拿来当作'好'的基础的东西[身体]是狭隘的、浅薄的、不稳定的;他们借此通过各种通道引入了各种快乐,但是它同时也会带来痛苦;或者毋宁说,它只是在它的很少一些部位能接受快乐,但是在全体都接受痛苦。因为在关节里、肌腱中,还有脚和手上,有什么快乐?可是那些部位却是出现痛苦和剧烈伤害之处,

---

① "Good"我们翻译为"好",也可以翻译为"善"。它是希腊目的论式的伦理学的核心概念。同样,"Bad"我们也很少翻译为"恶",而大多翻译为"坏事""灾难"等。伊壁鸠鲁伦理学的基本精神是把好与坏还原为快乐和痛苦。——中译者注

② 参看伊壁鸠鲁《致梅瑙凯信》,载《自然与快乐——伊壁鸠鲁的哲学》,中国社会科学出版社2004年版;"基本要道"5。——中译者注

还有痛风、风湿、溃疡等，它们侵害着肉体，引起其病变和脱落。你给身体拿来美味和香气，却发现能体验到一种'平滑和温柔的运动'的身体部位极小，而对别的部位的作用引起的感觉往往是很不舒服的、刺激的；但是身体的所有部位都会受到火、刀、刺或鞭打的伤害，对于痛苦都有感觉。事实上，热和冷能处处穿透，发烧也是如此；而快乐却像微风，在时有时无地刮过身体的高峰之时，很快消散无影。快乐的持续时间不长，就像流星一样，它们在身体里面刚刚点燃就熄灭了。可是在其他领域中可以看到的痛苦却得到了埃斯居罗斯笔下的菲罗克忒忒斯（Philoctetes）的充分印证：

> 那条蛇咬了我之后，就紧紧不肯松口，
> 而是把它淬火钢铁般的毒牙嵌入我身体，咬住了我的脚。①

在痛苦中没有任何平滑的东西，它的抓挠和刺激也不会在身体里传开一种平滑温柔的感觉；就像苜蓿的种子那样粗糙起伏，能待在土壤中很长时间。痛苦也伸展开它的角和根子，在肉体中交互缠绕，不仅是待几天几夜的问题，② 在有的人那里，甚至会待上整个季节乃至奥林匹克赛季；而且新痛就像指甲一样更有力地在后面推着，尽管旧痛还没有完全去掉。因为当热病患者干渴难忍或当遭难的城市忍受饥荒的时候，谁还能有心思吃喝玩乐？③ 当僭主在拖延惩罚和折磨的时间里，谁能聚集朋友寻欢作乐呢？确实，这也揭示了身体不能过享乐生活的一个理由：它更能承受痛苦而不是快乐，在遭遇痛苦时能表现出力量和耐力，但是在快乐之中却成了弱者，很快就餍足了。然而，他们由于把快乐的生活说成是'无痛苦'，就使我们无法再讨论这个话题了，因为他们自己已

---

① 埃斯居罗斯残篇 252（Nauck 编）。
② 伊壁鸠鲁"基本要道"4 指出：身体的极度痛苦持续必不长久。
③ 参看柏拉图《菲丽布》45B6。

经承认肉体的痛苦是轻微的,或者说持续的时间微乎其微;——如果这些人的话不只是在说空话和大话的话——梅特洛多诺说'我经常蔑视身体的快乐',而伊壁鸠鲁则断言说贤哲①在生病时经常嘲笑疾病的阵阵发作。如果是这样,那么这些看轻身体的痛苦、感到它很容易承受的人怎么能在痛苦中发现对于快乐至关重要的成分呢?确实,即使假设快乐在持续时间和强度上不亚于痛苦,它们还是不得不和痛苦结合在一起,而且伊壁鸠鲁在所有的快乐上加上了同样的一条限度:所有痛苦的去除。② 因为他相信我们的天性使得快乐的添加的顶点乃是痛苦的消除,此后就不可能在快乐的量上有任何进一步的增长(虽然快乐在无痛苦状态达到之后还可以有一些非实质性的样式变化)。③ 但是在欲望的伴随下达到这一点乃是我们的快乐的限度;而且这一历程又短又快。所以,他们感到了自己的贫困,于是便把最高的'好'从身体——就像从一块贫瘠不生的土地——转移到了灵魂,以为在那儿可以发现涌现着快乐的肥沃草场;

然而在伊萨卡(Ithaca)却没有宽广的马路和草地;④

在我们可怜的这一小块肉体的成长历程中也没有任何'平滑的'东西,它是'崎岖不平的',掺杂了许多的灰烬和痛苦。"

此时宙西普斯插话了:"那么,你不认为那些人可以从快乐最初露头的身体开始,然后再走向灵魂,因为灵魂具有更多的稳定性,而且能

---

① "贤哲"(Sage)是晚期希腊哲学各派表达学识修养达到最高境界的哲学家的一个词。但是,各派对于怎样才算"贤哲",看法不同,各自根据自己的哲学原则加以定义。——中译者注
② 参看伊壁鸠鲁"基本要道"20,21。
③ 参看伊壁鸠鲁"基本要道"18。
④ 荷马:《奥德赛》卷4,605。这是奥德修的儿子忒勒马科斯在描述自己母邦的局促贫瘠时用的话。

使一切东西都在它自身中得到完善？""他们倘若要这么做"，铁翁说：而且按照自然历程进行，那么他们在向灵魂过渡时，就必须真的要在那儿发现某种更好的和更有终极性的东西，就像那些决心过理智的生活和积极的生活的人那样。但是你听到他们的大声抗议乃是：灵魂的构造使它在世界上只能发现这样的欢乐和宁静——身体的快乐，或是现存的快乐，或是期待的快乐；而且这就是灵魂的"好"。如此一来，你不觉得他们把灵魂当成了身体的舀酒罐，并且就像舀酒一样把快乐从一个破烂不堪的坛子里舀到一个新坛子里，让它在里面发酵；难道这样做，他们就能把快乐变成某种更可敬可贵的东西了吗？况且这儿还有一个区别：新坛子能保存随着时间的流逝而积淀下来的酒，增加它的香味；可是灵魂在接过快乐时，只能在记忆中保存它，就好像保存了一点儿酒的香味一样，其他什么也没有了。因为快乐在肉体中会平缓下来，它在记忆中的剩余实在是模糊不清的，就好像是有个人想在头脑中储存昨天的剩饭剩酒的念头，当没有新鲜食品时，才会想到它们。看看昔勒尼派（Cyrenaics）① 是如何更加得体一些的，尽管他们从伊壁鸠鲁的同一罐酒中宴饮——他们甚至认为在有亮光的地方性交都是不对的，说应该躲在黑暗之中，这样的话，心灵才不会通过视觉清晰地接受到房事的意象，才不会一而再地重新点燃性欲。可是另外那个派别［伊壁鸠鲁派］却认为贤哲的高明恰恰就在于此，在于生动地想起和完整地记住与快乐有关的景象、感受和动作。这一派是否在推荐一种配不上"智慧"之名的实践，即让快乐的剩货留在贤哲的脑子里，就像留在一个任意挥霍的败家子的家里？对此我们不必论断。但是这种东西无法带来一个快乐的生活，这一点却是一目了然的。因为快乐中的成分如果无足轻重，那么对快乐的记忆也就没有什么重要的；或者说，一个人如果对某种东西的发生并不看重，那么当它消失之后也就不会感到惊喜若狂。即使在那些沉

---

① 希腊"小苏格拉底派"之一，以享乐主义为哲学原则。——中译者注

醉于身体的运作过程并崇拜它的人那里，当体验结束之后，愉悦也就不再持续，当快乐溜走之后在灵魂中只剩下某种影子或梦幻类的东西，发着微弱的火焰，点燃欲望，就像在睡梦中，无法实现的快乐、渴望或爱情能做的就是帮助激起我们对实现它们的更剧烈的欲望。所以，这些人从对享乐的回忆中得不到欢乐，这种回忆只能从模糊的和空虚的快乐剩余中，激起对生动想象的强烈欲望的白热化冲动；不仅如此，而且节制有度的人通常不会总是动这些念头和做卡尔尼亚德（Carneades）[①] 揶揄伊壁鸠鲁的事情——好像在一本官方报表中收集这些消息："我与海黛娅（Hedeia）或莱文提昂（Leontion）相会了几次"，或者"我在某地喝了塔西安酒（Thasian）"，或是"在那个月的第二十天，我参加了最奢侈的宴会"。[②] 当心灵自个儿沉醉于这样的回忆中时，它显露的乃是它对实际的快乐——无论是当时的还是期待的——的看法出问题了，出现了一种严重的兽性骚动以及精神的病态。

"我想正是因为他们看到自己的观点走向了如此的荒谬，于是就被迫逃到'无痛苦'和'肉体的平稳状态'中躲避，以为快乐的生活就在于思考这样的状态，想到它即将出现或是已经达到；因为他们说'肉体的平稳安定状态'和对这样的状态的'可靠期待'乃是能够反思的人最大、最确定的愉悦。

让我们先看看他们在干什么。他们在把这个'快乐'或'无痛苦'或'稳定状态'颠来倒去，从身体搬到心灵上，又从心灵再搬回到身体上；由于快乐无法在心灵中保持，而是漏掉和溜走，所以他们不得不把它归到其源头上，如伊壁鸠鲁说的，'用灵魂的愉悦'支持'身体的快乐'，最终还是再一次通过期待而从愉悦回到快乐。但是，当基础摇晃时，上层建筑又如何能不摇晃？或者说，对于任何暴露在全身上下的

[①] "柏拉图新学园派"领导人之一。
[②] 伊壁鸠鲁学派的在每个月的第 20 天聚会纪念本派大师。

种种变化颠簸中的东西,人们怎么可能拥有确定的期待和平稳不变的愉悦?要知道身体不仅会遭受众多外在的驱动和影响,而且在自身之中就有理性无法阻遏的坏事的根源。假如理性能够阻遏它们,那理性的人就不会患上结石症、痢疾、肺结核和水肿了;可是伊壁鸠鲁本人就不得不与其中的一些病作斗争,波力阿诺(Polyaenus)则得了其他的病,而尼奥克勒斯(Neocles)和阿伽色布卢斯(Agathobulus)又因为患上别的病去世。① 我这不是在骂他们,因为我知道菲莱齐德斯(Pherecydes)和赫拉克莱图斯(Heracleitus)也得了绝症;不过我的看法是,如果他们的言行能与他们的痛苦遭遇更加一致,而不是用虚假的豪言壮语去博得大众喝彩,以至于进一步招来'说大话'的反感,那么,他们或者应该放弃'肉体的平稳状态'是所有愉悦源泉的主张,或者不该宣称绝症爆发的人依然感到愉悦,能高傲地蔑视疾病折磨。虽然'肉体的平稳状态'会常常出现,但是一个理性的心灵对肉体不会有确定可靠的期待,而是就像埃斯居罗斯说的,在海面上

  夜晚会给一个熟练的船长带来痛苦,

也可能带来平静,因为未来是不确定的。所以,如果把最高的好看成是状态稳定的身体和对身体的期待,心灵就不可能始终毫无畏惧,总是可能遇到恶劣天气。因为身体和海洋不同,不仅会受到风暴从外面对它的攻击,而且在自身内部会出现更为严重的紊乱。你与其相信肉体能避开伤害,还不如相信冬日里的一段好天气能持续下去。否则,诗人们为什么要把人的状况说成是瞬息万变的、无法确定的和无法估量的,② 还把我们的生命和春天发芽然后转眼就消逝的树叶比较,这象征着肉体

---

① 伊壁鸠鲁学校中不少人患有重病。实际上,伊壁鸠鲁哲学的一个重要方面是帮助人对抗身体的疾病痛苦。——中译者注
② 欧里庇得斯:《奥瑞斯特斯》981。

的脆弱、易受伤和多病？实际上，我们被警告要害怕和控制身体的最佳状态，因为希波克拉底（Hippocrates）断言说：'身体状况太好了，乃是危险的'；欧里庇得斯说：

> 那些迄今身体很棒的人，
> 会像流星一样消逝。①

人们一般认为年轻美貌的人受到凝视时，就会因为妒忌的毒眼而被伤害。身体中无论什么处于巅峰状态，就最容易变化，因为身体是虚弱的。

"他们的生活即使没有心灵上的焦虑，一般来说也是十分平庸的；这一点你也可以从他们对别人说的话中看出来。伊壁鸠鲁说，罪犯和破坏了法律的人的一生很悲惨，忐忑不安，因为即使他们成功地逃脱了，他们不敢确定不会被人发现；② 结果他们心头沉甸甸地担忧下一个瞬间，这使他们对目前的境况不可能有任何愉悦或确信。他们的这些话无意中已经回答了他们自己：我们经常能够享受身体中的'平稳状态'，即健康；但是我们没有任何办法确定它一定会持续下去。结果他们不得不在面对身体的未来时常常感到沮丧和焦虑，因为身体从未提供给他们'确定无疑的希望'，尽管他们一直在期盼得到它。不干坏事并不能带来确信；人们害怕的不是应得的痛苦遭遇，而是痛苦遭遇本身；而且，在头脑中与自己的罪恶共存是悲惨的，但是这并不意味着暴露在他人的罪恶之下就不是件痛苦的事情了。确实，拉卡莱斯（Lachares）的野蛮对于雅典人来说，狄奥尼修斯（Dionysius）的野蛮罪行对于叙拉古人（Syracusans）来说，都比对这两个恶棍本身来说显得同样邪恶，其

---

① 欧里庇得斯残篇 971（Nauck 编）。
② 伊壁鸠鲁"基本要道"34，35。

至邪恶得多；这两个人也感到不安，因为他们是肇祸者，他们从过去对他们控制之下的人一直犯下的罪行中想到自己将来也会遭受惩罚。实际上我们不必提到暴众的狂怒、盗匪的野蛮、遗产继承人的罪过以及空气中的瘟疫和海上风暴，伊壁鸠鲁记述过，有一次他出航去兰姆普萨库斯（Lampsacus）的半途中差一点就被海上风暴吞灭。因为肉体的本性决定了自身中具有疾病的原始材料；就像格言中说的，赶牛人是从牛皮中遭受了皮鞭，同样，我们也是从身体中遭受了身体的痛苦。如果我们听了伊壁鸠鲁在《论最高的好》和其他许多文字中的教导，把愉悦和信心完完全全放在身体和对身体的期待上，那么我们的生活必然会危险不安和害怕，这无论是对罪犯还是对好人都是一样。

"进一步讲，不仅他们所设定的快乐生活的基础不可靠、不稳固，而且也是极为琐碎、微不足道的，因为他们'感到愉悦的东西'——他们所谓的最高好——乃是摆脱病痛，而且他们说他们无法想象任何其他的'好'了，而且我们的天性中除了安放'排除了遭难'这样的'好'之外，再也没有其他空余之处了；正如梅特洛多诺在他的《回答智者们》一文中断言的：'所以摆脱坏事就是最高的好，因为当身体的痛苦和心灵的烦恼不再起作用时，最高之好就再也无处容身了'。伊壁鸠鲁也说过类似的话：最高的好来自你摆脱坏事本身，以及你对这一逃脱的回忆、反思和感激。他的原话是：'产生无法逾越的欢快的乃是与所逃脱的大灾的对比，这就是"好"的本质，如果你运用心思正确，而非来回散步，①唠叨些关于"好"的废话的话。'这帮家伙享受的是何等的快乐和至福的状态啊，他们居然为不再遭受艰辛或焦虑而欣喜若狂！他们为此而骄傲，甚至因此而自称是'无法毁灭的'和'与神齐肩'，并且由于这样的福佑的充沛漫溢而快乐得难以抑制，直至发出狂喜入迷的喊叫；难道这就是因为唯有他们在看低一切其他福

---

① 伊壁鸠鲁的话中似乎在暗示讽刺亚里士多德的"逍遥学派"（又译："散步学派"）。

佑的同时，发现了这个天神一般伟大的福佑——免灾？这么看来，他们在极乐境界中确实不比猪羊差劲［反讽］，因为他们把福佑说成是肉体方面的健康和心灵关心肉体时的如意。实际上，对于更为聪明和高雅些的动物，摆脱灾害也不是什么最高目的；相反，当它们吃饱之后，它们就引吭高歌，或陶醉于游泳或飞翔之中，或是为了纯粹的欢快和振奋的精神而游戏于模仿各种各样的词语声响，并且相互抚摸和嬉戏，因为它们一旦摆脱了灾苦，它们就本能地寻找好事；或者不如这么说，它们从它们的天性中驱逐一切痛苦的和异己的东西，就是为了不受阻挠地追求合乎其天性的、更为高级的好事。

"因为由必然性强加的东西不可能是好的；我们的渴望和选择的对象不属于'摆脱灾难'的领域；而且，愉快的和与我们的天性和谐的东西也是如此，柏拉图就是这么说的，① 他不许我们把摆脱痛苦和不舒服看作快乐，而是要看作好像是某种昏暗景象，或是与我们天性和谐的东西和不和谐的东西的某种混合，犹如黑与白的混合一样；这样的景象往往出现在人从低的地方上升到中间地带时，此时人们由于对更高的领域缺乏经验或知识，便认为中间地带是最高点和终端。当伊壁鸠鲁和梅特洛多诺主张摆脱灾害是'好'的实质和上限时，他们就是如此。所以，他们的愉快乃是奴隶的或获释囚犯的愉快，这些人在遭受了残酷蹂躏和鞭打之后能涂油洗澡，简直是大喜过望；这样的人根本不知道自由人的愉悦的味道或状况是什么，那是纯粹的、毫无玷污的，没有丝毫鞭痕伤疤。我们不能因为皮肤发痒或是眼睛发炎的不舒服，就把抓痒和擦眼睛当成什么了不起的经验；同样，不能因为痛苦、害怕超自然世界和畏惧来世是坏事，就以为摆脱了它们便是与神齐肩和无与伦比的幸福了。② 绝非如此。这些家伙把自己的愉快限制在一个狭小扭曲的空间

---

① 参看柏拉图《理想国》584B—585A。
② 伊壁鸠鲁的观点。

里，在那儿打转转、自我陶醉，不再前进一步；他们的愉悦只不过就是摆脱出于错误观念的对来世灾害的焦虑；他们视为智慧的最高目标的状态似乎是野兽起步的地方。身体的摆脱痛苦或是由于你自己的努力，或是由于自然过程，如果这两者没有差别的话，那么，你通过努力达到心灵的宁静无扰，也就不比原本就处于那种状态的心灵高明到哪里去。实际上，甚至有理由说本性上不可扰动的状态比那些通过小心谨慎的练习才摆脱了干扰状态要具有更强大的力量。不过我们暂时假设两种无干扰状态都是一样的，即便如此，这些人在不受有关来世和诸神的传说的干扰，以及不为无止境的焦虑和痛苦的展望而担心上，也不比动物好到哪里去。伊壁鸠鲁自己，当他说'如果我们不为天象、死亡以及痛苦担忧，我们就根本不需要自然科学了'时，[1] 想象的正是他的体系把我们导向大自然给野兽所安排的那个永久状态。因为动物不会有关于诸神的错误观念，也不会因为关于死后发生的事情的毫无根据的看法而困扰；事实上它们在这两方面对于应该害怕的事情都没有任何观念或知识。然而，如果伊壁鸠鲁学派在他们对于神明的概念中给天命留下位置，那么理智的人就会被看作比动物更能够过上快乐的生活，因为他们能存有希望。可是，既然他们的神学的目的是让人不再害怕神，摆脱我们的焦虑，那么我以为这样的状态更能确定地被那些对神毫无观念的生物拥有，而非被那些把神看做不会伤害任何人的人所拥有。前者并非摆脱了迷信，因为它们从来就不曾受到迷信的伤害；它们也不会抛弃扰乱人心的神和观念，因为它们从来就不曾接受过它。同样的话也适用于死后景象：动物和伊壁鸠鲁学派都不指望这是好事，但是对死后的事的担忧害怕在对死亡毫无看法的生物那里当然比在那些认为'死亡与我们无关'[2] 的人那里要少得多。死亡还是关系到这些人，因为这些人还想到

---

[1] 伊壁鸠鲁"基本要道"11。
[2] 伊壁鸠鲁"基本要道"2。

它，还讨论它，但是动物对于那对它们毫无意义的事丝毫也不关心。当它们逃避打击和受伤时，当它们被宰杀时，它们所害怕的死亡与伊壁鸠鲁派所害怕的死亡是一样的。

"这些就是他们所说的智慧能帮助他们对自然进行改进的地方。① 现在让我们考虑一下他们剥夺了自己什么，使自己丧失了什么。那些在期待或实际经历肉体快乐中的心灵陶醉，如果是适度的，那并没有什么了不起的或值得看重的；如果是极度的，那就不仅是毫无基础的、不稳定的，而且让人感到粗暴放纵；我们不愿称它是'心灵的'或者是一种'愉悦'，宁愿称它是'心灵的身体性快乐'，似乎对身体摆尾谄媚，竭力迎合。那些当之无愧可以称为'振奋'和'愉悦'的，乃是丝毫不受其对立面沾染的，丝毫没有任何痒或刺痛的成分的，不会有任何后悔的；里面的'好'是适合心灵的，是确切意义上的'心智方面的'、本真的，而非偶然的或非理性的，它是最真切的'理性的'，因为它要么来自心灵中思考的或哲学的部分，要么来自其积极的和荣誉的部分。来自这两个部分的快乐太丰富、太伟大，世上无人能讲得完它的最美好部分的事迹。不过，作为简短的备忘录，我们可以首先提到历史；尽管阅读历史已经带给我们许多美好时光，但是我们对更多事实的渴求总是无法满足，我们的快乐还感到不够；进一步，还有那使虚构的故事魅力四射的快乐，那最为纯粹的文学想象和诗歌创作，尽管没人相信其真实性，却依然拥有真理的迷人力量。

我们不妨反思一下我们在阅读柏拉图的亚特兰蒂斯岛的故事和《伊利亚特》的最后部分时，我们是如何地激动；我们对于失去了故事的其他部分感到何等的懊丧，就像我们在访问某座神庙或剧院，而它们的关闭时间已到。不过，对事实本身的认知就和真切地那样生活过一样

---

① 参看伊壁鸠鲁"基本要道"27。

15

可爱和可欲，因为这带来了知识；而死亡的最可怕之处就是遗忘、无知和黑暗。事实上，正是因为这一原因，几乎所有人都反对那些否认死者有任何觉察能力的人，这表明人们认为活着、存在和感到愉悦仅仅属于灵魂的负责觉察和认识的部位。人们即使在倾听那些带给我们痛苦的消息时也会感到有某种快感；① 尽管我们对听到的内容伤心不已，放声痛哭，却依旧要求报信人说下去；正如在戏剧中：

——啊！现在我到了我害怕说的时候。
——到了我害怕听的时候；可是我必须听到这件事。②

似乎此时我们冒出来一种知道整个真相的愉悦，一种激情的强流征服了我们的理性。但是，当故事及其讲述没有任何伤害或痛苦，而且其辉煌灿烂的主题之上还添加了雄辩的力量与魅力之际，比如当希罗多德讲希腊史，色诺芬讲波斯史时，或是当

荷马用奇妙的词句吟唱着，

或是欧多克索斯（Eudoxus）写下《世界大观》，亚里士多德写下《各城邦的基础和体制》，③ 或阿里斯托克塞努斯（Aristoxenus）写下《传记集》时，他给出的欢乐不仅是巨大的和充沛的，而且也是纯净无瑕的和从不伴随任何后悔的。谁会感到用腓伊基人（Phaeacian）的美食来止息自己的饥渴比听奥德修讲述自己的历险记更快乐？④ 谁会感到和最美丽的女人上床比坐在那里听另外一些人讲故事更加快乐——听色诺芬讲潘德亚（Pantheia）

---

① 参看柏拉图《菲丽布》48A5—6；亚里士多德：《诗学》（1448B10—19）。
② 索福克勒斯：《奥底普斯王》1169—170。
③ 据说亚里士多德写了158个国家的体制，其中《雅典政制》已经被发现并出版。
④ 参看《奥德赛》卷4，5—11。

的故事,① 阿里斯多布卢斯(Aristobulus)讲提莫克莱娅(Timocleia)的故事,② 或者色奥旁普斯(Theopompus)讲忒拜人的故事?

"但是他们却把所有这些快乐从心灵中排除出去,他们还排除了来自数学的快乐。但是历史中的吸引有其整体的和均衡的性质,而几何、天文学和音乐的快乐具有强烈的和多样的吸引力,这使它们在用无法抗拒的定律吸引我们时拥有强烈的魅力。如果你是有经验的,你品尝了那种东西之后,你将会不禁吟唱起索福克勒斯的诗句:

我的喉咙里有一种狂野的音乐:
竖琴弹唱着塔米拉斯(Thamyras)的辉煌乐曲
让我欣喜若狂;③

我还得加上这些人弹唱的事情:欧多克索斯、阿里斯塔库斯(Aristarchus)以及阿基米德(Archimedes)。热爱绘画的人完全迷醉于画布的诱惑,当尼西亚斯(Nicias)④ 在画"访问死者"时,他经常问仆人自己是否吃过早饭了;当他画完之后,国王托勒密(Ptolemy)⑤ 送给他六十塔连特,但是他拒绝接受这笔钱,不愿卖画。我们应该想象欧基里德(Euclid)在写作关于测量角度的著作时,从几何和天文学中获得的快乐更加精致和巨大;同样的快乐也出现于腓力(Philip)论证月亮的形状时,阿基米德通过他的四角形发现太阳的直径与一个巨大的天轮具有相同的比例时(因为它在四角形上横截出来的角是四个正角),阿波罗尼乌斯(Apollonius)和阿里斯塔库斯作出相似的发现时;对它

---

① 色诺芬:《居鲁士的教育》卷4,6.11。
② 阿里斯多布卢斯是一位历史学家。提莫克莱娅是一位高贵的忒拜妇女(见《亚历山大传》)。
③ 索福克勒斯残篇224(Nauck)编;塔米拉斯是色雷斯的一位具有传奇色彩的音乐家。
④ 一位公元前4世纪末的雅典画家。"访问死者"的情节见《奥德赛》卷11。
⑤ 托勒密于公元前323年统治埃及,305年称王。尼西亚斯把画送给了雅典人。

们的反思和理解至今还使研究者充满了最大的快乐和奇妙的成就感。而且，我们绝不会把其他那些人的

    厨艺烹饪之快乐①

与这些人的快乐相比，不会因此而贬低希里康山（Helicon）②和缪斯——

    没有任何牧羊人敢在那儿放羊；
    铁犁也从来没有切入那儿的土地。③

这样的快乐［即缪斯主异的快乐］本质上说属于"蜜蜂"的"不可侵犯的"领地；④相反，其他那些快乐更与猪猡和公羊的身体摩擦相像，并且给灵魂的最容易混乱的部位增添了更多的污染。确实，我们对快乐的喜爱有多种多样的形式，富于创新精神。但是至今没有人为了自己爱的女人而快乐地牺牲一头牛献祭，也没有谁会祈祷一旦能饱餐一顿宫廷肉菜或是御饼就不惜死去；但是欧多克索斯确乎祈祷：如果自己能够像法松（Phaethon）那样站到太阳附近并弄清行星的形状、大小和结构，他就宁愿被焚烧在火焰之中；⑤而毕达戈拉斯发现了他的定律之后，为此祭献了一头公牛以志庆祝，就像阿波罗多罗斯（Appollodorus）所说的：

---

① 米南达的话。
② 希里康山位于希腊的波埃提亚（Boeotia），被看作文艺女神缪斯的居所。——中译者注
③ 欧里庇得斯：《希波克拉底》，75—76。
④ 同上书，76—77。蜜蜂被认为是清洁的生物；甚至被认为会攻击淫荡者。
⑤ 传说中太阳神的儿子，驾驶父亲的太阳车升天，但是不听劝阻，离开轨道，着火坠下而死。

为了那个著名的论证，毕达戈拉斯
　　在辉煌的献祭中奉上了一头公牛，

不管这是斜边的平方等于正角两边的平方之和的定律，还是某个给定区域的应用的问题，阿基米德的仆人常常要把他从他的图形那儿强行拖开，给他涂油；而且，当他们给他涂油时，他就用刷子在肚皮上画图；据说，当他在洗澡时从水的漫溢中发现了如何度量桂冠时，他就像中了魔一样，跳出来大喊："我发现它了"，并且一路奔跑，一路不断这么喊。但是我们从任何饕餮之徒那里都没有听到过类似的狂喜呼喊："我吃到它了"，或是听到任何浪荡子高兴地喊："我亲吻了她了"，虽然无数的放纵感官享受的人过去就存在，今天也存在于我们当中。事实上，我们对那些栩栩如生地回忆自己吃过的菜肴的人还感到反感，觉得他对这么微不足道的快乐过于大惊小怪了。但是我们却被欧多克索斯、阿基米德和希帕库斯（Hipparchus）[①]的狂喜所打动，并感到柏拉图对数学说的话是事实：虽然人们因为无知或没有体验而忽视数学，"但是它依然自行来到，它的魔力无法抗拒"。[②]

"但是这些家伙却扭转和改变这样的快乐的来到，尽管这些快乐如此巨大无比，如此丰富多样，似乎从不枯竭；那些人还阻止自己的弟子们品尝这些快乐，相反，他们要求门徒们'扬帆远航'，逃离它们；以伊壁鸠鲁为代表的所有男男女女都竭力劝说皮索克勒（Pythocles）不要关注'所谓自由人的教育'；他们所钦佩的、热忱推荐的某位阿派勒斯（Apelles）据说自打童年起就超脱于数学之上，从未受过其玷污。我们不必提到他们在其他领域中缺乏学识，只说历史吧，我就引几句梅特洛多诺在其《诗论》一书中的话：'你说你甚至不知道赫克托尔（Hec-

---

[①] 大约生活在公元前190—前120年的数学家和天文学家。
[②] 参看柏拉图《理想国》528B。

tor）为哪一方作战，不知道荷马史诗的开头诗句，不知道中间都有些什么；请你不必为此感到沮丧。'"

'伊壁鸠鲁敏锐地察觉到身体的快乐就像季风一样，在达到巅峰状态之后就会走下坡路；所以他问了这样的问题：贤哲是否年老体衰之后还能在接触和抚摸美人中得到快感。在这件事上他和索福克勒斯想得不一样，后者很高兴能超越这种快感，就像摆脱了一个野蛮暴躁的主子一样。① 喜爱感官生活的人看到老年会令许多种快乐消逝，

>而且美神讨厌老东西，

（如欧里庇得斯说的）他们该做的就是收集其他种类的快乐，就像面临围攻之前先积攒不会腐败变质的食物储备一样；然后，当他们完成了自己的生活大事之后，便可以在历史、诗艺或音乐、几何等问题中开开心心地消磨时光，过好每一个早晨。因为如果他们学会了如何写作关于荷马和欧里庇得斯的事情，就像亚里士多德、赫拉克莱德斯和狄卡伊阿库斯（Dicaearchus）所做的那样，那么伊壁鸠鲁讲的老家伙瞎眼没牙的抚摸和情欲的发作就根本不会进入他们的脑海之中。可是，既然（我以为）他们从来就没想到做好这样的准备，而且他们体系中的别的东西枯燥无味、了无生趣，几乎就像他们所想象的'德性'一样，② 他们只能不惜一切代价想要快乐，但是生理上又吃不消，于是他们就去认同与他们的年纪不相称的可耻的行为——再次回想对过去的快乐的记忆，而且由于没有新鲜的，就诉诸变质无味的快乐，就像腌猪肉一样；他们回想过去的违背自然的生活，可以说就像在把身体中变冷的余烬再煽出点死气沉沉的无趣快乐来；这都是因为他们在心中没有储备那些带

---

① 另外参看柏拉图《理想国》329C。
② 伊壁鸠鲁派笔下的"德性"是实用性的，不是第一位的好。——中译者注

来精神快乐或真正值得高兴的东西。

到目前为止我都是按照随时想到的东西来陈述他们的观点，但是我们不该忘掉他们对音乐的拒斥和回避，尽管音乐带来巨大的快乐和精致的愉悦。这一点，可以从伊壁鸠鲁自相矛盾的话中看出。一方面，他在《争议的问题》中说贤哲热爱观看美景，在享受戏剧和演出上绝不输给任何人；① 但是另一方面，他又不给对音乐的问题以及相关的学术研讨批评以任何位置，即使饮酒中也不许谈论，他还当真建议过一位有教养的君主在酒宴上忍受魔术表演和鄙俗的闹剧，但是不得忍受讨论音乐和诗艺问题。这确实是他在他的《论君王》中写下的建议，好像这是写给萨达纳帕卢斯（Sardanapalus）或是巴比伦的总督纳纳卢斯（Nanarus）的。因为他甚至无法劝说像希伦（Hieron）、阿塔拉斯（Attalus）或阿基劳斯（Archelaus）这样的国王从他们的狂欢酒会和座位上赶走欧里庇得斯、西蒙尼德斯（Simonides）、麦拉尼皮德斯（Melanippides）、克拉底（Crates）或狄奥多图斯（Diodotus），② 而换上一帮雇佣兵或是阿戈里安人，③ 一个像卡里阿斯（Callias）那样的小丑，或者是像色拉索尼德斯（Thrasonides）或色拉希莱翁（Thrasyleon）那样的家伙，④ 总之是那些动不动就爆发出'野蛮的狂欢'和'震耳欲聋的喝彩'的人。如果那位建立了'缪斯殿堂'⑤ 的国王托勒密读到了这些美好高贵的建议，他会不会说：

缪斯啊，那些萨摩斯人（Samians）⑥ 为什么对你那么恶毒？

---

① 参看狄欧根尼·拉尔修《著名哲学家的言论和生平》卷10，120。
② 招待西蒙尼德斯的希伦是一位僭主，招待欧里庇得斯的阿基劳斯也是僭主。阿塔拉斯二世残暴多疑。狄奥多图斯可能是一位语法家。麦拉尼皮德斯是诗人。
③ 色雷斯或马其顿山地部落人，当时多出门当雇佣兵。
④ 色拉索尼德斯是米南达的《被拒的求爱者》中的一个吹牛士兵；色拉希莱翁是米南达的《色拉希莱翁》中的愚蠢士兵。
⑤ 这是托勒密一世聚集的一批学者和数学家群体的名字。
⑥ 伊壁鸠鲁出生于萨摩斯，其父亲是当地的雅典殖民者。

雅典人绝不会这样和缪斯冲突为敌；相反，

> 宙斯所不爱的任何东西，皮艾黎安女神听了就喊叫的东西，都被他们厌恨。①

伊壁鸠鲁，对此你怎么说？为了听琴声伴唱，或是看笛子演奏，你能起大早赶往剧院；但是在宴会上特奥弗拉斯特谈论和谐，阿里斯托克塞努斯讨论变调，亚里士多德讨论荷马，你却双手捂住耳朵，感到厌烦？呸！伊壁鸠鲁派岂不是使斯基忒人（Scyth）阿忒阿斯（Ateas）② 显得灵魂中有更多的音乐呢？此人在笛手希斯麦尼亚（Hismenias）下狱并在一次宴会上演奏时发誓说，他在他的马儿的嘶鸣中得到的快乐多得多。他们岂不是承认在对所有美丽的事物发动永不讲和的战争，只要美丽的东西不是同时也是惬意的？他们究竟会欢迎和珍视什么神圣的和清洁的东西呢？如果你们的目的是快乐的生活，那么像屎壳郎和秃鹫那样避开香水和香料岂不更合理些，而不是讨厌和回避关于文学和音乐的学术讨论？什么样的笛子或是伴奏竖琴、什么样的'从动听的喉咙传出滚滚雷声的'歌队如此迷住了伊壁鸠鲁和梅特洛多诺的心，以至于超过了亚里士多德、特奥弗拉斯特、狄卡伊阿库斯和希罗尼姆斯（Hieronymus）对关于歌队和戏剧创作的讨论的迷醉，以及对双重笛声和节奏、和谐等问题的迷醉？比如这样的问题：为什么同样长度的笛子中，细小的声音高，粗的声音低？为什么当西林克斯键（syrinx）拨回时，所有的音调都高了起来，当它被放松后，音调又低了下去？还有，当一把笛子靠近其他笛子时，为什么它的声音就低了，而当分开来吹奏时，声音就高？为什么在剧场的

---

① 品达：《皮索颂歌》卷1，13—14。
② 此人是斯基忒人国王，公元前339年在与马其顿人作战中死亡。

乐池里撒上了糠,回音就减弱了?当亚历山大想用铜建造培拉(Pella)的舞台前部时,建筑师表示反对,说这会影响演员的声音的效果。为什么色彩丰富的音乐让人放松,而和谐的音乐让人紧张?至于说讨论诗人们的个性、品格和不同的风格,发现恰到好处而令人信服地解决各种难题的方案,这些都使我想到色诺芬的话:它们带来如此迷人的快乐,甚至使恋爱中的人忘掉了自己的爱。"

"这种快乐是那些人所没有的,而且他们也不声称自己拥有或想要拥有。相反,他们把灵魂的思考部分径直放在肉身中,并且用肉体的欲望当铅块把它往下坠。① 在这方面他们和马厩农夫与牧羊人没有什么不同,那些人当班时用干草或麦秸或各色青草喂马羊啃吃和咀嚼。他们难道不是也同样就像灵魂的猪倌?他们只给灵魂喂这种肉体快乐的泔水,② 只许它以对于某种肉体性的东西的希望、体验或回忆为乐子,阻止它接受或寻找属于它自己的快乐或满足。然而还有什么比这更不负责任的:人的本性由两种成分组成,身体和灵魂,而且灵魂具有更大的权威;然而身体有自己独特的、自然的和合宜的'好',灵魂却没有?灵魂不得不无所事事地一边坐着,看着身体,讨好地笑对身体的经验,参加它的快乐和愉悦,而自己却从来也不能主动行动或回应,或根本就不能拥有一个选择的、欲望的或愉快的对象?他们应该或者抛开一切伪装,把人说成彻头彻尾的一个肉体,就像那些摧毁灵魂的本质属性的人所干的那样;③ 否则的话,他们既然还肯定人有双重本性,那就应该也给每种本性指定独特的好与坏,指出什么是属于它自己的,什么是与其格格不入的。比如说感官就是这样:每种感官的构造都使它指向独特的感性对象,尽管各种感官同时反映。灵魂的独特感官是心灵;如果心灵

---

① 参看柏拉图《理想国》519B。
② 参看《奥德赛》卷10,241—243。
③ 比如西米亚斯(Simmias)、狄卡伊阿库斯就把灵魂说成是身体的和谐,而柏拉图派的赫拉克莱德斯把灵魂说成是身体的混合。

没有自己独特的对象、景观、运动或各色经验，使得灵魂在达到它们时感到愉悦，那岂不是极端没有道理的事情？有人①没察觉这一错误，恐怕会指责我对这些人的批评不公正。"

"如果你要我当裁判"，我回答说，"我会宣布你丝毫没有诽谤之处。所以，请你别就此打住，讲完论证的其他部分吧"。"怎么？"他说："阿里斯托德姆斯难道不是应该从我停下的地方接着往下讲，既然你［指普鲁塔克］已经筋疲力尽说不动了？""我乐意遵命"，阿里斯托德姆斯说："如果你也和我们的朋友一样累坏了。可是好人啊，你还壮的很呢；如果你不想被人看做半途而废的人，振作起来吧。"

"事实上"，铁翁说，"其余的部分相当容易——只要细数灵魂的积极部位的诸多快乐就行了。伊壁鸠鲁派自己就肯定说，给人好处比接受好处要更快乐。当然你可以通过言辞而给人好处，但是你给出最多和最重要好处的方式是通过行动，这也正是'行善'一词本身所表明的；而且他们自己也这么说。所以不久以前"，他说，"我们听到我们的朋友在此描述了伊壁鸠鲁发表的言论和送给朋友的书信，伊壁鸠鲁是如何赞美和抬高梅特洛多诺，宣讲他如何高贵勇敢地从城里走到海边帮助叙利亚人米特莱斯（Mithres），尽管那一次梅特洛多诺什么也没有完成。那么，当柏拉图知道狄翁告别他之后推翻了狄奥尼休斯、解放了西西里时，又该是怎样欢乐无比呢？或者当亚里士多德帮助自己被夷为平地的母邦重建起来并归还给自己的同胞之时，又该是如何欣喜若狂呢？还有，在自己的城邦中消灭了僭主统治的特奥弗拉斯特和法尼亚斯（Phanias），不也是如此吗？在私人生活中，我有什么必要告诉你——你自己知道得很清楚——他们帮助了许许多多的人，不是给他们送麦子或一桶饭食，像伊壁鸠鲁对少数人做的，而是帮助解除流放、免除冤

---

① 指普鲁塔克。

狱，以及领回被夺走的妻子小孩？但是，一个人无论如何也不能回避那个家伙的荒谬的自相矛盾：他贬低和诋毁狄米斯托克利（Themistocles）和米尔提亚德斯（Miltidades）的业绩，可是在给朋友的信中却这样写到自己：

> 你给我送谷物供养我的做法是神圣而慷慨的，你已经表达了你对我的关切，此情此谊直达云天。①

如果有人能从我们的这位哲学家的书信中得到自己的口粮配给，那他该怎样千恩万谢，就好像感谢整个希腊国家或是雅典城邦获得了自由解放似的。

"即使是为了身体的快乐，我们的本性也要求昂贵的供养，最快乐的享受并不是在荞麦饼子或是扁豆汤里；感官享乐者的口味要求的是美味佳肴、塔西安酒和香水，

> 还有浸满了蜂儿振翅奉献的蜜糖的糕饼美食②

不仅如此，还有年轻美貌的女人，像莱文提昂、苞伊狄昂（Boidion）、海戴娅和尼西狄昂（Nicidion），她们漫步于花园之中——这一点我们就不提了吧。③ 可是，人们都承认，灵魂的愉悦如果不是空洞、粗俗和幼稚的，而是实在、持久和重要的，就有赖于具有重大意义的行动和光辉灿烂的高尚成就。但是某个人去搞点小乐子，就像水手搞一次爱神宴会庆祝，或是骄傲于'虽然受水肿之苦，但他却邀请朋友聚餐了

---

① 伊壁鸠鲁残篇183（Usener 编）。
② 欧里庇得斯残篇467（Nauck 编）。
③ 这是在暗示伊壁鸠鲁的"花园"中道德风气不正（这是古人对伊壁鸠鲁学派的一般猜测和抨击）。——中译者注

几次，而且不顾有那个病，还是喝水，并且回想着尼奥克勒斯①的临终遗言，在混合了泪水的奇异快乐中感到柔软'——没有人会把这叫作头脑清醒的人的'心灵的欢快'或'愉悦'。如果灵魂果真会有勉强干笑的样子，②那就一定是这种被迫的取乐和掺着眼泪的欢笑。而且，即使假设有人会称这些为'心灵的欢快'和'愉悦'，让我们还是考虑一下下面这些快乐的巨大：

通过我，斯巴达的荣耀被夺去了。

或者

陌生人啊，这儿站立着罗马的巨星，她的儿子。

或者

我这位预言家是称你为神呢，还是称你为人？

当我在脑海里想象色拉希布卢斯（Thrasybulus）或派罗皮达斯（Pelopidas）的丰功伟绩时，或是想象阿里斯泰德斯（Aristeides）在普拉泰伊阿（Plataea），米尔提亚德斯在马拉松，我就会想到希罗多德的话：'我不得不宣布'行动的生活的快乐远远超过它带来的荣誉。伊帕美农达斯（Epameinondas）可以为我作证，据说他曾讲过，他的最大快乐就是他的父母活着看到了他当将军时赢得的柳克特拉（Leuctra）的战利品了。让我们就比较一下伊帕美农达斯的妈妈和伊壁鸠鲁的妈妈

---

① 这是伊壁鸠鲁的兄弟，先于伊壁鸠鲁去世。
② 撒丁尼亚（Sardinia）出产一种植物，古代传说谁吃了它就会不停地笑下去，直到死去。

吧，后者的快乐是活着看到了他的儿子稳稳地坐在他的小花园里，和波力埃努斯一道生养了一个家庭，还有来自齐兹库斯（Cyzicus）的小老婆。至于说梅特洛多诺的妈妈和姐姐对他的结婚和写作致兄弟的《答复》是如何开心到极点，从他的作品中就可以看出。但是他们却大喊大叫说'他们过了一个快乐的生活'，'享受着它'并对他们'自己的生活方式''唱赞美歌'。当奴隶们大摆农神节宴会并四处去庆祝乡村酒神节时，你也无法忍受那种狂欢喧闹，因为他们在粗鲁的兴奋中举止言行就像这样：

>"干啥坐着？让我们喝酒。还有吃的，不是吗？
>可怜的家伙啊，别欺骗自己了。"他们一阵喧响，①
>混合了酒水，这时有人拿来一顶桂冠并且戴上，
>然后随着月桂树的美丽树枝的摆动，
>大家恬不知耻地哼起了赞颂月神的邪恶之歌；
>还有人企图挤进院门，色眯眯地吆喝着他的姘头。

"梅特洛多诺写给他兄弟的话与这如出一辙，难道不是吗？他写道：'我们不是被召唤来为国家服务或因为智慧而被它授予桂冠的；我亲爱的蒂莫克拉底斯（Timocrates），我们被召唤来是吃喝的，满足肚子，而又不伤害它。'在同一封信中他还写道：'从伊壁鸠鲁那里学会了怎样恰当地满足肚子的需求，这让我又幸福又自信'，'蒂莫克拉底斯，我的学问家啊，肚子乃是包含了最高目的的地方'。确实，这些人可以说是在画一个圈，以肚子为中心和半径，把快乐的整个领域都给框在里面，而伟大的、君王气象的愉悦和产生高尚精神以及真正漫溢到所有人的光辉宁静的愉悦，就不是这些人所能得到的了；他们认为荣耀的

---

① 他们在以神的名义祝酒。

和愉快的生活乃是一种自我封闭的生活,逃离公共责任,对人类福利无动于衷,未曾受到任何神圣的火花的影响。要知道灵魂可不是什么琐屑的、微不足道的小玩意儿,它也并不会像章鱼伸出触角那样只把自己的欲望伸向能搞到吃的东西那么远;绝不。这样的胃口的出现稍纵即逝,会被最为迅速的满足所打断;而

　　　　生命的时间过于短暂,无法度量。

心灵追求来自丰功伟绩的伟大、荣誉和感激的种种奋斗。毋宁说,对荣誉和行善的热爱走向永恒,因为它追求的是业绩和行善的桂冠,这给他带来的是无法表达的快乐。即使一个好人努力回避,也躲不开人们从四面八方围上来的感谢,当大众在得到的恩惠中欢呼雀跃

　　　　当他在镇里四周走走时,
　　　　大家注视着他就像仰望神一样。①

对于那么一个让大家幸福开心、渴望碰到他、接待他的人,就是盲人也能看到这样的人心中充满了快乐,并且把这些快乐看作是对自己的所作所为的奖赏。所以,这样的人从不倦于给人以恩惠,永不满足;我们听到人们讲到他们时用的是这样的词句:

　　　　你父亲生了你,是给人类何等的恩惠啊,

还有

---

① 《奥德赛》卷8,173。

啊,让我们永不停止帮助人类吧。①

确实,我们干嘛说那些出类拔萃的人呢?任何一个普通人在面临死亡时,如果他的主子,无论是神还是人,给他一个小时的宽限,让他或是用来干件大事,或是好好享受一下,然后立即死去;哪个人在那个小时中会宁愿躺在拉伊思(Lais)的怀里饮阿里乌思酒(Ariusian),而非刺杀阿基亚斯(Archias)或解放忒拜?我敢说不会有任何人。我甚至在角斗士中看到,只要不是兽性十足的,而是希腊人,当他步入角斗场之前,虽然面前摆满昂贵的美食,却更乐意在那一时刻把自己的女人托付给朋友照顾并解放自己的奴隶,而不是去一饱口腹之欲。

"再者,任何值得一提的肉体性的快乐中显然也被行动之人所享受。他们也'吃饭'和'喝泡沫翻滚的酒',② 与朋友们一道开宴会;而且,我认为他们在奋斗和冒险之后这么做,热忱还更大,比如亚历山大和阿基希劳斯,当然还有福基翁(Phocion)和伊帕美农达斯;他们享受的快感强度当然超过那些只会在火边接受按摩或是躺在担架上轻轻摇晃的人。③ 但是,行动之人认为这些快乐无足轻重,他们沉醉于其他的更加伟大的快乐。所以我几乎没什么必要提到这样的事情:当伊帕美农达斯看到他的朋友们感到某个宴会太过分了的时候,就拒绝赴宴,并且说:'我本来以为这是一次祭献和聚餐,没想到这是耻辱和发狂。'也没有必要提这样的事情:亚历山大拒绝阿达斯(Adas)送来的厨师,说他自己就有更好的调味师:对于早饭乃是夜行军,对于晚饭乃是早饭少吃点。当菲洛克森努斯(Philoxenus)写信给亚历山大建议买娈童时,亚历山大气得几乎要赶走他。④ 然而在做自己喜欢的事情上,谁比他的

---

① 希腊悲剧残篇(Nauck 编)。
② 《伊利亚特》卷5,341。
③ 伊壁鸠鲁体弱多病,只能使用担架。
④ 参看本书下编中的《亚历山大传》。——中译者注

自由更多呢？正如希波克拉底说的，两种痛苦中，较重的会使较轻的隐而不现；快乐也是一样，那些具有政治家气象的行动和抱负，在心灵的快乐燃烧中是如此的光辉夺目，身体的快乐全都被掩盖了，被熄灭了。

"现在让我们像他们那样假设对往日幸福的回忆是快乐生活中的最大部分。当伊壁鸠鲁说他在巨大的痛苦和身体病痛中濒临死亡时，他的补偿是：对曾经享受过的快乐的回忆伴随着他的最后路程；这话我们中没人会信，因为想象身体处于如此巨大的折磨和痉挛中时对快乐的愉快回忆，就好比想象当大海深处怒涛冲天时倒映在水中的一张脸一样困难。另外，任何人即使不情愿，也无法从自己的脑海中驱逐对伟大行动的记忆。亚历山大什么时候能忘怀阿尔柏拉（Arbela）、派罗皮达斯、来翁提娅德斯（Leontiades）？狄米斯托克利又怎能忘怀萨拉米（Salamis）？迄今雅典人还用节日庆祝马拉松大捷，忒拜人庆祝柳克特拉大捷，我们自己则众所周知庆祝戴方图斯（Daiphantus）① 在希亚姆波利斯（Hyampolis）的胜仗，福基那儿充满了献祭和荣誉；我们中绝不会有人在宴会的吃喝中得到像这些人在那些成就中所得到的那样的快乐。所以，我们可以想象这些丰功伟绩的创造者的心灵在一生中拥有多么巨大的欢快、愉悦和狂喜，即使五百年或更久之后，对其回想依然不失鼓舞人心的力量。

"'但是（有人反对说）伊壁鸠鲁同意有的快乐是来自名声的。'他当然同意；事实上他自己对于出名就迫不及待，以至于他不仅否认自己的老师们，与德谟克里特（伊壁鸠鲁从他的学说那儿逐字逐句抄袭）就音节和字母争吵，还说除了自己和自己的门徒之外，从来就没有出现过一个贤哲，甚至还写道，当自己阐述自然哲学时，科洛特仰慕地抱着他的膝盖；他自己的兄弟尼奥克勒斯则宣称自打孩提时期起，世上就从不曾再出生过、现在也没有任何比伊壁鸠鲁更聪明的人，还说他们的娘

---

① 福基人的一位民族英雄。

在体内接受了如此奇妙的原子们，组合起来怎能不生出个贤哲？你听这话！就像卡里克拉提达斯（Callicratidas）说克农（Conon）想把大海变成一个娼妓一样，难道伊壁鸠鲁不是在可耻地和隐蔽地打算引诱'名誉'，强迫她听从他的意志，既然他无法公开赢得她，又对她欲火烧心？正如在饥荒的压力之下，人的身体由于缺乏其他食物就退化到违背自然而吃起了自己，同样，对荣誉的热爱在心灵中也带来了一种类似的悖理扭曲：当追求赞美的人无法从别人那里获得时，他们就自我表扬起来。不过，这些一门心思想着名声和出人头地的人却又放弃这些快乐、避开公职和政治行动以及与国王的交谊①——按照德谟克里特的说法，这些乃是我们生活中所有英雄豪迈和光荣高尚的事物的源泉；所以，这些人实际上承认了自己的无能或缺乏决断。这位大肆宣扬尼奥克勒斯的证词和科洛特的仰慕之举动，并感到如此受用的人，绝不能让任何活着的人相信如果他受到在奥林匹亚聚会的希腊人的喝彩，他不会几近疯癫，快活地喊起来。或者我们应当说他会被极度快乐席卷而去，正如索福克勒斯说的：

　　就像躺在蒲公英上，被一吹而去。

但是，如果出人头地是快乐的，那么缺乏它就是痛苦的。没有什么事情比缺乏朋友、脱离实践、敌视宗教、耽于肉欲和心肠冷漠更可耻的了，而这一切正是他们的学派在所有人中的名声——除了他们自己不这么看。'这并不公平'，你说。但是我们在说名声，不是在说事实。我们且不提那些批判他们的种种书籍或是各国颁布的谴责他们的法令，因为那就有些不厚道了。我们还是这么说吧：如果预言、占术和神圣天命以及父母对孩子的挚爱和政治活动、领导以及担任公职是光荣的、享有

---

① 参看色诺芬《希腊史》卷1，6、15。

盛誉的,那么,那些说什么没必要去解救希腊,应当吃吃喝喝满足肚子又不弄坏它的人,当然会名声扫地,被看作是坏人;而被人这么看之后,他们当然感到沮丧,过得很不幸福了——如果他们真的像他们所说的那样认为德性加上它所带来的荣誉乃是快乐的事情。"

当铁翁讲完之后,我们决定中断散步,在凳子上坐下来,就像往常那样,静静地思索一下他讲的话。不过没有多久,因为宙西普斯从铁翁的话中得到启发,便开口说道:"谁来给这个论证添上还缺少的东西?实际上铁翁自己刚才在提到占术和天命时已经暗示了这个论证所缺少的结论。因为那些人说他们对这些问题的讨论对快乐、宁静和他们的生活方式的确信贡献甚大,故而这几点也有待讨论。"阿里斯托德姆斯回答说:"我应当说,关于他们从这些观点中得到的快乐,有一点已经讨论过了:当他们的理论成功运作并有道理时,它确实扫除了某些迷信带来的恐惧;但是它也排除了我们对任何来自神明的欢乐的享受。相反,它使我们在对待神明上,心态就像我们对待赫尔卡尼亚人(Hyrcanians)或斯基忒人一样,既不受其打扰,也不为之欢喜。我们从神那里不指望任何东西,无论好坏。"

"不过如果我们要在已经说过的话上再加点什么,我想我首先要在他们的理论中举出这几点。他们不同意其他那些想要排除面对朋友死亡时悲伤、眼泪和哀恸的人,说能使我们毫无感觉的那种无悲伤状态来自另一种更大的坏事:心肠冷漠坚硬,或是近乎疯狂地追求恶名。因此他们说最好还是有所触动、感到悲伤并黯然泪下;所以他们因为感受到的和写下的伤感情怀而获得了心软和多愁善感的名声。因为这是伊壁鸠鲁不仅在许多文字中提到的,而且尤其是在他因为亥戈希阿纳克斯(Hegesianax)的去世写给死者的父亲索西德斯(Sositheus)及其兄弟皮尔森(Pyrson)的信中也是这么说的。你看,我最近恰巧又读了一遍他的书信集。所以,用他的话作为我的典范,我说漠视宗教比起心灵的冷酷和渴望臭名昭著,邪恶程度一点也不少;而如果我们听从那些否认神明的愤怒和慈爱①的人的话，我们就会走向漠视宗教。我们对神明的信仰包含了某种部分崇敬、部分畏惧的情感的混合，这也比逃避它要好，因为否则我们就不可能拥有对神明的恩惠的希望，对成功的信心，在困境中也无法在神那里找到避难之地。"

"我同意，我们确实应当在我们对神明的信仰中去掉迷信，就像从眼睛中去掉炎症一样；但是如果这不可能，那么我们不应该把二者都扫除掉并消灭大多数人对神明的信仰。信仰并非像这些人［伊壁鸠鲁派］所讲的那样可怕或狰狞；他们诋毁天命，好像她是什么吓唬小孩的丑陋巫婆，或是高悬于我们头顶的悲剧中冷酷无情的仇恨女神。在人类中，是有少数人害怕神，他们还是害怕更好些；因为他们害怕他像一个对好人温和、对坏人仇恨的统治者；正是由于这一害怕使他们不敢干坏事，使他们远离罪犯；既然他们把邪恶留在心底并慢慢熄灭，他们比那些公然放纵自己邪恶的人要少受折磨，后者公开付诸邪恶行动，结果立即充满了恐惧和后悔。另一方面，我们在无知的，但又不是大奸大恶的广大人群中看到的对待神明的崇敬态度中确实包含了某种颤抖的畏惧（我们就是从此得到了'迷信'②一词）；但是压倒它一千倍的乃是欢喜的希望、兴奋的欢乐，无论在祈祷还是在感恩中都把幸福的每一点增长归功于神明。这是由最有说服力的证据证实的：任何访问都不如访问一座神庙更让我们感到愉悦了；任何场合都不如神圣节日，任何行为或景象都不如我们在涉及神明的事务中的所见所为，不管我们是在举行一个宗教礼仪，还是在参加一场歌队舞蹈，或参加一次祭献，或入教仪式。因为在这些场合中，我们的心灵绝不会陷入焦虑，不会感到压抑或压迫，而在陪伴暴君或是颁布残酷惩罚的人时，就会有那样的感受。事实上，哪儿相信并确定认识到神的存在，哪儿就能比任何其他地方都更快地扫除所有痛苦、畏惧和焦虑的情绪，沉浸在快乐之中，轻

---

① 参看伊壁鸠鲁"基本要道"1。
② 该词的希腊文原意为"害怕精灵"。

轻松松，喜气洋洋。在爱情的事上，正如诗人说的：

> 就是老太老头，一谈起金色的爱神，
> 他们老迈的心也怦怦乱跳起来；

可是在祭神行列当中或祭献台前，那就不仅是老头老太，不仅是无钱无势的人，甚至连

> 在磨坊中迈着沉重的双腿推磨的人

以及佣人和雇工，都感到扬眉吐气、心情畅快。富人和国王可以筵席不断，接连享用大餐；但是当这是在圣仪或祭神时举办的筵席，当他们在崇奉和敬拜神明时感到心境与神亲近时，那就会带来高超得多的快乐和甜蜜。如果一个人放弃了对天命的信仰，这样的快乐他就无法享受到了。因为不是倒满的酒和烤肉在筵席上让人开心，而是对善良的神的降临及其对人们敬拜的慨然接受的美好希望与信心才使人高兴。因为如果我们不看某些节庆中的笛子和桂冠，如果神不降临到祭献中（可以说）主持仪式，剩下来的东西就不具有任何神圣性或圣日的迹象，精神也不会受到神圣的影响；我们不如说，对于这样的人，这个活动是令人厌恶的，或甚至是令人苦恼的。他只是因为惧怕大众的意见才去装腔作势地祈祷和磕头，虽然这些对他毫无用处；并且他还不得不说那些与自己的哲学冲突的话。① 当他祭献时，在他边上负责宰牲的祭司对他来说就是个屠夫；当这一切结束之后，他在离开的路上叨念着米南达（Menander）的话：

---

① 据说伊壁鸠鲁并不公开攻击宗教仪式，而且按时参加。

> 我向根本不注意我的神祭献。

因为这就是伊壁鸠鲁认为我们应该上演的喜剧：别坏了大家的乐子，别因为表现出我们不喜欢别人热衷做的事情而使我们在大众之中孤立起来。这样的妥协当然是令人苦恼的，

> 因为所有的被迫都是令人痛苦的事情，

尤埃努斯（Evenus）如是说。确实，这就是为什么他们想象迷信的人之所以参加祭献和入教仪式，不是因为他们喜欢，而是因为他们害怕。在此，伊壁鸠鲁派本身比迷信的人好不了多少，因为他们也是由于害怕才做同样的事情，而且甚至还得不到那些人能得到的幸福期盼，心中怀着对大众的欺骗和愚弄万一败露的害怕和焦虑，一只眼盯着那些

> 以歪歪斜斜的旋转方式

写作关于神和关于虔敬的书籍的人；[1] 并且由于畏惧而掩盖和隐藏自己的真实信念。

"既然我们已经讨论了坏人，也讨论了一般大多数人，下面让我们考虑第三种人：人当中的好人和对天神来说可爱的人，看看他们的快乐是多么大，既然他们对神明的信念完全摆脱了错误，相信神是我们获得所有幸福的指导，一切光荣的东西的父亲，他既不会遭受卑鄙东西的伤害，更不会做卑鄙的事情。'因为他是善的，而在善的事物中不会产生妒忌'[2]

---

[1] 参看欧里庇得斯《安德洛马克》448。斯巴达人有一种保密书写法，他们在一根棍子上卷一条皮子，然后把消息刻上去。接到消息的人也有同样大小的一根棍子，于是能读出消息。

[2] 柏拉图：《蒂迈欧》29E。

或是畏惧或愤怒或仇恨；如果认为善的东西会伤害人的话，那就等于是认为热的功能是冷却而不是温暖。① 从本性上讲，愤怒离开恩惠最远，暴怒离开善意最远，对人的热爱与和善离开敌意和恐怖的散布最远；因为其中一组属于德性和力量，而另一组属于软弱和邪恶。所以，说天界'不会受到愤怒情绪的影响'，不会施惠；这话不对。毋宁说，正因为神的本性就是施以恩惠和帮助大家，所以愤怒和伤害人不是他的本性。我们应当说：'天界的伟大的宙斯领导着整个行列，组织着和关怀着所有的事物'；② 至于说其他的神，有的名字叫'施恩者'，有一位叫'和善者'，有一个叫'仇恨邪恶者'；而阿波罗按照品达的说法

  对人类判决时最温柔不过了。

一切东西都属于神，正如第欧根尼（Diogenes）所说的，朋友中财产是共有的；好人是神的朋友；受到神喜爱的人不可能不繁荣昌盛，节制的和正直的人不可能不为神所喜爱。你认为否认天命的人还需要其他的惩罚吗，难道他们在自绝于与神关系密切的人所特有的如此巨大的快乐和愉悦时，岂不是已经受到足够的惩罚了吗？或者，梅特洛多诺、波力阿诺和阿里斯多布卢斯对于伊壁鸠鲁也算'信心'和'欢快'的源泉吗，他岂不是常常得为他们的疾病进行照料和为他们的死亡悲伤不已？让我们想想吕库古斯（Lycurgus）在被那'宙斯和所有高居天界的神所喜爱的'皮索（Pythia）③ 所召唤时，当苏格拉底相信天界对他偏爱、对他说话时，还有当品达听到他创作的歌曲被潘神歌唱时，那种快乐难道会轻微吗？再想想招待了狄奥斯库里（Dioscuri）的法米欧（Phormio），或是招待了阿斯克莱皮乌斯（Asclepius）的索福克勒斯，当他们由于神

---

① 参看柏拉图《理想国》335D。
② 柏拉图：《菲德罗》246E。
③ 即德尔菲的太阳神女祭司。——中译者注

的显灵而相信并使别人也相信时的快乐。海尔摩戈尼斯（Hermogenes）关于神的看法值得逐字逐句地记住：

> 这些全知全能的诸神是我的好朋友，因为他们关心我，他们时时都看到我，无论是白天还是黑夜，不论我去哪里或打算做什么；而且因为他们事先知道所有行为的结果，他们给我指示，送来预言、梦兆和迹象作为信使。①"

"而且，应当设定的是，来自诸神的东西也都是优秀的；但是它作为神的礼物到来，这本身就是快乐和无限的信心的巨大源泉，是骄傲与欢乐的源泉，那种欢乐宛如温柔地照亮着好人的光芒。那些体验不到这些的人缺乏最大的丰盛的快乐，在不幸之中也孤立无援。他们在灾难中只能看到一个避难所，那就是所有感觉的消解和丧失。这就像在海上风暴中有人来安慰我们说船上没有舵手，不会有狄奥斯库里来解救我们

> 镇压大海的粗暴入侵
> 以及疾风的狂烈打击；

不过，这也没有什么好吃惊的，既然船只随时会被大海吞没或是很快就会被抛到礁石上，摔得粉身碎骨。因为这是伊壁鸠鲁在可怕的疾病和极度的痛苦中的论证：'你希望神会因为你的虔敬而给你某种治疗？你上当了；幸福和不朽的存在者不会感到愤怒和偏爱'。② 你在想象死后会有某种比你在此处能找到的更好的生活？你被骗了，'因为消散的东西就没有

---

① 色诺芬：《会饮》卷4，48。
② 参看伊壁鸠鲁"基本要道"1。

感觉，而没有感觉的东西就与我们无关'。① '那么你这家伙为什么还要我吃喝和享乐？' '因为对你这位在风暴中苦斗的人来说，海难已经迫在眉睫，因为过头的痛苦立即导向死亡。'可是，一位船破落水的航海者只要怀抱靠岸和安全游到头的希望，就能不沉没；但是在这些人的哲学里，灵魂

> 根本无法从苍茫的大海中找到出路，②

因为灵魂瞬间就被彻底毁掉，分崩四散，在身体解体之前就消逝了。这样，她在得到这样的充满智慧和与神齐肩的教导时才会大喜过望，知道自己灾难的终头是被毁掉、消亡和不再存在。③

"实际上"，他看着我说道："我们把这一点包括在其他部分中实在是多此一举了，因为前些天我们已经听到你是如何令人信服地反驳那些相信伊壁鸠鲁的灵魂论使我们能比柏拉图还要更镇定自如地面对死亡的人"。此时宙西普斯开口道："什么！难道现在的讨论要因为另一个讨论的缘故而有头没尾，难道我们害怕对大家重复我们对伊壁鸠鲁的答复吗？" "当然不"，我说："正如恩培多克勒（Empedocles）所说的：

> 我们很愿意听到美好的话再说一遍。

所以我们要再次召唤铁翁；因为我不认为那一天他只是无所事事地听着；他也是一位年轻人，他没有必要怕青年们④因为他健忘而罚他。"

对此，铁翁似乎服从了强迫，说道："如果这已经定了，那我不会模仿

---

① 伊壁鸠鲁"基本要道"2。
② 《奥德赛》卷5，410。
③ 注意普鲁塔克语气中的调侃讽刺意味。——中译者注
④ 指普鲁塔克学校中的学生，他们在旁边听着上一次和这次的谈话。

你，阿里斯托德姆斯。因为你害怕重复今天出席的我们的朋友的论证，可我却会重复你的。我认为你把人分成三类是非常正确的：第一类，干坏事的、邪恶的人；第二类，普通的大多数人；第三类，正直和有头脑的人。①

"干坏事和邪恶的人如果害怕在下界中受到审判和惩罚，并因此有所收敛，那就可能享受一个有着更大的快乐和更少的焦虑的生活；因为伊壁鸠鲁认为对惩罚的害怕是我们在阻止犯罪时所唯一可以诉诸的动机。② 由此可以推出，我们甚至应该在这些人的脑子里灌输更多的迷信恐惧，并同时把天上地下的恐怖都塞给他们——那些无底深渊，那些惊恐，那些担惊受怕，③ 这样才能吓得他们变得更加诚实和节制。因为如果他们出于害怕下界审判而不敢犯罪，岂不比他们犯了罪之后整天担惊受怕过日子要好得多？

"至于大多数人，则期盼着一个不被任何神话引起的对死后世界的害怕所打搅的永恒来世；对于存在的热爱，作为我们所有激情中最古老和巨大的一种，远非只是抗衡那种幼稚的恐惧。实际上，当人们失去了孩子、妻子或友人时，他们更希望后者存在于什么别的地方，即使受苦也还存在，这也比完全被夺走和消灭掉并变成虚无要好。他们宁愿听到用这样的词语形容死亡：'他离开了我们'，或者'住到其他地方去了'，等等，总之是把灵魂的死亡说成是经历着变化而不是消灭；他们这样讲话：

就是在那儿我也会记住他的，④

还有

---

① 这一区分可以参看柏拉图《菲多》89E—90A。
② 参看伊壁鸠鲁"基本要道"17，34—35。
③ 伊壁鸠鲁派的科洛特攻击柏拉图的《理想国》中的神话。
④ 《伊利亚特》卷22，390。

> 你有什么话让我捎给赫克托尔的,
> 或是捎给你年迈的丈夫的?①

不过这里人们又走入歧途,因为他们感到最好还是把死者所熟悉的武器、财物和衣服与死者一道下葬,正如米诺斯(Minos)给格劳卡斯(Glaucus)陪葬的有

> 克里特的笛子,
> 梅花鹿的骨头。

而且他们觉得,如果死者向他们要自己想念的东西了,他们会很乐意给的,就像派里安德(Periander)为自己的妻子烧了所有精致物品,相信她想要它们并抱怨很冷。阿伊阿库斯(Aeacus)、② 阿斯卡拉弗斯(Ascalaphus)③ 和阿克农(Acheron)④ 的形象不会太吓着他们,因为他们已经用剧场中的歌队和演出以及豪华的音乐敬拜过这些神灵了,而且在奉献中感到快乐。事实上,死者的表情中让所有人感到可怕、阴郁和沉重的乃是毫无感觉、完全的遗忘和失去一切认识。诸如像'他失去了'、'他消逝了'和'他不复存在了'这样的话令人极为不安,这样的引语也让他们充满不快:

> 从此之后他将躺在
> 大地的最深之处,再也
> 不知道宴会或琴声或笛子的优美倾诉。

---

① 欧里庇得斯:《赫古柏》422。
② 埃阿斯和阿基里斯的祖父,死后变成下界审判官。
③ 阿克农的儿子,犯罪后在下界受惩罚。
④ 下界的地狱之河。

一 伊壁鸠鲁实际上使幸福生活不可能

还有

> 当生命气息跨过那唇齿的栅栏之后，
> 你就再也别想把它抓捕回来了，①

这一生命实际上已经遭到了某人的话的致命一击，那人说：'我们人都只出生一次；不会有第二次；我们将永远不复存在。'② 真的，人们在把当前的时间贬低为一个极小的瞬间或甚至完全的虚无（与所有的时间相比起来）当中，就使时间毫无意义地流逝了。他们看不起德性和男子汉行动；你可以说他们丧魂落魄了，把自己贬低为朝生暮死的生物，流逝不定，生来就不是为了高尚的目的。他们的教义是：'消散的东西就没有感觉，而没有感觉的东西就与我们无关'，这种教义无法排除死亡的恐惧，反而为这一恐惧添加了一个证据，从而加强了它。因为这是我们的本性所害怕的：

> 希望你们所有人都变成土和水，③

也就是灵魂变成无思想无感觉的东西；而伊壁鸠鲁在把身体消解说成是分散瓦解成虚空和原子中，这更加连根拔除了我们对于存在下去的希望，为了这个希望，（我几乎说过）所有的男男女女都会咬紧牙关抵抗斯尔比鲁斯（Cerberus）的毒牙，并且向漏瓶中倒水，只要他们可以继续存在下

---

① 《伊利亚特》卷9，408—409。
② 伊壁鸠鲁残篇204。
③ 《伊利亚特》，7，99。

去，而不是被彻底抹去。① 我说过，这些传说只不过是老妈和保姆的教条和寓言传说，没有多少人真的怕它们；即使那些害怕它们的人也通过某种神秘庆典和净化仪式加以对治，相信经过这些净化历程之后，他们就能在下界载歌载舞地过日子，那地方明亮灿烂，微风和煦，到处听到说话声。相反，生命的剥夺对于老人和青年都是极为痛苦的念头：

> 我们充满了痛苦的热爱，
> 我们爱大地上此处的光明；
> 对其他的生活我们一无所知，②

欧里庇得斯如是说。我们听到下面的说法时也不会无动于衷或是毫无痛苦：

> 说完了这些话，他那赛马日里的神采奕奕的
> 明亮面容就离开了他。

所以，他们摧毁了对永恒不朽的信念，也就摧毁了普通人的最快乐的和最大的希望。

"那么，我们怎么看他们对好人的影响呢？也就是那些正直圣洁，从不认为在另一个世界里会碰上不好的事情，而是会碰上最为光荣和神圣的事情的人？首先，正如运动员不是在投身比赛中，而是在比赛结束和赢得胜利之后才接受桂冠，那些相信对生命中的胜利的奖励在生命结束时等着好人的人，会在盯着这些希望的过程中由于自己的美德而充满一种最为奇妙的信心，这些希望中包括最终看到对那些因为此世中有钱

---

① 希腊神话传说中，斯尔比鲁斯是看守通往下界入口的恶犬；丹尼亚斯的女儿们（Danaids）因为谋杀丈夫而被罚在地狱不停地用破瓶子向布满漏洞的坛子中倒水。

② 欧里庇得斯：《希波吕托斯》，193—194。

有势就欺负侮辱别人或是因为愚蠢而嘲笑一切更高的力量的人的应有惩罚。其次，所有渴望追求真理和认识实在的人在此世当中都不曾完全满足过，因为理性之光受到了身体的遮蔽，就像蒙了一层雾或云一样，摇摆不定，模糊不清；但是，就像一只向上注视的鸟儿，它随时准备从肉体中展翅飞翔到光明的天穹之中，① 所以他们把哲学视为死亡的训练，② 调适了灵魂，让灵魂从必死的重负下解脱出来。他们把死看作是如此巨大和如此真正完美的一种福祉，因为他们相信灵魂在另一个世界中将过上一个真实的生活，而在此世中，灵魂并没有完全醒过来，过着睡梦一般的日子。故而，如果像伊壁鸠鲁所说的，'对死去的友人的回忆全然是令人愉快的'，那么我们就不必提伊壁鸠鲁派所放弃的巨大愉快了——他们认为自己可以接受和捕捉到死去的友人的显像和影子，也就是那种既无思想也没感觉的'影像'，③ 但是不认为他们会再次遇上那些朋友本人，或是再次见到亲爱的爸爸、亲爱的妈妈，或许是温柔的妻子，也不期望得到他们的陪伴和欢迎；但是那些同意毕达戈拉斯、柏拉图和荷马等关于灵魂的看法的人就拥有这样的希望。荷马的作品中有一处暗示了那些人的遭遇。他在交战双方军队之间的地方提到了埃尼阿斯（Aeneas）的影像，躺在那儿好像死了一样，后面却写到了真正的埃尼阿斯加入到他的朋友们中

　　　　生龙活虎，四肢健全
　　　　焕发着勇气。④

---

① 参看柏拉图《菲德罗》249D7。
② 柏拉图：《菲多》64A，67D，80E。
③ 伊壁鸠鲁派认为物体时时向四周漫射出细微原子"外壳"，可以看作原物的影像。——中译者注
④ 《伊利亚特》卷5，515—516。

荷马说，他们高兴极了，丢开那个影像，围上了那个真实的人。所以，当我们的理性告诉我们可以真正遇到死者，并且用我们灵魂的思考和爱的部分拥抱并加入那个人的思考和爱的部分时，让我们拒绝模仿那些无法放弃或丢开他们为之悲伤的所有'影像'或是什么'外壳'的人，他们把这些外表的东西当作实在了。

"不仅如此，那些把死亡当作新的和更好的生活的开端的人在种种福祉中享受着更大的快乐，因为他们还期待着更多的快乐的到来；或者，如果他们得不到此世所期盼的那份福祉，他们也不会过于伤心。相反，他们对死后的富足福祉的希望带给他们奇妙的快乐和期望，抹去和消灭了心里的一切不足和一切拒绝，他们就像在旅途上或短暂散步中的人那样，轻松安详地接受路上发生的事情。然而对那些认为生命最终走向的是'无感觉'和'消解'的人，不管一个人的运气如何，死亡都是令他痛苦的，因为死亡带来的是从好事而非坏事中的变化。不过，对幸运的人带来的痛苦比那些生活艰辛的人要更大。不错，它阻止了不幸的人对更好的日子的不确定的期盼，但它实实在在地夺走了幸运者的稳固资产——他的快乐生活。这个情况我想就像那种本身不好，但是不得不用的药物一样：尽管它们可以治好病人，但是他们给健康人带来的是悲惨和伤害。同样，伊壁鸠鲁的教义对于可怜的人保证的困境解脱，实在说不上是什么很幸福的事——他的灵魂的烟消云散；但是这种教义却几乎铲除了那些富足地拥有各种好东西的明智者的所有欢乐，因为它把他们的状况从幸福的生活改变成完全没有生活或是存在。很明显，想到要丧失好东西，人们自然会痛苦，而且这与对好东西的确定期盼或当下享用所带来的愉悦一样强烈。但是伊壁鸠鲁派却肯定说，当人们对无止无尽的坏事的预期被驱逐之后，就会得到最确定和愉快的一个好处：解脱感；伊壁鸠鲁在用灵魂消散理论驱逐对死亡的恐惧时，做的就是这件事。然而，如果从无穷的灾难中解脱是非常令人快乐的，那么被剥夺了对永恒幸福的希望和丧失了无与伦比的福祉，怎么会不是令人痛苦的呢？因为存在的丧失对于那两类人来说都不是好事；它对一切存在的事物来说都是不自然的和敌意的。那些从死亡的悲惨中找到摆脱生活的悲惨之路的人，就像逃犯一样，在逃避一切感觉中寻找安慰；而相反，那些从兴旺的日子走向虚无的人，却在眼前看到了一个最为可怕的景象，看到了他们目前的幸福将要完结的终点。因为人的天性不怕作为某种新事物的开始的'感觉丧失'，他们怕的是要付出目前正在享受的一切好东西。我们通过消灭一切属于我们的东西而达到的这个'与我们无关'的状态，已经在我们的思想中'与我们有关'了。失去感觉对于那些已经不存在的人并没有什么难的，但是对于那些还存在的人就难了，因为它把他们投入非存在，他们从此再也不能重生。所以，并不是斯尔比鲁斯或是克基图斯（Cocytus）使得对死亡的畏惧没有止境，问题出在使死者再也不能重新存在的非存在之威胁，因为伊壁鸠鲁说道：'不会有第二次出生，我们将永不存在。'如果终点是非存在，而这一非存在状态将永无终点，永无出路，我们发现死亡是所有好东西的损失，而且它乃是一个永远持续下去的坏事，因为它来自永无止境的'无感觉'。希罗多德在这么说的时候要更聪明些：'神虽然让我们品尝到了生活的甜蜜，但是在此却表露出了他的妒忌'；这尤其适用于那些被称为是幸福的人，因为他们的所有快乐只是引诱他们走向悲惨的诱饵，既然他们所品尝的一切都会被剥夺。对于那些把所有的优秀和福祉都看作是快乐的人来说，精神的哪一种愉悦或是'狂欢的'满足不会被抹去或压倒呢——这些人时刻受到这样的念头的袭击：灵魂将分崩瓦解，散入无限，就像散入某个无底深渊之中？而且，如果正像伊壁鸠鲁所想象的，对于大多数人，死亡的过程伴随着痛苦，那么对死亡的痛苦就完全超出了任何安慰，因为死亡引导我们通过苦难走向丧失一切美好的东西。

"可是，他们会永不疲倦地与所有人争执，反对这些论证，试图强迫别人相信逃离灾难是好，但是丧失好东西却不是灾难。不过他们承认这一点：死亡不带来任何希望或欢乐，只是意味着与所有愉快的和美好的东西的分离。这一时间段对有些人来说，意味着无数高贵的前景，壮观且神圣，这些人相信灵魂不朽不坏，[1] 或者相信从时间的长时段周期看，灵魂此时在地上漫游，彼时升入天空，直至它与宇宙一道消解，并与太阳和月亮一道燃烧入理智的大火之中。[2] 在那个空间里，快乐是如此的富足，如此的巨大无比，而伊壁鸠鲁的外科手术却要从我们的生命中切除它。他不满足于清除我们对来自天界的帮助的所有希望，清除所有的恩典的降临，他还要消灭我们灵魂中对学习和荣誉的热爱，从而限制我们的天性，把它抛入一个狭窄而且不干净的地方，心灵在那儿只能对肉体感到愉快，似乎人的本性除了逃避灾难之外就再也没有什么更高的'好'值得追求了"。

二 "隐秘无闻的生活" 是一个好准则吗？

但是，即使是这条准则的作者[3]也不想默默无闻，因为他说这话正是为了不至于无人知晓；作为一个心智出众的人，他这是在通过建议人们不要闻名于世而为自己寻求不公正的名声：

我恨那些对自己不讲智慧的智者。[4]

伊里希斯（Eryxis）的儿子菲洛克森努斯和西西里的格纳松（Gnathon）看到美食之后大喜，于是（据说）便在各道菜肴上打喷嚏，使其他出席宴席的客人退避三舍，这样他们就可以独享一桌子饭菜。同样，

---

[1] 柏拉图派的观点。
[2] 斯多亚派的观点。
[3] 即伊壁鸠鲁。
[4] 欧里庇得斯残篇 905（Nauck）。

那些对名声有着非同寻常的贪欲的人对别人贬低名声，就像在恋爱中吓退竞争者一样，这样他们自己就能独自稳操胜券。他们的做法与划桨的人倒有点异曲同工：划桨手面对船尾坐着，但是他们的奋力划动却能帮助推动船头向前行驶，因为他们向后划动时激起的漩涡产生的回旋围住船只，并推动它向前；同样，那些奉劝别人不要追求名声的人也可以说是在通过相反方向的方式追求名声。否则的话，如果他真的不想闻名于同时代的人，他有什么必要说这话？有什么必要为了将来的人而写下它来并发表它？此人甚至不想被后人忘记。

而且可以肯定的是，他所说的东西必然是坏事："隐秘无闻的生活"——就像你在盗墓一样？难道生活是一件可耻的事情吗，见不得人的事情吗？我的建议毋宁是：连你生活中的缺点也不要瞒着别人，让大家知道你的真相，受到批评，改正自己。如果你有德性，去帮助别人；如果你有恶习，别忘了就医。

更重要的是，要区别和认清你向什么样的人提建议。如果你对一位愚昧的、邪恶的和冷漠的人说这话，你就等于是在向他建议："瞒着你的热病，瞒着你的疯病；别让医生找到你。躲在某个黑暗角落里，在那儿让你和你的疾病不为人知。""你这患上了致命的顽疾——邪恶癖性——的人也赶紧把你的妒忌和迷信的爆发隐藏起来，就像隐藏炎症的发作一样，因为你害怕让能警告和治疗它们的人看到。"在远古时代，病人要自动接受公众的审查。[①] 每个由于曾经自己生过同样的疾病或看护过病人而知道一两种有益办法的人，都会告诉需要帮助的人；据说通过这种方式，从各种各样的人的不同经验中汇拢起来的一种伟大技艺就诞生了。现在，同样的事情也应当适用于有病的生活和心灵的紊乱：应当让它们毫无遮拦地暴露在所有人的目光之下，每个观察者都翻检着病灶，审视着，说着："你的问题是愤怒；你可以这样预防"；"你的病是

---

① 参看希罗多德《历史》卷1，197。

妒忌，我建议你如此如此做"；"你爱上了；我也曾经陷入爱情，但是我已经明白我的错误了"。然而，如果他们否认、隐藏和掩盖他们的疾患，他们就是在把邪恶更深地埋入自身之中。

另一方面，如果你是在对好人建议避人耳目、默默无闻，那你就相当于是在建议伊帕美农达斯不要当将军；吕库古斯不要立法；色拉希布卢斯（Thrasybulus）不要刺杀暴君；毕达戈拉斯不要传授；苏格拉底不要交谈，还有从你自己开始——伊壁鸠鲁——不要向你在亚洲的朋友写信，不要在埃及收徒，不要培养兰姆普萨库斯的青年，不要在你向他们鼓吹你的智慧的那一个个男人女人中间传播你的书籍，不要立下遗言规定葬礼仪式。① 因为，要不然你规定共同进餐干什么？规定节日和友人们的聚会干什么？你写下洋洋万言赞颂梅特洛多诺、阿里斯多布卢斯、凯伊莱德姆斯（Chaeredemus），② 辛勤作文以便使这些人即使死后也不至于默默无闻，以便你可以立下这些法则：德性应当无人说起，技艺应当闲置无用，哲学应当缄默，恩惠应当遗忘。③

如果你从生活中去掉公开性，就像你要在聚饮酒会上去掉灯光一样，这样你就可以在无人知晓中随意享受各种快乐——"隐秘无闻的生活"。确实如此。如果我要和妓女海黛娅生活在一起，和莱文提昂④共度良宵，"在高贵行为上吐口水"，认为美好就是"肉欲"和"舒服"；这样的仪式需要黑暗，需要黑夜；我们干这些事时要隐藏起来，不为人知。但是如果我们说到的是这样一个人：他在自然哲学中尊奉神明、正义和天命，在伦理学中尊重法律和社会，对公共事务积极参与，在政治生活中保持正直而非功利主义的行为，他有什么必要生活在默默

---

① 参看伊壁鸠鲁遗嘱，载于《自然与快乐——伊壁鸠鲁的哲学》。——中译者注
② 阿里斯多布卢斯和凯伊莱德姆斯是伊壁鸠鲁的兄弟，他们和梅特洛多诺一样先于伊壁鸠鲁去世，伊壁鸠鲁分别写了以他们的名字命名的书纪念他们。
③ 注意普鲁塔克语气中的反讽。——中译者注
④ 梅特洛多诺的情妇或妻子。

二 "隐秘无闻的生活"是一个好准则吗？

无闻中？是为了不教导任何人和不成为任何人模仿美德的激励者或高贵榜样？如果狄米斯托克利无闻于雅典，希腊人就不可能击退薛西斯（Xerxes）；如果卡米卢斯（Camillus）在罗马不为人所知，罗马就不可能还作为一个城市而存在；如果柏拉图不为狄翁（Dion）所知，西西里就不可能得到解放：正如光明不仅使我们相互看到，而且相互有用，闻名于人也不仅使我们的德性为人所知，而且使我们的德性能够付诸行动。让我们以伊帕美农达斯为例，他直到四十岁还不为人所知，从而对忒拜没有什么帮助；后来，当他被委以重任之后，他保卫了自己的城邦免于毁灭，并把希腊从压迫之下解救了出来。他的名声是照亮他面对危机发挥自己的德性进行奋斗的光。

因为正如索福克勒斯说的，不仅一座"房屋"

在使用中才变得光亮，宛如高贵的青铜一般；
无人使用时，则歪歪斜斜，最终倒塌。①

人的品格也是如此，它在昏暗无为之中积攒起来厚厚一层类似于霉菌的东西。一种无人知晓的安逸、静止和消磨于闲暇之中的生活，不仅让身体萎缩，而且让心灵退化。正像上面遮满了茂密的树枝、没有向外流水而静止不动的池塘会腐败，安静的生活看来也会如此：他们所拥有的任何好东西都不会流射出来，没有人到泉流中喝水，他们与生俱来的力量于是失去精力的最佳状态，走向衰退。

你难道没有观察到当夜色降临之际，有一种沉重感慢慢落到身上，有一种弛缓的阻力落到心灵之上，我们的理性如昏暗的火苗一样退回到自身之中，懒懒散散，疲惫不堪，只能星星点点地摇曳着，仅仅能够表明此人还活着。但是，当旭日东升

---

① 索福克勒斯残篇 780（Nauck 编）。

　　　　驱赶走了虚假的睡梦，

并且好像把行为和思考都结合到一个整体之中，它的光芒召唤大家的注意，带来了共同的运动；此时，正如德谟克里特说的："在新的一天中有了一个新的心灵"；所有的人都被相互吸引聚集起来，就像受到了一个强大的纽带的作用，从他们各自的个人沉睡中醒来，参加到活动中。

　　在我看来，生命本身——事实上一个人的出生和成形——都是神明为了他被人知晓而给他的礼物。当人还只是在广漠的宇宙中四处分散飞动的微小粒子时，他一直不为人所见，不为人所知；但是一旦他进入存在，当他聚合起来并拥有了一定的大小，他就脱颖而出，从无人看见和无人知晓变得为人瞩目。因为"成为"并非有人所说的"进入存在"，①而是从存在进入被知晓；因为产生并不是创造被产生的东西，而是显露出它们，正如毁灭并不是从存在转变到不存在，而是使分崩瓦解的东西从我们的眼前消失。这就是为什么在古老传统中被视为阿波罗神的太阳被叫作"戴里安"（Delian）和"皮希安"（Pythian）②的原因；而与之对立的国度的主宰，不管他是神还是精灵，则被叫作：

　　　　伸手黑夜和昏睡的君主。

这是因为我们认为人在消解之后就变为"aïdes"或"看不见了"。③事实上，我以为古人之所以称人为"phôs"（光），就是因为我们由于相互之间的亲情关系使我们对了解和被了解具有一种强烈的爱。有的

---

① 柏拉图和亚里士多德都提到哲学上对"成为"的定义：从"不存在"进入"存在"。
② "戴里安"（Delios）被视为来自"戴罗"（Delos），意思是"一目了然"。
③ Hades 即希腊的地狱。有关这个词的词源分析，参看柏拉图的《克拉底鲁》403A，404B。

哲学家相信灵魂本身就其本体而言乃是光,① 他们除了给出其他理由之外,还举出证据说:灵魂感到无知是所有事情中最令人恼恨的,它痛恨一切不明亮的东西,对所有黑暗的东西感到不安,觉得其中充满了恐怖和不可信任感;相反,光一出现,它就感到如此惬意,而一旦消失,它又是多么怀恋;所以它在没有光亮的黑暗中,面对那些本来非常令人愉快的东西也高兴不起来;然而一旦加上了光芒,就像添加了某种万能调味品,顿时使各种快乐和所有的游戏与享乐都变得欢快和有趣了。但是那些堕入无人知晓的状态中,把自己裹在黑暗里,并把自己的生活埋葬在空洞的坟墓中的人,似乎对自己的诞生都感到哀伤,并放弃存在的努力。

然而他们又说:获得名声和存在靠的是虔敬的死亡:

> 对于有的人来说,当我们这里进入夜色之中时,太阳在下界开满红玫瑰的草坪上发出耀眼的光芒。②

在另一些人面前,展开的则是一片巨大的、百花盛开的平原,上面的树木虽然不结果实,但是盛开着五颜六色的花朵,投下浓密的阴影,有些河流平稳地流过,绝无任何哀伤之声伴随;③ 住在那儿的人聚在一起,以说古论今打发时光。但是第三条道路则是留给那些度过了不虔敬的、犯罪的一生的人的。它把他们的灵魂赶入一个黑暗的坑里,

> 从那儿,黑夜的缓流涌出无边的昏暗。④

---

① 如赫拉克莱德斯残篇 100(Wehrli 编)。
② 品达残篇 129(Snell 编),135(Turyn 编)。
③ 在这些人看来,地下世界是享福的好人居住的,绝非《奥德赛》卷 11 中描写的无止境的黑夜,以及其他传说中讲的可怕景象。
④ 品达残篇 130(Snell 编)。

这些河流接受的都是这些判了罪受惩罚的人,把他们吞噬进模糊灰暗之中,再也不为人所知。并不存在什么鹫鹰在撕扯那些四肢张开趴在地上的恶人的肝脏,因为恶人已经被火给烧尽了;① 也不会有什么重负压垮了那些受惩罚的人的身躯的事情,

> 因为他们的筋腱
> 再也不能把骨肉维系到一起了,②

而且死者并不会有身体剩下来以承受重压之惩罚。确实,对那些过了邪恶的一生的人,唯有一种惩罚:永远不为人知,完全被抹去。这使他们被从忘川带到无乐河,③ 被抛入一个无底深渊,这一深渊使所有未对社会做出贡献的人,所有无所事事的人,所有可耻的人和默默无闻的人都被吸入一个无底洞中。

三 斯多亚派的话比诗人的还要荒谬*

品达笔下的凯纽斯(Caeneus)曾经被人批评为不可能的虚构,因为他刀枪不入、毫无感觉,而且"直立着裂开大地"沉入地下,却毫

---

① 参看《奥德赛》卷11,220、576。
② 《奥德赛》卷11,219。
③ "忘川"的希腊文是 Lethe,此处暗示着本文标题中的 Lathe 一词,即"隐秘无闻""无人知晓"。普鲁塔克的意思是,人们如果听从了"过一个隐秘无闻、被人忘却的生活"的伊壁鸠鲁派规则,则必然走向毫无欢乐的生活,因为他们被剥夺了积极生活的快乐。
* 普鲁塔克的著作,从列入兰普里亚斯目录(Catalogue of Lampurias)的看,有一篇叫"斯多亚派的话比诗人的还要荒谬",还有一篇叫"伊壁鸠鲁派的话比诗人的还要荒谬"。后者已经遗失。前者可能就是本文。本文的原文普拉努狄安(Planudean)手稿标题上还有个"概要"字样;但是通篇看下来,这并不是一个概要。它倒是有可能从普鲁塔克的一篇更大的文章中摘录出来的。

三 斯多亚派的话比诗人的还要荒谬

发无损。① 但是,斯多亚派就像用钢铁锻造那样用"无感觉性"② 锻造出来的莱皮特(Lapith),虽然不能免予受伤和生病,但是在受伤时、在痛苦中、在拷刑架上、在祖国的毁灭中、在遭遇个人灾难时,却依然毫无畏惧、毫无烦恼、自由自在、让人无法征服。当凯纽斯被击中时,他不会受伤;可是斯多亚派的贤哲在被关起来时并没有受到阻碍,在被从悬崖扔下去的时候并没有受到强迫,在拷刑架上并非受到折磨,在被肢解时并非受伤害,在被投入角斗场时令人无法战胜,在被包围时并没有被堵住,在被敌人卖为奴隶时并没有被俘虏。他就像那在风暴中颠簸、被打碎和最终沉没的船只,船身上镌刻着这样的名字:"一路顺风号""天意号""拯救号"和"护送号"。

欧里庇得斯笔下的伊奥拉乌斯(Iolaus)做了个祈祷,然后突然间就由年老体衰变为年轻力壮;③ 但是斯多亚派的贤哲虽然昨天还是极丑极恶的,今天突然就变为有德之人,从一个满脸皱纹、肤色蜡黄并且如埃斯居罗斯所说的

腰痛、可怜、痛苦得神经错乱的老者④

变成一位举止得体、状若神明、外貌英俊的人。⑤

还有,为了让奥德修显得英俊,雅典娜消除了他的皱纹、秃头和难看的外形;⑥ 然而,斯多亚派的贤哲的身体没有摆脱老年的痕迹,而且还添上了更多毛病,可能依然是驼背、没有牙齿、一只眼睛,但是他居

---

① 凯纽斯是希腊神话传说中的一个人物,是古代首领莱皮特的女儿,后来得到海神的帮助,变成男子,成了一位勇猛无比、刀枪不入的武士。
② 斯多亚派实际上区分了贤哲的"无感觉",即不受干扰,这与卑鄙的人的冷漠无情是不同的。
③ 欧里庇得斯:《赫拉克勒斯的儿女》849—863。
④ 参看埃斯居罗斯残篇361(Nauck)。
⑤ 根据斯多亚哲学,唯有贤哲是美丽的。
⑥ 荷马:《奥德赛》卷6,229—235。

然不丑、形状不难看、面容不是不英俊的。(……)①理由据说是：甲虫离开香水而追逐难闻的东西，同样，斯多亚派也喜爱和最为丑陋与形状最难看的人交往，而当后者被智慧变成美丽匀称的人之后就离开。

在斯多亚派当中，早上还是最为邪恶的人，可能在下午就变得最有美德的。一个人在上床入睡时或许还是精神错乱的、愚蠢的、不正义的、贪婪的，天哪，甚至是一个奴隶，一个扛苦力活的、一个要饭化子，他在同一天醒来时却会变成一位富裕的神圣君王，头脑清醒，公正坚定，不为任何幻想欺骗。那些在年轻柔软的身体上还没有长出任何胡须或是流露出任何青春期的迹象的人，他们的虚弱的、柔软的、缺乏男子气的和不稳定的灵魂却可以获得完善的理智、至高的稳健、神一般的性格、摆脱了幻想的知识，以及不可更改的习惯，而且这不是靠他过去的恶劣品性的任何减弱，而是直接从最为邪恶的野兽瞬间变成某种几乎可以称为英雄或精灵或神明的事物。② 因为，据说谁要是从斯多亚派那儿得到了美德，那就可以说：

　　问吧，你说你想要什么；所有的你都会得到。③

它带来财富，它让你拥有王权，它给予好运，它使人兴旺发达并不会有任何其他需要，完全自足，虽然他们自己一分钱也没有。

诗人的传说故事中，前后一致，合乎逻辑，从来都没有让赫拉克勒斯缺少生活必需品，而是让他和他的同伴源源不断地得到它们，就像来自一个泉水一样（从富裕之角中毫不吝啬地涌现出各种东西）；但是那

---

① 下一句可能不是直接接着前面的悖论的，即贤哲即使因为年老而形容憔悴，依然是美丽的；而是有可能接着另外一个悖论：即正是因为他是美丽的，他从斯多亚派的立场看就不被人爱，不值得被爱。所以，这里的原文中可能遗失了一些内容。

② 斯多亚派认为，一切错误的行为，不分轻重，都是同等的错误；从邪恶向完善的美德的过渡是瞬间完成的，故而变化者本人甚至可能意识不到变化的发生。

③ 米南达残篇614，6（Koerte—Thierfelder）。

得到了斯多亚派的富裕之号角的人，虽然他已经成了富人了，却还要从别人那里乞讨面包；虽然他已经成了君王了，却还要解析逻辑论证挣钱；虽然唯有他才拥有万物，还是得为住房支付房租，还是得买面包和奶酪，并且常常为此从那些一无所有的人那里借钱或乞讨。

再者，伊萨卡的国王讨饭，因为他希望不被人认出，所以他尽量使自己看上去"一举一动像个要饭花子"；① 可是斯多亚派的人却大声嚷嚷，使劲叫喊："只有我是国王，只有我是富人！"同时却又经常在别人的门口说：

> 啊，请给我一件外衣吧，希波纳克斯（Hipponax）快冻僵了。我的牙齿在打颤啊。②

四　哲学家尤其应该与当权者交谈

你紧紧拥抱索尔卡努斯（Sorcanus），你珍视、追求、欢迎并培养与他的友谊——这是一种在私人与公共生活中对许多人都非常有益、卓有成效的友谊——你这么做，表明你热爱高贵之物，是具有公共精神之人，是人类之友，而不是如有人说的那样是只寻求个人野心的人；不，恰恰相反，人若只有个人野心，害怕旁人的窃窃私语，那他必定害怕，也竭力避免别人称他为"当权者忠实的奴才"。一个关注哲学、需要哲学的人又会怎么说呢？"我不再做伯里克利（Pericles）或伽图（Cato），而要成为补鞋匠西摩（Simo）或教师狄奥尼修斯，这样哲学家就会坐在我身旁，与我交谈，就像苏格拉底坐在伯里克利身旁与之交谈一

---

① 荷马：《奥德赛》卷 16，273；卷 17，365。
② 希波纳克斯残篇 17（Bergk）。

样。"基沃斯岛（Chios）的阿瑞斯顿（Ariston）与所有想与他交谈的人交谈，诡辩家便诽谤他，阿瑞斯顿驳斥道："只要是劝导人们向善的话，我甚至希望野兽都能听懂"，然而我们却要避免与权贵和统治者亲密接触，仿佛他们都是野蛮的？

用品达的话说，哲学的教诲并非像"一个雕刻家只能雕塑注定无所事事地站在基座上的雕像"；不，这种教诲努力让它触碰的一切变得积极、能干、充满活力，它激励人踊跃采取行动，让人学会判断有用事物，让人喜欢高尚的事物，给人智慧和伟大的头脑，让人变得温和、保守。具有公共精神的人由于拥有这些品性，于是更希望与名人或者权贵交谈。当然，假如医生拥有远大理想，那么他会更加乐意治疗那负责为大众观看和照管众人的眼睛；哲学家也会更热心于照料一个待人热心、为大众而拥有智慧、自我克制和主持正义责任的灵魂。当然，假如一个人擅长寻找水源、获取水——据说赫拉克勒斯和许多古人就是这种人，他便不会乐意只是去靠近黑鸦岩的遥远地方，挖掘阿瑞托莎（Arethusa）的猪倌泉，① 他更乐意的一定是为城市、军营、国王的农场和神圣墓地寻找某条河流的充沛水源。因此，我们听到荷马称呼米诺斯是"伟大的宙斯的好朋友（o aristes）"，② 根据柏拉图的解释，其意思是"亲密的朋友和学生"；因为他们认为神的学生不应该是普通市民、居家之人或游手好闲之人，而应该是国王，因为假如在国王身上培养出了公正、仁慈、高尚，那么大众便可从他们的这些优良品质那里受益匪浅。有些刺芹属植物，据说一旦山羊吃到嘴里，开始是这只山羊，接着整个羊群都会僵立不动，直到牧羊人来把植物取出。这种辛辣的东西的力量扩散是如此强大，就像一团火焰，迅速蔓延到身旁周围的一切，并向外延伸开去。很显然，假如哲学家的教诲把握住的是一个不担任公职

---

① 《奥德赛》卷8，404—410。
② 《奥德赛》卷19，179。

的私人，一个喜欢摆脱各种事务并将自己局限在肉体的舒适中的人，就仿佛被限制在圆规所画的圈子中那样，那么这一教诲就不会波及别人，而仅仅能让那个人心情宁静，随后就枯竭和消失殆尽。然而，假如这些教诲能够支配了一个统治者、政治家、实干家，使其充满对荣誉的热爱，那么哲学家就可以通过一个人而造福众人，就与阿那克萨戈拉（Anaxagoras）教导伯里克利、柏拉图教导狄翁、毕达戈拉斯教导意大利南部古希腊移民城邦的首领一样。伽图离开自己的军营，乘船登门拜访阿忒努德鲁斯（Athenodorus）；西庇阿（Scipio）自己被元老院外派的时候，还派人把潘纳修斯（Panaetius）请来，如波塞多尼奥斯（Poseidonius）所说：

> 来查看人类的暴力和法制。①

那么，潘纳修斯本应说些什么呢？"如果你是巴图（Bato）或波力丢休斯（Polydeuces），或者其他哪个私人，他想逃离城市的中心，到某个角落安安静静地论证哲学家的推论，或对其进行烦琐辩驳，我将非常欢迎你、陪伴你；但是，你既然是曾两次担任执政官的埃米留斯·泡卢斯（Aemilius Paulus）的儿子，是战胜迦太基统帅汉尼拔的亚非利加的西庇阿（Scipio Africanus）的孙子，那我就不应该与你交谈吗？"

有种说法认为言语分为两种：一种存在于头脑里，是向导者赫耳墨斯（Hermes）送给人类的礼物，另一种存在于说话里，仅仅只是一种附属或者工具。这种说法早已过时，我们应该在其前面加上一句：

> 没错，这我在色奥格尼斯（Theognis）出生前就知道了。

---

① 《奥德赛》卷17，487。

然而这不会困扰我们，因为无论是存在于头脑中还是存在于说话中的言语，其目标和最终目的都是友谊——一个是对自己，而另一个则是对邻居；前者通过哲学导向美德，使得人与自己和谐统一，不再遭受自己的责备，对自己平和、友善。

  他的身上找不到派系冲突与注定失败的斗争。

在他身上，没有反叛理智的激情，没有冲动与冲动之间的争斗，没有论证与论证的对立，可以说在欲望与忏悔的交界线上没有强烈的骚动和愉悦；一切都是温柔友善的，并使人获得最大益处，与己相悦。然而，品达说，口头言语的缪斯女神从前"对获取并不贪婪，也并不苦苦追求"，我相信，她现在依然如此，但由于缺乏教育和品位，"大家的赫尔墨斯"开始腐败，待价而沽；阿芙罗狄蒂（Aphrodite）对普洛波图斯（Propoetus）的女儿们感到愤怒，[①] 因为

  她们为年轻人设计了很多坏习惯，

难道乌拉尼亚（Urania）、卡利俄铂（Calliope）和克利俄（Clio）却喜欢那些为了金钱玷污言语的人？不，我觉得，与阿芙罗狄蒂的作为和才能相比，缪斯女神的作为和才能更有利于友谊。有些人将名声视为言语的最终目的和目标，人们赞美好名声，以为它是友谊的开端和种子；但是，多数人宁可完全出于善意给予别人声誉，因为他们相信我们只赞美自己所喜爱的人。但是，正如伊克西翁（Ixion）在追求赫拉（Hera）时滑入云端之中，这些人抓住的也只不过是欺骗、艳丽和狡猾的外表，却无法获得友谊。但是，明智的人假如参与积极的政治生活，他将只要

---

  ① 参看奥维德《变形记》卷 10, 221 以下。

求一定的声名,只要足以激发他人的信任,从而获得处理事务的权力即可;因为假如人们不愿意服从,那么就很难帮助他们获益,而且会导致他们的不快;而信任能使他们愿意服从。正如光线对于观看的人比起对被观看的人更为珍贵,同样,荣誉对于那些意识到声誉的人来说比对于那些没有被忽视的人来说更是一件好事。但是一个人若不涉足公共事务,只与自己交流,觉得幸福是宁静的、持续不断的休闲,他"纯洁自制,只是在远处仰慕"那在民众和剧场中广为传播的名誉,正如希波吕托斯崇拜阿芙罗狄蒂,也能泰然处之;① 不过,尽管他并不蔑视正直可敬之人的名誉,但他不追求财富、领导者的名誉或是友人中的权力;然而,若这些品性出现在一个节制有度的人身上,他也不会逃避。同样,他也不会在那些英俊美丽的年轻人身上追求这些东西,而是在乐于学习、可以教诲的年轻人中来寻求。但是,哲学家在看到那些青春动人、魅力四射的人的美丽之后也不会吓坏或吓跑,以至于躲开了那些值得他关注的人。因此,假如在一位温和节制并拥有知识和修养的人身上看到那种领导者和当权者的威严,那么哲学家也不会保持清高而不愿与他交朋友或珍视他,也不会怕被人称作拍马奉承之辈。

> 那些将阿芙罗狄蒂拒于千里之外的人
> 和那些过头地追求她的人一样疯狂愚蠢;②

而那些以这种态度来对待与名人或领导的友谊的人也同样疯狂。因此,那些无心公共事务的哲学家也不避讳名人或领导,而有意从事公共事业的人更应该伸出双臂来欢迎他们;这些人不会违背他们的意愿,惹恼他们,也不会在他们的耳朵里灌输不合时宜的诡辩论调,但如果他们愿

---

① 欧里庇得斯:《希波克拉底》,102。
② 欧里庇得斯:《希波克拉底》,115。

意,那么他会乐于与他们交谈,共度休闲时光,并热心交往。

> 我耕种的土地走一圈需要 12 天;
> 那波力希恩塔(Berecynthian)的土地;①

假如说这话的人不仅热爱农业,而且还热爱同胞,由于安提西尼(Antisthenes)的小块土地太小,还不够奥托里库斯在里面摔跤,② 那么比起耕种那小块土地,他能从耕种波力希恩塔的土地中获得更多快乐,因为耕种这块土地可解决更多人的吃饭问题。但假如(他的意思是):"我耕种所有这些土地,这样我就能征服整个人类居住的世界",那我反对这种心态。伊壁鸠鲁尽管将幸福安放在宁静的最深处,就好像放在一个封闭的港湾里,他还是说,给人恩惠比受人恩惠更高尚、更令人愉悦。

> 因为最主要的快乐来自善意的恩惠。

当然,那些给予美惠三女神分别命名为"阿戈莱娅"(辉煌)"尤弗罗西莱"(愉快)和"塔里娅"(开心)的人,可谓英明之至,因为乐善好施的人的愉悦和欢快更伟大、更纯洁。因此,受人恩惠时,人们通常感到羞耻,而给人恩惠时,则相当愉悦;而那些把众人所依靠之人造就得向善的人,就是在向大众施与恩惠;相反,那些经常使统治者、国王或僭主走向腐化的恶语中伤者、背后诽谤者以及阿谀奉承者,会遭到所有人的驱逐和惩罚,就好比这些人在下毒药,但不是下到一个杯子里,而是下到众所周知是人人饮用的公用泉水中。因此,看到奉承卡里阿斯

---

① 埃斯居罗斯残篇 153。
② 参看色诺芬《会饮》3.8。

的人在喜剧中被人奚落时,大家只是哄笑;尤波力斯(Eupolis)说这些奉承者:

> 没有火,没有,也没武器,
> 不论是铜制的还是铁制的,
> 可以阻止他们蜂拥而至享用晚餐,

但是,人们对于僭主阿波罗多罗斯、法拉里斯和狄奥尼修斯的朋友和亲信,却杖笞、折磨、火烧,让他们永世受到玷污,遭受诅咒;因为前者只伤害了一个人,而后者,却通过一个人——统治者——给成千上万人带来灾难。因此,哲学家如果与不担任公职的私人交往,可以使这些人对他们自己没有伤害、温和文雅,但一个人若能驱除统治者性格中的罪恶,或者引导统治者的心智朝正确的方向发展,那他就可以说是在为了公共利益进行哲学工作,纠正改善统治一切的普遍权力。国家授予本国祭司以尊敬和荣耀,因为他们求得神赐不是为他们自己、朋友或家人的,而是为广大民众的;然而,祭司并未将众神造就为恩赐的给予者,因为神天生就是给予恩赐的;祭司只是在乞求众神佑护。但是,那些与统治者交往的哲学家却真的可以使统治者更加公正、温和、热衷做好事,因此他们必定会更加欣慰。

我想,假如一位制作里拉琴的工匠预知那把里拉琴的未来主人将像安菲翁(Amphion)那样,建造忒拜(Thebes)的城墙,① 或者像泰利斯(Thales)那样,利用他音乐的魔力和他的劝说化解古代斯巴达人内部的派别之争,那他会更乐于制造那把里拉琴。同样,假如一位木匠预知自己制造的舵柄能在保卫希腊的战争中驾驭塞狄米斯托克利斯的旗舰,或者能在庞培征服海盗的时候驾驭庞培的旗舰,他也将更加高兴。

---

① 传说中说,当安菲翁弹琴时,石头自行组合成忒拜城墙。

那么，假如哲学家想到那些接受自己教诲的政治家或统治者将会施行公正、制定法律、惩治恶棍，让善良的人们兴旺发达，从而给大家带去幸福，此时，哲学家对自己的教诲又会作何感想呢？我还可以想象，一位聪明的造船匠假如得知自己所造的舵柄将驾驭"众人关注的"阿尔戈号，① 那么他在制造时也一定会更加愉快；一个木匠会热心地造像阿克松奈斯（Axones）那样的犁或者马车，因为在上面将刻上梭伦的法律。当然，假如哲学家的教诲能够深深地刻在统治者和政治家的心中，控制他们，那么这些教诲将获得法律的效力；这也正是柏拉图乘船前往西西里岛的原因，他希望自己的教诲能够在狄奥尼修斯的政府中制定为法律，变为行动；但是，他却发现狄奥尼修斯就像一本曾被全部擦掉又写上别的内容的书本，已经污迹斑斑，无法再抹去其暴政的色彩；因为时间太久，这种颜色已经深深固定下来，难以冲洗干净。的确，人应该在还处于最佳状态时来接受有价值的教诲。

五　雅典人的名声是赢自战争还是源于智慧？[*]

……以上就是伟大的狄米斯托克利正确地告诉接替自己的将军的话。也正是他驱逐了蛮族的军队，解放了雅典，并为这些后来者们的丰功伟绩铺平了道路。同样，这些话语也应当让那些因自己的文笔而沾沾自喜的人们听听；因为若没有行动创业者，就不会有动笔头的人。若没有伯里克利的政治业绩；没有法米欧（Phormio）在里温（Rhium）海

---

① 《奥德赛》卷12，70。

[*] "雅典人以什么闻名？"大约是普鲁塔克在雅典做的演说。爱默生（Emerson）在翻译出版普鲁塔克作品选集的序言中写道："他文笔的活力体现在《雅典人的名声是赢自战争还是源于智慧？》这一章中。"令人惊讶的是，该活力竟然用来赞扬军人，诋毁文化人；尤其是他对雅典人对文化的贡献一清二楚。当然，也有可能这只是他那个时代的修辞学中流行的"通行辩题"之一，论点并不一定代表本人完整的立场。

战大捷的战利品；没有尼西亚斯（Nicias）在基西拉岛、麦加拉和科林斯的英勇事迹；没有狄摩西尼坚守皮罗斯；没有克里昂（Cleon）俘敌四百；没有托尔米德斯（Tolmides）环航伯罗奔尼撒半岛；没有米洛尼德斯（Myronides）在奥伊诺菲塔（Oenophyta）战胜波埃提亚人（Boeotians）——倘若没有这一切，那么你便无缘拜读修昔底德的作品。倘若没有亚西比德在赫勒斯庞提尼（Hellespontine）地区的英勇功绩；没有色雷西路斯（Thrasyllus）在莱斯博斯岛的功绩；没有色拉米尼斯（Theramenes）推翻寡头统治；没有色拉希布卢斯、阿基努斯（Archinus）以及七十位勇士从菲莱（Phyle）起义和反抗斯巴达的霸权——没有克农重建雅典的制海权，倘若没有这一切，那么克拉底普斯（Cratippus）[①]这位历史学家也就无从诞生。

色诺芬记录的固然是自己的指挥才能和丰功伟绩，为自己编写历史，却使用叙拉古人狄米斯托格尼斯（Themistogenes）的名义来编写有关内容。他之所以在文献中以第三人称记录自己的事迹，将作者的荣耀拱手让人，是为了让读者觉得更真实可信。但是，所有其他的历史学家，如克莱托戴姆斯（Cleitodemus）、狄伊卢斯（Diyllus）、菲洛克卢斯（Philochorus）、菲拉库斯（Phylarchus）等，都是为他人作嫁——他们仿佛是戏剧中的演员，把帝王和将军们的事迹搬演给大家看，并把自己融入到传统所记载的那些人物角色中，以求似乎可以分享几分伟人的光辉显赫。文人们以自己的文字为媒介，向读者展现出实践者们的种种事迹；仿佛镜子，在折射出他人光辉形象的同时，也能沾得几分荣耀。

如我们所知，这个城市一直以来都是诸多其他技艺的母亲，是哺育它们的温柔奶娘：之所以这样说，是因为这些技艺中，有些是在雅典诞生的；另外一些则从雅典汲取了活力、荣耀和发展的动力。特别值得一提的是，绘画技术在这里得到了润饰和提高。发明色彩调和以及明暗法的画家阿波

[①] 一个依据修昔底德的史书线索写作的历史学家。

罗多罗斯就来自雅典。在他的艺术作品上，镌刻着这样的字句：

　　指责是容易的，照样做一个就难了。

尤弗拉诺（Euphranor）、尼西亚斯、阿斯克莱皮奥多卢斯（Asclepiodorus）和菲迪亚斯的兄弟潘纳努斯（Panaenus），其中一些人的作品描绘凯旋的将军，另一些描绘战争，还有一些则描绘古时的英雄。例如，尤弗拉诺曾将自己画的忒修斯和培拉修斯（Parrhasius）画的忒修斯作比较，并宣称说，培拉修斯画的忒修斯是玫瑰花瓣养活的，而自己画的忒修斯则是以牛肉为食的。这是因为，培拉修斯画的忒修斯的确在技法上颇有精妙之处，与忒修斯有几分相像；但有人在看了尤弗拉诺画的忒修斯后，发出了恰当的惊叹：

　　他真是伟大英雄厄瑞克透斯（Erechtheus）的后代，
　　那位曾由宙斯的女儿雅典娜抚育的厄瑞克透斯。①

除此之外，尤弗拉诺还描画了在曼提尼亚（Mantineia）的抗击伊帕美农达斯的骑兵战斗的情景，表现得栩栩如生。战斗是这样发生的：忒拜人伊帕美农达斯在留克特拉战役之后洋洋得意，急切希望踏平元气大伤的斯巴达，将其傲慢与自大碾为灰烬。起先，他以七万大军进犯，侵掠斯巴达人的领土，说服珀里俄基人（Perioeci）倒戈。接着，他又扬言要进攻那些在曼提尼亚一带集结的军队。这些军队不想也不敢冒险出战，只是继续等待从雅典来的援军。伊帕美农达斯却连夜拔营，神不知鬼不觉地奔袭斯巴达。由于城内空虚，斯巴达差点就被他攻占。所幸斯巴达的盟友有所察觉，援军火速赶到。于是伊帕美农达斯撤退，佯装要

---

① 《伊利亚特》卷2，547。

对乡村发起攻掠和洗劫。就这样，他蒙骗了敌人，消除了他们的疑虑，又连夜从拉哥尼亚出发，飞速穿过中间地带，出人意料地出现在曼提尼亚人面前。而此时，曼提尼亚人正在讨论该在何时增援斯巴达呢。伊帕美农达斯命令忒拜人立刻武装起来投入战斗。于是，对自己的善战十分自豪的忒拜人发起攻击，包围了城墙。一时间，曼提尼亚人惊慌失措，呼天抢地，东奔西跑，因为他们无法击退潮水般涌来的大量军队，也想不到会有谁来营救。在他们生死存亡的紧要关头，雅典人丝毫没有意识到此地的严峻形势和激烈战斗——他们正一路晃晃悠悠地从高地向着曼提尼亚平原进发。此时，从城中跑来一个曼提尼亚人，报告危险。尽管雅典人的数量与大量敌军相距悬殊，尽管他们旅途劳顿，而且附近没有其他任何盟友，但他们还是全力以赴，立刻组成战斗队形投入战场。骑兵穿上盔甲，在城门口城墙边与敌方骑兵展开殊死搏斗。最终，雅典人获得胜利，将曼提尼亚从伊帕美农达斯的手中拯救了出来。

这就是尤弗拉诺描绘的战斗。在他对战役的描绘中，人们可以看到激烈的冲突和顽强的抵抗，看到战斗者们的勇气和斗志。可我觉得，你不会将画家与将军相提并论，你也不会容忍那些喜爱图画胜于喜爱胜利奖品的人，或是喜爱模仿胜过事实本身的人。

然而，西蒙尼德斯把绘画称作沉默的诗歌，把诗歌称作说出的绘画：因为画家表现的是似乎正在发生的事件，而文学则是在描述和记录已经发生的事件。尽管画家使用颜色和图案、作家使用文字和短语来表现同样的主题，但他们使用的材料及模仿的方式却不一样。然而，两者根本的结果和目标却是一致的。最成功的历史学家，能形象地描绘人物和情感，将历史展现得如画卷一般生动。确实，修昔底德一直努力在文章中取得这种生动的效果，因为他期望能将读者变成观众一样，能使他们在阅读自己的作品中宛如身临其境，与那些亲眼目睹战争的人们一样，感受到惊愕惶恐。他描述狄摩西尼在皮罗斯的防波堤的最边缘处集结雅典人；描述布拉西达斯催促舵手将船驶上沙滩，急匆匆地奔向着陆板，受伤并晕倒在前甲板；描述斯巴达人在海上与岸上的步兵交战，而雅典人则从陆地发起海战。

此外，他这样描述西西里岛远征："由于双方军队在海战中势均力敌，陆上的交战便持续不断，扣人心弦"；"由于战局一直僵持不下，他们感到极度恐惧，他们的身体也随着对结果的看法而摇摆着"。这样的描述在内容安排和描述的力量上都表现出画面一般的生动形象。因此，如果画家不配与将军相提并论，那我们也别提历史学家了。

此外，根据本都的赫拉克莱德斯的叙述，伊罗埃以达斯（Eroeadae）的瑟西普斯（Thersippus）带回了马拉松战役的消息；但大多数历史学家都宣称是欧克勒斯（Eucles）身穿全副盔甲，在酷暑中从战场跑来，一看到同胞，便冲进他的家门。只说了一句："欢呼吧！我们胜利啦！"便断气了。此人亲自参加了战斗，自己奔回来报告战役的消息。但假使某个牧羊人在山上或者高处远远地观看了这场战斗，目睹了这场伟大得难以言表的战斗——假使他也作为信使来到雅典城，既没有受伤，也没有流一滴血，却声称与希莱盖努斯（Cynegeirus）、卡里马库斯或波力宰鲁斯（Polyzelus）一样光荣，就因为是他报告了他们的英勇事迹，传递了他们受伤、牺牲的消息；倘使这样，人们岂不要认为他厚颜无耻到了极点？我们得知，关于修昔底德笔下的曼提尼亚战役，斯巴达人对于传递捷报的使者的奖励，只是从公共财产中发给他肉吃！事实上，史书的撰写者们也就如同传递伟大业绩的使者一般；只不过他们具有文学天赋，文笔优美而有力，能够成功地写出美文。同时，这些作家对史实令人愉快的复述，还要归功于那些最初目睹并记录这些事件的人。我们可以肯定，人们由于那些成功的英雄而铭记这些作家，阅读他们的作品，于是这些作家才会受人赞美；因为语言不能创造事迹；相反，因为有了事迹，描述它们的语言便被认为值得一读。

诗歌也因为其语言与事迹般配而受到了人们的喜爱和尊重。正如荷马所说：

尽管他撒了许多谎，却能使它们以假乱真。①

另一个故事记载，米南达的一个密友对他说："米南达，酒神节马上就到了。难道你还没有编写喜剧？"米南达答道："老天作证，我真的已经编好了：情节都已就位。可我还需要加入台词。"就连诗人都觉得主题比语言更重要。

品达年轻的时候，为自己措辞巧妙颇感自豪。科琳娜（Corinna）却警告他说，他的文笔不够优雅，而这是由于他没有采用诗歌最合适的题材——神话。科琳娜认为，当时的品达作品依靠的只是将一些已废弃罕见的旧词堆砌起来，并使用意义的扩展、诠释、词句的抒情和节奏；而实际上，这些只能作为主题的润饰。品达听后深以为然，终于写成了这首著名的抒情诗：

是伊丝迈努斯（Ismenus），还是摇金色纺线杆的米利亚（Melia），
还是卡德姆斯，还是那种出来的人类神圣种族，
还是赫拉克勒斯的力大无比，
还是对狄俄尼索斯愉悦敬拜。

他将这首诗拿给科琳娜看，可后者笑笑说，人是用手播撒种子，而不是把它用麻袋往田里倒。确实，品达这次是把各样神话如同种子一样混杂在一起，然后一股脑地倾倒在自己的诗歌里。柏拉图也指出，②诗歌写作的是有关神话的内容。神话旨在虚构，不过看上去像一个真

---

① 《奥德赛》卷19，203。
② 《菲多》，61B。

实故事。因此，如果故事只是现实的图画或影像，而神话又不过是故事的图画或影像，那么它离现实事件便隔得更远了。因此，那些描述虚构的业绩的作家便落后于历史学家，正如那些报告业绩的人不如那些实际完成业绩的人。

确切地说，雅典没有谱写史诗和吟诵诗歌的著名诗人。西奈希亚斯（Cinesias）似乎是一位不幸的诗人：他没有家庭和荣誉，又受到喜剧诗人的嘲弄，不幸变得声名狼藉。对于那些戏剧诗人，雅典人认为编写喜剧有损尊严，是庸俗的事情，乃至颁布法律严禁任何元老院成员编写喜剧。然而，悲剧却得到长足发展，赢得高度赞扬，成了那个年代的人们在视听上的绝好娱乐项目。悲剧通过情节中的神话色彩，以及剧中角色人物遭遇的兴衰祸福，起到了一种欺骗的效果；不过这种欺骗正如高尔吉亚所说的："欺骗别人的人比不欺骗别人的人更诚实，受骗的人比不受骗的人更聪明。"欺骗别人的人更诚实，因为他做了自己承诺的事情；受骗的人更聪明，因为他的头脑对优美的东西并非麻木不仁，很容易受到美言妙文的迷惑。

狄米斯托克利高瞻远瞩，给雅典围上城墙；伯里克利勤奋努力，把雅典卫城装扮得焕然一新；米太亚德给雅典带来自由；西蒙则将它推到至高无上的地位。与它们相比，这些优美的悲剧给雅典人带来了什么好处呢？如果我们可以依靠欧里庇得斯的智慧、索福克勒斯的雄辩和埃斯库罗斯的诗歌的高昂精神来解决雅典的任何困难，或者能为雅典赢得辉煌的成功——那么，我们理应把他们的悲剧与胜利的桂冠对比，把戏院与将营相较，把戏剧表演的记录与将士的纪念碑相媲美。

那么，倘使我们让这些人佩戴各自成就的标志和徽章，安排分配从舞台的各个合适的入口进场，这样是否合你的心意呢？我们可以让诗人们从这一个入口进入，在长笛和竖琴的伴奏下咏唱：

现在不要发出任何邪恶的声音，为我们的合唱让道，

谁要说坏话，便显出自己的拙劣，显出自己心灵污秽，

他未曾在高贵缪斯的仪式上唱歌、跳舞，

也未曾在酒神的仪式上学习克拉提努斯（Cratinus）的迷人口才！①

让他们带上它们的装备、面具和祭坛、舞台器械、旋转的布景变化以及纪念他们得胜的三足鼎。让他们的悲剧演员陪伴他们，这些演员们，诸如尼科斯特拉图斯（Nicostratus）、卡利庇得斯（Callippides）、米尼斯丘斯（Mynniscus）、色奥多罗斯和普鲁斯（Polus）给悲剧穿上长袍，并给她抬着轿子，仿佛悲剧是某个贵妇人；或者不如让他们跟在后面，仿佛他们是为雕像涂饰、镀金、着色的人一样。②让悲剧拥有充分的舞台装备、面具、深灰色长袍、舞台器械、舞蹈教师、保镖和难以对付的人群。关于所有这些，一名斯巴达人说的话也许不无道理：雅典人在娱乐上花费那么大精力，真是犯了天大的错误，换句话说，这些费用本可以用来建立强大的舰队，可以支援战场上的军队，他们却浪费在戏院中。如果我们计算每一场悲剧的费用，便可发现雅典人将更多的钱财花费在《酒神女信徒》、《腓尼基妇女》、《奥底普斯王》、《安提戈涅》等剧目上，他们将更多的钱财花费在为美狄亚（Medea）和伊莱克特拉（Electra）悲痛哀悼上，而只将少许的钱财用于战斗——为他们至高无上的地位而战，为反抗野蛮人、争取自由而战。将军们在带领士兵进入战场时，总命令他们带上生的口粮；我敢保证，指挥官在给桨手们提供大麦餐加一点洋葱和干酪后，却让他们划三层船。但那些合唱团出资人却给合唱队队员提供山珍海味；而且队员们在练声的整个时期中，长期衣食无忧，生活奢华。失败的合唱团赞助者被人看不起和嘲笑；而胜利者只获得一只三足鼎——如德米特里乌斯所说，这与其说是

---

① 阿里斯多芬：《蛙》353—356。
② 也就是说，一场悲剧是一座没有装饰的雕像，而演员们为它提供了各种装饰。

纪念胜利的还愿礼物，还不如说是对他们浪费了的生命的最终祭品，空洞地纪念他们失去的财产。这些就是诗歌艺术的回报了，仅此而已，再也无法带来任何更加辉煌的东西。

现在让我们去看看将军们从另一边的入场；随着他们的到来，那些从未有过英勇事迹的，也未参加过政治生活或打过仗的人，必然"不发出任何邪恶的声音，并且让道"，这些人缺乏勇气，不能干出像他们那样的事迹，而且"心灵污秽，未曾在酒神仪式中训练过"——这种仪式就是"米底人的天敌"米太亚德以及"波斯人的屠宰者"狄米斯托克利的作为。这是战神的叛乱，陆上有步兵，海上有海军，满载着掠获物和战利品：

> 听，啊啦啦，战争之女，
> 您走在碰撞的长矛的前面，
> 英雄们在神圣的死亡牺牲中祭献给您。

忒拜人伊帕美农达斯就是这么喊叫的，当时伊帕美农达斯和士兵们正献身于最崇高、最辉煌的战斗，他们为祖国而战，为祖先的坟墓而战，为圣坛而战。我似乎看到他们的胜利者走过来了，并非拖着一头牛或是一头羊什么的作为奖品，也没有戴着常青藤和散发着狄俄尼索斯的果枝芬芳的桂冠。但整座城市都属于他们，还有岛屿，甚至大陆、一千个塔连特才能建成的庙宇和人口众多的殖民地。他们满载着各种各样的战利品。他们的勋章是各种建筑物，包括一百英尺长的帕台农神庙、南面的长墙、造船厂、卫城的入口、克索尼斯半岛和安姆菲波力斯（Amphipolis）。马拉松在前面引导着胜利者米太亚德，萨拉米在前面引导着胜利者狄米斯托克利，他们都矗立在成千艘战船的残骸上。西蒙的胜利从尤里米东（Eurymedon）带来缴获的一百艘腓尼基船只，德摩斯提尼和克里昂的胜利带来从斯法克泰里亚（Sphacteria）缴获的布拉西达斯的盾牌，后面还跟着戴着枷锁的他的士兵。克农的胜利为城市构筑了新城墙,而色拉希布卢斯的胜利则将重获自由的人们从菲莱带回。亚西比德的胜利让原先由于其在西西里岛失败而萧条的城市恢复了生机。奈留斯(Neileus)和安德罗克卢斯(Androclus)① 为争夺吕底亚和卡里亚而战,希腊从中看到爱奥尼亚(Ionia)正在崛起。假如你依次问到其他的胜利者,他们各自的胜利给国家带来什么好处呢?有的人回答是赢得了莱斯博斯岛,有一些人赢得了萨摩斯岛,塞浦路斯,尤克西奈(Euxine),也有人缴获了五百艘战船,还有人缴获了一万个塔连特的金钱,更不用说他们赢得的光荣和奖品。这些都是城市在节日上庆祝的,为了这些胜利,城市向神祭献,而不是因为埃斯居罗斯和索福克勒斯戏剧中的胜利。卡奇努斯(Carcinus)的《阿艾罗泊》(Aerope)上演成功的日子,人们没有庆祝;阿斯蒂达马斯(Astydamas)的《赫克托尔》上演成功的日子也没有。但在雅典日历的一月六日,全国都欢庆马拉松胜利。同月十六日,他们祭酒纪念卡布里艾斯(Chabrias)在纳克索斯岛的胜利。同月十二日,他们通常供奉祭品,纪念他们重获自由,因为正是在那天,被流放的人们从菲莱回到家乡。同月三日,他们赢得了普拉泰伊亚(Plataeae)战役的胜利。四月十六日,他们祭奠阿耳特弥斯(Artemis),因为那天雅典人在萨拉米大获全胜,女神用圆月照耀着他们。曼提尼亚之战让六月十二日变得更加神圣,因为在这次战役中,其他盟友都被击溃,只有雅典人孤军奋战,打败了敌人,竖起了从本已获胜的敌人手中夺来的胜利纪念柱。这些事情给雅典带来辉煌和伟大。也正是因为这些,品达盛赞雅典为:

希腊的中流砥柱,

---

① 此二人分别创建了米利都和以弗所这两座希腊在小亚的殖民城邦。

这并非因为雅典用斐利尼库斯（Phrynichus）和泰斯庇斯（Thespis）的悲剧正确地引导希腊人，而是因为，用品达自己的话说，起先在阿忒米希文（Artemisium）

　　雅典的健儿为自由打下了灿烂的基础。

后来在萨拉米、米卡莱（Mycale）和普拉泰伊亚，他们牢固地建立了希腊的自由，坚如磐石，并将这种自由发扬到整个人类。

　　然而，我们可能会承认诗人的作品只不过是幼稚的消遣，但是认为演说者与将军相比却拥有某些优势。因此，埃斯金（Aeschines）对德摩斯提尼的嘲讽断言也是有道理的，他说德摩斯提尼宣布他将代表演说者论坛起诉战争部。那么，宁要希派莱德斯（Hypereides）关于普拉泰伊亚的演说，而不要阿利斯提德在普拉泰伊亚的胜利，这样对吗？宁要李西亚斯反对三十僭主的演说，而不要色拉西布洛斯和阿基努斯刺杀僭主，这样对吗？宁要基涅斯反对蒂马库斯（Timarchus）放荡行为的演说，而不要福基翁到拜占庭的远征，尽管此次远征使雅典人盟友的后代免于成为马其顿人放荡和酗酒的受害者，这样对吗？或者说，我们应该把德摩斯提尼的演说《论桂冠》与雅典人解放希腊后获得的集体桂冠相提并论吗？在这篇演说中，德摩斯提尼通过自己的宣誓词，已经将这个问题阐述得一清二楚了，他的宣誓所凭借的是"对在马拉松为了我们不惜冒生命危险的祖先们的回忆"，而非凭借在学校里对孩子进行早期教育的老师。

　　因此，国家没有为伊索克拉底（Isocrates）、安提丰（Antiphone）和伊塞奥斯（Isaeus）等人举行盛大葬礼，却为另外一些人举行了葬礼，她将他们的遗体抱在怀里。而那位演说家以他们的名义起誓，却不在实践中追随他们，那么他的誓言就玷污了这些人。尽管伊索克拉底曾经宣称说那些在马拉松冒着生命危险战斗的人，仿佛灵魂并不属于他们自己似的，尽管他本人歌颂了他们英勇无畏、视死如归的精神，但他自己在年迈的时候，据说有人问他近况如何，他回答："就连九十多岁的老人也会把死亡当成最大的坏事。"他没有在变老的同时磨快他的剑、磨尖他的矛头，也没有擦亮他的头盔，更没有奋力划桨，而是一直忙于将对立命题、平衡的从句和谐音组合在一起，安排妥当，干的无非就是在用凿子和锉刀润饰辞藻。此人害怕元音与元音互相抵触，也害怕说出因缺乏一个音节而破坏了平衡的词组，这样的人又怎么能不怕刀枪冲突和步兵方阵的对抗呢？米太亚德动身前往马拉松，第二天便投入战斗，并带领部队凯旋；还有伯里克利，在九个月中征服萨摩岛人，为此他比阿伽门农更自豪，因为阿伽门农用了十年才攻下特洛伊。然而，伊索克拉底用了差不多十二年在写他的《颂歌》；在这些年里，尽管战争不计其数，但他却从未参加任何战役，从未接受任何重要使命，也从未建立任何城市，更未被指派为舰队司令。提摩休斯（Timotheus）解放尤波亚岛（Euboea），沙布里艾斯和他的舰队在纳克索斯岛作战，伊菲克拉底（Iphicrates）在里洽恩（Lechaeum）附近将斯巴达军队打得落花流水，雅典人在解放了所有城市后，给予希腊与他们自己一样的公民权——而此时，伊索克拉底坐在家中，仅仅用文字塑造一本书，可他花费的时间已经足够伯里克利将卫城前门和庙宇建高一百英尺。克拉底鲁（Cratinus）甚至还嘲笑伯里克利的建设动作缓慢，对他所建设的中部城墙评头论足：

伯里克利嘴上推进着城墙建造，
行动中却什么也没干。

但是，看看这位诡辩家，胸无大志，把他一生的九分之一的时光全用在写一篇演说上。那么，我们把演说家德摩斯提尼的演说与德摩斯提尼将军的事迹进行比较，是不是很值得呢？《反对克农》是前者为号召人们发动进攻而作的演说，它与后者在皮罗斯的胜利相比，又如何呢？把前者针对阿莱图西乌斯（Arethusius）的那篇有关奴隶的演说与后者将斯巴达人沦为奴隶的行动相比，又如何呢？那位演说家写作反对自己的保护人的演说时，年龄与亚西比德联合曼提尼亚人和伊来安斯人（Eleans）共同反抗斯巴达时的年龄一样大。实际上，德摩斯提尼的公共演说具有以下奇妙的特点：在《反对腓力》中，他激励同胞行动起来，同时又赞扬了莱普廷斯（Leptines）的行为。

六　致一位无知的统治者

昔勒纳人（Cyrenaeans）① 曾要求柏拉图留下来为其制定一套法律，以帮助他们打造一个秩序井然的政府；但是，柏拉图拒绝了，并指出，昔勒纳人兴旺发达，难以为他们制定法律。

> 因为人的天性就是
> 当拥有他所认为的兴旺时，
> 他就会变得傲慢、②

粗鲁、难以统治。这也是很难就政府事务向统治者进谏的原因，因为统治者害怕自己受到了理智的统辖，怕被剥夺了权力的好处。他们并不熟悉斯巴达国王色奥旁普斯（Theopompus）的话，此人是最先在国王身边设立监察官的人；后来，当他妻子指责他传给自己的子女的权力没有他自己继承的权力大时，他却说："不，这权力更大着呢，因为它更加安全可靠了。"通过放弃那些过多的独裁权力，他避免了嫉

---

① 据说柏拉图曾周游各地，包括到过昔勒纳。
② 这是某位悲剧诗人的话。

妒和危险。不过，色奥旁普斯在将他的王权的大河分流到另一个机构里并给予别人部分权力时，确实相当于剥夺了自己的那份权力。但是，当哲学理智成为统治者的助手和护卫时，这种理智就可消除权力中的危险因素，像一位外科医生将威胁病人健康的病灶摘除一样，只留下健康的部分。

  但是，大多数国王和统治者是如此愚蠢，以至于言行举止就像手艺笨拙的雕刻家一样，那些雕刻家认为假如雕像两腿伸开，肌肉绷紧，嘴巴张大，则其巨大的外形看上去将更加庞大，更有气势。这些统治者以为，只要自己声音低沉，表情严肃，举止粗野，生活上我行我素，难以相处，就可以模仿高贵者的尊严和王家气派；尽管事实上，他们与那些外表勇猛神圣，内部只是泥土、石头和铅块的巨大雕像相差无几，——差别只在于这些物质材料的重量使雕像能永久保持笔直；而无知的将军和统治者却经常因为内在的无知而遭到动摇和颠覆；既然他们高傲的权力没有坚实的基座，他们就会随着这个基座的倾斜而失去平衡。但是，正如一把尺子，如果它制作得严谨而稳固，那么把别的东西放在它边上，用它衡量时，它就能让其他事物挺直；同样，君主首先要控制自己，调整自己的心灵，树立自己的品质，然后让民众效法他的典范。摇摇欲坠的人不能搀扶他人，同样，无知的人不能教育别人，没有文化的人不能传授文化，无序不能创造有序，而不受任何统治的人也不可以去统治别人。但是，大多数人却愚蠢地认为，统治的第一大优势就在于自己不用受统治。的确，波斯国王曾经还认为，除了他的妻子，所有人都是奴隶，而他自己又首先就是他妻子的主人。

  那么，谁应该来统治统治者呢？

    法律，万物之王，
    统治凡人和仙人，

品达就是这么说的——并非外在的、写在书本上或木板及类似物体上的法律，而是内在于他的生命中的理智，它与他一起同在，看护着他，永远不会让灵魂没有领导。例如，波斯国王分配给他的一个侍从特殊的任务，让他在早晨进入自己的房间，并说道："哦，国王，起床了，该考虑伟大的奥罗马斯德斯（Oromasdes）① 希望您考虑的那些事务了。"但是，一位有教养的英明统治者，在其内心深处，总有一个声音在劝诫他。的确，波莱梅（Polemo）说过，爱是"众神用来为关心和保护孩子服务的"；我们也可以更准确地说，统治者对神的服务就是关心和爱护人类，以便分发众神所赐予人类的荣耀礼物中的一部分，并保护其他的部分。

> 你见到高高在上、广袤无垠的天空吗？
> 它将整个地球裹在温柔的怀抱中。②

天空播撒下萌芽的种子，泥土使之发芽；有些种子靠雨露生长，有些靠风生长，有些则是凭借星星和月亮的温暖；而太阳使万物生色，是太阳从自身提取那种被人称为"爱的魅力"的东西，然后融合到万物中去。但是，神恩赐的这些如此卓越和伟大的恩典和祝福，如果没有法律和公正，没有统治者，人们便不能正确享用。达到公正是法律的目的和最终目标，而法律由统治者制定，统治者又是有序管理万物的神的形象。这样的一位统治者不需要菲迪亚斯（Pheidias）、波力克雷塔斯（Polycleitus）或米农（Myron）来塑造他，他通过自身的美德，为自己塑造了一座与神相像的雕像，令人欣喜、充满神性。正如神在天界为自己塑造了一个最为美丽的形象——日月，同样，在国家中，一个统治者如果

---

① 波斯人所崇拜的大神。
② 引自欧里庇得斯的一部不知名的悲剧。

与神一样能作出正确决定,①

那他就可以说是拥有神的智慧,就模仿神的光辉形象,确立起智慧以替代王权节杖、雷电和三叉戟。有的统治者却在自己的雕像和画像中加上这些王权节杖、雷电和三叉戟,结果他们的愚蠢引发了敌意,因为他们胆敢宣称自己拥有他们无法达到的东西。若有人模仿神的雷声、闪电和阳光,神便将愤怒宣泄在他们身上;但对于那些仿效他的美德、善良和仁慈的人,神欣喜万分,让他们兴旺发达,分享自己的一份公正、公平、真理、温和;这些是最神圣的东西;火焰、光芒、太阳的历程、星星的东升西落,甚至永恒和不朽都没有这些东西神圣。神享受着至福,不是在于其长寿,而是在于其德性的主导品质;服从统治之德性也是极为优秀的。

亚历山大为杀害了克雷塔斯(Cleitus)而深感苦恼,阿那克萨库斯(Anaxarchus)在安慰他时确实说过,公正和正义坐在宙斯身旁,其原因是,如果这样的话人们就会认为国王的一切举动都是正确而公正的。但是,当国王为自己的罪过感到懊悔时,阿纳克萨库斯的安慰方式却是劝其再犯同样的过错,这种劝导方式既不正确,也毫无裨益。但是,假如我可以猜测,我会说,宙斯并非让公正坐在身旁;他自己就是公正和正义,就是最古老、最完善的法律;古人在作品和教义中就暗示了这一点:假如没有公正,即使宙斯也难以很好地统治。赫西奥德说,"她是因为童贞女",② 没有堕落,生活中深受敬重、自我克制、乐于助人;因此,国王被称为"尊敬的",因为那些最受尊敬的人理所当然无所畏惧。但是,比起惧怕遭罪,统治者更应该惧怕犯罪,因为后者导致前者;统治者拥有这类恐惧对民众来说也算人道,没什么不光彩的,否则

---

① 《奥德赛》卷19,109。
② 赫西奥德:《工作与时日》,256—257。

民众遭受伤害，而统治者却全然不知，

> 就像狗听到凶残的野兽，
> 便在羊圈里提高警惕，辛苦守候，①

并非为了它们自己，而是为了它们保护的羊群。当所有忒拜人拥向某个庆典，疯狂饮酒时，伊帕美农达斯却独自一人巡查军械库和城墙，声称只有自己沉着冷静，头脑清醒，别人才可以喝得酩酊大醉，嗜睡不醒。伽图在尤蒂卡（Utica）宣布，将所有其他战败后的幸存者送到海岸，他亲自目送他们上船，祝福他们旅途顺利，而自己则回到家中，然后自尽。这教导我们，统治者应该为谁感到畏惧，应该蔑视什么。但是，本都（Pontus）的僭主克利阿科斯（Clearchus）常常像蛇一样爬进柜子，在那里安睡。而阿戈斯（Argos）的阿里斯托德姆斯却通常通过地板门爬进楼上的房间，然后用床堵住门，和情妇一起在床上共眠；情妇的母亲把梯子拿走，第二天早上再把梯子架上。你可以想象，一个把卧室当囚笼的人，他在剧场、市政厅、元老院和节庆宴会上又该会如何战栗呢？事实上，国王为臣民感到恐惧，而暴君却惧怕臣民；因此，随着权力的增加，他们的恐惧也增多，因为他们一旦拥有更多臣民，他们需要害怕的人就越多。

　　有些哲学家说，神与物质融合在一起，或是说神与物体融合在一起。[我不同意]因为这不可能，也不合适，物质是全然被动的，而物体受到无数的必然性、偶然性和变化的支配。相反，神高高在上，触及的是遵循同样规则而始终如一的那种自然，如柏拉图所说，② 神建立在神圣的基础上，按照自然本性笔直前进，最终实现目标。③ 神最美的形象——太

---

① 《伊利亚特》卷10，183—184。
② 参看柏拉图《菲德罗》，254B。
③ 柏拉图：《法律》，716A。

阳——出现在空中，对于那些能在太阳中看到神的人来说，它就宛如神的镜中影像，同样，神在各个国家中也塑造正义和神的知识的光芒，作为自己的形象，这样，那些有福之人和智慧的人便可借助哲学进行仿效，按照万物中最完美者的形象塑造自我。但是，只有哲学的教诲才能将这种性情灌输到人身上，让我们不再重蹈亚历山大的覆辙。亚历山大在科林斯遇见第欧根尼，非常敬仰其天赋，被其精神和伟大所折服，于是道："我要不是亚历山大，我就会是第欧根尼了。"这话相当于是在说，他为自己的好运、荣誉和权力的重负所累，因为这些让他远离美德，终日奔忙；他羡慕犬儒派的斗篷和背囊，因为第欧根尼不会被这些东西所征服，也不会像他那样，被武器、战马和长矛所俘获。因此，作为哲学家，他可以在气质性情上变成第欧根尼，但在外表运道上依旧是亚历山大；或者因为他是亚历山大，他可以变得更加第欧根尼，因为他满载运气的巨轮，在风浪中颠簸，他需要更为沉重的压舱物和优秀的领航员。

有些人软弱无能，地位低下，所以他们虽然愚蠢，但是没有权力，结果无法作恶，好似在噩梦中，沮丧的感觉令人心神不宁，即使有欲望，也无法提起精神。但若权力中掺入邪恶，便会使激情膨胀。第欧根尼的话千真万确，他说，当他想做什么就能很快做到时，他就最大限度地享受了权力。其实，一个能随心所欲的人如果欲求做他不该做的事时，便面临巨大的危险了，

　　一言刚出，事已做成。①

邪恶一旦借助权力之势，便拥有飞快的速度，驱使各种激情沸腾起来，让人一愤怒便杀人，一经爱的撩拨便通奸，一贪婪便没收他人财产。

---

① 《伊利亚特》卷 19，242。

一言刚出，

冒犯者就被处死；猜测刚起，遭受诽谤之人就被判处死刑。自然哲学家说，先有雷声后有闪电，先有伤口后才流血，但是人们先看到的却是闪电和流血，因为听觉要等待声音的到来，而视觉却迎着光而去；因此，在政府中，先有惩罚，然后才进行指控和宣判，最后才出示证据。

　　因为现在精神屈服让步了，已不再坚定，
　　就如在风高浪急时，落在沙子中的锚爪屈服松动了。

除非理智的重量压制住了权力，使它停下来；除非统治者能与太阳一样——太阳当爬上北面的天空时，它位置最高，运动最少，它放慢速度，以确保行程的安全。

　　掌权者也不可能隐藏自己的恶习。癫痫患者若爬上高处，在上面走动，便会头晕目眩，于是引发癫痫，使他们的疾病公之于众。同样，命运通过财富、名誉或职位等因素，能略微提升那些未受过教育，没有文化的人；可是一旦他们升到高处，又让他们在众人面前摔下来。或者，用一个更恰当的比喻，就像在几个容器中，你无法确认哪个完好无损，哪个有缺陷，但当你把液体灌进里面时，有漏洞的那个便显现出来了。同样，堕落的灵魂不能容纳权力，而是会因奢望、愤怒、欺诈和不良品味而泄露出来。其实我们没有必要说这些。名声显赫之人，哪怕只有一点儿缺陷，也会招致谴责。西蒙因酗酒而招致诽谤，西庇阿因嗜睡也招致批评，鲁库卢斯（Lucullus）遭人非议是因为他的饮食过于奢侈……

七 论神的惩罚的延迟[*]

亲爱的奎埃图斯（Quietus），伊壁鸠鲁在讲完这些话之后，甚至没有等待任何答复，在我们刚到达廊柱尽头时就匆忙离开了。我们当中的其他人只是停下脚步，默默地交换了一下对此人的古怪举动的惊讶的眼神，然后转过身，继续我们的散步。

派忒拉克莱阿斯第一个发话。"那我们该怎么办？"他问道，"提出异议的人走了，我们应该把问题放一边，还是照样回答他提出的观点，就像他依然在场一样？"

蒂蒙回应道："嗨，要是他用一根真箭射我们，然后一走了之，我们不会把箭留在身上的。我们知道，布拉西达斯（Brasudas）从身上拔

---

[*] 这一对话发生在德尔菲、普鲁塔克多年来一直是那里的两名阿波罗祭司之一。谈话者包括普鲁塔克本人、他的女婿派忒拉克莱阿斯（Patrocleas）、兄弟蒂蒙（Timon）以及奥林皮库斯（Olympichus）。

该对话分为两部分，第一部分是逻各斯的或论证的部分，第二部分是神话的部分。

在对话的一开始，猛烈抨击天命和神意的伊壁鸠鲁刚刚离去，留下的人集中讨论了伊壁鸠鲁所提的诸多反对神的意见中的一个命题：即对恶人惩罚的延迟。派忒拉克莱阿斯说他同意伊壁鸠鲁：迟到的惩罚根本不能阻止进一步的犯罪，也不能安慰受害者。奥林皮库斯补充说，惩罚的延期会增强人们对神的不信任，使惩罚对犯人来说毫无意义。普鲁塔克试着从几个方面予以答辩：(1) 神迟于惩罚是为了让我们效法他，避免由于匆忙而犯错。(2) 神给予尚可补救的冒犯者一段时间去改正错误。(3) 一些冒犯者最终有能力做出巨大贡献。在这之后再进行惩罚更加合适。(4) 惩罚的方式和时间必须恰当；因此惩罚往往就延迟了。普鲁塔克又补充说，实际上还可以认为惩罚与犯罪已经同时进行：它就存在于罪恶灵魂的痛苦之中。

蒂蒙此时提出了第三个异议：因祖先的罪孽而惩罚后人是不公正的。普鲁塔克回答说：(1) 蒂蒙关于延迟惩罚的很多故事都是虚构。(2) 蒂蒙同意祖先所做贡献的回报由后人享用，那么他也必须同意对祖先罪孽惩罚应由后人承受。(3) 一个城邦或家族可以看作一个个体，因此它应当为过去的罪孽承担后果。

本文接下来就是神话部分。有个名叫阿里达乌斯的恶人（在他的历险中更名为"忒斯派希乌斯"），他的灵魂的理智部分脱离了肉体，游览了四个地方：首先是灵魂的现身地，其次是冥府中遗忘之河的深渊，还有梦幻坑以及惩罚地。他观看了对罪恶灵魂的惩罚，包括对他自己父亲的惩罚。他尤其关注对那些其罪行殃及子孙后代的祖先的惩罚，因为如果他继续坚持奢靡的生活方式，那么等待他的也将是这样的惩罚。最后一幕是观看灵魂被改变形状，投胎到低等动物中。

出长矛，正是用这柄长矛刺死了投掷者。当然，对那些朝我们抛出荒唐、错误观点的人，我们无须还击；对我们来说，在这种学说占据我们心灵之前就消除它的影响，这就已经足够了。"

"你觉得他演讲中最令人不安的是什么？"我问道，"这家伙对天意的指责完全是一大堆杂乱无章的胡言，就好像是在一阵愤怒地恶意谩骂中向天意射来"。

派忒拉克莱阿斯答道："在我看来，神延迟对恶人的惩罚是迄今为止他的最有力的观点，此刻，他的这些话使我原先就有的恼怒感觉又重新冒了出来。那种感觉可以追溯到很久以前，当听到欧里庇得斯说：

阿波罗来迟了；这就是天界的行事方式。①

那时我就感到十分恼火。但是，神应该干什么事都不懒惰；他在处置恶人时最不该懒惰了，因为恶人本身都不懒惰，'作恶时也从不延误'；②更确切地说，恶人们在邪恶激情的驱使下迅猛地干着坏事。而且，正如修昔底德所说，'假如伤害别人能够立刻遭到报应'，③那么那些由于能随心所欲作恶而走得太远的人立刻就会被挡住。因为还没有一种债务的推迟会像应得的惩罚的推迟那样，会使受到欺骗的受害者的希望被削弱，信念被打碎，并因此增强那些作恶者的自信，使他们更加的肆无忌惮。反之，如果惩罚能够立刻施于蛮横无理的行为，那么它既能阻止进一步的犯罪，也能给予受害者以最大的安慰。因此，当我想到这种观点的时候，就不断地受到比亚斯（Bias）的话的困扰。我们知道，他曾经对一个恶棍说：'我并不担心你会得不到惩罚，我只担心我活不到那一天。'对那些已经被屠杀的美西尼亚人（Messenian）来说，对阿里斯多

---

① 欧里庇得斯：《奥瑞斯特斯》420。
② 赫西奥德：《工作与时日》413。
③ 修昔底德：《伯罗奔尼撒战争史》卷3，38.1。

克拉底斯（Aristocrates）的惩罚又有什么用呢？他在野猪家战役中出卖他们，以后逃避追查二十几年，期间还当着阿卡狄亚人（Arcadians）的国王，当他最后被发现并受到惩罚时，受害者早已不在人世。或者，那些由于吕希斯库斯（Lyciscus）的背叛而失去子女、亲人和朋友的奥克美尼亚人（Orchomenians），他们又能从很多年后侵袭里希斯库斯并蔓延到其全身的疾病中得到什么安慰呢？——此时的里希斯库斯总是要到河里去浸湿全身，他自己曾赌咒说，如果他背叛了他们并且做了坏事，必定会全身腐烂。至于将那受到玷污的死者驱逐出雅典，将其尸体弃于国门之外，这些行为即便是受害者的孙子辈也不可能活着见到。因而，欧里庇得斯就显得实在可笑，他试图用这些想法来阻止我们作恶：

> 不用担心正义会朝你的脸上或
> 任何恶棍的脸上给出致命一击，
> 她会悄悄地、慢慢地走来，伺机
> 潜近恶人，悄无声息地逮住他们。①

唉，正是由于这些观念而不是其他什么想法，才使得恶人们在作恶时有可能互相鼓励怂恿——在他们眼里，不正义总是能够获得立竿见影、确定无误的丰厚成果，而惩罚总是行动缓慢，姗姗来迟，不能阻止这种不正义的享乐。"

等派忒拉克莱阿斯说完，奥林皮库斯补充道："但是，派忒拉克莱阿斯，包含在所有这些神的延迟惩罚中的，还有另外一种荒谬——简直太荒谬了！神在惩罚中的行动缓慢使人们对天意的信仰丧失殆尽，邪恶之人还会把这种没有紧随着他们的恶行而出现而是后来才发生的不幸看作厄运，他们不会将它称为惩罚，而只会把它说成是倒霉事，因此不会

---

① 欧里庇得斯残篇979（Nauck 编）。

从中吸取任何教训和好处。他们固然会为不幸的后果而感到苦恼，但不会后悔自己的所作所为。马若失足或犯了错，如果鞭打立即随之而来，它会改正错误，走上正确的道路。反之，假如你在过了一段时间后才痛打牲口、勒紧缰绳，牲口会认为你这么做不是训练它们，而是另有其他目的；这样的折磨就没有训导之用。同样，假如人的每次失足犯错都遭受鞭打、勒缰绳的惩罚，则他就最终会变得慎重、顺服，敬畏神——一个在管理世间万物之事和众生情感方面从不延误的法官；反之，如果正义是像欧里庇得斯所说的那样，悄悄地、慢慢地走来，伺机潜近恶人，那么它就由于缺少确定性、及时性和有序性而更像是一种偶然的运气。因此，谚语说，众神的磨坊缓慢地碾磨，我却看不到这种迟缓有什么好处，它只会导致赏罚不明，使对恶的恐惧消失殆尽。"

我正在思考着这些看法时，蒂蒙说话了："轮到我说了吗？我是该给这种观点再添加一种最大的困难呢，还是应该先让它从这些反对意见中杀出重围呢？"

我说："如果事实证明这个观点不能抵挡或避开前面的指控，为什么还要发起'第三波'的攻击，使它陷入进一步的泥潭中呢？"

我接下去说："首先，我们必须溯本追源，从学园派哲学家对神的小心翼翼的崇敬开始，我们应当抛弃任何自负，不敢自称我讲述的这些问题出自真正的知识。没有经过音乐培训的人和没有军事经验的人讨论音乐或战争问题，都会显得自以为是；而对于我们这样的凡人来说，去探究神灵所考虑的问题就显得更自以为是了，在这个问题上我们同那些通过主观的猜测和责难来理解专家观点的外行没什么两样。既然对一个外行来说，让他去揣摩一个医生的思考过程是很难的——为什么他后来才用刀子，而不是早点用；今天而不是昨天进行烧灼——那么同样地，在我们对神发表的看法中也不可能有比这个更容易和有把握的了，这就是：他完全清楚治疗邪恶的最佳时机，他把惩罚当作药物施加到每一个'病人'身上，在不同的情形中，他所给予的惩罚的量都不同，在时间间隔上也都不一致。因为以惩戒或审判的名义进行的灵魂的治疗，是最伟大的技艺，品达与无数其他人都证明了这一点，他向世界的统治者神祈求时，称他是'拥有最高贵的技艺的'，说神是正义的创造者，负责决定惩戒每个作恶者的时间、方式和量刑程度。正如柏拉图所说，宙斯的儿子米诺斯成了学习这种艺术的学生。柏拉图以此来暗示，假如一个人不曾学习并掌握这门知识，那么他就不可能在公正审判问题上取得成功或者在其他方面意识到成功。因为即便是在人类自己制定的法律中，也并不总是当下或时时都显出其合理性；事实上，有些人类的法令显得完全荒谬。在斯巴达，监察官们一就职就宣布，禁止蓄留八字须，并责令男子遵守法律，以免遭受严惩；罗马人在解放奴隶时用一根棍子触碰他一下，撰写遗嘱时，写明一群人都是继承人，却将他们的财产卖给别人，这种程序也显得十分荒谬。最为荒谬的是梭伦的法律，当整个城邦因派系争斗而分裂时，任何不加入其中一派并参与争斗的人将被剥夺公民权利。总而言之，一个不知道立法者的指导原则，不清楚每一项法规来由的人能够举出很多法律上稀奇古怪的例子来。既然我们发现要解释人类的规章制度都是如此的难，那么要说出众神是按照什么原则决定先惩罚某些罪犯、后惩罚另一些罪犯，也绝非易事，这点又有什么可奇怪的呢？

"我的这些看法并不是为了逃避困难而找的借口，而是祈求能够得到宽容，使我们的论证就像看到了避风港在望，能够鼓动说服力之舟对着困难更为大胆地迎头而上。

"首先应该考虑到，正如柏拉图所说，神自身为宇宙万物提供了每一种优秀的典范，因而他使一切'追随神'的人得以获得美德，这种美德多少有点相似于神自身。事实上，自然万物由原先的杂乱无章变成'有序的宇宙'，其根源就在于：它在某种程度上模仿并分有了神的形式与完美。这位哲学家进一步指出，自然点燃了我们身上的视觉，使得注视着天上的运动并对所见到的景象感到惊奇的灵魂，能够逐渐地接受并爱上那庄严而有序运行的一切，并因此而逐渐厌恶那些纷乱冲突、游移不定的激情，躲避那些作为一切恶习和不和谐之源的任意散漫、毫无目的的事物；因为人类从神那里所能得到的最大祝福，无过于通过模仿和追求神的美和善来获得美德上的持久不变。

"因此，神在惩罚恶人时从容而缓慢：不是因为他担心自己会因为匆忙的惩罚而犯错误或后悔，而是因为他想通过施加惩罚来去除我们身上的一切野蛮和暴虐，教会我们不要在愤怒中打击那些给我们造成痛苦的人，或者在愤怒到极点、突然爆发时就好像饥渴难耐一样，

    因愤怒而丧失理智，

而是应该仿效他的温和与延迟，依照一切应有的秩序和规范来实行惩罚，将时间看成我们的顾问，因为时间是最不可能让我们陷入遗憾的了。正如苏格拉底所说，一头扎入浑水的人会失去自制而喝了脏水；这固然不好，但是这远远比不上我们因愤怒而判断不清，在平静与清醒之前，就向我们家族的一个成员①满怀仇恨地施加报复。修昔底德说，'当报复紧随着伤害而立刻出现时'，才能真的达到目的。这话不对。只有当报复在时间上离当初的伤害最远时，它才能真正达到目的。用梅兰休斯（Melanthius）的话来说，这是因为愤怒

    赶走了审慎，于是就干出了最可怕的事，

因而，同样地，理性只有在铲除愤怒的干扰之后才能公正而有节制地行事。由于这个原因，人类之中的典范和楷模能帮助人变得温和，比如当他们听说当柏拉图举起棍棒要打奴隶时，却一动不动地停了很久，如他自己所说，他是'在训诫'自己的怒火；阿基塔斯（Archytas）发现农场上的仆人行

---

① 作者认为所有的人都是亲人。

为不端、不听从指挥，于是他认识到，自己对他们过于急躁粗暴了；当他离开时，他只对仆人这样说：'我对你们发火，是你们的运气。'假如回忆人类的谚语、叙述人类的所作所为能减轻愤怒的凶狠和猛烈，那么当我们看到神尽管用不着畏惧和后悔，却将惩罚保留到未来，等待时间的流失，我们在这些事情上就更应该变得小心谨慎，认识到神向我们展示出来的温和与宽容乃是神的美德的一部分，这种神的美德通过惩罚能够使少数的人改过自新，但是通过延迟惩罚，能够使很多人受益并得到警戒。

"其次，让我们反思一下，人类所施行的惩罚只不过是以痛苦来回报痛苦，当施加痛苦的人反过来遭受痛苦时，惩罚就此结束，不再惩罚；因此，他们就像恶狗一样，紧跟在冒犯者后面吠叫，立刻追寻过错；但是我们必须假设，神会区分那些他所惩罚的罪恶灵魂的情感，知道他们是否会屈服，并给了他们忏悔的机会，对于那些其邪恶本性并非难以改变或无可救药的人，神给他们一段时间的宽限。神知道，那些人出生的时候从自己身上继承了多少美德，他们天生有多高贵，以及这种高贵有多持久——然而，由于受到不良教育，以邪恶为伍，它违背天性，成了邪恶，但是如果得到悉心照料，某些就能恢复正常。神不会对所有人都进行同样的惩罚，但对不可救药的人就立刻剥夺生命或铲除，因为与邪恶紧密相连必定对他人有害，而且对受害者自己的伤害最大；而对于有些人，罪恶来自对善良的无知，并非来自对邪恶的偏爱，那神就会给他们时间去改过，但是假如他们执迷不悟，他也会给予合适的惩罚；他不必担心他们会逃脱惩罚。

"考虑一下在人的性格和生活中发生的众多变化，就可以解释为什么把人的生命中可以改变的部分称作'倾向'（tropos）或是'品质'（éthos），因为'习惯'意味着根深蒂固，能发挥强大的力量。事实上，我在想，古人之所以把刻克洛普斯（Cecrops）[①] 称之为双形人，并不是

[①] 刻克洛普斯是传说中阿提卡（雅典）的国家创建者和第一任国王，一半是人，一半是蛇。

像有些人说的那样,是因为他从一个好国王变成了一个野蛮暴戾、蛇一般的僭主,而是恰好相反,是因为他一开始时卑鄙阴险、令人生畏,到最后却是以温和仁慈的方式统治。假如这不可信,那么我们至少都知道革隆(Gelon)和希伦(Hieron)这两个西西里岛人以及希波克拉底(Hippocrates)的儿子庇西特拉图(Peisistratus);这些人先通过卑鄙的方式获得了僭主的权力,随后高贵地行使它;他们公然违抗法律,获得了最高统治权,但随后对子民温和仁慈。因此,希伦和庇西特拉图到处都维持了良好的秩序,促进了农业生产,在人们中间培养一种勤俭节约的生活方式,以取代原先搬弄是非的习俗。此外,革隆还是国家的勇士,在一场伟大的战役中击败了迦太基人,拒绝了他们议和的请求,直到他在协议中添加了他们不得再用孩子祭奠克洛诺斯神的条款。在麦加拉,李迪亚得斯(Lydiadas)是一位僭主,直到其暴戾统治的中期,他才有所改变。当发现自己对不公正毫无兴趣时,他将政权还给应该依法享有的人民;在抵抗外敌、保卫祖国的战斗中,他光荣地倒下。假如有人早在米太亚德(Miltiades)或者克索尼斯半岛(Chersonese)的僭主时就杀了他,假如有人指控西蒙(Cimon)与他妹妹乱伦并判他有罪,假如有人因狄米斯托克利在市场中粗鲁无礼的狂欢而控告他,将他驱逐出雅典,就像后来对阿尔西比亚德(Alcibiades)所做的那样,那么我们早就失去了马拉松战役、尤里米顿斯(Eurymedons)战役和战果辉煌的阿忒米希文(Artemisium)战役的胜利了,

雅典的子孙们正是在那里奠定了自由的辉煌基础。

伟大的本性绝不会带来琐碎平庸的东西,由于它们的旺盛精力和进取心,它们无法保持平静;不仅如此,在最终形成其持久和稳定的性格之前,它们还会在波涛汹涌的大海上漂泊不定。因而,一个对农业一无所知的人,当他看到一块土地上杂草和灌木丛生、野兽出没、污水横流、

泥浆满地时，他就不会喜欢这块地；而对于一个已经学会了如何区分和判断土壤的人来说，这些恰恰显示了这块土地的活力、厚度和松软；同样地，那些伟大的本性在一开始总是会表现出很多奇怪的、邪恶的特点，而我们则会立刻不耐烦于他们的粗糙多刺，想当然地认为我们应该对它们进行清除和修剪；然而，更有眼光的人甚至从这里就能看出他们善良而高贵的品性，他会等待它们成熟，拥有理性和美德，等到它们的本性能收获合适果实的季节。"

"让我们讨论下一个问题。埃及法律规定：被判处死刑的孕妇应先关监禁，直到她生完孩子后才执行死刑。一些希腊人效仿了该法律，你不觉得他们这样做很好吗？"

"当然好"，他们回答道。

"假如一个人"，我继续说道，"并不是因为有孩子要降临到人世，而是最终能够让一些隐蔽的活动或计划真相大白，向世人公布，能够揭发不为人知的罪恶，或提出有益的建议，或作出某项用途广泛的发现。对于这样一个人，有人会等到他做出贡献之后才加以惩罚，也有人会先杀死。难道前者不比后者明智吗？拿我来说，我觉得前者明智"。我说。

"我们也这么认为"，派忒拉克莱阿斯回答。

"没错"，我说。"试想一下：假如狄奥尼修斯在暴政开始之初就遭到报应，现在就不会有希腊人生活在西西里岛上了，迦太基人早将那个岛毁掉了；同样地，假如对佩里安德（Periandes）的惩罚没有久久推迟，现在也就没有希腊人生活在阿波罗尼亚（Apollonia）、阿纳克托里文（Anactorium）和莱夫卡斯半岛（Leucas）上了。我认为，也正是因为卡桑德（Cassander）被暂缓惩罚，才使得忒拜城邦得以重建。① 大部分帮助占领德尔斐阿波罗神庙的雇佣兵们都同蒂摩莱昂（Timoleon）一起长途跋涉来到了西西里岛，在他们的归途中悲惨地死去前，他们打败

---

① 卡桑德重建了被亚历山大摧毁的忒拜城。

了迦太基人，推翻了那些僭主们。实际上，神是先把某些恶人用作其他人的惩罚者（我们或可称之为'公众刽子手'），然后才摧毁他们；我相信，对于绝大多数僭主来说，事实就是这样的。就像鬣狗的胆汁和海豹的胃膜——这些动物的其他部位都是不洁的——对疾病具有某种疗效一样，神也对那些需要刺激和训诫的人施以僭主的顽固粗暴和统治者的残暴愤怒；在尚未整治肃清其混乱之前，他是不会去除人们的痛苦与不幸的。法拉里斯（Phalaris）给阿戈里金提奈斯人（Agrigentines）开的方子，马略（Marius）给罗马人开的方子，也都是这种药。神甚至明确地向西锡亚人（Sicyonians）宣布，这个城市需要'鞭子'的抽打，因为当那位男孩泰来提亚斯（Teletias）在皮托竞技会上赢得冠军时，西锡亚人宣称他是自己的同胞，试图把他从克利奥纳亚人（Cleonaeans）手中夺过来，结果却将他撕得粉碎。但是，当奥塔格拉斯（Orthagoras）以及随后的米农（Myron）和克利斯提尼（Cleisthenes）成了僭主时，西锡亚人的胡作非为就被制止了；而克利奥纳亚人由于没有得到这样的治疗，到头来一败涂地。你们无疑都会想起荷马的话：

> 卑贱的父亲培养出
> 全才的儿子。

格普留斯（Copreus）的儿子没能成就伟业，而西西弗斯（Sisyphus）[1]、奥托里库斯（Autolycus）[2] 和弗里格亚斯（Phlegyas）[3] 的后人则飞黄腾达，拥有伟大国王的荣耀和美德。在雅典，伯里克利出生在一个受诅咒的家庭；在罗马，伟大的庞培是斯特拉波（Strabo）的儿子，罗马人

---

[1] "罪大恶极"的西西弗斯（《伊利亚特》卷15，153）是白勒罗风的祖父；还有一种说法说西西弗斯是奥德修的真实父亲。
[2] "盗窃和欺骗老手"的奥托里库斯（《奥德赛》19，394）是奥德修的外祖父。
[3] 弗里格亚斯烧掉了德尔菲的阿波罗神庙。他是阿斯克莱皮乌斯的外祖父。

曾经愤怒地把斯特拉博的尸体扔出来并踩在脚下。因而，如果就像农夫在挑出可食用的嫩枝后才砍掉多刺的植物，利比亚人在采得树脂岩蔷薇后才烧掉灌木一样，神也是要等到那些四处蔓延、长满尖刺的皇族之根结出了应有的果实之后才将其毁掉，那么这又有什么荒谬之处呢？对于福基人（Phocian）来说，丢失一万头依弗特斯的（Iphitus）奶牛和母马，甚至丢失德尔菲更多的金银，也比让奥德修和阿斯克勒庇俄斯两人永不出生，或者让其他出生卑贱邪恶的人变成道德高尚、造福他人的人要好得多。

"你不觉得惩罚应该在合适的时间、以合适的方式进行，这比立刻匆忙的惩罚要好得多吗？比如说，卡里普斯（Callippus）这个假冒的朋友，用一把匕首谋杀了狄翁，那么他是不是也应该被他的朋友用同一把匕首杀死呢？又比如，阿尔戈斯人米提斯（Mitys）死于派系争斗，那么他的那个青铜雕像是不是也应该在市场上的展示过程中倒下来压在杀他的凶手身上，把他砸死呢？派忒拉克莱阿斯，我想你也知道帕奥尼亚人（Paeonian）贝色斯（Bessus）以及雇佣兵首领奥塔的（Oeta）的阿瑞斯顿（Ariston）的故事。"

"说实话，我不知道"，他回答说，"我倒乐意听听"。

我说，"阿瑞斯顿在僭主们①的同意下，摘下了一直供奉在德尔斐的伊里菲莱（Eriphyle）宝石，带回去送给妻子当礼物。他的儿子由于某种原因冲他母亲发怒，放火烧了房屋，所有房子里的人都葬身火海。至于贝色斯，故事是这样的，他杀死父亲，一直没受人怀疑。最后，当他来到一个酒馆进餐时，他用长矛捅燕子窝，捅下来，把所有小燕子杀死。别人自然会问：'喂，你怎么了？做这种怪事，什么意思？'对此，他答道：'呃，它们不是一直诬告我、指责我杀了父亲吗？'旁人听了这话，惊愕万分，于是向国王报告。最终真相大白，贝色斯受到了应有的惩罚。

---

① 即福基首领们，他们在第三次圣战中攻下并抢夺了德尔菲。

"但是迄今为止",我说,"这些只是我们自己的观点,而且依据的是对恶人的惩罚确实被延期的假设;我们还必须想到我们还没有提到过的赫西奥德的看法,他不像柏拉图那样说惩罚就是跟在不正义后面的痛苦,① 而是认为惩罚与不公正同时发生,与不公正同根同源。因而他说,

邪恶的计划对策划者来说是最糟糕的,②

他又说:

图谋伤害别人的人,
他的图谋也会给自己带来致命的伤害。

据说,斑蝥自身体内就含有治疗其毒性的解药,它通过某种反作用来发挥效用,类似的,邪恶同时产生痛苦和惩罚,这样,它就不是在后来,而是在作恶的当时遭受了惩罚。所有的罪犯走向刑场时都必须背负着自己的十字架,恶习从自身中给自己造出了惩罚的手段;狡猾工匠的邪恶生活声名狼藉,充满恐怖、遗憾、残酷的情感和无尽的焦虑。然而,有些人并不比小孩聪明,他们在露天竞技场看到罪犯经常身穿金子束腰上衣或紫色披风,佩戴串珠项圈,跳着战舞,于是惊叹艳羡,以为他们快乐无比,直到亲眼见到罪犯被刀刺鞭打,艳丽豪华的服饰被烧毁。在大部分情况下,人们都不会想到那些处于家庭和事业的顶峰、身居高位的人其实正在遭受惩罚;我们直到他们被杀死或推下悬崖才以为这是惩罚。其实,这不应叫惩罚,而是惩罚的结束或终结。塞林布里亚(Selymbria)的希罗底库斯(Herodicus)在得了不治之症——肺结核后,

---

① 柏拉图:《法律》728。
② 赫西奥德:《工作与时日》266。

率先将体操与药物治疗结合起来，为自己和其他同样遭受痛苦的人设计了一种用柏拉图的话说叫'苟延残喘'① 的治疗方子；同样，那些作恶之人，表面上逃脱了直接的惩罚，其实不是在很久以后，而是在很长一段时间里一直在遭受惩罚，这种惩罚更持久，而且从不延期；坏人不是在变老时受到惩罚，而是在惩罚中变老。当然，我说"很长一段时间"，乃是相对于我们自己而言；对神来说，人类生命再长都不算什么；现在将作恶者送上肢刑架或将他绞死，而不是在三十年前，对于神，这就如同是在晚上进行惩罚，而不是在早上，尤其是当坏人只能封闭地生活，如同被关进监牢一般，不能解除，也不能逃脱，尽管有时也可饱餐一顿、② 处理事务、赠送和接受礼物，确实有很多消遣，这就像囚犯们在绞绳挂在头上时仍可以玩骰子、跳棋一样。

然而，如果我们只是把惩罚的最后一刻才看作惩罚，而忽略这中间的痛苦、恐惧、预感以及内心的悔恨——这些每个恶人一旦作恶就会深受其折磨的东西，就好比我们不承认一条吞了鱼钩的鱼在它被厨师烧烤或切碎之前就已经被抓住了，那么，我们还能凭借什么来承认，判了死刑的罪犯在他们的脖子被砍断之前就已经在受惩罚，喝了毒芹汁并且正在四处走动等待他的腿变沉重的人，在他被寒战所击倒、失去感觉之前就已经在受着惩罚？每一个作恶的人都会被正义的罗网牢牢地网住；他在顷刻间像吞诱饵③一样吞下不公正甜头的同时，也吞下了良知的倒钩，后者将深深地扎入他的要害之中，并让他为自己的罪行付出代价，

　　他，宛如一条上钩的金枪鱼，搅动着整个海洋。④

---

① 《理想国》406。
② 《菲多》，116E。
③ 《菲多》，117E。
④ 希腊悲剧残篇（Adespota, 391）。

众所周知，恶行野心勃勃、胆大妄为，随时准备动手，直到恶行完成；但是此后，随着情感的暴风消逝，它变得软弱无力、绝望无助，任由恐惧与迷信吞噬；因此当斯泰西德库斯（Stesichorus）说出下面这话时，他正在模仿着克里腾奈斯特拉（Clytemnestra）的梦描述生活和现实，他说：

> 她想象着一条毒蛇朝她游了过来，蛇头
> 把血涂在王冠上；瞧！它摇身一变
> 变成了高贵的普莱斯特尼德（Pleisthenid）。

因为梦中的景象、白天的幽灵、神谕、电闪雷鸣以及其他来自于神的一切，都会给这种状态的人带来恐惧的痛苦。因此，据说，阿波罗多罗斯（Apollodorus）曾在梦中看到自己被克劳努斯（Ceraunus）剥了皮以后放到锅里煮，此时，大锅中传来心脏低沉的声音：'是我把你带到这里来的'；在另一次梦里，他看到女儿们在自己周围跑动，身体像煤一样燃烧着。据说，庞西特拉图的儿子希帕恰斯（Hipporchus）在临死前见到阿佛洛狄忒用杯子向他脸上泼鲜血。当克劳努斯的朋友们被叫到他跟前时，他们看到他陷入了错觉，幻想自己被塞琉古（Seleucus）召唤到由秃鹰和豺狼组成的法庭上，接受审判，用大块的肉喂敌人。当保萨尼乌斯（Pausanius）在拜占庭时，他受无耻淫欲的驱使，派人去召来出身自由的少女克莱奥尼塞（Cleonice），打算留她过夜。当她靠近时，他突然胡乱猜疑，并将她杀死。从那以后，他经常梦见她对他说：

> 来受死吧；人因为骄傲而遭毁灭。

由于幻觉持续不断，他航行到（我们听说）位于赫拉克莱娅（Heracleia)的死亡通道，通过禳解仪式和奠酒召唤少女的亡灵；亡灵出现在他面前，对他说，等他去了斯巴达，一切都会过去的。不久，他就在去斯巴达的途中死去。

"因此，假如生命逝去之后，灵魂不再继续生存，死亡是一切奖赏和惩罚的终点，那么，神在处理那些冒犯者时早早地加以惩罚并夺去他们的生命，就会被人认为粗心大意。

"即使有人要否认恶人生命和生活中的其他任何苦难，然而，一旦他们发现自己的恶行经过验证却是一种毫无结果、吃力不讨好的事情，尽管付出了热切的努力，却得不到任何切实或有价值的回报时，这种认识就肯定会击垮他们的灵魂。你一定记得这样一个记载：李希马库斯（Lysimachus）由于口渴，被迫率部向赫塔费（Getae）投降，当他进入对方营地并喝水时，说道：'哎呀！我是多么卑劣啊！竟然图一时之快，丢失了如此伟大的王国！'受本性驱使的感觉是很难抵挡的；但是，如果有人为了来路不正的收获，或是出于对政治威望和权力的妒忌，或是为了满足淫欲带来的欢愉，而做了违法可怕的事情，并且在此之后，随着内心的渴望和疯狂激情消退，他最终感到自己犯罪所引起的羞耻和恐惧依然存在，却没有留下任何有用的、必需的或有益的东西，那么他难道不会一而再地意识到正是由于受了愚蠢观点的误导，或毫无价值、徒劳无益的欢愉的诱惑，他破坏了人类最神圣、最伟大的法律，最终因为耻辱和焦虑而败坏了自己的一生？就像西蒙尼德斯曾经开玩笑地说的，他发现自己的钱箱永远是满的，而他装感激的柜子却总是空的一样，一旦恶人看穿了自己的邪恶时，他们就会发现它毫无快乐可言，它以虚幻的希望诱惑于一时，却总是充满了恐惧、悲伤、忧郁的记忆以及对未来的焦虑和对现实的不信任。因此，我们在剧院里听到伊诺（Ino）后悔自己的所作所为：

> 哦，最亲爱的妇女们，我多么希望再次
> 住进我曾经住过的阿塔马斯（Athamas）大厅，

从未干过这些事!①

因此,在每个恶人的灵魂中萦绕并扎根的念头是:灵魂怎样才能逃离对邪恶的回忆;将罪恶感驱逐出灵魂;使灵魂重获纯洁;一切能从头再来。邪恶在它的选择过程中总是不够自信,头脑不够清醒、不能坚持不懈——除非,天哪,我们将作恶者当成聪明人;但是,只要这种对财富和欢乐的疯狂追求,以及毫不减弱的妒忌在恶意或怨恨的伴随下,占据着它们的住所,那么,一旦你靠近观察就会发现,在那里,迷信潜伏其中,进取心减弱,面对死亡胆小怯懦,目标突然转变,以及虚荣心膨胀而导致世界观空虚。这些人不仅害怕那些批评他们的人,而且畏惧那些赞扬他们的人,他们知道自己蒙骗伤害了那些人,也知道那些人与作恶者的那些最不共戴天的敌人是一路的,因为他们毫不吝啬的赞扬都是给他们认为是好人的人的。罪恶的顽固不化就像次品钢铁的坚固一样,十分脆弱;罪恶的坚硬很容易被粉碎。因此,当经过充分时间的考虑他们渐渐更为清楚地知道了自己的情形时,他们就会烦躁不安、苦恼不堪,谴责自己的生活方式。一个市井小人,当他归还了朋友托他保管的钱,或者替朋友做了担保,或者由于向母邦的无偿捐赠而出名时,因为内心的反复无常、动摇不定,他会马上就感到后悔和悲伤;有些人在剧场里接受掌声时会突然地发出一声叹息,因为他们的荣誉心迅速消退,仅剩下对财富的偏爱;相似但相反的是,那些像阿波罗多罗斯那样在阴谋篡夺僭主权力中大开杀戒的刽子手,那些像伊皮齐德斯(Epicydes)的儿子格劳卡斯那样拿了朋友委托保管的钱财不还的人,② 他们也绝对不可能不感到后悔,不痛恨自己,不对自己的所作所为感到悲伤。就我而言,假如这么说不算不敬的话,那我觉得作恶者既不需要神,也不需要

---

① 欧里庇得斯残篇399(Nauck 编)。
② 参看希罗多德《历史》卷6,86。

其他人去惩罚他们：他们的生活本身就足够执行这一任务，因为罪恶已经彻底毁了其一生，使它陷入混乱。"

"但是，还是应该考虑一下"，我说，"我说的是否太多"。

"也许是过长了点"，蒂蒙回答道，"因为还有问题等着你回答。在与前面几个问题的较量中你谈论的非常好，因而我现在就像一个等待上场角逐冠军的运动员一样，就等着向你提出最后一个问题"。

"你肯定认为，我们之中保持沉默的那些人也会同意欧里庇得斯对神的这种直言不讳的指责，他指责神

> 在子女身上追究父辈的罪孽。①

因为，要么是真正的冒犯者自己付出了代价，这样就不需要再去惩罚那些无辜的人了，因为即使是罪人在审判中也不会因同一罪行受到两次公正的惩罚；要么是众神怠惰，取消了对罪人的惩罚，到后来却硬要无辜的人付出代价，这就是在用不公平的惩罚做法来弥补推迟的惩罚，而这是不对的。比如，你会想起这样一个故事：伊索带着克罗伊斯（Croesus）的一批金子来到德尔菲，准备要豪华气派地祭祀阿波罗神，并且要分给每个德尔菲人四米那金子；但是，据说他后来与当地居民发生了激烈的争吵；他还是举行了祭祀仪式，但将剩余的金子送回萨迪斯（Sardis），因为他觉得这里的人不值得他慷慨施与。他们因此就捏造了一个抢劫神庙的罪名，并且判了他死刑，将他推下了当地一个名叫希岩皮亚（Hyampeia）的悬崖。② 愤怒的神随后惩罚他们，据说是他们粮食歉收，各种怪病滋生；因此，他们参加希腊人各个盛大节庆，不断声明邀请任何愿意过来，并接受他们对伊索罪孽赎

---

① 欧里庇得斯残篇 980（Nauck 编）。
② 参看希罗多德《历史》卷 2，134。

罪的人。在第三代时，萨摩斯岛的伊德蒙（Idmon）来了，他并非伊索的亲戚，而是伊索在萨摩斯岛的买主的后裔。在向他赔礼道歉之后，德尔菲人才从麻烦中解脱出来。据说，结果以后处死渎神罪的地方由希岩皮亚转到了奥里亚（Aulia）。此外，就连亚历山大最忠实的仰慕者们，当然我认为自己也算其中一个，都不赞同亚历山大因布兰齐达伊（Branchidae）城的曾祖辈背叛了米利都（Miletus）一带的神庙而毁灭这个城市，大规模屠杀男女老幼。当克西历安人（Corcyrean）问锡拉库萨的僭主阿加索克利斯为什么蹂躏他们的岛屿时，阿加索克利斯的回答甚至变成了一种笑柄，他说：'宙斯啊，因为你们的祖先接待过奥德修。'当伊萨卡人提出类似的抱怨，说他的军队正在抢夺羊群时，阿加索克利斯回答：'当你们的国王来到我的国家时，他还弄瞎了牧羊人的眼睛。'① 据说赫拉克勒斯一千年前挖出了预言三足鼎，带着它逃到了法留斯（Pheneus），假如阿波罗据此毁灭了如今的法留斯人，阻断了他们的地下水道，淹没了所有领土，那岂不是更荒谬吗？② 再者，告诉锡巴里斯人（Sybarites），他们被毁掉三次才能平息留卡狄安的赫拉（Leucadian Hera）的愤怒，他们的麻烦才会过去，这样的神谕不是一样很荒谬吗？还有，直到最近，洛克里斯人（Locrians）才停止送少女到特洛伊，

> 她们没穿披风，赤脚，就像奴隶一样，拂晓
> 将雅典娜的祭坛打扫得干干净净，
> 头上没戴帽子，即使上了年纪。

---

① 参看《奥德赛》卷9，375以下。据传说，奥德修是远古的伊萨卡国王。他在从特洛伊战争返回的路上曾飘游各地，在锡拉库萨刺瞎了要吃掉他和他的同伴的独眼巨人。

② 法留斯四面环山，赫拉克勒斯为它挖掘了地下排水道。当下水道堵塞后，就形成了一个湖。

以满足埃阿斯的淫欲。① 这里的逻辑或公正在哪里呢？我们不会赞扬色雷斯人至今在妻子身上文身报复奥尔菲斯，我们也不称赞波河的野蛮人穿上丧服哀悼法松；假如在法松死时，人们没有举行任何仪式，而在那不幸事件过去五代或十代后出生的人们，却为了纪念他而更衣哀悼他，我觉得这事更加荒唐。然而，这事只是荒唐而已，没什么严重或无法挽回的地方；可为什么众神的愤怒起先沉入看不见的地方，就如某些河流那样，到后来却针对其他人再次掀起波浪，最终造成可怕的灾难？"

在他第一次停顿的时候，我担心他会提出一长串更难对付的新谬论，于是立刻向他提了一个问题："这么说"，我说，"你相信那些故事都是真的？"

"即便不是全部，而是部分地真实"，他回答说，"你不认为你的观点面临同样的困难吗？"

"也许"，我说，"这情况就像患了高烧的人，他们不论是裹上一件大衣还是很多件，都感觉一样的热；但是，把后来添上的大衣脱掉，还是会感觉轻松多了。但如果你不坚持，那就算了——尽管你的大部分故事像是寓言和虚构——但是请你回想一下，在最近一次特奥克赛尼亚（Theoxenia）节日中，人们将祭祀供品中最为高贵的部分留出来，通过公开的声明把它送给品达的后裔，那种过程是多么的令人难忘、令人高兴啊！"

"看到人们用古老淳朴的希腊风俗表达敬意，谁能不高兴、不着迷呢？"他说，"除非品达自己描述的那个家伙——

　　他黑色的心灵是用冰火锤炼的。

---

① 因为小埃阿斯在攻陷了特洛伊后强奸了雅典娜的祭司卡桑德拉，神谕命令洛克里斯人在一千年里不断向那座神庙送少女以赎罪。

"那么",我回答,"我就忽略不提在斯巴达的那个类似的'在来自莱斯博斯岛(Lesbos)的歌手之后'的规定,这是为纪念老忒潘德尔(Terpander)而宣布的;① 因为它说明了同样的问题。但是,我想说,在我看来,你和家人认为作为奥菲尔塔斯(Opheltas)的后裔,在波埃提亚(Boetia)应当得到更高的尊荣,在福基也是一样,因为你们家族与戴方图斯的关系;还有一次,当我帮助里格马伊(Lycormae)和萨提拉伊(Satilaei)恢复赫拉克莱德斯的世袭荣誉——戴王冠的权力时,你亲自到场来支持我。当时,我说过,赫拉克勒斯的子孙特别应该拥有荣誉和奖励,这些都是他为希腊人服务赢得的,而他本人没有得到足够的感谢和补偿"。

"你让我想起一次高贵的辩论",他说,"它很值得进行哲学探讨"。

"那么,我的朋友",我说,"将你的强烈谴责暂且搁置一边吧,看到出生在邪恶家庭的人受到惩罚,请你也别介意吧;不然的话,当别人推崇高贵的出身时,你就不能流露欢乐和赞许。假如我们在子孙后代中保持对美德的感激,我们自然应该期望,对犯罪的不断惩罚不应减免,也不应停止,而应与感激保持一致,给予应有的回报。有人看到西蒙的子孙在雅典受人尊敬,便欣喜不已;可看到拉卡莱斯(Lachares)或阿里斯提翁(Aristion)② 的子孙被驱逐,却感到不快和生气,这样的人的头脑就过于摇摆不定了,或者说,他对神特别吹毛求疵,喜欢与之争吵。假如作恶者儿女的儿女看起来飞黄腾达,他要指责;假如卑贱之人的后裔遭到攻击、消灭,他也要指责;而且不论是好人的子女还是恶人的子女遭难,他都同样认为是神不对。

"这些言论",我说,"你不妨当成是一种阻挡那些过于严厉和非

---

① 亚里士多德残篇545(Rose编)中提到:为了尊重和纪念莱斯博斯的忒潘德尔,斯巴达在节庆上总是邀请忒潘德尔的后代先表演,然后是在场的其他莱斯博斯人,最后,"在来自忒潘德尔的歌手之后",才是其他人。

② 拉卡莱斯和阿里斯提翁都曾在雅典当过僭主。

难的批评的障碍。现在，让我们重新回到问题的开头，因为我们争论的是关于神的问题，而且这个问题错综复杂，晦涩难懂，错误百出，我们必须谨慎和冷静地把思路拉到可能和可信的问题上来，因为即使是我们人类自己所做的事情，我们也没有把握说得正确无误。比如说，我们让那些父母死于肺结核或水肿病的孩子坐着，将双脚泡在水里，直到父母的尸首被销毁，于是疾病（据说）就不会再传染或者靠近他们。我们为什么要这么做呢？再比如，当一只山羊将刺芹吃进嘴里时，是什么使得整个羊群都站在一旁，直到牧羊人过来把刺芹拿走？还有其他一些力量，能够通过一个物体传递到另外一个物体，其传播和扩散的速度之快、范围之广，令人难以置信。然而，我们对时间上的间隔感到惊讶难解，但是对于空间上的间隔就视若无睹了。而实际上，比在追讨德尔菲人和锡巴里斯人罪行的正义中将账算到他们子女头上更令人惊奇的是，一种源于埃塞俄比亚的疾病竟会在雅典境内肆虐，它杀死了伯里克利，又侵袭了修昔底德。[①] 这是因为任何力量都有办法从它们到达的最远点返回到它们的发源地，并且能使这两者之间发生一种联系；尽管我们不清楚个中原因，它还是悄无声息地自行实现了。

"然而，整个城市遭到神的愤怒的惩罚很容易被证明是合理的。一个城邦，就像一种生物，是一个统一的、连续的整体。它并不会随着它的生长变老而不再是它自身，它也不会随着时间的推移由一个事物变成另一个事物，而是总是在感情上和身份上与它原先的自我保持着一致，只要使它产生并将它编织在一起的内在联系还能使它作为一个统一体而存在，那么它就必须为它的公开角色在做的或已做的事情承担所有的指责和荣誉。根据年代次序上的区别把一个城邦区分成很多个城邦或者无数个城邦，就像是在从一个人中造出许多人，就因为他现在是老年，以

---

① 参看修昔底德《伯罗奔尼撒战争史》卷 2，48.3。

前是壮年，更早时是青年。或者更可以说，这整个过程与埃庇卡摩斯（Epicharmus）的一段话十分相似，这段话导致了诡辩家关于'成长者'的谬论：过去借债的人现在就不是债务人了，因为他变成了另外一个人；昨天受邀请参加晚宴的人今天成了未受邀请的客人，因为现在的他是另外一个人了。

"成长给我们每个人分别带来的改变比城市的整体改变要大得多。三十年后，人们见到雅典还能认出来，而且雅典人现在的特征和心情、他们的娱乐活动和严肃关注、他们的喜怒哀乐，与很久以前十分相似。但是对于一个人，亲友在一段时间后遇见他，很难认出他的容貌，他个性的变化从一切观点、困难、情感和规律中反映出来，显得如此奇怪和闻所未闻，以至于令经常在一起的同伴都大吃一惊。然而这个人还是被称为是一个人，并且从出生到死亡是同一个人；所以我们认为，同样地，由于城邦保持着它原有的身份，它在继承祖先的荣耀和权力的同时，也应当承担起来自祖先的同样的耻辱；否则我们将发现，我们已不知不觉地将一切存在投入到赫拉克里特所说的那条河中，赫拉克里特断言，没有人能两次踏进同一条河，因为处在变化中的自然总是在改变着一切事物。

"假如一个城邦是一个单个而且连续的整体，那么可以肯定一个家族也同样如此，它从属于一个单个的祖先，祖先在所有家庭成员中遗传了某种特定的力量以及遍及所有成员的共同品质；子女没有与父亲完全隔断，仿佛是父亲制作的艺术作品；他是从父亲那里创造出来的，但不是由父亲生的，因此，他的体内不仅包含父亲拥有的一部分，还要接受他应接受的那份奖励和惩罚。假如你不会将它看成是玩笑的话，那么我想说的是，卡桑德的雕像与狄奥尼休斯的尸体——前者被雅典人敲成了碎片，后者被西那库斯人扔到城外——所受的对待与要求子孙后代为自己的祖先支付代价相比，是更为不公正的。因为雕像中并不存有卡桑德的本性，而狄奥尼休斯的尸首也早已被他的灵魂所丢弃。然而，在尼萨尤斯（Nysaeus）和阿波罗克拉底斯身上，在安提帕特（Antipater）和腓力①身上，以及同样在其他恶人的子女身上，父亲的主要部分与生俱来，而且它并非是静止的或不起作用的，而是正是通过它，这些子女才生存着、成长着，受制于它，用它思考；因此，他们是父亲的子女，接受父亲的应得之物，并没有什么荒谬或令人震惊的。

"推而广之，就像在医学上，有效的即正当的。病人臀部有病，烧灼其拇指；病人肝脏化脓，切开其上腹部；牛得了软足病，在牛角尖涂油膏；那些认为这些做法不正当的人，实属荒谬至极。同样道理，谁要是认为，惩罚除了能治疗罪恶，还存在其他正当性，那他也荒唐可笑。当他看到一些人被当作治疗其他人的媒介时，就如眼炎要切开静脉才能得以缓解那样，他感到十分震惊，显得目光短浅，他忘了校长通过责打一个男孩能警告其他学生，也忘了一个将军把十人中的一人处死，能让全军都敬畏他，通过这种方式，某些品性、痛苦和教养不仅是通过一部分传递到另一部分，而且通过一个灵魂传到另一个灵魂，其实，这比通过一个身体传到另一个身体更加容易。当传递是通过身体实现时，同一影响和变化似乎必须在两个部分都产生；而灵魂的特性是，它在想象力的指引下就能感到确信或恐惧，于是变得更好或更糟。"

我还在说的时候，奥林皮库斯插话进来："你的观点似乎基于一个非常重要的假设：灵魂在人死后能存活下来。"②

"是的"，我说，"而且你也承认或已经承认了这一点，因为我们讨论一开始就假设，神分配给我们应得的赏罚"。

"你为什么认为"，他说，"假如神照顾我们，安排我们生活的一切，那么就可以得出结论说，我们的灵魂要么不朽，要么能在死后存活一段时间？"

---

① 他们是卡桑德的儿子，腓力在统治了几个月后患肺结核而死，安提帕特被刺杀。
② 如果恶人能通过自己的后代受到惩罚，他本人的灵魂必须存活下来，以承受这一惩罚。

"难道不能这样推论吗，好朋友？"我问道，"神总不会那么无聊琐屑吧，总不会即使我们没有神圣的东西，没有任何与他相似、持久恒常的东西，而是如荷马所说，就像树叶枯萎，片刻后便腐烂，①他还会看重我们，就像精心护理陶罐中'阿多尼斯花园'的那些女人一样照料短命的灵魂，让它们在脆弱的肉体容器里成长？这种容器不能容纳强壮的生命之根，灵魂在其当中一不留神就迅即消亡。假如你愿意，那就暂且将其他神灵搁置一边，考虑一下，如果我们此地的太阳神知道人死了以后灵魂会立刻消亡，像烟雾一样从身体上蒸发出去，那么他是否还会提出对死者的种种安抚，为他们争取荣誉和报酬，欺骗和迷惑那些信仰他的人？对我而言，我永不放弃灵魂在人死后存活的观点，直到又一个赫拉克勒斯带着皮索的三足鼎逃走，并彻底毁了神谕为止；但是，只要还有很多神对人的答复——据说就算是在我们这个时代也还有许多，纳克索斯岛人克拉克斯（Corax）就收到过这样的神谕答复——那么把灵魂判处死刑将是大不敬"。

"他收到了怎样的回应呢？"派忒拉克莱阿斯问道，"这个'克拉克斯'是什么东西？我不知道这个故事，也不知道这个字的含义"。

"不是那样的"，我说，"用假名而不用真名，这是我的错。我们听说，在那场战斗中杀死阿尔基洛科斯（Archilochus）的人叫卡农德斯（Callondes）；他的绰号叫'克拉克斯'。起先，皮索因为他杀死了一个缪斯的祭司，于是将他赶走；但是，经过祈祷和乞求，为自己辩护，他被允许到泰提克斯（Tettix）的住所去抚慰阿尔基洛科斯的灵魂。（这个地方是塔伊纳卢斯；据说泰提克斯这个克里特岛人带着一支舰队来到这里并建立了一个城邦，在这个'灵魂的通道'处定居下来）同样，斯巴达人也受到神谕的指引去抚慰保萨尼乌斯的灵魂；他们派人前往意大利请招魂者，让他们来主持祭祀，将神殿周围

---

① 《伊利亚特》卷6，146。

的幽魂驱散"。①

"因而，证明神的天意的存在与人死后灵魂的存活实际上是属于同一个论证过程"，我继续说，"绝不可能在动摇了其中一个论点之后，另一个论点还能站得住脚。但是，假如灵魂继续存活，我们必定会料想，灵魂应有的赏罚更应该是要在死后得到，而不是在生前；因为灵魂的生命就像一次运动员比赛，只有奋斗结束时才能获得应有的赏罚。但是，在灵魂作为一个独立体存在于另一个世界期间，它为它过去的生活而受到的奖赏与惩罚（情况可能就是这样），这事对我们活着的人来说就好像是不存在一样——它们并不为我们所相信和知道；然而，如果对灵魂的赏罚通过子孙后代来实现，这个世界的人们便能看到，这样，赏罚就可以阻止很多恶人作恶。我们可以认为，没有一种惩罚能比让一个人看到子孙后代替自己遭罪这种惩罚更加令人难堪和可耻的了，那些违反法律的不洁的灵魂，如果它们在死后看到的不是自己的雕像或荣誉被推翻，而是子女、朋友或亲属因自己的过错而遭受可怕的灾难，为此付出代价，那么，即使面前放着宙斯才能享有的诸般荣耀，也绝不会受到引诱去变得不正义和放纵了。我最近听到的一个故事能证明这一点。但是我担心你会将它当成神话。② 所以我也暂且说它只是可能的吧"。

"千万别这样"，奥林皮库斯说，"让我们也听听吧"。

其他人也提出了相同的请求，我说："先让我讲完可能性吧；然后，假如你们确实想听，我们再来试着听听那个神话——假如它确实是神话。"

"彼翁（Bion）说，神惩罚恶人的子孙，医生因为祖父或父亲的疾病而对孙子或儿子用药，两者相比，神更加荒唐可笑。事实上，这两件事从一方面来说是不可比拟的：对一个人的治疗不能控制另一个人的病

---

① 这是斯巴达的雅典娜神庙，保萨尼乌斯在此被饿死。
② 有关"论证"与"神话"的对比，参看柏拉图《高尔吉亚》，523A。

情,患眼疾或发烧的病人不会因为看到另一个病人敷上软膏而病情好转;然而,对作恶者进行公开惩罚的理由是,只要正确实施,正义能通过惩罚他人来震慑一些人。但是,另一方面,彼翁没有注意到,他用医生作比较时,倒确实与我们讨论的问题有其相似点。据说发生过这么一件事情,某人患了重病,但并非不治之症,由于意志薄弱,缺乏与疾病抗争的精神,结果他病死了。有一个医生,是其亲戚,或是教练,或者好心人,知道其中的缘由,带走了此人的儿子。儿子看起来毫无疾病,只是有可能会患上相同的疾病。通过严格的饮食,让他禁忌美味佳肴、糕饼点心、酒和女色,给他持续用药,让他不停地进行高强度锻炼,最终驱散了重病的微小种子,不让它有一丝成长的机会。对于父母生病的孩子,下面这些难道不是我们给他们的建议吗?要好好照顾自己,注意预防,切不可粗心大意,从一开始就将体内遗传的早期病症驱逐出去,在它还容易清除和立足未稳时根除疾病。"

"当然",他们异口同声地说。

"那么,我们所做的下面这些事",我说,"就不荒谬,而是必要的;不是荒诞的,而是有益的:我们让癫痫病人、精神忧郁病人和痛风病人的子女锻炼身体、合理饮食、服用药物,不是因为他们已经生病,而是为了让他们预防。病体生的病体不应当受到惩罚,而应该施以药物治疗和预防措施;假如有人胆小怯懦,污蔑这种治疗是'惩罚',我们不能让他阻止我们这么做。假如病人生的孩子应该施以药物治疗和预防措施,那么对于家庭成员在恶行上的相似性,我们却听之任之,拖延惩罚,任由邪恶在年轻的品格中滋生,直到扩散开来,直到强烈地爆发,如品达所说,

> 显现出灵魂罪恶的大收获。

我们这么做对吗?

七 论神的惩罚的延迟

"或者说,在这点上,神还不如赫西奥德聪明吗?赫西奥德提出了这个劝告和建议:

> 不要在参加不祥的葬礼返回后,
> 而要在参加神圣的祭神节庆之后
> 生育你的子女,①

这样才会使人在欢欣快乐中繁育后代,因为子孙后代从他们那里继承的不仅是恶习或美德,还有悲痛、喜悦及各种情绪。然而,还有一个问题,不再是赫西奥德力所能及的,也不是人类智慧的任务,而是神的任务:在实际的激情通过犯错而使自己显现出来之前,就区分出其相似和不同的倾向。年幼的熊、狼和猿从一开始就表现出天性,不掩饰、不伪造,而人的天性能立刻融入风俗、教条和行为规范,并由此隐藏缺点,模仿高尚的品行,结果是要么彻底清除或逃脱了与生俱来的邪恶污点,要么长期表里不一,掩饰自我,逃过了我们的察觉,我们只是被具体的恶行叮咬之后才最终认清了恶习。不仅如此,还更可以说是,我们一般都会认为人们是在做不正义的事时变得不正义了,在满足自己的贪欲时变得放纵了,在逃跑时变成了懦夫。有人可能还会认为,蝎子是在蜇人时长出了它们的刺;毒蛇是在咬人时产生出了毒液——但,这是一种愚蠢的想法,因为,形形色色的恶人并不是在变成恶人时立即就表现出邪恶;更准确地说,小偷和暴君在一开始就拥有了他们各自的恶性,但是他们只有在等到时机合适、权力在握时,才实施偷窃和非法行为。然而,神当然不会不了解每个人的脾气和本性,因为比起对肉体的了解,他自然更了解灵魂;他也不会等到暴力动手、恶语出口,或者可耻的器官淫荡发作后,才实施惩罚。因为神并没有遭人侵犯,用不着向诬陷者

---

① 赫西奥德:《工作与时日》735。

报复，也没有受人攻击，用不着冲着抢劫者发火，也没有受人伤害，用不着痛恨通奸者；当神——他经常这样做——惩罚那些具有通奸、掠夺以及违法倾向的人时，他的目的是治疗他们，祛除邪恶，就像在癫痫病人发作之前治疗他一样。

"就我们自己而言，我们刚才抱怨说那些作恶者的惩罚拖迟了；我们现在又抱怨说，神在罪恶没发生时就惩戒那些只不过是有倾向和苗头的人。我们这么做，是不知道潜在的罪恶比现实的罪恶、隐藏的罪恶比显现的罪恶往往更糟糕、更可怕。我们也无法理解，为什么某些人甚至已经作了恶了，还是要丢开他们不管，却要去预先惩戒只具有动机的那些人，去阻止别人的意图，其实，这就像药物对某些人来说是不适用的，尽管他们是病人，而对另一些人则是有益的，尽管他们没有病，却处于一种更为危险的境地。因此，有句话说

神并不将父母所有的罪孽都报应在子女身上，①

健康的孩子有可能出自生病的父（母）亲，同样，一个坏人也可能生出一个好人，此时，对家庭的惩罚就会得到宽恕，孩子仿佛被从邪恶家族领养走了；然而，假如一个人遗传了罪恶祖先的特性，他当然应该继承对这种罪恶的惩罚，就像他应该继承家族债务一样。安提柯（Antigonus）没有因德米特里乌斯（Demetrius）而受到惩罚，再往前，菲留斯（Phyleus）没有因奥基阿斯（Augeas）、② 奈斯托尔（Nestor）没有因为奈留斯（Neleus）而受到惩罚③（因为这些儿子品德高尚，尽管他们的父亲品德恶劣），只有

---

① 欧里庇得斯残篇 980（Nauck 编）。
② 赫拉克勒斯被迫为奥基阿斯打扫马厩，但是后者借口赫拉克勒斯受命干活，拒不付钱。奥基阿斯的儿子菲留斯担任仲裁，判定其父亲错，被父亲赶走。赫拉克勒斯率军打败奥基阿斯，请回菲留斯担任国王。
③ 奈斯托尔没有参加他父亲和兄弟偷盗赫拉克勒斯的牛的事，所以没有被惩罚，还得到了他父亲的王国。

那些顺从本性并传承自己家族特征的人，惩罚才会去追究这种相似的邪恶。这就好像是父亲的疣、胎记和胎块在子女身上消失，但是后来在儿女的子女身上重新出现；又如某个希腊妇女，她生了一个黑人小孩，被指控通奸，却发现她是黑人的第四代后裔；① 又如那位据说与'种植的人'② 相似的已故的提斯柏的皮同（Python of Thisbe）的孩子中的一个身体上出现了矛的图案，多年之后的家族相似之处再次显现，仿佛来自大地深处一般。因此，同样道理，最初几代人往往隐藏了灵魂的特性和情感，后来，在其他人身上家族的特性显现出来，恢复了遗传的善恶倾向。"

说到这里，我打住了。奥林皮库斯笑着说："我们不会喝彩，免得你以为只要你的论证足以证明自己，我们就会允许你不讲神话了。不行，只有在进一步听了你讲那个故事之后，我们才能进行判断。"

于是，我继续说下去：有一个索利人，③ 是普洛塔戈勒斯（Protogenes）的同族人，也是他的朋友；普洛塔戈勒斯不久前也在这儿，和我们在一起。这个索利人年轻时恣意挥霍，不久就将财产花费一空。由于处境穷困，他还干了些更多的坏事。他改变了对财富的态度，现在成了财富的追求者，就像放荡不羁的浪子，妻子在身边时不懂得珍惜，让她走开；可是当她和别人结婚时，又回心转意，并很不妥当地再次去向她求爱。由于他没有改掉用可耻行为来满足自身欲望或得到收益的恶习，他并没有攒下相当可观的财富，反而在很短的时间内确立了无赖的大名。然而，对他的好名声构成最大打击的却是安姆菲洛库斯（Amphilochus）神谕传达给他的回复。他曾经派人（据说）去问安姆菲洛库斯，余生是否会过得更好。安姆菲洛库斯答复，他死后会过得更好些。

---

① 参看亚里士多德《动物史》卷7, 6（586A）。
② "种植的人"指传说中卡德姆斯（Cadmus）在土地里种下了龙牙后长出的武士及其后代。
③ 本文下面是一个神话。普鲁塔克虚构"忒斯派希乌斯"（Thespesios）这个名字可能是因为"thespesios"通常被用来指那些神圣而奇特的事物。在希腊人听来，他的城邦"索利"（Soli）这个名字意味着反常与邪恶。

"从某种意义上说,不久以后,这确实在他身上发生了。他从高处跌下,撞到了脖子,虽然没有伤口,只是震荡而已,但是他死了。此后第三天,就在他出殡的那一刻,他醒了过来。他很快恢复了体力和知觉,生活方式开始发生令人难以置信的变化;西里西安人(Cilician)知道,多少年来,没人比他对诺言更守信、对天国更虔诚、对敌人更严酷、对朋友更忠心;因此,所有遇见他的人都渴望探听到他改变的原因,认为普通的事不可能引起性格上如此巨大的变化。事实确实如此,他告诉普洛塔戈勒斯和其他可敬的朋友的故事说明了这一点。

他说,当理智脱离他的肉身时,那种变化使他感觉到就像一个舵手[1]被抛入到大海深处时一开始的感觉一样;紧接着的印象是,他上升了一点,整体都在呼吸,[2] 四周都能观看,灵魂大大地张开,整个就如同一只眼睛。[3] 但是,除了星星,他看到的都很陌生;星星看起来很大,相互之间距离很遥远,发出具有某种密度的、奇妙的彩色光线;所以灵魂可以平稳地滑行在星光中,宛如行驶在平静海面上的船,能在各个方向上轻盈地航行。

他略去了大部分景象,说道,那些死人的灵魂从下面升起,随着空气的流动,变成了一个火光闪闪的泡沫。接着,随着泡沫轻轻地破碎,出来一些个子矮小的人形生物,以各自不同的方式运动着。有一些用令人惊异的轻盈步伐向前跳跃着,笔直地升入高空;而另一些则像纺锤,绕着自己旋转,同时,一会儿往下摆,一会儿往上摆,在一个复杂和不规则的螺旋中移动,很长时间后才勉强稳定下来。

大部分灵魂他都不认识,但还是见到两三个相识的人,他尽力赶上他们,和他们说话。然而,这些灵魂对他充耳不闻,精神失常,充满狂

---

[1] 柏拉图和亚里士多德都曾把灵魂比作舵手或水手。
[2] 他的理智灵魂从大气的底部上升到环绕大气的火焰地带,这在他看来路不长。
[3] 理智乃是灵魂的眼睛,参看柏拉图《理想国》519B。与身体分离的灵魂此时可以毫无阻碍地观看了。

怒和惊恐，躲避着一切景象和接触。他们起先单独地飘荡；后来，在遇见很多其他类似的灵魂后，他们互相攀扯在一起，毫无目的地胡乱移动，发出模糊不清的声音，混合着悲哀和恐慌的大声疾呼。那些在高处的灵魂则居住在大气层的洁净的区域中，显得兴高采烈，经常友好地互相靠近，[①] 但躲避那些喧哗的灵魂；他说，他们通过自己的收缩来表示厌恶之情，通过伸展和扩散来表示他们的喜悦和欢迎。

在这里，他说，他认出了一个亲戚的灵魂，虽然不是很清楚，因为这个亲戚去世的时候，他还是个小孩子；但是，那个灵魂走过来对他说："你好，忒斯派希乌斯。"他感到迷惑不解，说自己不是忒斯派希乌斯，而是阿里达乌斯。"你以前是阿里达乌斯"，他答道，"但是，从今往后，你就是忒斯派希乌斯了。你应该知道，你没有死，而是由于神意的安排，使你的理智到了现在这个地方，你的灵魂的其余部分就像锚一样，还留在你身体里。有一句格言你得知道，而且记住：死人的灵魂不会有阴影，也不会眨眼"。听了这话，忒斯派希乌斯努力地想了一下，回过神来一些，稳稳看过去，果然看见自己身边浮动着一条模糊而黯淡的阴影线，[②] 而其他灵魂四周都包围着光，里面透明。不过，每个灵魂的透明程度有所不同，有些像最明亮时的满月，均匀地散发着单一柔和的光芒，颜色连续不断；其他灵魂仿佛充满了鳞屑，或者模糊不清的乌青伤痕；还有的灵魂的外表显得斑驳而奇特，覆盖着黑色的文身，就像满是斑点的毒蛇；还有一些灵魂身上有褪色的痕迹，看起来像是抓痕。

"忒斯派希乌斯的亲戚——我们当然可以这样称呼一个人的灵魂——继续解释。他说，宙斯和必然女神的女儿阿德拉斯泰娅（Adrasteia）[③] 是掌管回报的最高主管者；所有的罪行都由她审理，任何恶

---

① 据说好人的灵魂在"大气中最柔和的区域"居住一段时间。
② 即拉住他的灵魂的绳索的影子。
③ 参看柏拉图《菲德罗》248C。"Adrasteia"的意思是"无法逃避"。

111

人，不管多么高贵或卑微，无论是通过武力还是暗中行动，都不能逃脱她的审理。还有其他三个神，是三种不同惩罚的执行官和刽子手：那些身体立刻受到惩罚的人，由皮奥勒（Pione）以相对比较温和的方式对身体进行快速处理，忽略了很多需要纠正的过错；那些罪行较难治愈的人，死后由他们的守护精灵①带到正义女神狄凯（Dike）那里；那些所有治疗都无效的人，一旦被狄凯拒绝，就由阿德拉斯泰娅的第三个，也是最严厉的大臣艾黎尼斯（Erinys）处理，他会在他们到处游荡的飞行过程中将他们都处理掉，方式尽管不同，但都十分残忍，将他们囚禁到'无名之地'（Nameless）和'永无天日之地'（Unseen）。②

"由皮奥勒实施在人身上的其他惩罚方式"，他说，"类似于野蛮人的惩罚方式；在波斯，受惩罚的人被扯下斗篷和头饰，受到鞭笞，任其哭喊着乞求宽恕，因此，那些通过身外财产和身体实施的惩罚无法痛苦地触及邪恶，也无法把握邪恶，主要是让人看，让人感觉的。

但是谁要是来自下面的世界，又从未受过惩罚，尚未洗清罪孽，那就会被狄凯盯上，整个灵魂都赤裸裸地暴露在他人的视线之下，一切都不能躲过他人的目光，③ 没有任何东西隐藏自己，掩饰自己的卑鄙，总而言之，他的一切羞耻在周遭四方都毫无掩盖地暴露出来。这样，她首先带他去见善良的父母和祖先——如果他们是善良的话——他们讨厌他，认为他不配当他们的子孙；但如果他们本身也邪恶，他就目睹他们受到惩罚，而他们也目睹他受到惩罚；接着，他受到加长时间的惩罚，惩罚的痛苦和折磨将他的每一种激情都去除掉，这些痛苦和折磨在数量和强度上都远远超过肉体的痛苦和折磨，就像现实要远比梦境使人印象更生动和深刻一样。

---

① 参看《菲德罗》107，113。对一个人命运的宗教化和人格化的称呼就是他的"守护精灵"（Daemon）。

② 地狱（Hades）的词源含义就是"再也不被看到"。

③ 参看《理想国》615E。

"各种激情所留下的伤痕①在某些灵魂身上要更长久些,而在另一些灵魂身上则不然。观察一下",他说,"那些五彩缤纷的灵魂:一个呈灰棕色,污点来自吝啬与贪婪;另一个呈火红色,来自于残忍与野蛮;而你看到的那些蓝灰色的,还留有无节制地追求欢愉留下的痕迹;假如存在恶意和妒忌,灵魂就会呈现青灰色,就像乌贼喷射的墨水。因为在下界,当灵魂被激情所改变,并进而改变身体的时候,邪恶就会产生出各种颜色;而在这里,当激情被抚平,随后灵魂变得闪闪发光,呈现单一色时,清洗罪孽和惩罚的目标就达到了;但是,只要有情感遗留,就存在复发的可能,这些复发伴随着脉动和抽搐,在某些灵魂中非常微弱,随即消失,而在另一些灵魂中则产生出强烈的张力。其中一些灵魂,在遭受反复的惩罚之后,恢复到正常状态和品性,而另一些则被无知的暴力和追求快感的'印象'②再次带到人体中。其中一个灵魂,由于缺乏理智、无视谋划,只看重实用,出生到人世;另一个灵魂,需要胡作非为的工具,渴望能形成享受的欲望,也通过身体来实现,这里只有一个破碎的影子和永远无法满足欢愉的梦幻"。

忒斯派希乌斯听完这些解释,在领路人的指引下快速走完一段看来十分遥远的路程,一路轻松、准确无误,光束宛如翅膀,让他飘浮起来;最后,他们来到一个无底的深渊,此时支撑他的力量消失了。他发现,其他灵魂也被带到这里,他们也像鸟一样飞来,落下,沿着深渊走着,不敢直接穿过去。深渊里面看起来像是酒神的洞穴:被各种嫩叶和各色花朵点缀得华丽多姿。那里吹出轻柔温和的微风,夹杂着芬芳的香气,唤起令人神往的欢乐感觉,就像酒带给微醉的人们的那种感觉;灵魂们享受着这种香甜的芬芳气息,相互之间变得热情奔放、友好亲近起

---

① 参看柏拉图《高尔吉亚》524E。
② *Eidos*("形式",相,意象)是很难把握的一个希腊词。普鲁塔克曾说灵魂从理智得到印象,然后给予身体,同时又在环抱身体中取得自己的"形式"。所以灵魂被称为 *eidolon*("幽影")。当灵魂与理智和身体分开时,它会长期保持双方留下的 *eidos*。

来；整个地方都充满了欢声笑语和各种喜庆与欢乐的气氛。领路人说，这是狄俄尼索斯在他上升时走的路，他也是通过这条路把塞默勒（Semele）带上来的；① 这个地方叫'遗忘之河'（Lethe，忘川）。② 听了这些，忒斯派希乌斯希望再逗留一会，但领路人没有答应，用力将忒斯派希乌斯拉开，一边告诉他，灵魂的智慧部分将被欢愉溶解消灭掉，而灵魂的非理智和肉欲的部分在得到欢愉的滋养后会肉体化，回想起肉体；这种记忆又产生一种渴求和欲望，导致灵魂的生出（genesis），这个词正是来自随着液体化③而变重的灵魂'朝向大地（epi gēn）的倾向（neusis）'。

继续向远处进发，他看到远处有一个大坑，许多溪水涌入坑中，其中一条小溪比海水的泡沫和雪还要白，另一条则像彩虹的紫色，其他的则还有各种颜色，从远处望去，每条小溪都有特定的光彩。等他们走近一看，这大坑变成天际的一个深渊，随着各种颜色褪去，光亮也都消失了，只剩下白色。他看到三个恶魔坐成一个三角形，以一定的比例将那些小溪汇合起来。忒斯派希乌斯灵魂的领路者说，奥尔菲斯（Orpheus）在寻找妻子的灵魂时，最远就走到这里。他回去后由于错误的记忆，给人们中间带去了一种错误的说法，说是在德尔菲有一个阿波罗和黑夜共同拥有的神谕所④——这种说法之所以是错的，乃是因为黑夜与阿波罗毫无关系。"其实"，他继续说，"这是由黑夜和月亮共同分享的神谕所；它在大地上的任何角落都没有发布出口或是专门的驻节之地，只能在人类的梦境和幻觉中到处游荡；梦正是由此得到并散布本真的消息，

---

① 狄俄尼索斯把他的人间母亲塞默勒从地狱中带出来，使她得到永生。后期柏拉图主义者认为狄俄尼索斯是主持灵魂的重生的神。
② "遗忘之河"无疑是地球的阴影，它一直延伸到尘世区域的上端。它代表了肉体的欢愉，这种欢愉导致灵魂失去自己的轻灵，沉沦下去作又一次的投胎转世。梦幻坑离月亮是如此之近，完全沐浴在它的月光中，但他无法爬到高处去看阿波罗的神谕。大概这个大坑也位于尘世和天堂的边缘；也许它是月亮的影子。
③ 当气和火变成水时，就液态化并沉重起来。
④ 据说夜晚在阿波罗来到德尔菲之前曾主管此处的神谕。

七 论神的惩罚的延迟

同时如你所见的,与彩色的假象混合在一起。"①

"至于阿波罗的神谕所",他说,"我不知道你能否看到;因为你灵魂的缆索不肯再向上放线了,不再放松,而是拉紧了,紧紧拉住了你的肉体"。同时,这位领路人还是奋力拉近忒斯派希乌斯,指给他看来自(他说)三足鼎的光线,这光线穿过忒弥斯(Themis)②的胸部,射到帕纳塞斯山上;但是由于光线十分强烈,尽管忒斯派希乌斯热切渴望,还是没看到。但是,当他经过时,他确实听到了响亮的女人声音,用诗句进行各种预言,其中似乎提到了他去世的时间。魔鬼说,这是西贝尔(Sibyl)的声音,她被带到月亮表面,在那儿歌唱着预言未来。于是他想多听一些,但是却被月亮猛地推了回去,就像陷入了漩涡一般,所以他只听到一点点。其中有关于维苏威火山的预言,以及迸发的火焰掠过狄卡伊阿凯德(Dicaearcheiade),还听到了有关当时在位的皇帝的一句片断:

……好的,他会因病退位。

然后,他们转向观看那些正遭受惩罚的人。③起先,这些人表现的只是一幕幕痛苦、可怜的景象;忒斯派希乌斯不停地碰到正在受罚的朋友、亲戚和伙伴,这是他最不愿看到的,他们遭受恐怖的折磨和可耻、痛苦的惩罚,他们向他悲叹,随即号啕大哭;最后,他看到父亲从一个深坑中升起,身上到处是烙印和瘢痕,向他伸出了双臂,那些执行惩罚的人强迫他开口供认自己毒死客人、谋取金子的罪行。这一罪行在人世根本没人知晓,在这里却被发现。他为此已经遭受了部分惩罚,正要被

---

① 在梦中,白色代表真理,彩色代表欺骗。远看彩色占上风,近看则是白色。
② "天空中的三角鼎"可能就是太阳。忒弥斯是在阿波罗之前主持德尔菲神谕所的。
③ 普鲁塔克没有描述对这个"惩罚之地"的旅行历程,这个地方的具体位置也没有说明。

115

带走去接受更多的惩罚。此时忒斯派希乌斯已经惊慌失措，恐惧万分，不敢为父亲哀求说情，只是希望转身就走，逃离这个地方，但见不到那个带路的仁慈亲戚，却见到其他一些面容恐怖的人。他们猛地往前推他，让他明白他必须走过那条道路。他发现，那些罪行在人间被揭露并当场受到惩罚的人，他们在另一个世界所受到的折磨没有那么严厉，而且时间也不长，因为此时惩罚的只是灵魂中的非理性和激情部分。相反，有些人以高尚美德的名声掩饰自己，终生逍遥法外，此刻却被另外一群官吏包围着。这些官吏强迫他们费力痛苦地把灵魂内部朝外翻出，反常地转个面，再套回到灵魂身上，就像海百脚吞了钓钩之后将身体往外翻出；有些灵魂则被剥皮，敞开着，展示其溃烂、龌龊之处，这些人的邪恶是在那些理性和至高无上的部分中。他说自己还看到了其他一些灵魂像毒蛇一样，三三两两或更多地相互蜷缩在一起，因为他们活着的时候尔虞我诈，此时他们就相互吞噬着。更有甚者（他说），那里有几个紧挨着的湖泊，一个是沸腾的金子湖泊，另一个则是寒冷刺骨的铅湖，还有一个满是粗糙的钢铁；这三个湖泊由一些魔鬼看管，这些魔鬼就像铁匠，用钳子将那些犯下无止境贪婪之罪的灵魂交替地钳起，放进去。当灵魂由于炽热的高温在金湖中变得火红时，魔鬼们将他们再扔进铅湖；等他们在铅湖中冷却变硬，犹如冰雹时，又被倒进铁湖。在这里，他们变成十足的漆黑色，外表都变了，因为他们由于坚硬而被碾得粉碎；在这之后，他们再次被倒入金湖，重新承受每个变化阶段中的令人恐怖至极的痛苦。

　　他说，最为可怜的是有些灵魂忍受的苦难，他们自认为已经完成责罚，却再次被逮捕；对这些灵魂的惩罚已经转到他们子孙后代的身上。子孙后代的灵魂一旦来到，并发现了他们，都会愤怒地攻击他们，指责他们，给他们看自己苦难的瘢痕，严厉指责并追逐他们。他们只想逃离、藏起来，却做不到。他们很快就被那些实施惩罚的人追上，赶回去再次承受责罚，一路想到等待自己的惩罚，他们哀哭不已。对于有些灵魂，他说，大量子孙后代的灵魂黏附在他们身上，真像一群群蜜蜂或蝙蝠，用刺耳的声音喋喋不休，①愤怒地回忆着由于祖先过错而使他们遭受的惩罚。

他看到了幻境中的最后一幕：灵魂的再次出生。他们被强行扭曲，以适应各种生物的样子。由生物的创造者们来改变其形状，他们用某些工具敲击，将一组器官和肢体焊接及锤打在一起，又将另一组器官和肢体扭开，并擦掉甚至除去其他一些部件，让它们适应新的性格和生命。这时，在这些灵魂中间出现了尼禄的灵魂，早已陷入可怜的困境，身上被很多炽热的铆钉刺穿。同样，创造者们早已为他的灵魂制作了一个形状，是尼坎德（Nicander）的毒蛇的形状。在这个形状中，它靠一路吞噬母腹来长大和诞生。②突然（他说），此时闪过一道强光，强光中传出一个声音，命令他们将尼禄的灵魂转到一个较为温顺的畜生的形状里，一个能发声的、经常出没于沼泽地和湖泊的生物，③毕竟他已经为自己的罪行遭受了惩罚，而且众神也觉得还欠他一份恩惠，因为他曾给过他统治下的民族中的那个最高贵、最受神喜欢的民族以自由。④

他看到的就是这么多。他正要转身，就在那时，他差点被吓疯：一个非常漂亮的高大女人一把抓住他，对他说："过来，来记住所有的一切"，并打算用一根画家用的那种烧得火红的棒子在他身上烧灼；但是，另一个女人拦住了她，他感到突然被一根绳索拉走，在一阵凶猛的狂风中被抛回到自己的身体上，再次睁开了眼睛，几乎是从自己的坟墓里又回到了人间。

---

① 参看荷马《奥德赛》卷24，5以下。
② 这一看法参看希罗多德《历史》卷3，109。尼禄后来谋杀了自己的母亲。
③ 即蛤蟆。尼禄喜欢唱歌。
④ 尼禄于公元67年给予希腊自由。

八　善与恶[*]

衣服被当作御寒之物，当然，衣服不是把自身热量传递给人，因为衣服本身并不热。因此，人一旦感觉热或发烧，通常会不断地更换衣服。事实上，人体本身散发热量，热量传给衣服，而衣服紧贴人体，将身体裹得严严实实，无法散发热量，因此，衣服裹紧身体，热量便不能散发。在人际事务中存在类似情况，蒙骗了大众的眼睛，让他们以为身居豪宅、拥有大量奴隶和金钱，他们便能生活幸福。然而，幸福生活并非来自周围事物。恰恰相反，是人自己的性情品质给周围事物增添了幸福愉悦的因素。

> 明晃晃的火光给房屋增添无穷欢乐，[①]

若有发自内心的愉悦相伴，那么财富会让人更加愉快，名誉和权力会让人更加光芒四射。同时，人的性格如果平静、温和，那就能轻松自如地承受贫困、流放和苍老的创伤。

正如香水让粗布破衣芳香四溢，而安喀塞斯（Anchises）的身上却流出恶臭的脓水，

> 沿着脊背流淌下来，浸湿了亚麻长袍。[②]

同样，有了美德，所有职业都令人愉悦，各种生活都无忧无虑；相反，一旦染上恶习，就会使那些在别人看来显得美妙、珍贵和壮观的事物变

---

[*] 普鲁塔克这篇关于善恶的文章是一篇精彩的布道，一直以来受到基督教人士的重视。
[①] 据说是荷马的话。
[②] 索福克勒斯残篇344（Nauck 编）。

得令人生厌、令人作呕。

> 众人当他逍遥自在，
> 等他开门，方知他悲惨不幸
> 其妻作威作福、发号施令、打闹不断。①

然而，一个人如果是一位真正的男子汉而非奴隶，要想摆脱恶妻并非难事；但是说到根除恶习，那么仅凭一纸"离婚"空文就指望立即摆脱烦恼，让一切回归平静，则是难上加难。恶习，如影相随，没日没夜地

> 毫无痕迹地燃烧着，催人早衰。②

旅途中，恶习因为骄傲自大而是讨厌的同伴；进餐时，恶习由于狼吞虎咽而是挥霍的伴侣；睡眠时，恶习是令人苦恼的伙伴，因为它让人焦虑、顾忌和妒忌，破坏睡眠。睡眠仅对此人的身体来说是睡眠和休息，但对他的心灵来说，却是恐怖、梦幻和焦虑。有人说：

> 我伤心欲绝，一闭上眼睛
> 梦境便将我扼杀。③

的确，嫉妒、恐惧、愤怒和放荡让人处于如此境地。白天，恶习关注周围，屈从大流，知羞耻，藏激情，不会完全听命于自己的冲动，相反努力压制冲动、克服冲动；晚上，恶习逃脱了意念和法律的束缚，毫无恐惧、羞耻之意，任欲望蠢蠢欲动，唤醒罪恶堕落之心。柏拉图说，它"企图乱伦"，

---

① 可能是米南达的话。
② 赫西奥德：《工作与时日》705。
③ 某位新喜剧作家的话。

享受各种禁忌食物，为所欲为，在无法无天中尽情逍遥狂欢，众多幻想最终带不来快乐和欲望的满足，只不过激起激情和恐怖倾向的剧烈活动。

假如恶习与烦恼哀伤形影相随，那恶习中的乐趣在哪里呢？恶习中的满足、宁静又在哪里呢？一个身材匀称、体格健康的人才能享受肉体愉悦；而要获得心灵的永久愉悦的先决条件必须是心灵本身的快活、无畏和勇敢，内心远离干扰，平静如水；否则，即便希望或享受微笑着向我们招手，焦虑也会突然爆发，犹如晴天霹雳，心灵即刻遭受重创、不知所措。

积聚更多金银财宝吧，建造更多华丽的园子吧，让你屋里到处是奴隶吧，让城里人都负债于你吧；除非你能稳定情绪，不再欲壑难填，不再害怕焦虑，否则你就是为发热病人倒美酒，为胆病患者贡献蜜糖，为腹痛和痢疾患者提供美食，这些东西既不能保存，也不能增强患者体质，反而会将病人推向死亡。护理者将最好最贵的食品送给病人，又千方百计地让他们吃下去，而病人都拒绝了。此后，病人整体情况好转，恢复到呼吸顺畅、血液健康、体温正常，并能起床走动，此时，面包加奶酪和水芹，能吃得津津有味。你观察病人，难道没发现这一切吗？这种情况是由理智在心灵中创造出来的。你若能明白光荣和善良是什么，那就会对命运感到满足。哪怕贫困，你也能生活如国王般奢华，满足于无忧无虑的平民生活，毫不亚于担任将军或高官。你若成为哲人，你将绝不会过不愉快的生活；你无论在哪里，无论拥有多少资源，都能过上幸福生活。财富令你乐于施善；贫穷令你免于牵挂；名声在外令你尽享荣耀；默默无闻令你不为世人嫉妒。

九　妇女的勇敢（14 则）

克莱娅（Clea）啊，讲到妇女的德性，我的看法与修昔底德不一样。他宣称最好的妇女是在外面受人议论最少的，不管是批评还是表扬，因为贤淑之女的名字就像她这个人一样，应当关闭在室内，从不出户。[1] 但是在我看来，高尔吉亚的品位更高些，因为他的建议是：一位妇女的名声——而不是容貌——应当公之于众。罗马的风俗看来最好：它对于去世的妇女，就像对去世的男子一样，公开给予相应的荣誉。所以当那位最优秀的妇女莱昂提丝（Leontis）去世时，我立即和你进行了一次长谈，它多少给了你来自哲学的安慰。现在，在你的要求之下，我把余下的部分也写出来给你，进一步阐述女人和男人的德性是一模一样的。这些文字中包括了许多历史记叙，我写它们不是让人读了消遣娱乐的。不过如果由于这一阐述的特点，人们在文中令人信服的论证中也感到快乐，那么我的讨论也就不缺少某种愉悦的成分，它会有助于我的描述，而且它将如欧里庇得斯所说的，会毫不犹豫地

> 把优美女神和缪斯女神结合在一起。
> 这是最为美好的伴侣。

并且把自己的信仰牢牢地与灵魂内部对于美的热爱合为一体。

如果我们肯定对男子和女子的身体的描绘是一样的，并且把女子画的画展览出来，就像阿派勒斯（Apelles）或者宙克西斯（Zeuxis），或者尼克马库斯（Nicomachus）等人留下的画一样，会不会有人指责我们的目的是快感和诱惑而不是劝世？我不这么认为。

或者这么说，如果我们宣称诗歌或预言的技艺当男人和女人分别从事时，并不是两种不同的技艺，而依然是同一种技艺；如果我们把萨福（Sappho）的诗歌和阿纳克来翁（Anacreon）的诗歌放在一起，或是把西贝尔的预言和巴西斯（Bacis）的预言放在一起，难道有人能够因为这会引导开心快乐的听众相信它而指责它？当然不行。你也不能那

---

[1] 修昔底德：《伯罗奔尼撒战争史》卷2，45。

样说。

实际上，了解男子和女子德性的异同的最佳方式不是别的，而是把他们的生平并列，把他们的行为放在一起，就像伟大的艺术作品一样，然后考虑塞米拉米斯（Semiramis）的恢弘胸襟是否与塞索斯特里斯（Sesostris）的恢弘胸襟在特点和模式上一样，塔那奎尔（Tanaquil）的理智与国王色维乌斯（Servius）的理智是否相同，或者波西娅（Porcia）的高尚品格是否与布鲁图（Brutus）的高尚品格一样，或者派罗皮达斯（Pelopidas）的和提莫克莱娅（Timocleia）的是否相同；在比较中要特别注意相同性和影响上的关键之点。事实上，德性还会有其他的差异，会由于不同的天性而带上不同的色彩，也会由于所处的国家不同而与当地的习俗相像，并且会由于不同的生活方式、培养方式和个体气质而因人而异。比如，阿基里斯的勇敢与埃阿斯（Ajax）的勇敢在方式上就不同，而奥德修的智慧与奈斯托尔的智慧也不尽相同；伽图的公正与阿基希劳斯（Agesilaus）的公正的方式也不可能完全一样；埃莱勒（Eirene）对丈夫的爱也不会与阿尔克斯提丝（Alcestis）对丈夫的爱一模一样；克莱莉亚（Cornelia）的崇高和奥林皮娅（Olympia）的崇高也不会相同。但是尽管如此，我们还是不要去设立各种各样的不同的勇敢、智慧和公正，只要个性差异不会影响她们各自得到应有的评价。

那些被人常常挂在嘴边的事情，那些我假设你因为手不释卷而早已记下来、早已知道的故事，我就不讲了；我要讲的是那些值得阅读的，但是又被过去记录公开流行的故事的人所忽略了的传说。不过，既然许多值得讲述的事迹是女子所做的——或是与其他女子一道，或是她们自己，我想我们不如先对那些广为人知的人物先进行一个简短的描述。

1. 特洛伊妇女

绝大多数在特洛伊陷落时逃了出来的人都不得不投奔怒海；因为他

们不熟悉驾船技术，不了解大海，最后被抛上了意大利海岸，在台伯河（Tiber）附近他们匆忙下锚和停泊登陆。男子们在乡野里四处游荡着，打探着消息，此时妇女们突然意识到，一个民族要过上幸福的好日子，任何在陆地上的定居之处都比无止境的漂游流荡要好，特洛伊人必须创建一个祖国，既然他们已经无力恢复他们失去的故国。于是她们齐心在一位妇女——罗马（Roma）——的带领下把船给烧了。做了这事之后，她们去迎接奔回海边的船只救火的男人们。因为害怕他们发怒，有的妇女就拥抱自己的丈夫或亲戚，亲吻抚慰他们，用这样的讨好使他们缓和下来。由此产生了一个罗马妇女中一直存在的习俗，即用亲吻迎接他们的亲人。

特洛伊男子显然明白了事情已经无法挽回，而且在接触了当地居民之后，发现他们和善人道地对待他们，于是对女人们做的事逐渐接受了，终于在当地住下来，与拉丁人为邻。

2. 福基的妇女

福基（Phocis）的妇女的事迹还没有得到任何有名的作家的描述，但是这些事迹中表现出来的勇敢与任何女子的作为相比，都毫不逊色，这一点可以从福基人迄今在希亚姆波利斯（Hyamis）附近举行神圣仪式以及古代的法规中得到佐证。有关这些事件，我已经在戴方图斯的传记①中对其成就进行了详细记述；有关妇女方面的事，兹记载如下：

帖撒利人（Thessalians）正在凶狠地与福基人打仗。因为有一天福基人杀了帖撒利驻节在他们的城市中的所有总督和长官。听到消息后，帖撒利人杀了2500个福基人质；并通过动议杀死所有的成年男子，把所有妇女小孩变为奴隶，然后全军出动，通过罗克力斯（Locris）入侵

---

① 普鲁塔克的这部传记没有被留传下来。

福基。于是，巴提留斯（Bathyllius）的儿子戴方图斯作为福基的三位总督之一，劝说男人们迎战帖撒利人，并把所有的福基妇女和她们的孩子都安置到某个地方，在他们的四周堆起高高的柴堆，设置岗哨，命令他们一旦听到男人被打败的消息，就点燃柴堆，把活人全部烧成灰烬。几乎所有人都投票同意这一方案，但是议事会里有一个人站起来说，只有妇女也同意这么做，这才是对的。否则，就不该接受，不能强迫。当这事传到妇女那里，她们也自己开了一个会，投票通过了同样的意见，并且赞颂戴方图斯为福基提出了最好的方案。据说孩子们也自己开了一个会，投票通过了他们的意见。

在此之后，福基人在希亚姆波利斯的克莱奥奈（Cleonae）附近迎战敌人，并取得了胜利。希腊人称福基人的这一投票为"急迫"，而且他们在希亚姆波利斯直到今天还庆祝最大的节日，那祭献阿尔忒弥斯（Artemis）的伊拉菲波力亚（Elaphebolia）节，以纪念那次胜利。

3. 基沃斯的妇女

基沃斯人之所以去留科尼亚（Leuconia）殖民，原因如下：基沃斯当中有一位名人举行婚礼，当新娘坐在车上被领到他家时，新郎的密友、国王希泊克鲁斯（Hippoclus），当时也在宴饮喧闹的人群中，他跳上马车，并不是有什么非分之想，只是按照通常的习俗嬉闹。但是新郎的朋友们却杀死了他。

神发怒的迹象很快就让基沃斯人感受到了，预言之神命令他们杀死刺杀希泊克鲁斯的人；但是他们说他们都参与了刺杀。于是神命令他们全部离开这个城市，如果他们全都卷入了这一罪行。于是犯罪的人，既包括直接动手的，也包括赞同的，人数众多而且有力量，被基沃斯人送往留科尼亚去定居，这是他们早些时候在伊里斯拉人（Erythraeans）的配合下从科洛尼人（Coroneans）手中夺来据为己有的。

后来，他们又和伊奥尼亚人中最强大的伊里斯拉人开战。当伊里斯拉人向留科尼亚逼近时，他们无力阻挡，同意停火，撤出城市，每个男人只允许携带一件外套和一件内衣。但是女人们喊他们是胆小鬼，说他们居然主动放下武器，赤身裸体从敌阵中穿过。但是男人说他们已经发过誓了；于是妇女要他们别丢下武器，说：当敌人问你们的时候，你们就说对于勇敢的男人来说，长矛就是他的外套，盾牌就是他的内衣。基沃斯南人接受了这一建议。当他们勇敢地回答伊里斯拉人并展示他们的武器时，伊里斯拉人被他们的勇敢震住了，没人走上前，也没人阻挡他们，都对他们的离去松了一口气。所以基沃斯的男人在他们的妇女教导的勇敢之下，得救了。

基沃斯的妇女还做过一件与此相比毫不逊色的勇敢业绩，这是许多年以后的事。当时，德米特里乌斯的儿子腓力在围攻他们的城市，并野蛮而傲慢地宣布，向他叛变的奴隶的报酬是自由和与主子结婚，他的意思是要让奴隶和他们的前主人的妻子结合。但是基沃斯的妇女得知后勃然大怒，与奴隶一道——他们也同样愤慨万分，出战支持这些女人——快速爬上墙头，运上去石头和标枪，鼓励催促战士们，直到经过激烈的防御战和用标枪杀伤了大批敌人之后，最终驱退了腓力。没有一个奴隶向腓力叛变。

4. 阿戈斯的妇女

在妇女为了共同体而斗争的所有事迹中，没有比为了阿戈斯而反对克莱奥米尼斯（Cleomenes）的斗争更为出名的了，这是妇女们在女诗人泰来希纳（Telesilla）的鼓动下进行的。据说她是一位著名家族的女儿，身体一直不好，所以她派人去求神问健康；神谕的答复是要求她发展缪斯方面的才能。她接受了神的建议，献身诗艺和音乐，并很快摆脱了病困；她的诗艺受到妇女们的普遍推崇。

但是，当斯巴达国王克莱奥米尼斯在杀死了许多阿戈斯人（不过绝没有那些耸人听闻的记载所说的 7777 人)① 之后开始向阿戈斯城逼近时，一个神圣感召的勇敢精神降临到这位年轻的女子身上，令她为了祖国而抵御敌人的进犯。在泰来希纳的领导下，他们拿起了武器，站到防线上，布满了四周的城墙，敌人都惊呆了。结果他们赶跑了克莱奥米尼斯，使其损失惨重，也赶走了另外一个国王德马拉图斯（Demaratus）；据苏格拉底的说法，当时这位国王已经设法攻入了城市并占领了潘菲里亚库姆（Panphyliacum）。他们把在战场上牺牲的女子埋葬在阿戈斯大道的边上；对于存活下来的人，他们的奖励是为她们竖立了一座战神雕像，纪念她们出众的英勇。有人说战斗发生在今天被称为"第四月"的那个月份［古代阿戈斯人称其为"赫马乌斯月"（Hermaeus）］的第七天；也有人说这是那个月的第一天，如今他们在每年的这一天还庆祝"勇猛节"，节日里，女人穿上男人的内衣和外套，男人穿上女人的袍子和面纱。

为了弥补男子的缺乏，他们没有像希罗多德所说的让女人和奴隶结婚，而是让女人与他们最好的邻邦臣服者结婚，这些人已经被他们授予了阿戈斯公民权。据说妇女们结婚后看不起这些丈夫，故意冷淡，因为感到他们都是些下人。于是阿戈斯人通过了一个法案，规定结了婚的结发女人必须与她们的丈夫同床！

5. 波斯妇女

当居鲁士（Cyrus）说服波斯人反抗国王阿斯提亚基斯（Astyages）和米底人（Medes）时，他在战场上被击败了。波斯人向城市败退，敌军紧紧跟着波斯人，步步逼近；妇女们从城里迎着他们冲出来，掀起自己的衣服，喊道："你们这些世界上最大的胆小鬼向哪儿抱头鼠窜？你们绝不可能再溜进你们从那儿生出来的地方吧？"波斯人听到这些话，看到这

---

① 希罗多德说有 6000 人，见希罗多德《历史》卷 7, 148。时间大约是公元前 494 年或更早。

一幕景象，大感惭愧，切齿骂自己是胆小鬼，重新列阵，再次与敌人交手，大败敌军。结果，从此之后就有了这么一个习俗，每当有国王驾临该城，都要赠给每个妇女一枚金币。立下这一法规的是居鲁士。① 但是据说奥库斯（Ochus）是个小气鬼，是国王中最贪财的，他总是绕道通过这座城市，而不愿穿过它，这样就可以不必支付妇女们的礼物。但是亚历山大两次进入这座城市，而且赐给有孩子的妇女两份礼物。②

6. 塞尔特妇女

塞尔特人（Celts）曾跨过阿尔卑斯山，并在今日是他们的家园的那片意大利土地上定居。在此之前，他们中间发生了持续不断的激烈派别冲突，几乎发展到内战的地步。然而妇女们站到武装冲突的各方之间，聆听争执，用毋庸置疑的公正进行裁判和决断，结果在国家和家庭中间都带来了所有人对所有人的奇妙的友爱。由于这件事，他们在战争与和平的事情以及决定与盟友的争执的问题上一直向妇女咨询。尤其是，在他们与汉尼拔（Hannibal）的条约中写下了这样的条款：如果塞尔特人起诉迦太基人，那么西班牙的迦太基总督和将军们将担任仲裁者，如果迦太基人起诉塞尔特人，那么裁判者将是塞尔特妇女。

7. 梅罗斯妇女

梅罗斯（Melos）人因为需要更多的田地，派了一个名叫宁法乌斯（Nymphaeus）的青年男子去主管殖民地，此人长得非常英俊。神命令他们在航行中，在哪儿失去了船只，就应该在那儿定居下来。结果，当他

---

① 参看色诺芬《居鲁士的教育》卷8, 5.21。
② 参看本书下编的《亚历山大传》。——中译者注

们在卡里亚（Caria）停泊上岸时，他们的船只被风暴摧毁。克里阿苏斯（Cryassus）的卡里亚人，也许是同情他们的悲惨遭遇，也许是害怕他们的勇敢，让他们在附近住了下来，并给了他们一块自己的土地。后来，看到他们在很短的时间中扩张得很快，卡里亚人又计划把他们赶走，并为此准备了一桌丰盛的筵席。正巧有一位卡里亚少女爱着宁法乌斯，但是别人都不知道。她的名字叫卡菲妮（Caphene）。当计划实施时，她不能忍受宁法乌斯被杀死，于是向他透露了她的同伴公民们的图谋。于是，当克里阿苏斯人来邀请他们时，宁法乌斯说希腊人的习惯是参加宴会时一定要有女人。卡里亚人听了这话后，就说他们也可以带上妇女。然后宁法乌斯就告知了梅罗斯人这件事情，并让男人穿着普通的服装，不带武器到那里去，但是每个妇女都要在衣服的皱褶中藏一把剑，并和自己的丈夫或男性亲戚坐在一起。当宴会进行到一半时，卡里亚人发出了事先安排的暗号，希腊人明白时候到了，于是所有妇女同时打开衣服的皱褶，男人抽出剑来，进攻蛮族人，把他们杀了个精光。之后，他们占领了当地，毁灭了城市，重新建立了一座新的城市，命名为"新克里阿苏斯"。卡菲妮和宁法乌斯结婚，并因为她的重要贡献而得享荣誉和感谢。人们完全有道理推崇这些女子的宁静和勇气，她们中没有一个人在人群中由于胆怯——即使是身不由己的害怕——而变成懦夫。

8. 伊特鲁斯坎妇女

当伊特鲁斯坎人（Etruscans）占领了莱姆诺斯（Lemnos）和伊姆布鲁斯（Imbros）之后，他们强迫布饶衽（Brauron）的雅典妇女和她们生的孩子跟他们走。雅典人把这些人从岛屿中赶走，说他们有一半血统是蛮族人；他们后来在塔那卢姆（Taenarum）登陆，并且在斯巴达人对付赫洛人（Helots）的战争中帮助了斯巴达人。为此他们得到了公民权和通婚的权利，但是被视为不配担任公职或元老院元老。这使人猜测他们集合起来企图谋

九　妇女的勇敢（14则）

划什么巨变，打算改变现存体制。于是斯巴达人把他们抓了起来，关在监狱里，紧密监视他们，试图找到明白确凿的证据后就判定他们有罪。囚犯的妻子们来到监狱，通过苦苦哀求，得到看守的同意进去见她们的丈夫，与他们说话。她们进了监狱之后，就要她们的丈夫赶紧换衣服，把他们自己的衣服留给妻子，然后穿上妻子们的衣服，蒙着脸离开。做了这事之后，妇女们在那儿等着，准备面对最为恐怖的事情的发生，但是看守们上当了，让这些男人们通过——当然以为他们都是妇女。

之后，他们夺取了泰格图斯山（Taygetus）上的要塞，煽动赫洛人造反，并高兴地接受他们作为自己力量的补充。斯巴达人大为惊恐，派来了使者，与他们达成了和解，条件是他们可以领回他们的妻子，收到钱财和船只，航行离去，而且在其他地方找到土地和城市后，可以被视为斯巴达的殖民者和亲戚。培拉斯基人（Pelasgians）这么做了，并以斯巴达人珀里斯（Pollis）、戴尔福斯（Delphus）和克拉泰达斯（Crataidas）为领导人。他们中的一部分在梅罗斯①定居下来，但是珀里斯及其伙伴，以及绝大多数人都航海去了克里特，在那儿应验了神谕。他们曾经得到过一则神谕：他们在哪儿丢了他们的女神和锚，就应该在那里停止漫游，建立一个城市。当他们在克里特的一个叫作凯罗奈索（Cheronese）的附近下锚停泊时，半夜突然惊恐万状起来，他们吓得在混乱中跳上船，遗留下了一座祖先传下来的阿忒米斯神像，这座雕像最早是他们从布饶衽带到莱姆诺斯的，后来又从莱姆诺斯带出来，一路带在他们的身边。当他们在海上时，惊恐逐渐平息下来，他们非常想念这座雕像。而且珀里斯又发现锚上面的爪也掉了（明显是当锚拖过某些岩石起伏的地区时崩断的，没人注意到它掉了），于是他宣称神赐的预言已经实现了，发出信号返航。他占领了那个地方，多次战胜了那些发动战争反对他们的人，在里克图斯（Lyctus）定居下来，并且控制了其

---

① 参看修昔底德《伯罗奔尼撒战争史》卷5，84。

他一些城市。由于这一切,这个民族认为自己从母系上讲与雅典人有关联,同时又是斯巴达的殖民者。①

9. 里西亚妇女

里西亚(Lycia)发生的那件事情听上去就像神话一样,但是它在人们叙说的故事中还是能得到一些佐证。② 据说阿米索达卢斯(Amisodarus)——里西亚人叫伊萨拉斯(Isaras)的——从里西亚在宰莱亚(Zeleia)附近的殖民地来到了这里,带着海盗船,这些船只的司令官是一位好战的、血腥的和残忍的家伙,名字叫齐马户斯(Chimarrhus)。他乘坐的船的船首形象是一头狮子,船尾是一条蛇怪。他对里西亚人犯下了诸般罪恶,人们无法在海上航行,甚至不能在靠海的城市里居住。

白勒罗风(Bellerophon)杀了这个家伙;当他企图逃跑时,白勒罗风还骑马③追他。白勒罗风还赶走了阿马宗女战士(Amazons);但是却没有得到公平的回报;事实上,伊欧巴提斯(Iobates)对他极为不公正。为此,白勒罗风来到海里向波塞东(Poseidon)祈祷,作为对伊欧巴提斯的报复,那儿的土地要荒芜不生。他祈祷完毕之后回到岸上,一场波涛兴起,淹没了大地。这真是一幕惊心动魄的景象:跟在他后面的海面升高到天空中,覆盖了大地。人们恳求白勒罗风制止它;但是当他们无法说服他时,妇女们掀起自己的衣服迎面去见他。他感到羞愧,于是退回到海里,④ 据说浪头也跟着他退了回去。

有些人为了消除这一记述中的神话成分,肯定说他并不是用咒语指挥大海运动。因为那块平原的最肥沃的部分处于海平面之下,海岸线上

---

① 参看亚里士多德《政治学》卷 11,10.2。
② 参看荷马《伊利亚特》卷 6,152 以下。
③ 这是一匹有翼飞马,名叫派伽苏斯(Pegasus)。
④ 参看荷马《伊利亚特》卷 6,162。

有一道栏坝，平常把海水挡在外面。白勒罗风打穿了这道坝，然后，海洋激烈地奔涌而入，淹没了平原。男人们对他的劝说毫无效果，但是妇女们团团围住他，受到他的尊重，使他的愤怒平息下来。

还有一些人肯定说，所谓的"齐马拉"（Cimaera）实际上是一座面对太阳的山峰，它引起太阳的反光，在夏季非常强烈，宛如火焰；烤炙着平原上的一切，庄稼也因此而干枯。白勒罗风察觉到了这一点，便把反射阳光最厉害的悬崖的光滑面给铲除了。可是没人感谢他，于是他一怒之下向里西亚人报复，但是却又被妇女们说服了。

但是宁菲斯（Nymphis）在他关于赫拉克莱娅的书的第4卷中所给出的理由是最少神话色彩的，因为他说白勒罗风杀死了一头大肆破坏克桑提亚（Xanthian）一带的家畜和庄稼的野猪，但是却没有得到相应的酬报；于是他就向波塞东发出咒语打击克桑提亚人，结果整个平原突然布满了闪闪发光的盐粒，完全给毁掉了，因为土壤都变咸了。这一切一直延续到白勒罗风出于对那些向他恳求的妇女的尊重，又向波塞东祈祷，请他放弃愤怒。因此，克桑提亚人的习俗是按照母亲而非父亲的名字起名。①

10. 萨尔曼提卡妇女

当巴尔卡（Barca）的儿子汉尼拔在展开他对罗马的战役之前②对西班牙的一座大城市萨尔曼提亚（Salmantica）发动进攻时，一开始，那些陷入围攻的人被吓坏了，答应汉尼拔的要求，交给他6000磅黄金和300名人质。但是，当他停止了围攻，他们又改变了心意，不愿践守承诺。于是汉尼拔又拔师返回，命令他的士兵进攻城市，答应打下来后让他们放手劫掠。城里的蛮族人听了之后惊恐万状，答应自由居民放下

---

① 参看希罗多德《历史》卷1，173。
② 大约公元前220年。

武器、财产、奴隶和他们的城市,只穿一件平民衣服离开。妇女们想,敌人可能会搜查每个出城的男子,但是不会去碰妇女,便把刀剑藏在身上,和男人一道急速离开城市。当所有人都出城之后,汉尼拔派了一队马萨希里亚人(Masaesylian)士兵把他们带到离城市不远的一个地方,严加看守。其余的士兵冲进城里,一片混乱,开始大肆抢劫。当大量财物被抬出来之时,马萨希里亚人再也忍不住只是旁观了,也没有心思看守俘虏了,他们愤愤不平,开始拔脚离开,也要去抢自己的一份战利品。就在这一关键时刻,妇女把男子喊过来,递给他们刀剑;有的妇女亲自动手攻击看守。其中一位夺过翻译巴农(Banon)的长矛,向他刺去;不过他正好佩戴着胸甲。男人们还打翻了其他一些守兵,击溃了别的人,合为一体冲出去,妇女们也跟着。汉尼拔知道了之后,派兵追击,并且抓住了一些掉队的。其他人跑上了山,逃了。后来,他们派人去向他恳求,要回了自己的城市,得到了赦免和人道的待遇。

11. 米利都妇女

从前,有一场出于不为人知的可怕而奇怪的癔症缠绕住了米利都的年轻妇女。最流行的猜测是空气中出现了一种令人精神涣散的、传染疾病的结构,这导致她们的心思改变和精神错乱。于是,对于死亡的渴念和上吊的发狂冲动突然落到了她们每个人身上,而且不少人设法溜开,上吊自杀。父母的劝说和眼泪,朋友的好言安慰,通通没用,她们绕过了监护她们的人的各种办法和巧妙的设计,弄死了自己。瘟疫似乎来自神灵,人类无能为力。最后,在一个智慧的人的建议之下,颁布了一道法令,上吊自杀的女子要被赤身裸体地抬过市场到墓地。当这条法令通过之后,它不仅阻遏了,而且完全杜绝了年轻妇女自杀。很显然,这是对她们天性的美好和德性的一个高尚的证明:即她们无比珍惜自己的名声。妇女们在面对世界上最可怕的事情——死亡和痛苦时,不感到有什么羞耻感的阻遏，但是在想到死后的羞耻时，却觉得无法忍受。

12. 凯俄斯妇女

凯俄斯（Ceos）的少女有一个习俗：成群结队到公共神坛去，在那儿过上一天。她们的追求者在那儿观看她们的举止和舞蹈。到了夜里，她们依次到每个人的家里，服侍其父母和兄弟，甚至为他们洗脚。经常出现几个青年爱一个少女的事情，但是他们的爱非常有礼有序，受到习俗的约束，只要女孩和一个青年订婚了，其他人会立即停止追求。这一有秩序的行为对女子们的影响就是，在长达七百年的时间里，那个国家从未听说过任何通奸的案子。

13. 福基的妇女[①]

当福基的僭主占领了德尔菲之后，忒拜人在所谓"圣战"中向他们发动了战争。当时，有一次狄俄尼索斯的女信徒们，即被人称作"提娅德斯"（Thyads）的那些女子们，在半夜的酒神狂欢之不知不觉来到了安姆菲萨（Amphissa）。由于她们都累坏了，而清醒的理性又还没有恢复，她们瘫倒在市场上，有的在这里，有的在那儿，陷入沉睡。安姆菲萨人的妻子感到担忧。因为她们的城市与福基人结盟，僭主们的众多士兵都在这里，她们害怕他们对这些"提娅德斯"非礼；于是她们都跑进市场，静静地围成一个圈子，也不上前打搅提娅德斯们的熟睡。当后者从沉睡中醒过来之后，她们上前一对一地接待这些陌生人，问候她们，给她们东西吃。最后，安姆菲萨的妇女在征得丈夫们的同意

[①] 关于福基的妇女，前面已经讲过了（第二则）。这一节的故事更贴切的标题应当是"安姆菲萨的妇女"。

之后，还陪伴这些陌生人，把她们安全地、远远地护送到边界。

14. 瓦勒莉亚和科洛伊莉亚①

两件事情导致了罗马从罗穆鲁斯（Romulus）以来的第七任国王塔奎尼乌斯（Tarquinius Superbus）的被驱逐：塔奎尼乌斯的傲慢和卢克莱提娅（Lucretia）的德性。卢克莱提娅是一位与皇室贵族结婚的妇女；她受到了造访她家的塔奎尼乌斯的一位儿子的侮辱，于是她告诉了她的朋友们和家人她的遭遇，然后立即自杀。塔奎尼乌斯被赶下台后不断发动战争，企图夺回统治权。最后他说服了伊特鲁斯坎首领波西那（Porsena）率领大军进攻罗马。在面临战争的同时，罗马人还陷入了饥荒。后来他们得知波西那不仅是一位伟大的战士，而且也是一位正义、公平的人，于是就希望他能仲裁他们和塔奎尼乌斯之间的冲突。但是塔奎尼乌斯十分顽固，说：如果波西那不保持一位盟友的忠诚，也就不可能是一位公正的判官。于是波西那与其分手，并宣称当他离开时，他将是罗马人的一位朋友，不过要收回罗马人过去从伊特鲁斯坎那儿割去的领土，并且领回战俘。为了执行这些条款，罗马人要给他人质，十位青年男子和十位少女，其中就有执政官普布里科拉（Publicola）的女儿瓦勒莉亚（Valeria）。波西那一收到人质就停止了所有的战争准备，尽管协议还没有签订。

少女们来到离营地不远的一条河边，好像要去沐浴。她们在一位伙伴科洛伊莉亚（Cloelia）的鼓动下，把衣服绑在头上，冒险涉过充满深深的漩涡的急流；她们互相紧紧跟着，挣扎着跌跌撞撞游水来到对岸。根据有的传说，科洛伊莉亚弄到一匹马，骑在上面，缓缓游过河，引导

---

① 普鲁塔克在他的《普布里科拉传》中讲过这个故事。许多古代作者如李维和塞涅卡也都提到它。

其他人，鼓励和帮助她们游水。我在下面还会提到支持他们这种说法的理由。

当罗马人看到她们安全完好地归来时，都赞扬少女们的英勇无畏；但是并不同意她们回来，也无法忍受自己在诚信上不如别人。于是他们命令女孩子再次回去，并且还派人护送，保证她们回到那里。塔奎尼乌斯派兵伏击过河的少女们，差一点就把她们抓到手。但是执政官普布里科拉的女儿瓦勒莉亚和三个仆人成功地逃脱，跑到波西那的营地；波西那的儿子阿伦斯（Aruns）率军全速赶到，又从敌人手中解救了其余的少女。

当她们被带入营地之后，波西那看着她们，命令她们说出她们中谁是计划的组织者和领头人。大家为科洛伊莉亚担心，所以一言不发。但是科洛伊莉亚自己承认是鼓动者。波西那感到很钦佩，于是命令牵过一匹马来，配好马鞍，送给她作礼物，并和气友善地把她们都遣送了回去。许多人因此以为科洛伊莉亚是骑在马上过河的。其他人不这么看，他们说波西那因为钦佩她超出一般妇女的力量和勇气，觉得她配得武士才能得到的礼物。无论如何，紧挨着所谓的"圣道"竖立着一座骑手雕像；有人说这是科洛伊莉亚的雕像，有人说这是瓦勒莉亚的雕像。

十 人如何意识到德行的进步[*]

亲爱的苏希乌斯，一个人的德行尽管不断进步，却依然不能消除愚昧；事实上恰好相反，恶习经常阻碍德行进步，抵消他的努力，使得他

---

[*] 本文是写给（或献给）苏希乌斯（Q Sosius Senecio）。此人为普鲁塔克众多罗马朋友中的一位，图拉真在位初期曾两度担任执政官。正是应他的要求，普鲁塔克编写了《把酒畅谈》。普鲁塔克还将许多合传传记题赠给他。在罗马的时候，普鲁塔克经常与他共处，他也曾到希腊拜访普鲁塔克。

的道德水平下降，正如"重物使渔网淹没在水中"。① 如果这是事实，那么，何种形式的说理才能让人意识到自身德行的进步呢？

同样，对于音乐或语法，如果一个人在学习过程中根本不能降低这些方面的无知水平，那么他将意识到自己没有任何进步，生疏程度将保持不变。对病人来说，也是如此。一种治疗方式如果并不能缓解疾病，压下疾病，使它离开病人，病人就无法感觉到病情好转，因为相反的情况并没有无毋庸疑地出现。正如在这些例子中，这些人不能获得任何进步，除非他们的进步能通过阻挠者的逐步衰退得到体现，这样，当天平发生变化，他们朝相反的方向上摆动时，他们能够注意到变化；同样，在哲学学习中，如果灵魂没能抛开所有愚蠢的念头，也没能由此净化自身，如果在获得绝对至善的那一刻，灵魂依然与绝对罪恶交融，就不能假设有了进步和对进步的认识。哎呀，如果情况果真如此，那么哲人就能在片刻或一秒钟之内从极度罪恶达到无法超越的最高道德境界。他的一切罪恶尽管多年来丝毫无法减少，此刻却突然永远地抛弃了。

然而，另一方面，你清楚地知道，提出这些观点的人为自己制造了许多麻烦，也为那些浑然不觉的人造成不少困难。浑然不觉的人实际上已经变得聪明了，但一直对此茫然不知。在漫长的渐进过程中，他放弃某些品质，并获得其他品质，从而不断进步。正如走路能把人带到他要去的地方一样，他通过进步，已经在不知不觉中悄无声息地获得美德。这些他不知道，也不愿相信。但如果变化是如此之迅速，差异是如此之巨大，那么早晨一无是处的人到了傍晚便完美无瑕；或者说，他会遇上这样的巨变：入睡时他还是一文不值的傻瓜，一觉醒来就满腹经纶，全然从灵魂中抛却了所有愚蠢的念头和错误观念，于是不禁惊呼：

---

① 索福克勒斯残篇 756（Nauck）。

十　人如何意识到德行的进步

> 再见吧，荒谬的梦境！看样子，你什么也不是！[①]

这样的人当然会意识到自己已经产生了巨变，理智之光突然降临到他身上。唉，在我看来，所有那些像凯纽斯（Caeneus）的人，[②] 他们祈祷自己从女人变成男人，并立刻如愿以偿，这些人当然会认识到自己的这种变化。同样，那些原先胆怯、愚蠢、放肆的人现在变得勇敢、明智、温和，从野蛮的生活变得神圣，当然不会对此变化一无所知。

有种说法说得没错：

> 修整石头，对齐成直线；而不是修改直线，来与石头对齐。

但是，有些人不愿改变信条，实事求是，而是企图强迫事实符合他们的臆断，尽管这不合乎自然规律。由此，哲学充斥了大量难题。其中最大的难题是把所有人都划分到"罪恶"的大类中，而只有那些完美无缺的人除外。其结果是让人对我们所说的"进步"产生困惑，因为"进步"与极度愚蠢不过一步之遥；虽然进步已经让人摆脱了各种激情，也没了缺点，但是，进步的人还是命运悲惨，他与丝毫没有改掉自己的任何邪恶的人同样可怜。持这种观点的人其实是在自我否定。他们在演讲时将阿里斯泰德斯与法拉里斯的败德行为相提并论，又将布拉西达斯（Brasidas）与多伦（Dolon）的怯懦同日而语，认为柏拉图与梅利多斯（Meletus）的铁石心肠其实如出一辙。然而，在生活实践中，他们在这几组人当中，却对后者表示厌恶，认为他们残酷无情，避而远之；并似乎觉得前者价值巨大，因为他们在最重要的事务中毫不怀疑地引用其言语。

但是我们却注意到，每一种罪恶都有不同程度之别，尤其是那些不

[①] 欧里庇得斯：《伊菲革涅在陶里斯》569。
[②] 参看奥维德《变形记》卷12，189 以下。

确定、不明确的灵魂之罪恶。(同样,克服卑劣也有不同程度的进步,正如当理性之光逐渐启迪、净化灵魂时,影子会逐渐模糊,向后退却)因此,就那些好像正在努力爬出深谷的人而言,在某种程度上,我们并不认为对变化的认识是不可能的;相反,我们觉得这种变化是可以用多种方法加以估量的。我恳请你立刻考虑最起码的方法。正如人们扬帆出海后通过消逝的时间和相应的风力来计算行程。他们根据在一定力量的驱使下经过的一段时间来估算可能行驰了多少路程。因此,在哲学上也是如此。一个人可以通过前进中的一致性和延续性,通过很少出现停顿与波折,能够有规律地顺利向前,在哲学推理的过程中不会遇到任何障碍等现象,判断自己已经有了进步。因为以下几行话:

如果一点一点积累,
持之以恒。①

不仅形象地描述了钱财的积累,而且对一切都适用,特别是德行的进步,因为理性由此而获得持续有效的习惯的帮助。然而,哲学学生常常表现出变化和愚蠢,这不仅在获取知识的道路上延误甚至阻碍他们的进步,甚至还导致退步,因为人一旦徘徊退却,恶习就会向他发起进攻,并让他朝相反方向倒退。

数学家们告诉我们,行星一旦停止向前运动,就会暂时静止;然而在哲学研究中,尽管停止进步不会出现间断,也不会静止不动,自然总在永远运动中,经常上下运动,好像悬挂在一杆秤上一样,或是受正面动因的促使,或是受反面动因的影响,迅速恶化。假如你因此遵循神谕而"日夜与克亥人(Cirrhaeans)战斗",而且明白,无论白天还是黑夜,你始终不屈不挠地与恶行斗争,或者至少你没有放松警惕,也没有

---

① 赫西奥德:《工作与时日》361。

经常沉溺于各种享乐、消遣和玩乐——因为这些在某种程度上可以说是邪恶派来议和的特使，那么你就可以鼓起勇气，信心百倍地继续处理余下的问题。

然而，尽管哲学学习会经常被打断，但是假如后来的学习比原先更持久，那就表明勤奋和实践正在消除冷漠；但是如果不久之后，挫折便接踵而来，仿佛热望正在慢慢消逝，那么就会出现某些有害的、对立的事物。我们可以拿芦苇作比较。刚开始的时候，芦苇长势很旺，导致其持续不断长高，首先在那些较长的节段上，因为那里生长的阻力不大；但等到后来，随着芦苇长高，似乎由于缺乏呼吸，长势趋弱，勃勃生机遭遇了冲击，出现很多节结。哲学也是如此，有些人刚踏上通往哲学殿堂漫漫旅途，随后便遇到一系列障碍和困惑，却看不到任何进步，最后疲惫不堪，无奈放弃。但是，有另一种人，在前进的过程中能得到新的帮助，再加上来自成功的力量和热情，这些令其"重新获得翅膀"，[1]将种种借口扫到一边，仿佛这些借口是挤在他前进道路上的障碍。同理，爱情开始的迹象不在于为爱人在身边而感到高兴（因为这很常见），而在于两人分开时感到的刺痛。许多人正是受到哲学这样的吸引，于是兴致勃勃地开始学习；但如果由于其他事情，不得不放弃哲学，他们的兴致便会减退，也不再关注哲学了。"若一个人年轻时爱情的痛苦[2]深埋于心"，那他在参加哲学讨论时便会显得谦虚、温和；但当他远离哲学讨论时，你会发现他烦躁不安，对一切行当都心怀不满，只怀念过去，对哲学的向往使他变得仿佛失去理性。我们不应该像喜欢香水那样喜欢参与讨论。我们在没了香水时不会到处寻找香水，更不会感觉浑身不适。我们应该在分离的日子里体验到一种感受，一种与饥渴相似的感受。这样，不管是婚礼、财富、友情还是兵役导致了暂时的分

---

[1] 荷马：《伊利亚特》卷19，386。
[2] 索福克勒斯残篇757（Nauck 编）。

离，我们都会坚定不移于真正的进步。因为一个人从哲学中获益越多，一旦离开哲学，便越为恼怒。

　　古代赫西奥德对"进步"的阐释与此十分相近，① 几乎如出一辙。他指出，此时的道路不再是上坡路，也不再陡峭，而是平坦大道，而且颇有成就，似乎是实践已经造就了这平坦大道，又似乎实践带来一丝光明；这一描述在哲学学习中也可得到明证。学生在哲学学习之初困惑迷茫、飘然恍惚、犹豫不定，犹如有些人，离开了他们熟知的土地，却还看不到他们航行的目的地，之后得到了光明的启发；因为这些人一开始时放弃了熟悉的事物，却又尚未获取知识，拥有更好的东西，于是在此期间四处游荡，常常误入歧途。罗马人沙斯提乌斯（Sextius）的故事便是个例证。他为了哲学宣布放弃自己在国家中的高位职位。然而，他缺乏耐心，开始时发现哲学异常困难，差点从楼上跳下来。他们还记录了一个类似的故事，是关于西诺普（Sinope）的第欧根尼最初献身哲学时的故事。雅典人在假日期间举行盛大宴会，在剧院上演节目，举行非正式的聚会，通宵狂欢。而此时，第欧根尼蜷缩在某个角落中，试图入睡。他心烦气躁，心灰意冷，陷入了沉思：没人逼他，但他却莫名其妙地过上了一种劳累而怪异的生活，而且因为自己的行为，他只能坐在这里，一点也不能参加那些好事。然而，据说不一会儿，一只老鼠爬了上来，在面包屑中间忙得不亦乐乎。于是，他再次振作精神，暗自思忖，仿佛是在指责自己胆怯，"第欧根尼，你说什么？你吃剩的都成了这小东西的美餐。可你这样一位有身份有教养的人，仅仅因为你不能去喝醉，不能躺在华丽的软椅上，你就为命运感到悲伤痛惜吗？"当此类沮丧不常发生，或是哪怕发生，理性也能迅速提出抗议，犹如溃败后重整旗鼓，帮助我们阻止它们，轻而易举地驱散我们心中的沮丧和不安的时候，我们便可坚信我们的进步是已经有坚实的基础了。

---

　　① 赫西奥德：《工作与时日》289。

然而，哲学研究者的沮丧和倒退不仅来自自己的软弱，也来自朋友诚恳的劝诫和敌人的冷嘲热讽，这些会歪曲削弱人们的决心，甚至导致某些人声明放弃哲学。故而，假如面临此类指责而能保持举止温和，假如听到某些人提到这个或那个相识的同龄人如何在王宫中飞黄腾达，如何通过婚姻获得一大笔嫁妆，如何在众人的簇拥之下进入元老院担任官职或领导某项大业，却依然能镇定自若，这就表明有了相当的进步了；因为很清楚，在此类情况下，一个人若仍能不惊不慌，泰然处之，那他就已经把哲学学到了家。绝大多数人敬仰的事唯独他没有仿效，这通常是不可能的，除非这个人是已经学会钦佩美德的人。要坦然面对世界，或许某些人在愤怒或精神发狂时也能做到；但要谴责世界赞美的行动，假如没有真正可靠的理智，是极不可能的。正因为如此，这样的人拿自己的心态与别人比较，并以此自诩。比如梭伦就说：

  我们永远不会与他们讨价还价，拿我们的美德去与他们的所有钱财交易，因为人可以永久地拥有美德，而钱财只能暂时拥有。

  第欧根尼曾从科林斯移居到雅典，又从雅典回到科林斯。他也常拿此与波斯王相比，因为波斯王春天在苏萨逗留，冬天在巴比伦，夏天又在米堤亚。阿格西劳斯［斯巴达王］也曾这样评价波斯王："除了他更公正之外，他有哪个方面比我更伟大呢？"亚里士多德在写给安提帕特的信中也提到亚历山大，说不能因为亚历山大统治着许多人，所以就只有他一人才有权感到自豪。只要正确地信奉神，任何人都有同样的权利。芝诺（Zeno）在看到色奥弗拉斯托斯因为学生众多而备受尊敬时曾说道："他的合唱队伍是比较大，可我的更悦耳。"
  一旦将内在美德置于外界利益之上，你就能驱散所有嫉妒，一切让许多哲学入门者感到困惑和沮丧的事物也将烟消云散。这样你就能明显地意识到自己的进步。一个人的言谈中发生的变化也是很能说明问题的。事实上，所有哲学的入门者都更倾向于追求能带来名声的言谈形式；其中一些入门者，如飞鸟一样轻浮疯狂、狂妄自大，企图飞到自然科学辉煌的顶峰；另外还有些入门者则如柏拉图所说，"像小狗一般，喜欢拉扯撕咬"，① 找人争论，企图解决复杂的难题和模棱两可的问题；但大多数都学逻辑与辩论的课程，并径直准备从事诡辩；而还有一些人着手搜集格言和奇闻。然而，阿拉卡雪斯曾评论希腊人说，他从未见过希腊人利用钱财，他们就知道数钱；同样，这些希腊人也永远都在愚蠢地盘点他们文学宝库的总量，却不知道怎样使之为自己所用。说到这里，有必要提一下安提法奈斯（Antiphanes）的故事。这个故事已有人叙述过，并被套用到柏拉图的好友身上。安提法奈斯幽默地说，在某个城市，话一出口就结成了冰。等解冻了以后，人们在冬天里说的这些话要到夏天才能听到。他指出，柏拉图对那些人年轻时候所说的话，其实也是同样道理。直到很久以后，他们都已经老态龙钟，此时大部分人才意识到其中的道理。哲学一般来说也是如此，这时的人判断能够稳健而不会出错，开始符合能形成品性和拓展视野的原则，并开始寻找一种话语，这种话语的脚步，用伊索的话说，是朝我们走来，而不是离我们而去。索福克勒斯说，他只有在用轻盈的方式对埃斯居罗斯的浮夸做了处理之后，并且接着处理了他的粗重和造作的风格之后，作为第三步，他才改变语言的特点，因为语言与道德个性和善良关系最密切。因此，同样道理，当哲学学生经过卖弄和造作之后，找到了一种能表达他们的个性和内心感受的话语，此时，他们开始获得真正的和本然的进步。

所以要注意，在细读哲学家的作品、聆听他们的演说时，你是否能更重视主题而非语言，是否更关注那些实用、充实、有益的文章而非古怪晦涩的文章；此外，你为诗歌和历史忙得不亦乐乎的时候，要注意把握的是那些思想表达恰当，能改善品性，也能缓解情感的东西。西蒙尼

---

① 柏拉图：《理想国》539B。

十 人如何意识到德行的进步

德斯在谈到蜜蜂时说,蜜蜂飞在花丛中,

> 关注的是黄色蜂蜜,

而其他生物却满足于花色、花香,其他别无所得。所以,当世人为了娱乐消遣漫游于诗歌中时,假如有人自动去找到并收集了一些有价值的东西,那就可以期望他出于习惯以及对美好事物的爱好,最终会有能力欣赏诗歌。例如,有些人在说话中运用柏拉图和色诺芬的语言,然而只关心其阿提卡方言的淳朴风格,其他就不关心了,就像看待鲜花雨露般。他们这些人难道不就像那些只满足于药物的芬芳,而对药物能镇静、通便的功能却毫无兴趣也无力洞悉药物的这些功能的人?然而,那些能够不断进步的人总能从所见、所闻、所做中得益,由此获取合适有用的东西。在有关埃斯居罗斯和其他同类的故事中就可找到明证。科林斯地峡运动会期间,埃斯居罗斯在观看一场拳击比赛。当一人被击中时,观众便爆发出雷鸣般的吼声。埃斯居罗斯轻推一下基沃斯的伊翁(Ion)说道:"你瞧,这就是训练结果。被打中的那人一声不吭,而看的人却大呼小叫。"布拉西达斯在晒干的无花果堆里抓了一只老鼠,被老鼠咬了一口,就放了它。于是他心想:"天哪,不管多么弱小的东西,只要有勇气自卫,就能拯救自己的生命。"第欧根尼第一次见到一个人在用手喝酒,就立即从自己的行囊中掏出酒杯扔了。因而,只要关注,人总能更容易看到并接受对德行有利的一切,不管它来自哪里。如果他们能理论联系实际,这就更为恰当;这不仅如修昔底德所说:"冒着危险坚持自己的做法",① 而且在开心愉快或争论不休的时候,在为诉讼和法庭答辩以及公务繁忙的时候,可以说是在向自己展示信念,或者说是将他们置于实践检验中以获得信念。然而,另一些人仍在学习,指望着搞清

---

① 修昔底德:《伯罗奔尼撒战争史》卷1,18。

楚能从哲学中获得什么，使自己能在讲坛上、在年轻人的聚会上，或者在王宫里举行的晚会上直接拿出来炫耀。这些人使用哲学只不过如庸医使用药物罢了。说得确切一点，这种庸医与荷马描述的鸟毫无区别，因为他都用嘴把得到的一切喂给学生，就像喂一只"羽毛未丰的雏鸟"。假如他没有使这些东西对自己有好处，或者根本没有吸收这些东西，

> 这就是他的做法，尽管很恶劣。①

因此，我们有必要仔细考虑，就我们自己而言，我们是否用话语来提升自我；就话语会影响别人而言，我们是否使用话语并非为了短暂的名利，也不是由于野心的驱使，而是希望听到、传授某些东西。但是，我们首先必须考虑，我们是否不再热衷于争议性的问题，我们是否已经不再用论点武装自己，就像用拳击手套和指节铜套武装自己去互相争论，为击中或击倒对方得分而感到欣喜，而非对学习和传授的东西感到乐趣。在此类事情上通情达理、宽宏大量，能平静地参与讨论，毫无怒气地结束辩论，在赢得争论之后不洋洋得意，在输掉争论之后不恼怒发火，这些都是一个人德行进步的标志。在一次辩论中，亚里斯提卜（Aristippus）充分表现了这样的进步。他被一个人胜出。那人信心十足，其他方面则显得愚蠢、轻狂。看到那人欣喜若狂、狂妄自大，亚里斯提卜说道："尽管我输了，我要回家美美地睡上一觉；你虽然赢了我，可我比你睡得更香。"

在公开讲话中也有办法估量我们的品格状况。假如在辩论时，意外地聚集了大量听众，我们并不怯场；在听众不多的情况下，我们仍精神抖擞；当有必要在众人甚至在官员面前讲话时，尽管没有时间准备，我们也不会放过这次机会，把要说的话整理得有条不紊。据说，德摩斯提

---

① 《伊利亚特》卷9，323。

尼和亚西比德等就是如此。后者虽然善于思考自己的问题，但由于对自己的演说仪态缺乏自信，经常在说到一半的时候打断自己；在演说的时候经常寻找难以理解的单词或词组，最终导致他彻底失败。但荷马认为开始几行缺乏韵律并无不妥，由于自己能力超群，他对余下的内容信心十足。因此，可以期望，那些努力培养美德、争取荣誉的人会充分利用机遇和主题，而对演说仪态带来的欢呼和掌声却毫不在意。

毫无例外，每个人都应该关注自己的言行举止，确保它们有效，而并非卖弄；确保他们整个目标是追求真理，而并非炫耀。假如对一个年轻人或女子的真爱无须别人的见证，尽管在私下满足欲望也感到是享受快乐，那么我们更可以期待，爱好荣誉和理智的人与自己在行动中体现出来的美德亲密接触，他不应宣扬内心的自豪，应保持沉默，感觉无须有人来赞颂和聆听。有人在家里朝女佣大声嚷嚷："迪奥尼西娅，看着我。我不再自以为是了。"与此十分相似的是另一个人的行为，他做了一些善事，接着便到处宣扬。这表明，他关注的并不只是自己，而是钟情名誉；同时也表明，他没见过真正的美德——甚至可以说，他在美德的阴影和幻觉中游荡，从未真正清醒，只是在梦想，然后将自己的所作所为像一幅画一样悬挂起来。因此，一个人德行进步的标记乃是：不仅他帮助朋友或熟人后对别人却闭口不谈；而且面对大多数人都不诚实时，他却坦诚相待；他断然拒绝与富人或官员可耻的会面；他拒绝贿赂；他在夜晚迫切渴望喝酒，却抵住了诱惑；他像阿格西劳斯那样克制自己不与可爱的姑娘接吻；在这一切之后，他能把所有事情都藏在心底，并贴上沉默的封条。其实，这样一个人在内省中对自己十分肯定，从不蔑视自己，一想到自己亲眼目睹和见证了光荣事迹，他便感到其乐融融、心满意足；这表明理智已经在他内心成长，在他身上扎根，用德谟克里特的话说，他"开始习惯于在自己身上寻找快乐的来源"。农民更乐于看到稻穗弯着腰向大地鞠躬，而那些由于分量不够而高高耸立的稻穗，农民会觉得它们是空瘪的冒牌货。因此，在那些学习哲学的年轻人中，那些脑袋空空、毫无重量的人一脸自信，举手投足、面容神色都傲慢不逊、高高在上，从不把任何人放在眼里。但随着他们的头脑开始充实，通过听课、看书积累一些成果，于是他们将狂妄和浅薄抛到一边。正如器皿中添加液体时，里面的空气受压排出一样；当人装填真正的好东西时，他们的自负就被驱除出去，不再自视过高，不再因为自己蓄着哲学家的胡须、穿着哲学家的衣服而趾高气扬。他们将学到的东西记入脑中，首先用最尖锐、严厉的言辞来批评自我，而在与别人的交往中却显得更加和蔼可亲。以前他们妄借哲学之名，妄称自己学习哲学，并为此感到荣耀，甚至自封"哲学家"的称号，而如今他们不再如此。事实上，才华横溢的年轻人在被别人称呼为"哲学家"时，会立刻羞愧难当，赶紧说：

我向你保证，我不是神；为什么觉得我像神呢？①

正如埃斯居罗斯所说：

年轻少女已经品尝了爱情的甜蜜，她闪闪发光的眼睛暴露了它。②

对于真正体验了哲学上进步的年轻人，萨福的这些话十分适合他们：

我张口结舌，神秘的火焰立刻燃遍我的全身。

你会看到一双无忧无虑、安详宁静的眼睛，你会渴望听这个人说话。正如有些人刚刚加入秘仪宗教，开始聚集在一起的时候，人声鼎

---

① 《奥德赛》卷16，187。
② 埃斯居罗斯残篇243（Nauck 编）。

沸，互相推搡；可当神圣仪式开始举行时，人们立刻全神贯注，鸦雀无声，充满了敬畏。① 在学习哲学之初，情况也是如此：在哲学之门的外面，一些人粗野地推搡着，企图挤向哲学所带来的声誉。你也会从中发现很多混乱、争论和冒失之举。可当他成功地入门后，看到了耀眼的光芒，仿佛神殿开启，他就会变得静默和惊诧，"谦逊有序地遵循"理智，就像遵循神明一样。对于这些人的发展变化，墨涅德摩斯幽默的语言似乎形容得恰到好处。他说，那些来雅典求学的众人一开始很有理智，后来他们变成了爱理智者，再后来就成了雄辩家。随着时间的推移，最后变成了普通人。他们获得的理智越多，就越将自负和狂妄抛到一边。

在需要医生诊治的人中，有些人牙疼或手指疼，他们会直接去找专治这些病痛的医生；有些人发高烧，则请医生上门，恳求他们替自己看病；但有些人患上抑郁症或到了狂热或精神错乱的地步，甚至连医生上门看病都无法忍受，要么将医生赶走，要么就自己逃走，他们因为疾病严重已经不能意识到自己被病魔缠身。犯错的人也是如此：那些态度野蛮、怀有敌意的人已经不可救药，他们对责备、训诫自己的人脾气暴躁；至于那些耐心地听从训诫，还欢迎别人训诫自己的人，情况就没那么严重。而有些人虽然有错误，但是愿意听从别人责备、听他明辨自己的问题，指出自己腐化堕落，不为隐藏缺点而暗暗自喜，也不因缺点不为人知而沾沾自喜，却承认缺点，并觉得有必要让别人来帮助自己、训诫自己，这些当然足以表明他在进步。因此，第欧根尼曾说过，为了自我保护，人应当注意寻找一位挚友或一个劲敌。这样才能或是遭到严厉指责或得到精心照顾，于是才能改掉恶习。但是只要一个人展现衣服上的污点或鞋子上的裂口，在公共场合却摆架子，愚蠢地假装对这些视而不见，或者嘲笑自己个子矮小或驼背，并想象着自己这么做能显示出一

---

① 柏拉图：《法律》716A。

种年轻人特有的冒险精神；同时，他还遮掩心灵深处的丑陋，生命中可耻的行为，他的卑鄙无耻、寻欢作乐、睚眦必报、嫉妒成性，仿佛这些都是溃疡的痛处，不允许任何人碰，甚至连看都不让看，因为害怕会由于这些痛处而受到责备——那么，这样一个人的进步就微乎其微，或者说一点都没有。但是，与这些缺点搏斗的人，尤其是如果他向自己显示，他能够而且也愿意为这些错误愁眉苦脸、苦恼不堪，接着毫不畏缩地听从别人的训诫，其灵魂被此类非难磨炼得更加纯洁——这样的人便确实显示出在真正努力让自己摆脱卑贱，憎恶卑贱。毫无疑问，任何人都要自尊，避免给人留下不好的印象；但是，现实的卑贱比卑贱的坏名声更让此人感到不安，他不会回避别人对自己贬损的言语，也不对此作出回应，因为这可能是德行进步的一种途径。在一家客栈里，第欧根尼碰到一个逃到那里避难的年轻人。他对年轻人所说的话简洁明了："你越逃到里面，你就越在客栈里面。"因此，对于低贱的东西，一个人否认得越多，他就会越堕落，而且切断了自己从中逃逸的道路。同样，穷人中有些人炫耀财富，反而由于自负而变得更加贫穷；而真正在进步的人以希波克拉底为榜样，因为希波克拉底记录自己无法理解头颅骨缝的事实，并将它公布于世。进步的人将这当成了不起的事情：希波克拉底公开宣布自己的错误，以免别人重蹈覆辙；那么，自己想要拯救自己的灵魂，难道却没有勇气来听从别人的责备，承认自己的愚昧无知？确实，彼翁和皮罗的断言不仅表明进步，而且表明心灵的更高境界，更接近完美的状态。彼翁告诉密友，如果你听别人的辱骂就仿佛听到以下这些话，那你就有理由认为自己在进步：

> 朋友，你看起来并不像一个卑贱、没头脑的人，
> 祝你健康、开心，神明保佑你万事顺利！[①]

[①] 《奥德赛》卷6, 187; 卷24, 402.

皮罗的故事是：在一次航海途中遇到风暴，处境危险时，他指着一头津津有味地吃着散落的大麦的小猪，对同伴说：一个人如若不想被遭遇的事情打扰，就要从理智和哲学中学得像那头猪那样的无动于衷。

也请注意芝诺的话的意义。他指出，在睡觉时，假如发现自己对可耻的事情感到不快，不能忍受也不愿作出任何可怕的或不恰当的行为，而且就像在彻底的宁静中明白地知道理智已经驱走了灵魂中的幻想的和感情的因素，那么每个人便都能从梦中意识到自己在进步。显然，柏拉图早就意识到这一点，他表述过天生暴戾的灵魂中的幻想和不安因素是如何活动的。"它妄图乱伦",① 它突然感到渴望各种花样的一大堆食物，干无法无天的事，放纵欲望，而白天这些欲望在法律控制下让人感到羞耻和恐惧。然而，即使赶兽人放掉缰绳，驯服的驮兽也不会打算逃离道路，而是以惯常的方式保持在行列中，沿着道路继续顺利往前。同样，对于有些人来说，他们的非理性的冲动已经在理智的熏陶下变得驯服、文雅，他们完全变乖了；无论是睡觉时或生病之后，也不再愿意为欲望而沉湎于自高自大、无法无天；而是将养成的习惯牢记在心。正因为如此，我们的警惕性才常备不懈。如果身体通过训练能真正改造自身，一旦发出漠不关心的指令，身体各部位便完全服从：眼睛面对可怜的一幕不会流泪，心脏面对恐惧不会悸动，激情面对年轻温柔的美人不乱分寸，那么，训练通过控制灵魂中的情感因素，在某种程度上将驱除幻想以及刺激中反常和异想天开的成分，甚至在睡眠中也压制这种胡思乱想，这不是更有可能吗？有一个故事能证明这一点，是关于哲学家斯提尔波的。他梦见海神波塞冬对他很气愤，因为他没有按照习俗供奉祭品——一头公牛；但他在梦中却泰然自若地回答："波塞冬，您什么意思？我没有借债让城市到处充满祭品的焦味，而只是从家里拿出我拥有的一般东西供奉给您。难道您是因为这，就跟个小孩似的来嘀咕吗？"

---

① 《理想国》，571D。

然后他发现，波塞冬面带笑容，伸出手来说，看在斯提尔波的分上，他将把大量凤尾鱼送给麦加拉学派的成员。所以那些享受如此美妙欢快、无忧无虑的梦境的人，在梦乡中体验不到任何可怕或恶心的事情，也不会作出恶意或邪恶的行为。芝诺等人断言，这些都是他们取得进步的明显表现。但那些在忧郁反常的梦境中经历的痛苦记忆、心烦意乱、可耻的遗弃和孩子般悲喜与激情，如汹涌波涛，这是因为灵魂尚不能保持良好状态，仍旧受到外界观点和法律的制约。所以，在睡眠期间，当灵魂远离别人和法律时，就又会恢复自由，受到情感因素的影响。因此，我请求你也考虑，这些事物是否属于德行的进步，或者说，是否属于一种心境，这种心境因为理智而拥有忠贞和力量，所以坚定不移。

完全的无动于衷是伟大而神圣的，而进步则如他们所说的，犹如情感的一种削减和适当节制，因此将现在的情感和过去的相比较，然后决定它们之间的区别，这便成了我们的职责。我们必须将现在的情感和过去的比较，以了解我们现在感受到的欲望、恐惧和愤怒的激情是否没有过去那么强烈，因为我们通过理智能很快消除激发这些情感的因素；我们必须将各种情感互相比较，以了解我们目前感受到更多的是羞耻，而并非恐惧；更多的是好胜，而并非嫉妒；更渴望名誉，而并非钱财；以及一般来说，万一我们误走极端，用音乐家的话说，我们的极端更趋向于多利亚调式的严峻，而不是利第亚调式的柔弱；我们在生活模式上趋向于严谨，而不是松懈；我们在行动中更趋向于深思熟虑，而不是贸然行事；我们的过分更是在表达赞美之意上，而不是在蔑视教义和众人上。因为疾病转到身体的非要害部分已经就是一个令人鼓舞的征兆，因此有理由认为，那些正在进步的人，当他们的恶习被改造成更温和的情感后，离它们被彻底消除就不远了。弗里尼斯（Phrynis）在七弦琴上加了两根弦。长官们便问他想让他们切掉上面两根弦，还是下面两根弦？可就我们而言，假如两个方向上都是过渡，而我们处于中间，那上下弦均要砍掉。进步最初的结果之一是

削减我们情感中的过度和强烈,

    狂热的人最猛烈,①

索福克勒斯如是说。

  此外,前面已经提到过,我们将想法付诸行动,不让言辞只留于形式,而是言行一致,这乃是进步的最为典型的表现。其表现首先是希望仿效我们赞扬的事物,渴望做我们推崇的事;另一方面,不愿做,甚至不愿容忍我们所责难的事物。比如,可以想象所有雅典人都赞美米太亚德的勇敢无畏。但狄米斯托克利却指出,米太亚德的战利品使他难以入眠,将他从梦境中叫醒。这些话明白无误地表明,狄米斯托克利不仅敬仰米太亚德,而且还在模仿他。因此,只要我们对成功人士的敬仰只留于内心,尚不足以激励我们模仿他们,那我们只能认为我们取得的进步微乎其微。事实上,除非我们有了嫉妒,爱情就不会令我们行动起来。对美德的赞美如果不能刺激我们,不能促使我们去积极效仿光荣事物(相反,只使我们心生妒忌),那么它也就不是热切的、卓有成效的。正如亚西比德经常说的那样,听了哲人的话,心灵必定感觉痛楚,以至于泪流满面;②而且不仅如此,真正进步的人将自己与完美者的行为作比较,意识到自己的短处,深感刺痛,同时也喜出望外,因为他内心充满希望,充满一种永不停滞的欲望。西摩尼得斯曾形象地描述这种人:

    如刚断奶的马驹在母马身边跑着,

他非常渴望使自己成为与完美者一样的人。如果我们极力模仿有些人的

---

① 索福克勒斯残篇 758(Nauck 编)。
② 柏拉图:《会饮》,215E。

行为，爱慕他们的性格，而且在自觉地模仿他们中愿意给予他们一份荣耀，那么真正进步的特殊征兆就已经蕴涵其中。但是，假如有人争强好胜，嫉妒别人比自己出色，那就请他明白，他的生气只不过是嫉妒别人的声誉或能力而已，并非尊敬美德，更不用说是在赞美美德。

因此，一旦开始敬仰出色之人，如柏拉图所说，① 我们不仅认为自律之人幸运，"谁要听到这样一个人亲口说的话，那他也同样幸运"；而且我们崇敬他的习惯、步态、音容笑貌，我们渴望着与他一样，仿佛将自己牢牢地与他结合在一起，此时，我们就可以肯定自己在取得真正的进步。还有另外一种情形更能说明问题：假如我们对完美者的钦佩并不仅限于他们一帆风顺的日子，而是如情人们那样，即使对方口齿不清、面色苍白，她们也会深情地接受，比如潘德亚的悲痛欲绝和流泪沮丧深深打动了阿拉斯普斯（Arapes）的心，② 同样，当我们想到阿利斯提德的逃亡、阿那克萨戈拉的监禁、苏格拉底的贫穷或者对福基翁的判决时，我们不退缩，因为我们坚信，美德哪怕被此类不幸所纠缠，仍值得我们去热爱。我们努力接近美德，每当经历这种苦难时，就会说出欧里庇得斯的这种感受：

崇高的荣誉存在于一切事物中。

人所拥有的热情如果使他哪怕面临可怕事物，仍感觉无忧无虑，心中充满崇敬之意，并加以效法，那就永远不可能离开光荣的事物了。无论是在处理事务、担任公职，还是遭遇任何命运之际，这样的人眼前都会闪现从古至今的完美者，并且反省："遇到这样的事，柏拉图会怎么做？伊帕美农达斯会怎么说？吕库古斯、阿基希劳斯会怎么处理？"形象

---

① 柏拉图：《法律》，711E。
② 色诺芬：《居鲁士的教育》卷5，1.2。

地说，在诸如此类的镜子之前，他们打扮自我，或者调整习惯，要么克制自己不说卑贱的话，要么阻止某种情感的爆发。确实，心里铭记伊达山的山神达克提尔（Dactyls）名字的人用它们作为符咒来对付恐惧，胸有成竹地重复说出每个名字；同样确定的是，对完美者的回忆会立刻在脑海里浮现，支持那些德行不断进步的人；在每一次情感爆发的开始，在一切困难中，这些回忆都让他傲然屹立，不屈不挠。因此，这也应当成为一种标记，帮人认出那些德行进步的人。

此外，哪怕一位声名远扬、为人正直的人突然出现在眼前，你也不会陷入混乱，不再脸红，也毫不掩饰或重新打扮个人细节，而是毫无怯意地迎上前去。这样的表现让人确信自己已经达到相当的阶段了。因此，在看到使者满怀欣喜地疾步走来，一边还伸出手来的时候，亚历山大说道："我的好朋友，你有什么事要告诉我吗？荷马又活过来了？"他觉得自己的丰功伟绩已经毫无欠缺，除了子孙的纪念。然而，能帮助性格仍在不断成熟的年轻人坚定培植爱的方式乃是：为邀请到声誉卓著的好人感到快乐，向他们展示自己的房子、桌子、妻子、孩子、追求和口头与书面的表达能力，而且为过世的祖先或先师从未见过他目前的情况感到悲痛万分；他最诚挚地向神明祈祷的，就是他们能复活来一睹他今日的生活和行为。另一方面，与这些人形成鲜明对比的是，还有一些人因为疏忽而毁了自己，于是即使在梦中遇到亲戚们，也会胆战心惊。

另外，还有一点也能表示德行的进步，我们不应忽视。要是愿意，你可以将它作为上述几点的补充。它就是：一个人再也不相信他的罪过是无所谓的，再也不掉以轻心。正如有的人如果放弃致富希望，则每次花些小钱时，就觉得不算什么，因为他们认为点滴积累成不了什么大事。[①] 然而，随着希望逐渐靠近目标，就会与财富联手；此时，对财富的欲望就会与日

---

① 此处暗示赫西奥德《工作与时日》361 行的话。

俱增。德行的活动也是如此，那些不愿接受"这有什么区别呢""这次是这样，下次更好些"之类的情绪的人会留意每个单独的事物，假如恶习渗入他的最不起眼的错误中，并找到理由宽恕该错误，他就会变得焦躁不安——这样的人已经明白无误地表明，他在为自己赢得纯洁的财富，他不能忍受以任何方式玷污自己。另一方面，认为没有任何事情会造成奇耻大辱，也没有任何事情会举足轻重，人就会心平气和，不拘小节。还有一点也很对，当人们在砌一堵带有墙顶的毛坯墙时，不管他们把偶然从地上捡来的木头或石头插入地基，还是将坟墓上掉下的石板塞入墙体地层，这些都是道德上的懒人们在积累各种行为时做的事情；但那些德行在进步的人，他们的生命基础与某些神圣庙宇或帝王宫殿的

> 扎实的地基一样，均已经打好，[①]

他们不会因此而不加选择地作出行动，而是在理智的指引下，将每一个行动置于合适的位置，放入其合适的归属。于是，我们可以清楚地看到，波力克莱图斯已经意识到了这一点，因为他指出，若在用陶土雕塑人像时到了必须用指甲的地步，任务便显得极为艰巨了。

十一　如何从敌人那里获益[*]

亲爱的科尼利阿斯·普尔凯尔（Cornelius Pulcher），我注意到，您

---

① 品达残篇。

* 本文原是一篇即兴演说，成文后仍留有即兴演说的痕迹：有几处连词省略，句法不规范，语言重复，还有一些小口误，但并不遮掩文章整体的熠熠光辉。文中充满了谆言忠告、真理和常识。这是普鲁塔克给基督教徒留下了深刻印象的"道德"类的文章中的一篇，这类文章因此在六七世纪被翻译成古叙利亚语。目前这些古叙利亚语译本出版在 *Studia Sinaitica* 第四卷中（伦敦，1894 年）。

选择的是最温和的管理方式，竭尽所能满足公众利益；同时，在私下里，您对与你交往者和蔼可亲。世界上也许能找到这么一个国家，就像记录中的克里特岛，那里没有野兽，只有一个不曾受妒忌、敌对和争辩——最容易产生敌意的情绪——困扰的政府，但这样的政府迄今尚不存在。因为即使不讲别的，友谊本身就会让我们彼此憎恨。曾经有人对贤明的启隆（Chilon）自诩说没有敌人，启隆便问他：是否他也没有朋友？启隆说这话时，心中想到的就是这一事实。因此，在我看来，政治家不仅需要充分研究广义的敌人，同时在阅读色诺芬时要特别注意他的这一观点："有头脑的人甚至能从敌人那里获益。"有关这方面的一些想法，我近来已在某些场合提过，我现在总结一下送给你，文句大体未变。我在写《对政治家的谏言》中已提到的内容，我会尽量不再写，因为我注意到这本书通常总在你的手边。

原始人若能摆脱怪兽、猛兽的袭击，便心满意足；这是他们与野兽搏斗的终极目标。但是他们的子孙后代，通过学习如何利用野兽，现在已经从中获益：已经懂得把兽肉变为食物，把其毛发制成衣服，把其胆汁和初乳做成药物，把兽皮制成盔甲；因此我们有理由担心，一旦野兽数量不足，人将变回到野蛮、无助和不文明的状态。大多数人落入敌手后如果能免受虐待就已经感到满意，而色诺芬却声称智者甚至能从敌对者那里获益。我觉得我们不应怀疑色诺芬，而应努力挖掘其含义，学会在一个不得不与敌人共处的人生中如何从敌人中获益的方法和技巧。

农夫不能育化所有树木，猎人不能驯服所有野兽；由此，他们就尝试着利用这些树木和野兽来满足自己其他方面的需要：农夫从不结果的树木中获益，猎人则从野兽中获益。海水味道苦涩，不宜饮用，但鱼却在其中茁壮生长，海水还可以把旅客送到世界各地。萨梯尔（Satyr）第一次见到火时，渴望去亲吻它、拥抱它，但普罗米修斯却说：

　　山羊，你的胡子将烧为灰烬，你会为此痛心不已。

谁要碰了火，就会被烧伤；但是，火产生光和热，谁要熟练掌握了用火技术，便能将其变成一个用途广泛的工具。因此，尽管敌人在很多方面对你有害，又难以对付，但还是请研究你的敌人，看他是否会以某种独特的方式让你掌握他，当你无人可用时可以利用他，从而使你从中获益。生命中的许多境况都是不近人情、众人憎恶、令人避而远之的。然而你也看到，有人利用疾病来袭的机会静养，许多人利用遭遇的磨难来增强体质、锻炼自己。还有人利用流放和破财作为休息和学习哲学的机会，第欧根尼和克拉底（Crates）就是例证。芝诺在得知搭载他的财物的船只失事时喊道："命运啊，你真是仁慈！您也一道来逼赶我们披上哲学家之袍！"正如有的野兽拥有最强健的脾胃，能吞食、消化蛇与蝎子，有的人甚至能从石块和贝壳中提取营养（他们通过精神活力和热量改变这些物质），而有的人过分讲究、体弱多病，在与人分享面包和美酒时，还恶心不止。同样，愚人有了友谊也会破坏；而智者即使对敌意也能合理利用。

首先，在我看来，敌意中最有害的因素到了警惕的人那里会变得最为有益。什么意思呢？敌人经常潜伏在那里，头脑清醒，伺机利用你的行为，获取对你的控制，并不断巡视于你的生活周围；他的目光跟林修斯（Lynceus）的目光一般犀利，能穿透橡树、石块和砖瓦；不仅如此，只要有可能，敌人会通过所有亲朋好友和仆人来监视你的行动，窥视你的计划，翻个底朝天。我们对朋友常常疏忽大意，朋友生病甚至过世，等我们得到消息，一切晚矣。但我们对敌人的好奇却驱使我们刺探敌人的一切，连其梦境也不放过。疾病、债务和夫妻矛盾，当事人自己还可能一无所知，而敌人却知道得一清二楚。敌人特别希望抓到对方的弱点，查个水落石出。正如秃鹰能闻到腐尸味，却不能发现干净健康的身体，我们的虚弱身体、卑鄙行为和不幸经历能让敌人的精神为之一振。心怀恶意者正是向这些弱点猛扑过去，牢牢揪住，将其撕得粉碎。这也能带来好处吗？肯定能。它使我们只能小心谨慎地生活，时刻留意自己,言行慎重,让生活无懈可击,仿佛是遵守严格的饮食起居制度。因为谨慎会压制激情,保持理性于界限之中,让我们目标明确,过上公正的、无可非议的生活。正如有些国家饱受边境战事和连年战火的磨炼,于是对良好的秩序和健全的政府感到心满意足,同样,在敌意的驱使下,人会保持头脑清醒,提防好逸恶劳、鄙视别人,以崇高的目标督促行动,无意间就能养成正确处事的习惯,行为井然,即使理智也参与了引导,那也是微乎其微的。因为假如人们常将此铭记于心:

> 普里阿摩斯及其子欢欣鼓舞,的确事出有因。[①]

那么,如果有什么事能让敌人开怀、嘲笑,他们便会立即纠正、避开或者放弃。另外,我们也注意到,酒神节的艺术家若是独自在剧院表演,经常情绪低落、无精打采甚至错漏百出;但若与另一个剧团竞争,他们的表演便更加投入,甚至乐器也演奏得更专注,拨弦、调音、吹笛子等都更准确、和谐。因此,人若能意识到敌人在与他竞争生活和名誉,就会更加留意自己,做事更加小心谨慎,将自己的生活带入更加和谐的境地。假如在敌人面前犯错,我们羞愧难当,而在朋友面前则无此愧意,这乃是恶习的一个特点。正因为如此,当有人认为迦太基人已被歼灭,希腊人已被征服,罗马政权可高枕无忧时,纳西卡(Nasica)说了下面一席话。"不",他说道,"现在我们的处境才真的很危险,因为已经没什么可以让我们感到害怕和羞愧的了"。

另外,第欧根尼的断言可作为补充:"我该怎样防备敌人保护自己呢?""通过证明自己是优秀的、光荣的。"——这话很有哲学寓意和政治家风范。通常,看到敌人的马匹获得名声,敌人的狗儿赢得赞许,人们会变得非常沮丧;看到敌人耕种的良田和繁茂的花园,人们会发出声

[①] 《伊利亚特》卷1, 255。

声叹息。于是，若你展现出一个诚实、明智、对社会有用的自我，而且在善于言辞、行为规矩、生活有序上口碑很好，

> 收获心灵深深播种的犁沟，
> 从那里蹦出最明智的劝告；①

你想，敌人心中又会是何种滋味？
品达说：

> 被征服者戴上，
> 寂静无语的脚镣。

但并不是所有人都完全如此，而只有那些真正意识到敌人在理智、善良、宽容、善行和杰作上都胜过自己的人才会如此。正是这些东西，如德摩斯提尼所说：能够"阻滞舌头，闭上嘴巴，限制嗓音，使人无话可说"。

> 请你远离卑微；这你能做到。②

如果你想让憎恨你的人沮丧，不要骂他下流、无能、放肆、粗俗、狭隘，而是自己堂堂正正做人，展示你的克制、真诚、善意待人、公正待人。如若你被激怒，尽可能忘却你想为之骂他的那些事情。进入自己心灵的入口，看看那里是否存在堕落与罪恶，以免有潜伏在内的恶习对你窃窃私语着悲剧作家的言语：

---

① 埃斯居罗斯：《七将攻忒拜》593。
② 欧里庇得斯：《奥瑞斯特斯》251。

十一　如何从敌人那里获益

你自己这么一个一身病症的人，难道还想治疗别人的病？①

你要是骂敌人无知，那你自己就得增加对学习的兴趣，变得更加勤奋；你要是骂敌人"胆小鬼"，那你自己就得自强、刚毅；你要是骂敌人"放荡下流"，那你就得抹去潜藏在自己心灵中最后一丝寻欢作乐的痕迹；因为恶言恶语反弹到说者自己的身上，这才是最可耻、最令人痛心的。反光让弱视者更加看不清楚，责骂也是如此，如果事实会让本身犯错误的骂人者最终挨骂的话。正如东北风一定会吹来云朵一样，邪恶的生活也一定会遭到唾骂。

每当柏拉图与人交往时，如若发现他人行为不得体，他通常会扪心自问："我会不会像他们一样？"一个人如若在责骂他人生活的同时，能立刻仔细审视自己的生活，并作出调整，把生活导入相反的轨道，他就能从责骂中获益，否则这种责骂不仅给人以空洞无效的印象，而且事实上也确实如此。

若秃头或驼背辱骂、嘲笑别的秃头、驼背，他自己就要被众人耻笑，因为在辱骂和嘲笑他人的缺陷的同时也给别人以机会来反唇相讥，那就太荒唐可笑了。举例说，一个驼背辱骂拜占庭的利奥（Leo of Byzantine）近视眼时，利奥便说道："你骂我视力弱，但这在谁的身上都可能发生，而你驼背倒背着神明愤怒的标记！"因此，你自己若没有摆脱兽欲，就不要去谩骂那些通奸者；你自己若吝啬小气，就不要去谩骂那些挥霍无度的人。

她杀了她丈夫。但是你本人就是她的亲人。②

---

① 欧里庇得斯残篇 1086（Nauck 编）。
② 欧里庇得斯：《阿德拉斯托斯》。

这是阿尔克迈翁（Alcmeon）对阿德拉斯托斯说的话。阿德拉斯托斯怎么回答呢？他以一件同样丑事作为反击，不是别人干的，而正是阿尔克迈翁自己犯下的：

　　她是你母亲，你却杀了她。

多米提乌斯曾对克拉苏说："当你养在鱼塘里的七鳃鳗死的时候，你不是没哭吗？"克拉苏答道："你埋葬过三个妻子，你不也是一滴眼泪都没流吗？"因此，有人若想责骂他人，不必充满机锋，不必骂声震天，也不必气势汹汹，而只需让自己的言行无懈可击、无可指责。神权不能将清规戒律强加于人。因为神的威权似乎特别要求打算责骂别人的人听从"认识你自己"的命令，以免这些人由于说了想说的话之后，听到不想听的话。这种人，正如索福克勒斯说的那样：

　　胡言乱语，总是会听到
　　他自己愿意说，但是却不愿意听的话。①

　　所以，或许人们在辱骂敌人时受益匪浅，但是，人们在遭受敌人辱骂时却也能获益多多。因此，安提西尼说得一点没错，为了保护自我，人需要要么是真正的朋友，要么就是凶残的敌人。朋友能劝诫人，敌人会斥责人，他们都能帮你明鉴错误。可如今，坦诚相告之时的益友之言日趋微弱，而奉承之言却滔滔不绝，劝诫则完全没了，所以我们只能依靠敌人来吐露实情。比如特勒弗斯（Telephus）一样，因为患病找不到良医，便让敌人的长矛相刺。有些人平日里听不到忠言劝告，如今只能忍气吞声地听取敌人的意见，尽管敌人不怀好意，

---

　　① 索福克勒斯残篇 843（Nauck 编）。

揭其短处，还恶语相加。当然，他们只须听取事实，而不是诽谤者的险恶用心。再举个例子，有人欲杀帖撒罗尼迦人普罗米修斯，以剑重击普罗米修斯的肿瘤，直至刺破，结果却救了普罗米修斯的命，还治愈了他的肿瘤。因此，责骂常常能通过引发愤怒和憎恨而治愈挨骂人心灵的罪恶，而他本人或许对罪恶还浑然不知，要么置之不理。但是，大多数人一旦遭到痛斥，并不去想这些责骂有没有道理，而是费尽心思寻求自己拿什么来辱骂对方。就像摔跤选手从不掸去身上的灰尘，这些人也从不去纠正自身缺点，而是互相抹黑，结果是扭打在一起，两败俱伤。但更要紧的是，一旦遭到敌人诽谤，应尽早除去自己遭人质疑的品性，而不仅仅是掸去自己注意到的衣服上的污点；但若所言之品性并非己有，我们也要引以为戒，探究对方为何出此责骂；我们还要谨慎行事，避免无意之中犯下他人所指责的错误。比如说，曾有人无端怀疑希腊国王拉希迪斯（Lacydes）娘娘腔，但只是凭他的发型和扭扭捏捏的步态做出的猜想；庞培因为习惯于用一个手指挠头而遭到同样猜测，可事实上他一点都不女人气，一点不放荡。克拉苏也被指责与一名维斯太（Vestal）贞女过于亲近，而事实上，克拉苏只是想从她那里买一块良田，为此多次私下拜访她，对她关注有加。还有，波斯杜米娅（Postumia）在男人堆里发出爽朗笑声和直爽的言谈也招来不公正的怀疑，并被指控不贞洁遭到审判，最后结果发现控诉不成立。但大祭司长斯布里乌斯·米努西乌斯（Spurius Minucious）在释放她时还是提醒她，使用的语言必须符合她的身份。另外，狄米斯托克利毫无过错，只是因为把保桑尼乌斯当成朋友，还时常与他通信，结果就因为保桑尼乌斯的事件受牵连被怀疑叛国。

所以，每当有人说了不符事实的话，你不要因为它是假话而蔑视它、忽视它，而应该考虑自己的哪些言行、哪些与自己有关的人或事招致了这种诽谤，并格外小心地避开。因为假如有人在卷入不幸境地之后吸取了教训——正如墨洛珀（Merope）所说：

> 命运女神肆意拿走
> 我最宝贵的东西,支付她的酬金,
> 但她因此而让我变得更为明智,

那么,一个人为什么不能把敌人当成老师,不用交学费,又能从中获益,在一定程度上学到我们尚未意识到的东西呢?很多事情,敌人比朋友更早觉察到(正如柏拉图所说,爱在对爱人时是盲目的),而且仇恨和好奇的本质就是使人难以保持沉默。希罗(Hiero)曾因口臭而遭敌人辱骂。他回家问妻子:"你怎么回事?你为什么从来都没跟我提起过?"但是她是一位贤淑善良的人,她说道:"我本来以为,所有的男人都有口臭。"因此,那些被所有人的都知道了的、实实在在的、明白无误的事情,敌人早知道了,而我们的亲朋挚友却还浑然不觉。

但除此之外,言辞谨慎当然也是重要的美德。但是,在言语上总是保持理性并非易事,只有受过教育、练习、勤劳努力的人才能控制最糟糕的情感,比如愤怒;因为"无意中说漏的言辞",和

> 脱口而出的话语,

以及

> 一些自动奔出的说法,[1]

都是由粗野未驯的、不稳定的、易怒的性情所造成的;究其原因,是由于意志软弱,刚愎自用,以及生活方式草率鲁莽。圣人柏拉图曾说过,

---

[1] 这些都是荷马经常使用的比喻。

言语乃世上最轻之物,然而会招来神和人的最严厉的惩罚。然而,无论如何,谁都不能责问沉默(希波克拉底谈到沉默时说,它不只是能预防口渴),而且,在一片责骂声中,沉默更显得尊严,使人想到苏格拉底或毋宁说赫拉克勒斯——如果赫拉克勒斯真的是

> 对仇恨之辞的关注远不如对一只苍蝇的关注。

事实上,在遭受敌人责骂时,仍能保持心平气和,这最为高贵且富有尊严。

> 从别人的嘲笑声中走过,
> 就像游泳者游过险滩暗礁。

但更重要的是实践。你一旦养成习惯,对敌人的辱骂能沉默相待,那么妻子责骂你,你就能轻而易举地忍受;兄弟朋友尖酸刻薄的话,你就能心平气和地耐心聆听;当父母暴跳如雷般地教训你时,你不会情绪激动,甚至不会流露出一丝恼怒。例如,苏格拉底尽管妻子珊提帕(Xanthippe)脾气暴躁、尖酸刻薄,但还是容忍她,因为他确信若自己能耐心对待她,那么与世上任何人和睦相处就毫无困难;但最好是能使这种训练帮助自己不为敌人和外人的下流、愤怒、嘲讽和辱骂所动,由此让情绪在辱骂声中保持平静,心中不起涟漪。

这样,面对敌意,我们仍能保持温和、自制,比与朋友交往时,显得更为坦率、大度和仁慈。给朋友一次良机,没什么值得称道;但若朋友有需要时袖手旁观,却极为可耻;放弃报复敌人的机会自然是一种慷慨之举,但敌人陷入困境时,若能给予怜悯;敌人需要时,若伸出援助之手;敌人的孩子和家庭有需要时,为了他们的利益,若给予热情关怀,那我可以说,不管是谁,要是对这样一个仁慈厚道的人毫不动心,

也不称赞他心地善良,

> 那此人顽固之心
> 必定是由硬石或钢铁铸成。①

恺撒下令重修已被摧毁的庞培雕像,西塞罗对他说:"阁下重修的是庞培的雕像,但巩固的却是您自己的地位。"为此,敌人如果已经公正地赢得相当声誉,千万不要吝惜给他应有的称颂和赞扬。若能持这种态度,则你必定能赢得更多的赞赏和信任。将来如果有人抱怨,他就会说这不是因为憎恨你这个人,而只是不赞同某种行为。但最好且有利的是,人若养成称赞敌人的习惯,在目睹敌人兴旺发达时,毫不痛心、怨恨,那此人就一点儿不会嫉妒亲朋好友的财富和成功。比起能驱除一切嫉妒和艳羡倾向的训练外,还有什么训练能更好地净化灵魂、培养性情呢?正如许多战时必需的东西,在其他情况下百害无益,但由于在习惯上和法律上都得到认可,尽管正对人们造成伤害,但要彻底销毁仍非易事;同样,敌意让我们艳羡,又留下一丝嫉妒,以及坐看他人不幸的快意和报复心。此外,一些对付敌人并不为过的下流、欺骗和阴谋手段,一旦找到藏身之处,便会获取永久占有权,很难再被驱逐。还有就是,除非在对付敌人时也不用这些手段,否则人们会习惯性地利用这些手段来对付朋友。毕达戈拉斯试图让人们不要凶残、不要贪婪和掠夺,因此他在对待那些不能言语的动物时,经常向猎人说情,买下捕获的鱼,要求将它们放生,禁止杀戮任何生物。要是毕达戈拉斯做得没错,那这必然是迄今为止最杰出的成就,因为它与人类相违背、相抗争;它能让人成为高贵、诚实、坦白的敌人,摈弃自身卑鄙、下流、无赖的倾向,从而在与朋友相处时,坚定如初,永不犯错。司考茹斯(Scourus)是多

---

① 品达残篇。

米提乌斯（Domitius）的仇敌，曾控告过多米提乌斯。在审讯前，多米提乌斯的仆人来找司考茹斯，声称知道一些不为司考茹斯所知的秘密，但司考茹斯没让其吐露实情，而是将其抓起来送回主人府上。伽图控告穆莱纳（Murena）的政治腐败行为，并收集相关证据。此时，有些人按照当时的习俗跟着他，注视他的行动。他们经常问他，是否打算抽时间处理这个案子。假如他回答"不是"，他们便相信他，并随即离开。这些事实有力地说明了伽图的声誉是名副其实的。但更重要的和更高尚的是，假如我们在对待敌人时都养成了诚实的习惯，那么在对待亲朋挚友时，我们便永不虚伪、狡诈。

但是，由于正如西蒙尼德斯所说的，

所有云雀都有鸟冠，

也由于所有人性中都长着争夺、妒忌之心，正如品达所说

头脑简单的人得意扬扬，

所以，如若能将这些情绪宣泄在敌人身上，也就是说，尽可能不要发泄给亲朋好友，我们同样受益匪浅。政治家戴墨斯（Demus）似乎理解这一事实：在基沃斯岛发生的一次市民骚乱中，戴墨斯胜利在望，此时他建议同党成员不要驱逐所有反对者，而是留下一部分；他说："这是为了避免我们在完全摆脱敌人之后去与朋友争斗。"对于我们现在讲的事情也是如此。假如我们将此类情绪全都发泄在敌人身上，那么剩余的就不会令朋友们那么讨厌了。赫西奥德说，"陶工"不能嫉妒"陶工"，"诗人"不能嫉妒"诗人"；对于邻里、亲友和兄弟，如果看到他们踏上"富裕之路"、兴旺发达，我们也不能心存一丝恶意。但如若没有其他方法来摆脱冲突、嫉妒和争论，眼看敌人享受健康幸福时，你只能让

自己适应着感受怨恨的痛苦,并以此磨炼自己的斗志。技艺娴熟的花匠相信,在玫瑰和紫罗兰边上种大蒜和洋葱,花能长得更好(因为植物所需养分中的一切辛辣和恶臭成分都被蔬菜吸收)。同理,敌人带走了你的怨恨和嫉妒,使你在看到朋友们兴旺发达时,变得更加友善,不再那么令人厌恶了。正因为如此,我们要和敌人争名誉、争职位、争更多的合法收入,在被敌人占上风时,不仅要感受怨恨的痛苦,而且要仔细观察敌人之所以占上风的一切方式,并通过努力、勤奋、自我克制和自我批评来超越他们:这是狄米斯托克利的方式。他说,米泰亚德在马拉松战役的胜利让他无法入眠。如若有人认为敌人在公职、辩护案件、国家管理、朋友相处或民众领导中超越自己只是凭借运气,如若他由积极行动和效仿先进转而完全陷入嫉妒和失望,那他便将永久地被嫉妒困扰,终将好吃懒做,一事无成。然而,假如一个人对他的仇敌并不是视而不见,而是客观地观察仇敌的生活、性格和言行,那他会发现,勤劳、有远见、做事公正等,乃是赢得大部分令人羡慕的成功的原因。于是,他也会将自己的努力都朝这个方向上使用,将自己的雄心壮志和热切渴望付诸行动,从而根除自己懒散和倦怠的恶习。

但即使敌人通过奉承、阴谋、贿赂或金钱收买等手段在法庭或政府中占了无耻和肮脏的上风,我们并不会对此感到苦恼;相反,我们把它与我们的自由、简朴、不受污言秽语攻击的生活加以比较,还备感欣慰。柏拉图说:"所有地上的和地下的金子都没有美德珍贵。"① 我们必须时刻牢记梭伦的观点:

　　我们不会以美德
　　　来换取他们所有的财富,

---

① 柏拉图:《法律》,728A。

更不用说那些门客的喝彩,以及在前排与太监、妃子和皇室紧挨就座的宠爱。耻辱不能带来任何值得艳羡的高贵或荣耀。但正如柏拉图所说:"爱情对于爱人是盲目的。"事实上,是我们的敌人,通过卑鄙行为才让我们有机会反省自己。我们因为敌人的失败而感到的欣慰,以及因为敌人的成功而感到的沮丧,总是会带来一些益处的。我们应考虑敌人的得与失,研究如何预防其失误之源而超越之,如何模仿其成功之处而不至于落后之。

十二　致妻子的安慰信[*]

普鲁塔克向妻子问好:

你派来通报女儿夭折的人好像在他去雅典的路上与我错过了。我在到达塔纳格拉时,从孙女口中得知这一噩耗。我估计,现在葬礼应该已经办完——我也希望这次葬礼的操办无论是现在还是将来,都不会给你带来悲伤。若你还等着我来决定一些尚未操办的事情,决定那些能够让你减轻悲痛的事情,当然,肯定有的,那就是不要过度操办,不要带有迷信,这些错误我想你是不会犯的。

亲爱的妻子,我俩都要节哀顺变。我深知我们的丧亲之痛,也能知道就其本身而言,它有个度;但要是我发现你悲伤过度,这会令我比失去女儿更加痛心。我并非铁石心肠;[①]这一点你也清楚,你和我一起养育了这么多子女,他们都由我们亲自在家里抚养长大。我也深知,继四个儿子之后,期盼已久的女儿终于降临,我能用你的名字来呼唤她,我们对此感到多么的满足。进一步来说,我们对婴儿的疼爱自有其特别浓

---

[*] 本文是普鲁塔克在塔纳格拉(Tanagra)获悉女儿夭折后给在凯伊罗奈亚(Chaeroneia)家中的妻子写的一封信。这个女儿取的是母亲的名字,在她之前已有四个哥哥相继出生。在普鲁塔克的儿女中,两个已经过世,即长子和"漂亮的卡龙"(Charon)。

[①] 原文为"从橡树或石头里长出来的",见荷马《伊利亚特》卷22,126。

烈之处，因为这种疼爱带来的欢乐很纯粹，没有丝毫愤怒和责备。此外，女儿天生温和，我们给她关爱，她也带给我们欢乐，我们从中看到了她的善良与仁慈。她让奶妈把乳汁喂给其他婴儿，甚至还要喂给那些她喜爱的没生命的玩具，仿佛要在自己的桌边心地善良地招待它们，慷慨地与它们分享，谁给予了她快乐，她就要与谁分享她的最大欢乐。

亲爱的妻子，我感到她生前带给我们快乐的这些事情，现在回忆起来，并没有理由折磨我们，让我们悲伤不已；相反，我更害怕的是，当我们消除了这些痛苦的回忆，我们会彻底消灭记忆力，就像克里谟奈（Clymene）所说：

> 我恨山茱萸木做成的弯弓
> 我恨青年人的体育：统统给我滚开！[1]

她永远避开会令自己想起儿子的一切，因为睹物思人，这些都伴随着痛楚；而人本能地想避开一切不快。但女儿本人是这世上最令人愉悦的，最让人想拥抱、欣赏和聆听的，同样，对她的思念一定要和我们生活在一起，相伴着我们，给我们带来最大的快乐，远远胜过它带来的悲痛（的确，我们通常对别人的劝说的那些话也可以适时地帮助自己）。我们不能傻坐着，自我封闭，用几倍的悲伤来偿还那些欢乐。

那些在场的人感到奇怪，他们说，你连丧服都没穿，你和同伴穿着得体，葬礼没有像节日那样的排场，而是在至亲亲人的陪伴下，一切都静静地按礼节进行。但我对此毫不惊讶，你在剧院或游行时，也从来不打扮，把奢侈铺张当作无用之举，甚至无益于消遣。因此，你在哀伤时肯定仍遵循无可挑剔的简朴之道。因为贞洁的妇女不仅在"酒神节的狂欢"中依然持守品德，而且坚信在悲痛的激情骚乱中同样需要克制；

---

[1] 欧里庇得斯残篇（Nauck 编）。

十二 致妻子的安慰信

这种克制不是像大众所想的那样压制了母爱，而是抑止了心灵的放纵。因为思念、尊重和怀念死者是父母慈爱的人之常情；但是那永无休止的悲痛激情让我们号啕大哭、捶胸顿足，这就与贪图享乐一样令人羞耻了，尽管它借口是这种特殊的情况，即这样的羞耻不是源于贪图享乐，而是伴随着痛苦和悲伤，——这种借口与其说是事实，不如说只是貌似有理而已。你想，在反对过分的纵情享乐的同时，却允许来自同一根源的哭天抢地的尽情发泄，还有什么比这更不合情理的呢？有些丈夫因为妻子头发上抹着带有香味的油膏和身着紫色衣服就与她们争吵，却又允许妻子穿着丧服、修剪头发，允许她们将衣服染黑，允许她们坐无坐相、躺无躺相，又有什么比这更不合理的呢？最糟糕的是，他们以不公正的方式严厉惩罚仆人，压制他们，而且在激情和不幸中野蛮、残酷地惩罚自己，什么也不顾，尽管此时需要的是温柔与和善的对待。

亲爱的妻子，我们彼此从不吵架。我想，我们之间也没什么好吵的。一方面，你朴素的穿着和冷静的生活方式已经无一例外地让我们的所有哲学家朋友们感到惊叹，而在宗教仪式、祭祀典礼和剧场里，你对我们的所有的同镇人也依然淳朴如故。另一方面，在你失去长子和我们可爱的卡龙时，也就是与现今差不多的情况，你也显示了自己超凡的镇定。我记得，一些陌生人得知小儿夭折的消息，与我一起从海上赶来，聚集在我们家。他们后来告诉别人，他们看到家里一切平静，以为没人亡故，是错误的消息传出国了——正是靠着这种自制，在容易产生极度混乱的时刻，你保持家里井然有序，尽管这孩子是你自己喂乳的，在奶头撞伤后还去动过手术。这才是高尚的举止，显示了真正的母爱。

但我们注意到，多数母亲平常是等别人把孩子洗干净、打扮漂亮之后，将他们抱在怀里，如同对待宠物一般；可一旦孩子夭折，母亲又陷入无用的、不知感恩的悲痛中，这种悲痛并非出于良好的祝福——因为良好的祝福都是理智的、正确的——而是一点点的自然情绪中夹杂了大量空虚的观念，这使她们的悲痛疯狂、激情过头而难以自抑。这似乎早

169

已被伊索看在眼里：当宙斯在众神之间分配荣誉时，"悲痛之神"也请求要一份，宙斯于是给了他，但指出这份荣誉只能来自那些经过选择后想要给予悲痛之神以荣誉的人。起初，确实如此；因为每个人都主动地承担悲痛。然而，随着时间的流逝，悲痛仍不消逝，成了他的伙伴和亲人，他即使迫切想要摆脱悲痛也不可能了。因此，我们必须将它拒之门外，不要穿着丧服、修剪头发或是进行其他的展示，以免它登堂入室，包围了我们，使我们心中日复一日地沉浸在悲痛中，受其征服，而使自己精神沮丧，头脑肿胀，自我封闭，对一切的抚慰言行不闻不问，被无用的恐惧所禁锢，从此与欢笑、光明和友好招待隔绝，因为他出于悲哀而穿着丧服，进行着哀悼。这种悲伤的状态让人完全忽视身体，厌恶油膏、沐浴以及其他一切日常生活的事务。情况本该相反；只有依靠健壮的身体，心灵才能承受悲痛。沮丧分散到强健的体魄中，强度便能减弱不少，犹如天气晴朗时，波涛不易形成；反之，如若身体在这段时间中由于生活粗劣而肮脏、不修边幅，带给心灵的没有一丝暖意的或积极的东西，只有一味的悲痛和忧伤，仿佛辛辣有毒的气息，那么一直被苦难侵袭的心灵便会最终深陷其中，即便渴望恢复，也并非易事了。

另一方面，在这种情况下，最严重、最可怕的成分对我来说却**丝毫没有恐惧可言**："那些坏女人来了"，① 她们悲痛的哀号会一再重新激发悲痛，不让我们的悲痛在其他事情影响下或是自然而然地渐渐减退。我知道你最近是如何与此抗争的，你寻求铁翁姐妹的帮助，抵抗这些外面来的妇女的恸哭哀号，仿佛她们就是在"火上浇油"。当人们看到朋友房屋着火时，他们会全力以赴扑灭火焰；可是当这些朋友心中燃起熊熊火焰时，他们却去火上浇油。即使有人想用手接触眼炎患者，别人不会同意，自己也不会去碰炎症，但哀悼中的人却稳稳坐在那里，允许任何过路人掺和其悲痛，其实这就像那些掺和风湿痛的人一样在害他，因为稍微挠

---

① 欧里庇得斯：《安德洛马克》930。

一下、搔一下都会导致极其麻烦的感染。我相信,这种事你会防范的。

但是,你一定要把自己的思绪不断地带回到女儿出生以前,那时我们没有抱怨命运。然后,将现在的时光与那时联系起来,就仿佛我们的境况和原先一模一样。亲爱的妻子,假如我们的行为让我们觉得,女儿出生前的境况比现在更可取,那么我们会后悔生了女儿。然而,我们不能将这两年从记忆中删去;相反,既然在这期间,我们从女儿那里获得了快乐和享受,那我们就应把它视为幸福的理由;我们也不要将小的好事当成大的坏事了,既然命运给了恩赐,就不要因为命运拒绝再增添施与我们所期望的,而不领情。对神要虔诚祈祷,对命运要心平气和,这些都能收到良好的回报;而在这样的情况下,若总是尽量沉浸于过去美好的回忆,并将思绪转到生命中光明辉煌的一面,从黑暗和烦扰中脱离出来,那就可以完全驱除悲痛,或者将悲痛与欢乐加以抵消,从而能减轻、消除痛苦。正如香水,平时气味芬芳,在有些特别的时候还可以拿来抵消恶臭,同样,在不顺利的时候多想想幸福的经历就有一个进一步的、必不可少的作用,它就像那些不怕回忆快乐时光、不事事都指责命运的人手中的解毒剂。我们的生活就像一本书,它只有一个污点,其余都洁白无瑕,有人对这样的生活还是挑剔不止,就会陷入负面状态;这是不应该的。你经常听说,幸福要靠不断正确推理所带来的稳定习惯;你也听说过,命运际遇带来的变化不能真正使人丧失幸福,不至于把人席卷而去,破坏我们生活的本质特征。

但如果我们像大多数人一样,被客观环境牵着鼻子走,看重命运的遭际,随便让什么人来做我们的幸福观的决定者,你也不必总是想着那些吊唁者的眼泪和哀悼,这些都是丑恶习俗所规定的表演,由受害者一遍遍演练;你更应该记住的乃是,你的孩子、家庭和生活方式在别人眼里依旧是多么令人羡慕。尽管我们目前遭遇悲伤,让你对于命运确实有很多抱怨,为此郁郁寡欢,但别人还是乐于选择你这样的命运,这岂非荒谬?你的悲痛也不能说明留给我们的快乐居然还有如此之多;相反,如果你也像那些批评家，只从荷马的作品中摘取了"无头"和"没尾"的句子，却忽视许多精彩绝伦、毫无语法错误的篇章，对你生活的缺陷进行严格记录，吹毛求疵；要么，不加区分地泛泛记录其中好的方面，就像那些小气吝啬的人，当万贯家产积攒在手时却不加利用，等财富尽失时则悲痛不已，郁郁寡欢；凡此种种，就不合道理了。如果你是因为女儿未曾婚嫁、未曾生儿育女就离开人世而为之惋惜和悲哀，那你可换种角度考虑来求得安慰：你是已经结婚生子的；① 对未能结婚生子的人来说，结婚生子算不上什么大的好事，而对那些已结婚生子的人来说，这只是一点小小的幸福。至于她已经步入了一个没有痛苦的世界，我们也不必为之痛苦；因为既然已经没有什么能令她忧愁的了，那我们又怎么会由于她而伤心呢？即使巨大的剥夺也会丧失其引起痛楚的力量，如果它达到了一个人们再也感觉不到需要的程度；何况你的提谟克塞娜被剥夺的甚少，因为她知道的甚少，而她也只是在一些小玩意儿上玩出快乐；对于她无法理解的东西，她没有深入的领悟和思考的东西，又怎能说她被剥夺了它们呢？

再者，另外一批人②引起很多共鸣的一种说法是，对于"那些已经消散的东西"来说，既不会遭受灾难，也不会承受痛苦；我知道你不会相信他们的话，因为你接受了我们祖先的言传身教，以及我们所参加的酒神节仪式的神秘规则，这是我们大家都拥有的知识。我想，那么，考虑一下，我们的灵魂是不朽的，但若长期生长在肉体内，由于诸多身体的行为和熟悉，就逐渐被驯服得认同这种生活了，宛如一只囚鸟，它每次落下都重新进入肉体，在重生中总是一而再地卷入世间的悲喜祸福。别以为晚年是因为那些皱纹、白发和衰弱的身躯而遭人辱骂指责的；不，它最令人痛心的错误乃是使灵魂不再能鲜明地记得另一个世界，又让他顽强地依附于这个世界，因为它在牢牢的执着中保持着身体强加给它的

---

① 这里的安慰说的是：去世者同时也避免了与结婚生子有关的种种苦处。
② 指伊壁鸠鲁派。"前一批人"是"火上浇油"的"坏女人"。此处的伊壁鸠鲁的话可以参看伊壁鸠鲁"基本要道"2。

形状，受到它的扭曲和约束。而那些在被捕获后只在肉体中逗留片刻便被更高的力量释放的灵魂，就进入到自然状态，仿佛被从弯曲的位置释放出来，依旧充满了未受伤害的弹性。就像一道火光，人将它熄灭之后立刻点燃，则它会骤然重新燃起；但若熄灭多时，那么重新点燃就困难多了。因此，根据那位诗人，那些生活上乘的灵魂乃是注定：

不久便通过阴间的大门的，①

它们还没有来得及产生对此世的生活事务的热衷，还没有与身体打成一片，仿佛在溶剂的作用下软化了，与肉体融为一体。

这些事情的真相倒是可以在我们古代祖先的习俗和规则中看到，因为我们不为夭折的婴儿举行祭酒仪式，也不举行任何活人应该为死者进行的其他仪式，因为这些婴儿尚未经历尘世和世俗之事；而在坟墓边或在灵堂举行葬礼时，他们不逗留，也不坐在尸体旁边。法规禁止我们为婴儿哀悼，因为婴儿即将步入一个更加美好、神圣的领域，② 若我们还为之哀悼，法律便会认为这是亵渎神灵。既然怀疑这一点比相信这一点更为困难，就让我们的外部行为符合法律规定，并且让我们的内心更为远离污染，变得更为纯洁和自制。

十三　论妒忌与憎恨[*]

从以下角度来看，妒忌与憎恨没有任何区别，而完全是一种东西：

---

① 色奥格尼斯残篇 427。
② 参看柏拉图《法律》904 C—D。
[*] 普鲁塔克多次批评妒忌这一概念，并认为妒忌与憎恨极为相似，足以让妒忌之人假借憎恨的名义来掩盖内心的妒忌；所以本文的重点是论证二者之间的差异。有关这一主题，可以看亚里士多德的《尼各马克伦理学》和《修辞学》等书中的一些观点。

一般来说，恶习如同一条满是钩子的绳索，上面挂满着诸般激情四处摆动，使这些情感错综复杂地缠绕在一起；这些激情犹如疾病：当其中之一被激发，其余的也同时爆发。因此，幸运的人让那些心怀憎恨和妒忌的人都感到痛苦。由此，我们将善意看成是憎恨和妒忌二者共同的对立面，因为善意希望邻人兴旺发达；我们将憎恨和妒忌看成是一回事，因为它们的目标与友情的目标相背离。但由于相似并不等于相同，不相似却肯定能造成区别，我们不妨通过考察后者来解决问题；让我们首先注意两种情感的来源。

既然憎恨来自于这样一种观念，即受憎恨的人是个坏人，或者对自己来说是个坏人，那么，当人们觉得自己受到伤害时，他们天生就会产生憎恨的心理；同样，若有人喜欢干伤天害理的坏事，人们便会谴责他们，用厌恶的眼光看待他们。然而，若想受人妒忌，只需显出兴旺发达的景象即可。因此，妒忌似乎没有界限，犹如疼痛发炎的眼睛，看到一切辉煌事物都不舒服；而憎恨则有界限，必定针对特定对象。

其次，即使是非理性的动物也会成为憎恨的对象：一些人憎恨黄鼠狼、甲虫、癞蛤蟆或者蛇。杰马尼库斯（Germanicus）不能忍受看到公鸡或听到它的啼叫；波斯巫师杀死水老鼠，不仅因为他们自己厌恶这些动物，而且因为他们认为，在神看来，这种动物令人作呕。因此，几乎所有阿拉伯人和黑人都厌恶它。但是，妒忌只发生在人与人之间。

动物之间不可能产生妒忌，因为它们对其他个体的好运或霉运没什么概念，也不受荣誉和耻辱的影响，尽管这些极易引起妒忌。但是，在鹰和蛇、乌鸦和猫头鹰、山雀和黄雀之间却存在相互的憎恨和敌意，以及称得上是永无休止的争斗；甚至有人说：当这些动物被杀死之后，血都不能融合在一起；即使你将这些血混合起来，还是会再次分开，分成明显不同的两股。此外，狮子对公鸡、大象对猪都存在强烈的憎恨，可能是由于恐惧造成的；它们恐惧的东西自然成了它们憎恨的对象。因此，在这里也同样可以看出，妒忌与憎恨不同，因为动物的本性中有憎恨，却没有妒忌。

再者，没有人会公正地受到妒忌，因为没有人由于享有好运就是不公正的，而正是由于好运才使人受到妒忌。另一方面，许多人公正地受到憎恨，就如那些被我们称为"理应受到憎恨"的人；其他人若与他们为伍，不厌恶，也不憎恨他们，就会受到我们的责难。有人承认自己憎恨很多人，但是没人会承认自己妒忌别人，这便是明证。其实，我们赞扬憎恨邪恶；当有人赞扬吕库古斯的侄子卡里卢斯（Charillus），一位温文尔雅的斯巴达的国王时，那人的同僚反问道："卡里卢斯对流氓恶棍不够严厉，你们怎么说他是个好人呢？"荷马在描述塞耳西忒斯（Thersites）的身体畸形时详尽细致，在表现其性格缺陷时则简明扼要，只用了一句话：

> 阿基里斯和奥德修最憎恨他。[1]

因为被最好的人憎恨的人是极端卑劣的。但是，人们否认他们会妒忌；假如你说他们妒忌，他们会给出众多理由，声称对这个家伙感到愤怒、恐惧或憎恨，用其他任何他们所能想到的激情的名义来掩盖内心的妒忌；这暗示了在灵魂的众多混乱中，唯独妒忌说不出口。

这些激情，就像植物一样，必定是从产生它们的事物中得到养料并得以生长的。故而它们乃是因为不同的事物而得到强化的。因此，随着憎恨对象的恶习日益增加，我们的憎恨不断增加；反之，妒忌则随着妒忌对象的德行日益进步而不断增加。狄米斯托克利年轻时说，因为不受人妒忌，所以他还没什么丰功伟绩，其原因就在于此。正如甲虫大部分出现在收获季节的成熟谷物或盛开的玫瑰中，妒忌也大部分集中在德行和名声日益上升的好人身上。相反，尚未得到报应的恶行则加剧了憎

---

[1]《伊利亚特》卷2，220。

恨。无论如何，那些诬告苏格拉底的人被认为是极度卑鄙，受到同胞们的厌恶和遗弃，以至于没人愿意把火种借给他们生火、回答他们的提问、与他们共浴，而是叫仆人把他们用过的水当成污水倒掉，最终这些人无法承受憎恨，上吊自尽。另外，至高无上与辉煌的幸运通常能消除妒忌。当亚历山大和居鲁士主宰世界时，几乎没人会妒忌他们。而是就像太阳一样，当它挂在人们头顶时，阳光直射下来，人的影子便消失或变小，当好运达到顶峰时，远远高出妒忌，妒忌便逐渐消退，被荣誉的光辉压倒。然而，憎恨不会因敌人地位卓越、力量强大而有所减弱。当然，没人妒忌亚历山大，却有很多人憎恨他，也正是这些人密谋反对他，并最终将他杀害。不幸也是如此：不幸能结束妒忌，却不能消除憎恨，因为即使是卑贱的敌人，人们照样憎恨，却没人妒忌不幸的人。我们这个时代的一名智者曾说过这样的至理名言：妒忌的人在怜悯别人时获取最大的快乐。因此，从这里也可以知道，妒忌与憎恨之间存在巨大差异，因为憎恨的本质是不放过幸运者与不幸者，然而，只要别人足够幸运或足够不幸，妒忌便不能维持。

  此外，让我们探讨该原则的否定的方面——其实我们也一直在探讨。人们放弃敌意和仇恨，要么是由于他们已经相信自己并没有受到不公正待遇，要么是因为他们承认了他们原先憎恨的恶人其实是好人，或者是他们从所恨的人那里获得了好处，正如修昔底德所说："最终的贡献，尽管微不足道，但假如时机合适，能消除更大的危害。"然而，第一种情况不能消除妒忌；尽管人们相信自己没有受到不公正的待遇，但还是能感受到这种妒忌。其他两种情况实际上会激起更大的妒忌：因为妒忌者会更加嫉妒地盯着那些享有慈善名声的人，他们会觉得这些人拥有了最大的福分——美德；即使从幸运的人那里得到一些好处，他们还是烦恼不已，妒忌幸运人的意图和权力，因为其意图来自其美德，其权力来自其幸运，两者均为幸事。因此，假如能抚慰一种情感的事情必然会激起另一种情感，使其更加痛苦，那么妒忌与憎恨就是截然不同的两回事。

现在让我们来看两种情感各自的意图，分别加以探讨。憎恨者的意图是伤害，因此"憎恨"的定义如下：憎恨是指期待伤害别人机会的某种倾向和意图。而妒忌中至少不存在这样的含义；因为妒忌者倒不愿看到众多亲朋好友遭到毁灭或遭遇不幸，尽管妒忌者看到他们幸运会烦恼不已。如果有能力，他们会贬低亲朋好友的名声和荣誉；但另一方面，妒忌者不会用无可挽回的灾难去折磨那些幸运人，宛如一幢高于他们房子的房屋，若能推翻遮掉他们的阳光的部分，他们便会感到心满意足了。

十四　论爱财^{*}

有人夸奖一个高个子，说他伸手距离远，具有优秀拳击手的潜质。听了这话，教练希波马库斯（Hippomachus）说道："没错，如果桂冠是挂在那里，伸手就可以拿到的话。"因此，有些人被自己良好的境遇、宽敞的房子和大笔金钱冲昏了头脑，将这些视为神最大的恩赐，我们也可以对他们说："没错，如果幸福可以出售，要用钱来买的话。"（然而，不乏这样的例子：人们情愿富有而不幸，却不愿花钱买幸福）但是金钱买不到平静的心灵、伟大的精神、安详、信任和自足。

拥有财富并不意味着能享受财富，拥有奢侈品也不等于就不需要这些东西。假如财富连我们对它的渴望都满足不了，那它还能驱除其他什么苦恼呢？喝水能缓解口渴，食物能减轻饥饿。

---

* 《论爱财》一文吸取了亚里士多德、柏拉图以及犬儒学派和其他哲学家的观点。在《政治学》中，亚里士多德区分了自然财富和非自然财富，普鲁塔克也对有用性或必要性与多余性进行区分。《尼各马克伦理学》中一些有关慷慨行为的观点，直接地或者间接地通过一些失传的逍遥派著作，也对普鲁塔克产生影响。比如亚里士多德认为挥霍者比吝啬者强；吝啬者有很多种；吝啬不可救药；等等。本文的语言较为丰富，措辞颇为华丽，因此人们将其归为普鲁塔克早期的作品。

177

希波纳克斯（Hipponax）感到冷了，我乞求一件外衣。

当有好几件外衣同时送来时，说这句话的人感到很苦恼，一件也不要；金银都不能缓解对金钱的渴求，而对敛财的贪欲也不会因获得新的财富而消失。不会的；人会告诉财富，仿佛是对一个自命不凡的医生说：

吃了你的药，疾病更多了。

我们发现我们需要的是一片面包、一座房子、一个勉强能遮风挡雨的地方以及其他一切能满足我们基本需要的东西，可是财富却传染给了我们对金银、象牙、翡翠、猎犬和良驹的渴求，让我们的需求从生活必需品转向了难以获取却又无用的稀缺品。其实，就必需品而言，没人贫穷；从来没人借钱去买大麦粉、奶酪、面包或牛肉卷。倒有人会为了一幢气派的房子而负债，也有人会为了附近的橄榄树农场借钱，还有人会为了土地和葡萄园而背上债务；甚至还有人会为了

背后拉着空的马车①

的几头加拉提亚（Galatian）骡子和一群马而陷入债券、高利贷和抵押的困境。假如不再口渴，却继续喝水；不再饥饿，却继续进食，最终会因过量饮食而将一切都呕吐出来，包括用来消除饥饿的食物和缓解口渴的饮水。同样，那些寻求无用、多余东西的人最终会连必需品都无法留存。这便是一种爱财者的写照。

---

① 荷马：《伊利亚特》卷15，453。"空的"的意思也有"空虚自负"。

另一方面，有些人尽管腰缠万贯，却仍什么都舍弃不下，还总想得到更多。那些记得亚里斯提卜话的人会觉得这些人更加荒唐。亚里斯提卜经常说："假如一个人每天大吃大喝，却从来没感觉到饱，那他一定会去看医生，询问是什么病在折磨他，他的身体系统出了什么毛病，怎样才能摆脱这种不正常现象；但是，假如拥有五把睡椅的人想要十把，拥有十张桌子的人又买了十张，尽管一个人已经拥有很多土地和金钱，却仍不满足，还想得到更多，夜不能寐，从不满足，他会想到自己是否需要有人来指点迷津，是否需要有人来指明自己痛苦的根源呢？"那些口渴的人，若一直都没喝到水，一旦喝到，口渴便当然会得到缓解；相反，我们认为，若某人一直喝个不停，那倒是应当缓解的反常状态了，不能再没完没了地喝。我们要让他吐掉，因为他的问题并非来自缺少什么，而是由于体内存在反常的辛辣物或热度。那些金钱的追求者也是如此：若一个人贫穷匮乏，那么一旦得到一片地产，或发现宝藏，或得到朋友的帮助清偿了债务、摆脱了债主，也许便会停止追求金钱；然而，若已经腰缠万贯，却还想得到更多，那么金、银、牛、羊、马都无法解决这样的人的问题；我们只能从根本上清除其不幸，使其得以净化。他的症结不是贫穷，而是自身不经思考的错误判断导致的贪得无厌；除非有人清除他头脑中的这条绦虫，否则他永远不会停止索求多余的东西——也就是追求他根本不需要的东西。

医生出诊替一名卧病在床的病人看病，这位病人呻吟着，吃不下东西。医生为病人检查身体，询问病情，但没查出他发烧。于是，医生诊断是精神问题，然后起身离开。那么，我们也一样。我们看到有人沉溺于获取金钱，花点钱就呻吟不已，尽管他拥有房子、土地、成群的牲口和奴隶，丰衣足食，但只要能给他带来金钱，再卑鄙、痛苦的事情都毫不犹豫。对他的问题，我们不说是精神贫困，还能说是什么呢？正如米南达所说，金钱上的贫困，只需一个朋友慷慨相助便可摆脱。但是，精

神上的贫困,哪怕所有朋友,无论活着的还是死了的,① 都来帮忙,也解决不了问题。对于此类问题,梭伦的话一针见血:

  人对财富的界限一无所知,②

因为对明智的人而言,自然财富是有限的,有界限的。效用犹如圆规,划定该界限。

  爱财的另一个特性③是:爱财是一种降低自己的满足的欲望。事实上,其余的欲望能提升自己的满足:没人会因为喜欢美食而拒绝它,也没人会因为贪杯而不喝酒,但人们却因为爱财而拒绝用钱。然而,假如有人因为冷而拒绝穿上披风,因为饥饿而拒绝吃面包,因为爱财而拒绝用钱,这除了叫"疯狂"和"悲惨"之外还能叫什么呢?他其实是面临色拉索尼德斯(Thrasonides)的困境:

  我爱的人在我的房子里,没有法律禁止我;
  最有狂野激情的爱人
  都最愿意干这事,但是我没有——④

我已将一切锁起来,封起来,要么让高利贷人和代理人拿去放债,然后,我再积攒和追求新的财富,而且我与仆人、农民和债务人都吵架——

---

① 死去的朋友可能会留下遗产。
② 梭伦残篇 1.71。亚里士多德在《政治学》1256b33 也为了说明同样的问题引用过这一残篇。
③ 爱财之第一特点是无法满足性。这是对自然财富或生活必需品的欲求所没有的特点。
④ 米南达:《被拒绝的爱人》,残篇 5。

十四　论爱财

仁慈的神啊，您可见过
在爱情上比我更可怜、更不顺的人吗？①

当被问到能否享受女人时，索福克勒斯回答："咳，伙计，我现在自由了，年纪大了，不再纠缠于一些疯狂、痛苦的事情。"一旦没了欢乐，也就没了欲望，这是件令人高兴的事，阿尔凯奥斯（Alcaeus）如是说……女人也是如此。②但贪婪与此不同：贪婪犹如一个苛刻难缠的主妇，强迫我们去赚钱，但又禁止我们花钱；激起我们的欲望，却又骗取其中的愉悦。斯特拉托尼库斯（Stratonicus）确实唤醒了罗德斯岛居民大手大脚地花钱，鼓动他们建造不朽的建筑，装饰桌子，仿佛末日就要来临。但是，尽管爱财的人挣钱时如铺张浪费的人一样，他们花起钱来却如吝啬鬼那样，承受痛苦，毫无愉悦可言。有一次，狄马德斯（Demades）碰到福基翁在吃午饭，他看到福基翁的餐桌上的东西朴实无华，于是便说："福基翁，我很惊讶，你已步入政坛，竟然还能吃下这种东西。"狄马德斯自己靠蛊惑人心混饭吃，觉得雅典人的东西满足不了他的挥霍，他的不少物品还来自马其顿。（因此，安提帕特见到年迈的狄马德斯时，说狄马德斯就像屠宰后的畜体，只剩下舌头和肠子）至于你，不幸福的可怜的家伙啊，吝啬、不合群、自私、漠视朋友、对国家漠不关心，尽管财富多得足以过一个舒舒服服的好日子，却仍遭受苦难、失眠、参与非法交易、争夺遗产，讨好别人；这又有什么不令人惊讶的呢？我们听说，一个拜占庭人找到了自己丑妻的奸夫，对他说："可怜的家伙！你为什么这么干？酒糟多肮脏！"③……不幸的家伙！让国王和王室管家以及各国政要都去挣钱吧。这些人被迫这么做，由于他们野心勃勃、自命不凡、爱慕虚荣，因此在宴请亲友、施与恩惠、讨好

---

① 同上书，残篇6。
② 此处的希腊原文有缺失。
③ 参看希腊谚语："你在喝酒时必须把酒糟也喝下去。"（阿里斯托芬：《财神》1085）

181

女士、赠送礼物、支持军队和购买角斗士时，都离不开钱。但是，由于小气卑劣，你活得像蜗牛，却忙得不可开交，陷入烦恼不堪、心神不宁的境地。你忍受了一切辛劳痛苦，却从不受益，犹如浴室老板的毛驴，搬运柴火，总是浑身肮脏，染满烟尘，但从未有机会洗澡，享受温暖和整洁。

至此，我们谈到的都是毛驴或蚂蚁的这种贪婪。然而，还有一种贪婪——捕食猎物的野兽的贪婪；它发展到法律上的勒索、抢夺遗产、欺诈和阴谋诡计，它算计着仍在人世的朋友数目，但是在干了这些之后，最终这些不义之财却毫不花费使用。因此，毒蛇、芜菁和毒蜘蛛比熊和狮子更多地冒犯我们，令我们反感，因为它们杀了人，又不利用尸体。同样，有些人的贪婪来自吝啬小气，有些人的贪婪则来自挥霍浪费，相比之下，前者更令我们反感，因为吝啬者从别人那里得到东西，却又没有力量或能力利用。因此，挥霍者在富有充足之时不再贪婪（正如德摩斯提尼对那些认为狄马德斯不再是恶棍的人说："你们瞧，现在他像一头吃饱的狮子"）;[①] 然而，在那些不遵守快乐和有用性原则的人看来，哪怕有更急切的事情，他们依旧贪婪，从不停息，因为他们永远饥饿，仍希望得到整个世界。

有人会说："但他们为子女后代积存财富。"在有生之年，他们什么都没给子女吗？没有，正如那些矿井中偷吃金矿砂的老鼠，只有在他们死后遗尸旷野，才能找到金子。他们为何期望将一堆金钱和大量地产留给子女呢？很明显，子女为他们的子女保存这些财富，子女的子女又为他们的子女保存这些财富，犹如陶制管道，自己从未获取什么，而只是将得到的东西传输给下一个接受者，直到传给某个外人，一个告密者或僭主，截断并打翻财富的保管人，从而拦腰切断并截流财富而去，或

[①] 这句话也出现在普鲁塔克的《亚历山大传》（671B）和《德摩斯提尼传》（856F）中。

者（如俗话所说）家族中出个败家子，将所有财产挥霍一空。因为不仅如欧里庇得斯所说，

> 奴隶的儿子因无人管教而肆无忌惮，

守财奴的儿子也是如此。第欧根尼在有次嘲弄中确凿无疑地暗示了这一点："当麦加拉学派成员的公羊也好过当他的儿子。"因为守财奴觉得自己在训练子女，但是恰恰是他们的训练方式毁掉了子女，扭曲了他们的个性，还向子女灌输自己的贪婪和吝啬，仿佛想要在继承人身上构筑保卫遗产的堡垒。他们的警告和指示就如这样："获取利润，保持节俭，以拥有的财富来估量你自己的价值。"这不是在教育儿子，而是束缚他，替他缝制一个袋子关起来，就如一个钱袋，① 以便让他能牢牢抓住你放进去的东西，并确保其绝对安全。然而，钱袋只有在放入钱币之后才变得肮脏难闻，可守财奴的子女在接触这些金钱之前，却已经直接从父辈那里感染了贪婪的污点。然而，请注意，这些年轻人现学现用，并不因为能继承财产而爱戴父辈，反而憎恨他们，因为他们尚未得到这些财富。由于父辈一直教导他们，只需看重金钱，人生的唯一目标是拥有大量财产，因此，他们认为父辈的生命妨碍了自己，认为时间从他们身上偷走的一切都加到父辈生命中去了。因此，甚至父亲在世时，儿子背着他寻求这种或那种途径，私下从金钱中偷取一些欢愉，仿佛对金钱毫无兴趣，将金钱给予朋友或大手大脚地满足自己的食欲，尽管此时他还在上课，还尚未完成学业。但是，当父亲去世的时候，儿子接过钥匙和印章，生活方式有了改变，脸上逐渐没了笑容，变得严厉、令人生畏。玩球、摔跤、学园和吕克昂学府（Lyceum）② ……就此结束。取而

---

① 钱袋不会比袋中的东西更有价值。
② "学园"指柏拉图的学校，"吕克昂学府"是亚里士多德的学校，都开在雅典。——中译者注

代之的是质问仆人、审查账本、同管家和债务人一道核计账目。整天忙忙碌碌，忧心忡忡，使他不能参加午餐会，一到晚上便洗澡放松。

  他曾接受训练的训练场
  和狄尔凯（Dirce）水泉①

都被他忽视；假如某人问："你不去听那个哲学家的讲座吗？"回答是："我怎么能去呢？我父亲去世了，我没有时间啊。"可怜的家伙！你父亲带走了你的空闲和自由，与这些相比，他留给了你什么呢？更准确地说，不是你父亲，而是你的财富，宛如赫西奥德作品里的女人，压倒了你，制服了你，

  满脸憔悴，过早衰老，②

使你的心灵充满贪婪带来的忧虑和苦恼，好像过早出现的皱纹和白发一样，这一切摧毁了所有轻松愉快、机智精明和亲切友善。

  "那么"，有人会说："你没有发现，有些人确实在大手大脚花自己的钱吗？"对此，我们这么回复：有些人不会花费钱财，另一些人则将钱财花费在不良目的上，这两种情况都不对。这话你难道没听亚里士多德说过吗？③ 不过，第一类人只是没能从财富中获得裨益和荣誉，而另一类人则事实上从财富中遭受伤害和耻辱。

  注意，首先让我们来考虑，财富之所以获得盛赞，是因为能花费它，那么这种"花费"是什么？它是指满足温饱吗？果真如此，那么富人与中等收入人群便相差无几。假如雅典的第一富翁卡里阿斯和忒拜

---

① 欧里庇得斯：《腓尼基妇女》，368。
② 赫西奥德：《工作与时日》，705。
③ 亚里士多德残篇56（Rose 编）。

184

的第一富翁希斯米尼亚斯（Hismenias）在使用他们的财产时与苏格拉底和伊帕美农达斯一样，那财富，如色奥弗拉斯托斯所说，就"不是财富"了，的确"不值得羡慕"。① 阿迦同（Agathon）把宴会的长笛演奏者赶走，赶到妇女的角落那边，因为他认为客人们的交谈就足以娱乐自己了。② 同样，当你看到富人和穷人享受相同的服务时，你也可以去掉紫色床单、昂贵的桌子和一切多余的东西；一旦我们变得明智、冷静，就会从我们的国家中驱除一切无用的东西，

你会很快就把方向舵悬挂在壁炉上方，
一无所获的辛劳，

不是

公牛和骡子的辛劳，③

而是金匠、雕刻匠、香料商和厨师的辛劳。就连那些并不富有的人也同样能自给自足，但财富不过是以华贵奢侈来招摇显摆。你大约赞成的是帖撒利人斯科帕斯（Scopas）；有人乞求他房子里的一件物品，因为该物品纯粹多余，没有任何用处，他却惊叹："哎呀，让人觉得我值得羡慕、幸运的正是这些多余的物品，而不是那些必需品。"④ 你必须注意这一点，否则你会赞同盛会和节庆，反对日常生活。

以前，我们的传统节日酒神节是一次简单而愉快的列队行进。首先出现的是一壶葡萄酒和一条葡萄枝，然后是一名司仪牵着一头公山羊，

---

① 特奥弗拉斯特残篇 78（Wimmer 编）。
② 参看柏拉图《会饮》176E。
③ 赫西奥德：《工作与时日》，45—46。
④ 参看普鲁塔克《伽图传》，346F—347A。

接着是另一名司仪提着一篮干无花果，最后是一名扛着男性生殖器塑像的人。但如今，所有这些被忽视，逐渐消失，取而代之的是一桶桶黄金运过，豪华的服饰，马车驶过，还有戴假面具的人：财富中必要有用的成分也被多余无用的成分埋没。我们中间大多数人都犹如忒勒马科斯（Telemachus）。由于他的天真，或者更准确地说，是由于他的品位不够，在看到奈斯托尔的屋内的睡椅、桌子、服饰、床单和美酒时，他并没有对这样一位衣食无忧的人表现出一丝羡慕；可是，当他拜访墨涅拉俄斯（Menelaus）时，看到象牙、黄金和琥珀，他惊异万分，惊呼道：

> 我以为，奥林匹斯山神宙斯才有这样的大厅：
> 这些财富真是无以言表啊！我有幸看到，
> 大为惊异。[1]

苏格拉底或者第欧根尼则会说：

> 多么令人不齿的垃圾，
> 还有奢侈，虚荣！
> 我见了，
> 大笑以对。

愚蠢的人！你应该脱下妻子的紫袍，摘下她的饰物，这样就能让她克服装腔作势，不再痴迷于外国宾客。[2] 或者，你难道要为了宾客将你家装饰得像剧场或者舞台吗？

这就是财富之乐——旁观者和目击者享受的快乐；离开他们，财富

---

[1] 荷马：《奥德赛》卷 4，74—5。
[2] 暗示海伦与"外国客人"帕里斯私奔。

便一文不值。与此有天壤之别的乃是自我克制、追求智慧以及对众神拥有应有的认识，尽管别人一无所知！这些在灵魂中自己会光辉灿烂，[1]熠熠发光，让灵魂永恒的伙伴欣喜不已，因为灵魂凭借独有的力量，掌握了至善至美，不管是否有人看到，也不管是否有人或神见证它。[2] 这就是德性的本质，真理和数学——几何学和天文学——的美；[3] 你的财富的饰物、你的项链、女子气的小玩具怎么能和这些相提并论呢？假如没人看到或关注财富，财富便真的看不见了，[4] 丧失了光辉。当富人单独与妻子或密友进餐时，他会把柑橘木桌子和金杯闲置不用，而使用普通餐具，妻子不戴金银首饰，也不穿紫袍，而只穿普通的衣服。但是，当准备一次宴会时——也就是，一次展览和炫耀——财富的表演便登场了。"从船上取来水瓶和三足鼎"[5]，点上家中所有的灯，换上崭新的杯子，侍者们都穿上了新服饰，金器、银器和珠宝镶嵌的盘子都派上用场。这表明财富是为了向他人炫耀的。但是，不管财富的主人是单独用餐，还是举行华筵，自始至终都是需要的。

十五 论偶然

人的作为全在于偶然，而非理智。[6]

人的作为不在于公正、公平、克制或礼貌，而在于偶然，这正确吗？

---

[1] 参看第欧根尼·拉尔修《著名哲学家的言论和生平》卷5，17 记载亚里士多德的话："视觉从周遭环境中获得光亮，灵魂从研究中获得光明。"
[2] 参看柏拉图《理想国》，580C。
[3] 参看柏拉图《高尔吉亚》，475A。
[4] 在流行说法中，财富是"盲目的"，也就是说无视品德。不过此处普鲁塔克把"盲目"说成是"黑暗的"或"不被看到的"。
[5] 荷马：《伊利亚特》卷23，259。阿基里斯命令手下从船舱中拿出水瓶等，作为葬礼比赛的奖品。
[6] 希腊悲剧家凯伊莱蒙（Chaeremon）残篇782（Nauck）。

阿里斯泰德斯本可拥有大量财富，却坚守贫困，这难道只是因为偶然吗？西庇阿在攻占迦太基之后，却没有抢夺甚至观看战利品，这是出于偶然吗？菲罗克拉特（Philocrates）从腓力那里领到赏钱，"然后花在娼妓和丑妇身上"，这是偶然的结果吗？拉斯提尼思（Lasthenes）和尤提克拉底斯（Euthycrates）丢了奥林杜斯（Olynthus），"还纵情大笑，恬不知耻"，这是因为偶然吗？腓力之子亚历山大克制自己不碰女俘，惩罚那些凌辱女俘的士兵，这也是出于偶然吗？另外，普里阿摩斯之子亚历山大①与主人之妻睡到一起并诱拐她，使世界上的三个大陆中的两个为此陷入战争和悲哀中，这是因为他听从了邪灵的教唆，还是出于偶然？如若这些事均出于偶然，那我们又为何不能说，猫的贪婪、羊的淫荡以及猿的诡诈都是出于偶然呢？

假如自律、公正和勇敢存在，那怎能推论说理智不存在呢？假如理智存在，明智（Sagacity）不也就一定存在了吗？有人说，自律是一种理智，而公正也要求理智的存在。在娱乐中给人美德的那种理智和明智，我们称之为节制、自律；在危险和劳作中给人以美德的理智和明智，我们称之为坚定、刚毅；在私人交往和公共生活中给人美德的理智和明智，我们称之为公平、公正。因此，假如我们将明智的工作都归功于偶然，那公正和自律的作为也可以说来自偶然。天哪，偷窃行为、放荡生活都可说成是出于偶然了。让我们放弃一切推理过程，顺从偶然，就像狂风中的尘土和垃圾，随风飘荡。如若明智并不存在，那就可以推断世上没有明智的计划设想，也就没人考虑和寻求最好的利益了；而索福克勒斯说的这些话也将都是无稽之谈：

> 任何事，只要追求就都可能实现；
> 一旦忽视，便无法拥有；②

---

① 这个"亚历山大"不是上面讲的亚历山大王，是特洛伊王子帕里斯。
② 索福克勒斯：《奥底普斯王》，110。

当他试图区分不同行为时，他也将会是在说一堆废话：

> 我学习可以传授的知识，寻找可以找到的东西，
> 可我只能祈求神明的保佑。①

要是一切都是偶然所决定的，那人类还能发现什么，学到什么呢？若一切都受偶然性支配，而我们只能责备偶然性太盲目，令我们如盲人一般被其绊倒，那还要国家的议事机构干什么？国王的顾问委员会又有何用？为什么不把这些统统废除掉？明智有如我们的眼睛，我们又怎能将它去除，而像盲人那样跌跌撞撞地行进呢？

然而，假如我们中间有人说，观看是偶然的，而非视觉和使用"发光球"（柏拉图对眼睛的称呼）② 的结果；倾听是偶然的，而非空气中的震动传到耳朵、大脑里并被一种官能所感知的结果，果真如此，那么我们就绝不能轻易相信自身的感觉了！而事实上，大自然赐予我们视觉、听觉、味觉、嗅觉，以及其他器官及其官能，让它听从理智和明智的指挥；此外

> 头脑看得见，听得到；其余部分则又聋又盲。

赫拉克里特断言，假如没有太阳，尽管还有其他星星，我们也只能在漫漫长夜中度过；假如没有头脑和理智，尽管还有感觉，人类也与野兽毫无分别。而事实上，我们远远胜过野兽，而且有能力控制野兽，这不是出于偶然，也不是意外，而是由于普罗米修斯，换句话说，是靠着思考和推理能力。正如埃斯居罗斯所说，

---

① 索福克勒斯残篇759（Nauck 编）。
② 柏拉图：《蒂迈欧》，45B。

> 那种能力使得马驹、驴子和公牛为我们效劳，替我们干活。①

当然，就偶然机遇和天资而言，大多数野兽都胜过人类，因为有些野兽天生长角，或尖牙利齿，或毒刺；正如恩培多克勒说的：

> 刺猬天生背上长满了一根根直竖的硬刺，

还有一些生来就遍身覆盖鳞片或毛发，长着利爪或硬蹄。唯独人类，如柏拉图所说，"赤身裸体，没有武器，双脚赤裸，无处休息"，②仿佛被大自然遗弃。

> 但大自然赐予了一种天赋，便弥补了这一切，

那就是推理判别、孜孜关注、深谋远虑的天赋。

> 人的体力的确微弱，但
> 他的心灵足智多谋，
> 他制服海底怪物，
> 征服天下一切。③

骏马的步伐最为轻盈，但它们为人类奔跑；狗勇猛好斗，但它保护人类；鱼美味可口，猪膘肥肉厚，但它们只是人类营养的美食。还有什么比大象更庞大、更恐怖的呢？但它还是成了人类的玩物，在热闹场合供人观赏，而且还学会了摆造型、跳舞、下跪。这些表演

---

① 埃斯居罗斯残篇 194（Nauck194）。
② 柏拉图：《普罗泰戈拉》，321C。
③ 欧里庇得斯残篇 27（Nauck 编）。

都不是毫无意义的，的确，它们能让我们了解人的理智能将人提升到何种高度，超过哪些事物，为何主宰万物，并在各个方面都出众。

> 不，在拳击和摔跤中，我们并非天下无敌，
> 在赛跑中，我们也没那么敏捷。①

的确，在这些方面，我们没有动物那么幸运；但我们善于利用经验、记忆、理智和技能，正如阿那克萨戈拉所说，这些是属于我们的，而且也只属于我们。通过这些能力，我们获取动物的蜜，挤它们的奶，随愿驱赶它们，完全操控它们。所以，所有这一切，丝毫没有偶然的因素，我们靠的完全是理智和远见。

另外，毫无疑问，木匠、铜铁匠、泥瓦匠和雕塑家的工作都属于"人的作为"，我们从未见过，意外或偶然造就他们的成功。偶然机遇有时会对成功起一点点作用，但唯有技艺才能创造出最完美、最伟大的作品。这一点在下面这首诗中体现得淋漓尽致：

> 所有的工匠来到路上，
> 膜拜工作女神，那宙斯的神情严肃的孩子，
> 摆上神圣的篮子。②

技艺需要劳动女神雅典娜——而非偶然机遇——作为自己的得力助手。只听说过一位艺术家在画一匹马时，绘制和调色方面都已经几近完美，但是对于马咀嚼时冒出的泡沫以及喘气时的喷沫的描绘，多次

---

① 参看《奥德赛》卷8，246。
② 可能是索福勒斯的话。"工作女神"是雅典娜，她保护各种技艺。

努力都不成功,每次都只能擦掉。直到最后,他一怒之下,将吸满颜料的海绵扔向帆布;海绵撞上帆布时,以一种出人意料的方式将颜料涂了上去,取得了满意的效果。这是出于偶然取得的技艺成功,却是迄今记录的唯一例子。尺子、秤砣、量具和数字的广泛使用,正是为了使随意和偶然在生产中没有立足之地。事实上,技艺并非理智的主要形式,而只是旁系,是从理智上分离出来的碎片,交织散布在普通生活日用中间。就像寓言中有关火的传说一样,火被普罗米修斯分割为几份,散布到各地。于是,理智被细微地分割,理智的碎片被分布到各处。

因此,假如技艺无须偶然机遇来满足自身需要,那么这个"最杰出、最完美的技艺"、这个人所能获得的盛誉的顶峰〔即偶然〕,却并不能发挥任何作用,这多么令人惊讶啊!在拨弄琴弦时,有一种理智叫音乐;在煮饭烧菜时,有一种理智叫厨艺;在洗衣服时,有一种理智叫漂洗。我们教育孩子穿鞋穿衣,右手拿肉,左手拿面包,因为我们认为即使是这些习惯的养成都不靠偶然,而是需要注意留神。那么那些对幸福最重要、最根本的要素难道却无须理智和远见吗?没人会打湿黏土后扬长而去,心中确信这些黏土会意外、偶然地变成砖块;有了毛皮后,没人会坐下向"偶然"祈祷,让这些毛皮变成外套和鞋子。而有人收敛了大量金银财宝,聚集了大量奴隶,造起了琼楼玉宇,添置了昂贵的桌椅,若没有理智,他能期望这些就是幸福美满生活吗?从此以后就可以无忧无虑、永不变化吗?

有人问伊菲克拉迪斯(Iphicrates)将军,他到底是谁,仿佛是要揭露他,因为"他既不是一位重装兵,不是一位箭手,也不是一位持盾手"。他回答说:"我是发号施令、指挥运用这一切的人。"理智不是金银,也不是名声、财富,更不是健康、力量或美貌。那理智到底是什么?理智是能合理利用这一切的能力,它将这一切变得令人愉快、带来名誉、带来好处。没有理智,这一切都将一无是处、徒劳无益,甚至后患无穷,变成主人的负担和耻辱。赫西奥德笔下的普罗米修斯给厄庇米修斯(Epimetheus)的忠告确实可称得上是金玉良言:

> 千万别接受奥林普斯的宙斯送来的礼物,
> 把所有的都退回去,①

这里的礼物是指偶然机遇以及外部好处。正如普罗米修斯会劝告厄庇米修斯,要是不懂音乐就别吹笛子,不识字就别读书,不会骑马就别骑,他同样会劝告他,如果他不够聪明,就别当官;若觉得自己贪婪吝啬,就别当富翁;若受女人控制,就别结婚;因为不仅正如德摩斯提尼所说的,"不配享受的成功会让傻瓜妄自尊大、摸不着北";而且不应得的好运也会让没头脑的人烦恼不堪。

十六 论流放[*]

无论是我们的朋友还是我们说的话,那最好的和最能依赖的就是当我们身处逆境时,那些能有效地给予帮助的。许多人拜访不幸之人,与

---

① 赫西奥德:《工作与时日》,86。

[*] 本文是写给一名来自小亚的萨迪斯的流放者,他可能那时正好在雅典。

在本文中,普鲁塔克用了许多其他古代人所写的关于流放的安慰性文章中也都出现过的话题。有的现代研究者认为这类文章的创作源头可以追溯到彼翁和基沃斯岛的阿里斯顿。他首先声称,流放的不好只存在于大众的看法中;但是,即使假设流放是坏事,我们还是可以用我们依然拥有的美好事物,譬如财富、朋友和闲暇来冲淡它,减轻它。《论流放》的第二部分从"家乡并非生来就是家乡"展开,阐述了一个主题:整个宇宙就是我们的家乡。事实上,有的伟人自愿离开家乡。文章最后驳斥了几种对流放的通常指责,并过渡到恩培多克勒的教义:人类在地上的生活就是离开天堂的流亡。文章的结尾具有柏拉图式的特点。

应当说《论流放》并没有犬儒学派的教条那么严厉,而是在结合了其他哲学家和大众思想后,以普鲁塔克独特的方式,展现了对生活中美好事物的接受与未来更美好生活的期待。

之交谈，但他们的努力毫无益处，甚至还有害。这些人就像那些自己不会游泳却去营救溺水者的人——只会紧紧抱着落水者，却将他们进一步拖下水。那些出自我们朋友和真正救助者的言语，应该是减轻，而不是强化我们的沮丧。在我们遭遇意外情况时，需要的不是如悲剧合唱团一般满眼泪花和哀哭的同伴，而是坦诚相见之人，能教导我们，悲哀和自我贬损毫无裨益，一味地沉浸在悲哀之中是不必要并且不明智的。当理智将事实揭示出来时，事实本身就能让人心想：

  你并没有受到伤害，除非你假装。①

一个人不问身体到底受了多大痛苦，也不问灵魂是否因为这次不幸而变得更为糟糕，而只是在哀伤中向那些外来者寻求指示，让他们与我们一起陷入烦恼和不满。这真是荒谬至极。

  因此，让我们脱离世情，把苦难看成是许多负担，一一称出它们的分量。身体感觉的负担是压在身上的物体的实际重量，而灵魂通常还会将来自自身的重负再加到外部遭遇上去。石头天生就是坚硬的，冰块天生就是寒冷的，然而它们并非从它们的外部状态中表现出坚硬和冰冻的感觉；遭到驱逐、名誉扫地、荣誉尽失，这些就像它们的对立物——王冠、公职、前排座位的特权——等等一样，它们的本性并不能引起悲伤和欢快；起决定作用的是我们的判断，每个人都可以为自己选择减轻还是加重，易于承受或难以承受。一方面，我们可以听听波力莱西斯（Polyneices）的话，当别人问他：

  国家的损失是什么？一次严重的不幸吗？

---

① 米南达残篇9。

他回答道：

> 最严重的不幸；难以用语言表达；①

另一方面，我们可以听到阿尔克曼（Alcman）说的话，就像那段讽刺短诗的作者所描绘的那样：

> 萨迪斯，我的祖先的古老草原啊，
> 你哺育了我，后来我当上了
> 祭司或神殿的宦官，穿金戴银，
> 重重敲击着欢快的手鼓；现今，
> 我叫作阿尔克曼，我的祖国是斯巴达，
> 那个拥有许多三足鼎的城市；我被告知
> 希腊的缪斯，把我高高地提升到
> 独裁者达斯克勒斯（Dascyles）和基集斯（Gyges）之上。

因此，意见可以让同一件事对一人有用，就像它可以使一枚硬币退出流通一样；但是对于其他人就毫无用处甚至有害。

　　暂时让我们假设流放是一场灾难，就像众人在演说或歌曲里宣称的那样。可是，很多食物也是苦涩、刺鼻和倒胃口的。但若是将这些食物与香甜的作料调和，我们就可以消除其令人讨厌的味道。同样，有些颜色会刺痛眼睛，看到这些颜色，我们就被它刺目而强烈的光线弄得头晕目眩。假如我们发现，我们可以在里面混合阴影，或将眼睛移到他处绿荫丛生的地方，我们就可以消除这种不便，那么我们对于不幸也可用同样的方法进行处理：你可以用目前状况下的一切有用的和令人欣慰的东

---

① 欧里庇得斯：《腓尼基妇女》，388。

西——财富、友谊、退出仕途的自由和生活必需品的自足——与不幸中和。我认为，许多萨迪斯人即使被流放，也还是会喜欢你的处境的，会宁愿按照这些条件①在异国他乡称心满意地生活；而不愿过蜗牛那样和自己的家保持无痛苦的关联的生活；虽然蜗牛有壳为家，但是除此之外，一无所有。

就像一个喜剧中的角色，他鼓励不幸的朋友振作起来，与命运抗争，朋友问："怎么抗争？"他答道："像哲学家一样抗争。"那么，让我们也像一个真正的哲学家那样，与命运抗争吧。可我们该如何面对？

宙斯，当他洒下倾盆大雨？又该如何面对北风呢？②

我们可以用火堆、浴室、大衣和房子：在暴风雨来临时，我们不会无所事事地坐在那里，也不伤心悲号。所以，你也能和别人一样，挺过生命中遭遇寒冷的时刻，回归温暖的时光：你不需要更多的帮助，只需明智地使用你现有的一切。医生可用拔火罐吸出体内垃圾，从而减轻病痛，保护身体，但那些热衷于一味地悲伤和吹毛求疵的人，却不断数落他们命运中最糟糕的方面，深深地陷入烦恼之中，结果使其生活中最有用的资源在他们急需帮助的时候却发挥不了任何用处。亲爱的朋友，荷马描述在天堂耸立着两口"缸"，一口"装满"美好事物，另一口缸里满是"厄运"，有位分配者坐在旁边，向人们分发，给一些人缓缓的暖流，而给另一些人的净是痛苦；③事实上，这位分配者不是宙斯，而是我们自己：是我们中间的智慧的人，他们舀出美好的东西，倒在坏事上面，从而使自己的生活更愉快、更方便；然而在众人身上，就像在过滤器里，最糟糕的部分沉积下来，而好的部分则流失。

---

① 对此人的流放处罚规定是：不得回国，但是在外国可以四处走动。
② 希腊悲剧家阿迪斯波塔残篇118（Kock 编）。
③ 《伊利亚特》卷24，527—532。

因此，假如我们遭受真正痛苦的灾难，我们必须利用留在身边的美好事物，利用现有资源克服外来困难，使自己高兴起来，内心平静；但对于本质上并非坏事的事物，对于那些完全是由于没有根基的观念滋生出来的痛苦，我们必须像对待害怕面具的小孩一样对待它们：将面具拿到小孩面前，放在他们手上，把面具转过身来，让孩子适应并不再害怕这些面具；同样，通过走近这些痛苦，凭借理智严格审视它们，我们必定能揭露这些痛苦的谬误、空洞和拙劣的欺诈。

你现在被迫离开你视为的家乡，情况也是如此。如阿瑞斯顿所说，从"自然"上说，没有所谓的家乡，就如从自然上讲没有所谓的房子、农田、铁匠铺和手术室；但每种情况下，事物都是变成为这样的，或者，更确切地说，是就占有者和使用者而言将事物这么命名的。柏拉图说，① 人"不是地上的"或不能移动的"植物"，而是"来自天国"的"植物"——头，就像根，使身体笔直——颠倒过来指向天空。因此，赫拉克勒斯的这些话说得非常精彩：

> 我是阿凯亚人，或者是忒拜人；
> 反正我不以任何一个城市而自豪；
> 希腊的所有城堡都是我的祖国。②

但是，苏格拉底说得更加精彩：他不是雅典人，也不是希腊人，而是"宇宙人"（就像有人自称是"罗得斯岛人"或"科林斯人"一样），因为他没有将自己封闭在苏尼翁山（Sunium）、塔伊纳卢斯山（Taenarus）和塞劳尼安山（Ceraunian）③ 中。

---

① 柏拉图：《蒂迈欧》，90A。
② 希腊悲剧家阿迪斯波塔残篇392（Nauck 编）。
③ 这是希腊东部、南部和北部的边界。

> 你看到头上那无边的苍穹了吗？
> 它将大地拥入温柔的胸怀。①

这才是我们家乡的边界，这里没有流放者，或外国人，或异乡人，这里拥有相同的火、水和空气；同样的官员、总督和大臣——太阳、月亮和晨星；由同一法令和主权颁布的法律，对所有人都一视同仁——相同的夏至和冬至、春分和秋分、昴星团和大角星，相同的播种季节；这里只有一个国王和统治者："最高之神把握着宇宙的开头、中段和末尾，按照自己的本性，在自己的巡回路线中直接行进；紧跟其后的是正义之神，他惩罚那些违反神圣法律的人"，② 我们按照自然应当遵守的就是这一正义，像对待我们同胞一样对待所有人。

你不住在萨迪斯其实没关系，不是所有的雅典人都住在克里图斯（Collytus），不是所有科林斯人都住在克拉尼翁（Craneion），也不是所有拉哥尼亚人（Laconians）都住在必达尼（Pitane）。有些雅典人从梅里泰（Melite）迁移到狄欧美亚（Diomeia），在那里他们庆祝麦塔盖特尼翁月（Metageitnion）和一个叫"麦塔盖特尼亚"的节日，③ 这是为纪念他们迁移而命名的，他们以平静和愉快的心情接受了邻居的变更，对自己的情况依然满意。难道这些雅典人都成了外国人，成了没有祖国的人了？你或许不会这么说吧。天文学家说，与宇宙相比，地球只是没有任何体积的一个点，那么有人居住的世界，或者整个大地上的哪个部分，距其他部分会是遥远的呢？但是我们，就像蚂蚁或蜜蜂一样，当被驱逐出一个蚁穴或蜂巢时，我们感到沮丧和陌生，自己不知道，也没人告诉我们按照事实的真相将整个世界看成是自己的领土。尽管在有人认为雅典的月亮比科林斯的月亮圆时，我们嘲笑他的愚蠢，但从某种程度

---

① 欧里庇得斯残篇 941（Nauck 编）。
② 柏拉图：《法律》，715—716。
③ "麦塔盖特尼亚"的意思是"换了邻居"。

上来说，我们自己与此人无异；因为当来到异国他乡时，我们就认不出陆地、海洋、空气和天空了，仿佛它们与我们熟悉的事物有天壤之别。自然让我们自由自在；是我们将自己束缚起来、封闭起来、监禁起来，将自己驱赶到某些狭窄、肮脏的角落中。如果波斯的国王们的确只喝克阿斯佩斯（Choaspes）的水，① 就将世界上的其他地方都看作是无水的荒地，那我们嘲笑他们；但当我们搬迁到其他地方时，如果我们放不下塞菲苏斯（Cephisus），我们渴望回到欧罗塔斯（Eurotas）、泰伊盖图斯（Taygetus）或巴纳苏斯（Parnassus），那我们这就是使得整个世界都没有适合我们居住的城市和地方。

的确，一些埃及人由于国王发怒而移居埃塞俄比亚，当有人恳求他们回到妻儿身边时，他们轻浮地指着自己的男根，声称只要那玩意儿在身边，那么他们在婚姻和子女上便不会有任何损失。② 然而，一个人完全可以庄重且礼貌地说，无论在哪里，只要衣食无忧，那他就不缺城市，也不缺家庭，就不会是外乡人。他只需要感觉灵敏、思维理智，就像一位船长需要一只锚，使他能在任何港口停泊，并好好利用它。虽然丢失财物不能轻而易举地很快得到弥补；但是哪个城市都可以立刻会变成他的故乡与城市，只要他学会利用该城市，拥有能到处存活并茁壮成长的根，在任何地方都能扎下根基；狄米斯托克利斯、法莱伦（Phalerum）的德米忒里乌斯都有这样的根。德米忒里乌斯在流放之后，成了亚历山大里亚的托勒密的朋友，不仅生活富足，还经常慷慨捐助雅典人；而狄米斯托克利斯受到了国王的皇家奉养，据说曾对妻儿说："我们如果没有遭遇迫害，那就会是对我们最大的迫害了。"正因为如此，当有人评论犬儒学派的第欧根尼："西诺皮安人（Sinopians）处罚你，将你逐出本都"，后者回应道："可我也处罚他们，罚他们待在那

---

① 参看希罗多德《历史》卷1，188。
② 参看希罗多德《历史》卷2，30。

里"，——

> 在那里，
> 气势凶猛的海浪拍打着海岸。①

在塞里福斯（Seriphos），斯特拉多里库斯（Stratonicus）问主人，在塞里福斯犯什么罪会遭到流放；主人回答犯了诈骗罪的人便会遭驱逐，他说道："那为什么不去诈骗呢？这样岂不就可以逃避监禁了。"——喜剧诗人说，那地方要靠弹弓搜集无花果，岛上充满了各种不便。

的确，你若将虚幻的观念搁置一边，认真思考真理，就会发现只拥有一座城市的人，在其他城市的人眼里，却是陌生的外乡人；因为大家觉得他不能公正、大方地放弃自己的城市，客居他乡：

> 你命中该在斯巴达，那就看着斯巴达吧，②

也不管斯巴达是否晦暗、肮脏，或者是派别争斗的牺牲品。命运随自己高兴，把随便一个城市赐予某个人，却同时剥夺了他自己的城市。毕达戈拉斯有句至理名言："选择最佳的生活，熟悉了它之后你就会感到愉快"；这话用到这里，就实在是太明智，太有用了："选择最好的和最令人愉快的城市，时间会让它变成你的故乡"——这个家乡不会让你苦恼，不会令你感到讨厌，也不会命令你："支付特别税"，"去罗马出使"，"招待一下总督"，"自己掏钱替公家办件事"。假如一个理性人，尚未完全昏头昏脑，会牢记这一切，一旦被流放，他甚至会选择在岛上生活，选择基亚洛斯（Gyaros）或齐纳罗斯（Cinaros），

---

① 欧里庇得斯：《伊菲革涅亚在陶里斯》，253。
② 欧里庇得斯残篇 723（Nauck 编）。

十六　论流放

> 尽管那里多岩石，不适合玉米、葡萄和树木生长，①

但他不气馁、不悲哀，也不说西蒙尼德斯笔下的妇女所说的话：

> 蓝色咸海的喧闹，
> 让我颠簸，将我包围。

他宁可像腓力一样推理。腓力在摔跤时被摔倒，他转身看到自己身体的印痕时，喊道："神明啊！我们天生所拥有的领土多么狭小，但我们却垂涎整个世界！"

我想，你见过纳克索斯岛（Naxos），但若没见过，想必也见过离这儿不远的希里亚岛（Hyria）；然而埃菲亚特斯（Ephialtes）和奥图斯（Otus）都在纳克索斯岛上生活过；希里亚岛则曾经是俄里翁（Orion）的居住地。② 诗人们讲述，阿尔克迈翁（Alcmaeon）在复仇女神的追逐下逃离，曾经在阿齐罗斯（Achelous）河口刚刚堆积硬化的淤泥之上安定下来；③ 不过我猜想，他也是想避开骚动、派别之争、同胞残忍的法律勒索，自愿选择了在一小块宁静无扰的地方定居。提比略·恺撒（Tiberius Caesar）在卡普里岛（Capri）上度过了生命中的最后七年；而当时整个世界的统治部分却仿佛蜷缩在心底，④ 在那段长长的时间里没有丝毫改变。但在恺撒这个例子中，国家各地的关怀倾注到他身上，使得岛屿不得安宁，无法获得真正纯粹的休憩。一个人如果发现住在小

---

① 阿迪斯波塔残篇393（Nauck 编）。
② 参看《奥德赛》卷11，305—9。
③ 据传说，阿尔克迈翁为报父仇刺杀母亲，母亲临死前诅咒他，他受到复仇女神的追逐。德尔菲神谕告诉他只有找到一个他母亲发出死亡诅咒时世上还没有存在的国家，才能逃脱追逐。他后来在一条河口找到了一块淤积地住下来。
④ 提比略继承屋大维担任罗马帝国皇帝；晚年自动离开罗马，在卡普里岛上度过余生。此处普鲁塔克用了斯多亚哲学的一个信念：人的统治部分（灵魂）位于心脏中。

岛上就能摆脱不少麻烦，那他就该默诵品达的名言，像念咒语一样重复地念：

> 我的心灵，放弃那柏树吧；
> 放弃那你争我夺的土地；
> 只给我一小块土地，能种橡树；
> 我的命运中没有降临悲伤与不和，

也没有来自总督的命令，不必满足同胞的需要，也不必服务于无法拒绝的公共职位。如果他还不知足，那就可怜了。

人们为卡里马库斯（Callimachus）的话热烈鼓掌：

> 不要用波斯的绳来测量艺术，

难道我们就以"绳"和"帕勒桑"（parasangs）① 来测量幸福吗？假如我们居住在一个方圆二百斯塔德（Stades）的岛屿上，它不像西西里岛，环岛航行一圈需要四天时间，我们就要折磨自己并且为自己悲哀的困境而痛苦吗？岛屿的宽度与远离痛苦的生活有什么关系呢？难道你没有听过悲剧中坦塔罗斯的话吗？他说道，

> 我耕种的土地走一圈需要十二天；
> 那波力希恩塔的土地；

下面他又说道：

---

① 波斯度量单位，一个"绳"等于60个斯塔德（大约七英里）；一个帕勒桑等于30个斯塔德。

我的命运，扶摇直上到天堂，

却重重地摔落在地，然后对我说了这句话：

——学会不要太看重人类的东西。①

因不愿与独眼巨人库克罗普斯为邻，瑙希图斯（Nausithous）离开了"希派莱亚（Hypereia）广阔的土地"，②搬到一个"远离勤奋之人"的岛屿，③住在"远远的风大浪急的海洋"中，④那里人迹罕至，却给他的同胞带来最舒适的生活。起初是米诺斯的子女，随后是科德卢斯（Codrus）和奈留斯（Neileus）的子女，都先后定居在基克拉迪群岛（Cyclades），而现在在那里的那些没头脑的流放者却认为自己是在遭受惩罚。斯基卢斯（Scillus）区是色诺芬征战一生后"安度晚年"的地方，但哪个流放犯人的岛屿比斯基卢斯区更宽广呢？柏拉图学园只是一块很小的地方，花了三千德拉克马就买到的，而柏拉图、色诺克拉底（Xenocrates）和柏莱蒙（Polemon）都曾住在这里，他们在这里教书、生活。一年中只有一天，色诺克拉底会进城，观看酒神节的新悲剧，人们说，他这是给节日增光添彩了。

基沃斯岛的忒奥克里托斯（Theocritus）甚至辱骂亚里士多德，因为后者喜欢腓力和亚历山大宫廷里的生活方式，而且

更喜欢保博罗斯河中的住所，

胜过学园，

在培拉（Pella）附近有一条河，马其顿人称之为保博罗斯河（Bor-

---

① 埃斯居罗斯残篇159（Nauck 编）。
② 《奥德赛》卷6，4。
③ 《奥德赛》卷6，8。
④ 《奥德赛》卷6，204 以下。

borus）。荷马盛赞这些岛屿，仿佛还特意推荐给我们——

> 她来到利姆诺斯岛，庄严的多阿（Thoas）镇，①

还有

> 莱斯博斯岛朝向海洋的全是，
> 神圣的席位，②

还有

> 恩尤斯（Enyeus）的堡垒建于陡峭的斯基罗斯岛（Scuros）之上，③

还有

> 来自杜里齐姆（Dulichium）和神圣群岛伊齐纳伊（Echinae）的人们，
> 与爱利斯（Elis）隔海相望——④

荷马也指出，在名人中间，众神最喜爱的埃伊奥卢斯（Aeolus）、最聪明的奥德修、最勇敢的埃阿斯和最好客的阿尔齐诺斯（Alcinous）都住在岛屿上。

---

① 《伊利亚特》卷14，230。
② 《伊利亚特》卷24，544。
③ 《伊利亚特》卷9，668。
④ 《伊利亚特》卷2，625。

十六　论流放

芝诺仅剩的一艘船连同货物被大海吞没了，当他得知此事时，他却喊道："命运，干得漂亮！这样我就只能穿那粗陋的大衣"，过上哲学家的生活了；当一个人还没有被彻底冲昏头脑或完全少不了群氓时，我想，如果他被限制在一个岛上，他不会谴责命运，反而会赞扬命运驱除了他心中的骚动不安，让他不再漫无目的地流浪，不再在外国的土地上徘徊，让他脱离海上的危险，远离市场的喧闹，给他安定、休闲、宁静、真正属于自己的生活，生活在一个中心和半径构成的自给自足的圈子里。对于那些要想狩猎和运动的人，哪个岛屿还会提供不了一座房屋、一条行道、一间浴室、鱼和野兔呢？还有，最理想的就是：你能不断享受别人一直渴求的安宁。然而在家里，人们在玩着跳棋，从公众的视线中退出时，那些密探和好事之人也能追踪到他们，将他们从郊区的房屋和园子里找出来，强迫他们依旧回到市场和宫廷。要知道，那些折磨我们的人，那些向我们乞讨，向我们借钱，恳求我们为其担保，恳请我们在选举中帮其拉票的人，不是这些人把我们送到岛屿，而是那些亲朋挚友出于友谊和感情让我们来到岛屿；假如一个人渴望安逸，并已经学会如何利用安逸，那他的余生将在宁静安详中度过。假如某人觉得在外面世界奔波、在客栈和渡口度过大半生的人们幸福，那他就与认为行星比恒星更幸福的人无异。而每颗行星，绕着固定的轨道旋转，就像在一个岛屿上，守护着自己的岗位；因为正如赫拉克里特所说的，"太阳[①]不会越出自己的界限"；"否则，正义的使者欧墨尼得斯就要将他找出来"。

但是，亲爱的朋友，让我们把前面提到的以及类似的说法说给这些人听，并且像念咒语一样重复地告诉他们，这些人被流放到一座岛屿上，与外界隔绝，

[①] 在希腊天文学中，太阳是一颗行星。

> 灰色的海洋违背很多人的意愿，
> 隔断了道路①

但对于你，并没有指定一处孤独的地点流放你，而是只禁止你去一个城市，其他所有城市你都可以自由选择去居住。另外，千万别这样想："我不担任一官半职，在委员会中没有一席之地，也不主持活动"，而应该这样想："我没有卷入派别之争；我不用耗尽财物；我不用再伺候总督；我也不用关心谁获得了这个省，也不管他脾气暴躁还是压迫手下。"而我们就像阿尔基洛科斯。他对萨索斯岛（Thasos）上丰收的田地和葡萄园视而不见，只是因为岛上陡峭和崎岖的地面就谴责它，说：

> 这个岛屿，就像驴的脊椎，
> 在荒凉的树木覆盖下矗立，

我们也一样，只看到了流放的丧失名誉一面，却没有看到它的避开政治，它的安逸和它的自由。波斯的国王们被认为是幸福的，他们在巴比伦过冬，在米底亚（Media）度夏，在苏萨（Susa）享受春天最宜人的时光。的确，假如流放者喜欢观光，他也可以在秘仪节日期间到伊留希斯（Eleusis）逗留，在酒神节期间可以去城里度假，也可以去德尔菲参加皮索节，去科林斯观看地峡运动会；假如他不喜欢观光，也可自由地休闲、散步、看书、安安静静地睡大觉，以及如第欧根尼描述的那样："亚里士多德要按腓力的快乐吃午餐，而第欧根尼可以在自己快乐时吃午餐"，因为没有任何政事、官员或总督来破坏他的生活步调。

由于这个原因，那些最为英明理智的人很少埋葬在祖国，他们中的大多数，在没人强迫的情况下，自愿起锚航行，寻找新的生活港湾，有

---

① 《伊利亚特》卷 21，59。

些迁到雅典，有些迁出雅典。有谁像欧里庇得斯一样赞美他的祖国呢？

> 那里，起初，没有移民，
> 只有土生土长的人们；而所有其他的城市
> 全都像在比赛中一样，曾经毁掉过，
> 又由国外的移民拼凑起来。
> 假如，女士，您允许稍加夸耀，
> 我们大地之上的天空风和日丽，
> 没有严寒和酷热，
> 希腊和亚洲最丰硕的果实，
> 我们用阿提卡把它们都引诱到我们这里来。①

然而，这些诗句的作者去了马其顿，并在阿基劳斯的宫廷里度过余生。你一定也听说过下面这首短诗：

> 雅典人尤福利翁（Euphorion）之子埃斯居罗斯，
> 他的坟墓隐藏在盖拉（Gela）的玉米地里。

他也航海去了西西里岛，西蒙尼德斯在此前也去了西西里岛。有句话是："这是哈里喀喇苏斯（Halicarassus）的希罗多德的研究"；② 这句话已被许多人读成"图里（Thurii）的希罗多德"，因为这句话的作者移居到图里，并参与了那块殖民地的开拓。再看看那首神圣而充满灵感的诗歌的精神，

---

① 欧里庇得斯残篇 360，981（Nauck 编）。
② 希罗多德：《历史》卷1，1。

他使福里基亚人的冲突变得荣耀了，①

这就是荷马：他没有赞美任何一个城市，正因为如此，那么多城市争夺他。同样，作为客人保护者的宙斯也拥有众多伟大的荣耀。

　　假如有人反对说：这些人是去寻求名誉和荣耀的，那就到雅典来看看智慧的人和理智的学府与修研之地吧；看看吕克昂学府和学园中的那些人；看看雅典柱廊、雅典娜运动场和欧迪乌姆剧院（Odeum）。假如逍遥派正是你喜欢的，你对它敬仰有加，那么亚里士多德来自斯戴盖拉（Stageira），色奥弗拉斯托斯来自伊莱苏斯（Eresus），斯特拉顿（Straton）来自兰姆普萨库斯，格里康（Glycon）来自特洛阿德（Troad），阿瑞斯顿来自凯俄斯，克里多劳斯（Critolaus）来自法塞里斯（Phaselis）；假如你喜爱斯多亚学派，那么芝诺来自齐顿（Citium），克里安提斯（Cleanthes）来自阿索斯（Assos），克吕西波（Chrysippus）来自索利，第欧根尼来自巴比伦，安提帕特来自塔索斯（Tarsus），雅典的阿尔基德姆斯（Archedemus）移居到了帕提亚人（Parthians）的国家，在巴比伦发展了一代代斯多亚哲学家。那么，是谁在处罚和追逐这些人呢？没人；是这些人在追寻和平，因为在家乡，和平并不被那些有权有势、有名有利之人所追求，因此，他们通过言传向大家传授其他学说，并通过身教来向我们宣传这一教导。② 今天也是一样，那些品质超群、受众人赞美的人身居国外，不是被迫离开，而是心甘情愿，从而远离本国的各种争斗、烦恼、分心之事和事务上的压力。的确，缪斯女神似乎让流放帮助古人完善绝世名著。正是在色雷斯的斯凯普特·希莱（Scapte Hyle）一带，"雅典的修昔底德编撰了发生在伯罗奔尼撒人与雅典人的战争史"；③ 色诺芬在爱利斯的斯基卢斯进行创作，而斐力斯

---

① 品达残篇345（Snell编）。
② 即通过他们离开故乡的行动本身教导我们追求真理而不是固守故乡。
③ 修昔底德：《伯罗奔尼撒战争史》卷1，1。

图斯（Philistus）则是在伊派卢斯（Epeirus），陶鲁曼尼翁（Tauromenium）的蒂迈欧在雅典，雅典人安德罗提翁（Androtion）在麦加拉（Megara），诗人巴齐里德斯（Bacchylides）在伯罗奔尼撒半岛。所有这些人，还有其他更多的人，被驱逐出祖国的时候，没有伤心绝望，从此颓废，而是更好地发挥自己的本领，将流放视为命运所赐予的，目的是促成实现这样的人生目标：通过流放使他们在世界各地流芳百世。相反，那些在党派之争中取胜，将他们驱逐出境的人，现在却得不到一点认可。

因此，有人若认为流放必定身败名裂，他真是荒谬。完全是一派胡言！难道第欧根尼没有名望吗？亚历山大看见第欧根尼坐在那儿晒太阳，便停下来问他是否要点什么；第欧根尼只要求亚历山大别挡住他的阳光，国王深受这一高尚精神的感染，对朋友们说："我要不是亚历山大，我就要做第欧根尼。"当卡里姆斯被驱逐出罗马时，他难道就没有名望了吗？要知道，他现在被认为是罗马的第二大奠基人。的确，狄米斯托克利斯在遭受驱逐之后，不仅在希腊人中名望没有减弱，而且在外邦人中也赢得了新的声誉。没人这么漠视名誉或是如此卑鄙无耻，以至于他宁做对狄米斯托克利斯提出起诉的里奥波泰斯（Leobotes），而不是当遭判处流放惩罚的狄米斯托克利斯；宁做流放西塞罗的克洛狄乌斯，也不当被流放的西塞罗；宁做指控提谟修斯（Timotheus）的阿里斯托封（Aristophon），也不当离开家乡的提谟修斯。

但是，既然欧里庇得斯的话[①]影响了很多人，而且有人认为他有力地抨击了流放，那就让我们看一下在他以问答形式的几次指责中，都说了些什么：

伊俄卡斯特：国家损失了什么？一次严重的不幸吗？

---

① 欧里庇得斯：《腓尼基妇女》，388—393。

>波吕涅刻斯：最严重的不幸；难以用语言表达；
>
>伊俄卡斯特：那到底怎样？什么不幸困扰着流放者？
>
>波吕涅刻斯：一个最大的不幸：言论不自由。
>
>伊俄卡斯特：那就成了奴隶了——不能说出自己的想法。
>
>波吕涅刻斯：必须忍受权贵的荒唐。

这些最初的假设是错误的。首先，并非奴隶才应该"不说出自己的想法"，理智的人在需要保持沉默和克制的场合里才不说出自己的想法。欧里庇得斯本人在其他地方的表述更为合理：

>及时沉默，可以说的时候说。①

其次，我们在家乡也同样和在流放中一样，被迫忍受权贵的荒唐；事实上，与离开家乡的人相比，那些留在家乡的人通常会更加畏惧那些通过欺诈和暴力在城市中行使不公权力的人。但是，最后的和最荒谬的说法乃是说流放会剥夺流放者的言论自由：假如色奥多罗斯（Theodorus）②没有言论自由，那就太令人惊讶了。当李希马库斯国王对他说："你们国家驱逐像你这样优秀的人吗？"他回答："是的，我的国家受不了我，就像塞默勒受不了狄俄尼索斯。"国王向他展示了被关在笼子里的泰勒斯弗罗斯（Telesphorus），此人被挖出双眼，砍去鼻子和耳朵，割去了舌头；国王说道："对那些伤害我的人，这就是下场。"泰勒斯弗罗斯回答："难道色奥多罗斯会在乎是腐烂在地上，还是地底下吗？"另外，第欧根尼真的缺乏言论自由吗？——当腓力国王正准备与希腊人作战时，第欧根尼在军营出现，被当作探子带到腓力面前，他回答自己的确

---

① 欧里庇得斯残篇 413（Nauck 编）。
② 昔勒尼学派哲学家，生活在公元前 4 世纪到前 3 世纪。

是来刺探的——刺探腓力的贪得无厌和愚蠢,因为腓力要在几个关键时刻中用他的帝国和他本人来冒险赌运气。流亡的迦太基人汉尼拔要求国王安条克抓住有利时机进攻敌人,他是用委婉的语气说的吗?——尽管这是一个流亡者对一个国王说话。当国王诉诸祭祀,声称动物的内脏反对这种进攻,此时汉尼拔驳斥国王说:"你听从一块肉,而不听从一个理智的人?"不,当几何学者和文法学者流放时,他们谈起自己熟知的话题时,流放并没有剥夺他们的言论自由;那么,流放又怎能剥夺有美德的、有价值的人的言论自由呢?无论在哪里,唯有精神上的卑鄙"堵住人们的声音,系住人们的喉咙,让人窒息,强迫他们保持沉默"①。

对于以下欧里庇得斯的话,我们又怎么说呢?

> 伊俄卡斯特:据说,流放者靠希望生活。
> 波吕涅刻斯:他们的眼睛里蕴藏着希望,但他们却永远期待。

与其说这是对流放的指责,不如说是对愚蠢的指责。有些人懂得珍惜现在,知道如何充分运用现有的东西,而有些人总是寄希望于未来,总是渴望得到自己没有的东西;唯有后者才会尽管从未出过城墙一步,却好像在希望的木筏上上下翻腾。

> 伊俄卡斯特:你父亲的朋友和客人对你没有帮助吗?
> 波吕涅刻斯:你得有好运:一旦麻烦来临,朋友就没了。
> 伊俄卡斯特:高贵的血统也没能帮你吗?
> 波吕涅刻斯:没有钱是一种诅咒;出身不能拿来当饭吃。②

---

① 《德摩斯提尼演说集》卷19,208。
② 欧里庇得斯:《腓尼基妇女》,402—405。

当他控诉说高贵的出身剥夺了自己的荣耀，流放抢走了朋友时，他的这些话听起来就有点忘恩负义的味道；作为一个流放者，他靠着高贵的出身，娶了一位公主，当他开始作战时，有强大的盟友保护他，没多久他自己也承认：

> 许多达纳安（Danaan）首领和迈锡尼人
> 都在这里帮我——可怜的帮忙，
> 但尽管可怜，我非常需要。①

反映出同样心绪的是他母亲的言辞，她悲叹：

> 但我没有依照习俗点燃
> 火炬来庆祝你的婚礼；
> 希斯曼努斯（Hismenus）河②
> 也没有参加婚礼，得到汲浴水的快乐，

当她得知儿子住在如此华丽的宫殿里时，她本应欣喜万分，心满意足。可是相反，她却只哀叹未曾点燃的火炬和没有洗礼的希斯曼努斯，仿佛在阿戈斯那里新郎没有水，也没有火，她把由糊涂和愚蠢引起的悲惨归咎于流放。

但"流放"却被用来骂人。没错，愚蠢的人会辱骂别人是"叫花子"、"光头"、"矮子"，或者"外国人"和"移民"。但有些人不受这些观念左右，就依旧尊敬好人，即便好人多么贫穷，来自国外，抑或是流放者。难道我们没有注意到，众人像膜拜帕台农神庙和伊留希尼翁

---

① 欧里庇得斯：《腓尼基妇女》，430。
② 同上书，344。

(Eleusinium）一样，膜拜忒修斯神庙（Theseum）。然而，尽管正是由于忒修斯，雅典现在才有人居住，但他还是被逐出雅典；他创立了这座城市，但是他不占有那座城市，反而丢失了那座城市。尤摩尔浦斯（Eumolpus）是来自色雷斯的移民，一直在鼓动希腊人加入神秘教仪，假如我们为尤摩尔浦斯来自外国而感到耻辱，那还有多少光荣留给伊留希斯？成为国王的科德卢斯是谁的儿子？难道不是来自迈锡尼（Messene）的流放者梅兰图斯（Melanthus）的吗？有人对安提西尼说："你妈是福里基亚人。"安提西尼反驳道："神明的母亲不也是福里基亚人吗？"对于这种反唇相讥，难道你不赞同吗？当"流放"一词被人向你抛来时，你为何不给予类似的回答："那个大力神赫拉克勒斯的父亲不也是个流放者吗？狄俄尼索斯的祖父①不也是吗？他被派去寻找欧罗巴，后来与欧罗巴一样，再也没有回来。他虽然'出生在腓尼基'，但来到忒拜之后，使他的'后裔'也都成了国外人了，

> 尤以乌斯·狄俄尼索斯，
> 妇女的唤起者，
> 被众人疯狂地崇拜。"

埃斯居罗斯说过这样的话：

> 纯洁的阿波罗，从天堂流放来的神，

对于他所暗示的意思，希罗多德说"让我的双唇封起来吧"；然而，当恩培多克勒开始陈述他的哲学时，他在开场白时说道：

---

① 即卡德姆斯。

> 有一种古老的规律,一种末日的预言,
> 由众神集体颁布,
> 假如一个精灵——也就是可以世世代代活下去的——
> 用邪恶的谋杀玷污了自己,
> 那他必须要流浪三万年,
> 远离天国之福:这是我所走的道路,
> 我也是遭天堂流放的流浪者。

这表明不光是他自己,而且从他开始,我们所有人,都是这里的旅居者,是陌生人、流放者。"因为",他说,"哦,人啊!血液或呼吸的混合,不能让我们的灵魂得以生存、开始。唯有尘世的凡人身体才能由血液和呼吸塑造而成";因为灵魂是从别处来到这里的,所以他用最温和的语言,委婉地将出生称作一趟"旅行"。但是,说灵魂是遭天命、天条驱逐的流放者或流浪者,这是再正确不过的了。那么,仿佛身处一个与海洋搏斗的岛屿上,灵魂被监禁于人体内,如柏拉图所说,"犹如一个蜷缩在贝壳中的牡蛎",[1] 因为它不再记得它离开的是

> 什么样的荣誉和何等的至高幸福,[2]

他不是离开萨迪斯而来到雅典或科林斯,抑或前往利姆诺斯岛或者斯基罗斯岛,而是离开了天堂和月亮,来到地上,在地上生活;若它只经过短暂的距离,从一处转移至另一处,它便怨恨不已,并感到非常陌生,凋零得如同出生低贱的植物。然而,对于一株植物,一个地区会比另一地区更适合它茁壮成长,但是,任何地方都不能带走人的欢乐幸福,就

---

[1] 柏拉图:《菲德罗》,250C。
[2] 恩培多克勒残篇。

像没有什么可以带走他的美德和理智一样。不会，阿那克萨戈拉被关在监狱里，却依旧忙于研究难题；而苏格拉底，当他喝了毒药后，依然致力于哲学，还邀请同伴一起探讨，而且被同伴认定是幸福的；然而，如诗歌所述，当法松和坦塔罗斯升到天堂时，由于自身的愚蠢，遭遇了最痛苦的灾难。

十七 把酒畅谈（15 则）

　　普鲁塔克的《道德论丛》卷 8 和卷 9 的内容都是以轻松的《把酒畅谈》（也可以翻译为"会饮"，"桌边谈话"）的方式展开的，一共有 9 册。我们从中选了一些篇章，以飨读者。我们的选目及其所属原文中的位置如下：

　　1. 在酒宴上谈论哲学问题是否得当（第 1 册第 1 条，见《道德论集》卷 8）

　　2. 为何说"爱情是诗人的良师"（第 1 册第 5 条，见《道德论集》卷 8）

　　3. 色诺芬所谓的"人们在饮酒时喜爱被问到和揶揄的话题"是针对哪些话题（第 2 册第 1 条，见《道德论集》卷 8）

　　4. 先有鸡还是先有蛋（第 2 册第 3 条，见《道德论集》卷 8）

　　5. 为什么荷马总是按照拳击、摔跤、赛跑这一顺序安排运动项目（第 2 册第 5 条，见《道德论集》卷 8）

　　6. 为什么女人最不易醉酒，而年老男人最易喝醉（第 3 册第 3 条，见《道德论集》卷 8）

　　7. 人们为何习惯于邀请最多的客人参加婚宴（第 4 册第 3 条，见《道德论集》卷 8）

　　8. 海中出产的佳肴是否比陆地更多（第 4 册第 4 条，见《道德论

集》卷8)

9. 犹太人忌食猪肉是源自对猪的尊敬还是厌恶（第4册第5条，见《道德论集》卷8)

10. 谁是犹太人的神（第4册第6条，见《道德论集》卷8)

11. 为什么舞台上演绎的愤怒和痛苦能带给我们欢乐，真实生活中他人的类似感受却不能使我们喜悦（第5册第1条，见《道德论集》卷8)

12. 为何松树曾被视为波塞东和狄俄尼索斯的圣物

科林斯地峡的运动会曾以松枝为胜利花冠，后换用欧芹，现在又再次使用松枝（第5册第3条，见《道德论集》卷8)

13. 什么是"盐豆朋友"？荷马又为何说盐是神圣的（第5册第10条，见《道德论集》卷8)

14. 柏拉图说神明永远在进行几何思考的意义何在（第8册第2条，见《道德论集》卷8)

15. 关于毕达戈拉斯信徒们不在家中接纳燕子、起床后立即抖平床单等诫命的讨论（第8册第7条，见《道德论集》卷8)

1. 在酒宴上谈论哲学问题是否得当

谈话参与者：阿瑞斯顿，普鲁塔克，克拉多，绍西乌斯·塞涅乔

我首先提出是否可以在酒席上讨论哲学的问题，我问：绍西乌斯·塞涅乔（Sossius Senecio）——你一定还记得那次在雅典的聚餐之后，有人提出了这个"在酒席上应不应该讨论哲学"以及"如果要讨论，应该把握怎样一个度"的问题。当时阿瑞斯顿说："天神啊，难道再也没有人肯在酒宴上给哲学家留下一席之地了吗？"

于是我答道："确实如此，我的朋友，而且他们的理由也很是冠冕

堂皇——他们认为哲学家不应该参加宴席,就像家庭主妇没有这种把酒聊天的资格一样;同时他们还羡慕波斯人在宴会上只和情人喝酒跳舞,而把老婆抛在一边的做法;认为我们若要模仿,就该在酒席上多谈点音乐和戏剧,别扯什么哲学。这些人认为,哲学既然不能拿来开玩笑,就不适宜酒宴这样的轻松场合。他们更引证说,甚至连雄辩家伊索克拉底都不肯在酒席上演说,断言说:'我所擅长的并不合眼下的时宜;而合眼下时宜的我又不擅长。'"

之后,克拉多(Crato)提高了声音说:"以酒神狄俄尼索斯的名义,他不肯发表演说的原意是想让一切早点结束,以免美惠三女神拂袖而去。但我认为,在酒席上排斥演说家的讲话,与排斥哲学家的讲话完全是两码事。哲学有它独有的性质——它本是生活的艺术,① 因此将它排除在任何能给心灵带来愉悦的消遣活动之外,都是不公道的。恰恰相反,哲学应该参与到这一切消遣中,起到平衡与协调的作用。否则,我们或许有责任也拒绝节制和公平参加宴会——因为我们可以声称它们太过严肃沉闷。事实是:如果我们能像俄瑞斯忒斯(Orestes)和他的主人一样,在塞斯莫特东(Thesmotheteum)一言不发地闷声吃喝,② 那么这倒不失为对这一愚蠢行为的很好补救;然而倘若酒神狄俄尼索斯用其解放万物之大能松开人们舌上的结,让话语如脱缰之马奔腾而出,那么,我以为在这种人人放言谈论的场合,剥夺我们自己最精妙的言论,闭口不谈哲学(仿佛理论一旦转为实践就要出错似的),却去转而讨论酒宴的'时宜'、酒伴的选择、饮酒的用途,实在是件再愚蠢不过的事情。"

这时我不同克拉多就这点争论不休,而是说道:不如先调查一下宴会上哲学谈话的范畴和性质,以避开那些为好争论者保留的愉快嘲弄。

---

① 晚期希腊哲学各派一般这么看哲学的功能。——中译者注
② 11A。

好了，回去吃饱肚子，以便重新开战。①

当你邀请我们加入这一讨论时，我的回答是，似乎有必要先考虑一下酒席上客人的性质。"因为倘若参加酒宴多数是饱学之士，譬如出席阿伽同②的'会饮'的苏格拉底、菲德罗、保萨尼阿斯、伊里西马库斯（Eryximachus），又或是出席卡里阿斯③宴席的查密迪斯（Charmides）、安提西尼、海尔摩戈尼斯；我们大可以让他们聊哲学，让酒神狄俄尼索斯不仅与宁芙女神，也与缪斯女神共席而坐。因为宁芙女神让我们的肉体认识到这是一位亲切温和的酒神，而缪斯女神则使我们的灵魂认识到这还是一位优雅温柔之神，是灵魂欢乐的赐予者。④ 事实上，如果宴席上多鸿儒而少白丁，那么后者不过像掺杂在响亮元音当中不发音的辅音一样。但是倘若席间大部分的食客对哲学家的话的兴趣还不及对鸟叫声、竖琴和共鸣板的响声的兴趣来得浓厚，那么我们该回顾一下庇西特拉图（Pisistratus）的故事：庇西特拉图和他的儿子们发生了争执，当他看到他的仇敌因此雀跃时，便把众人召集起来，宣布说，尽管他曾经希望能说服儿子们，但眼看他们如此顽固，那他情愿被儿子们说服并听从他们的决定。⑤ 同理，当宴席上的众人不耐烦地倾听哲学家说教的时候，后者也应该改变自己的角色，服从众人的情绪，只要他们的行为并不离经叛道就不必反对。因为哲学家知道，演讲术只有在说话时才能得到操练，而哲学却可以在你安静

---

① 《伊利亚特》卷2，381。
② 这是一位悲剧诗人，他为了纪念公元前416年2月在勒那亚（Lenaea）的胜利，摆设宴席。见柏拉图《会饮》。
③ 富裕的雅典人，曾款待诡辩家。见柏拉图《普罗泰戈拉》。此处提及的宾客及宴席也是色诺芬《会饮》的题材来源。
④ 简而言之，即将酒浆（狄俄尼索斯）同时与智慧（缪斯女神）及水（宁芙女神）混合。
⑤ 庇西特拉图和某些朋友之间也有类似故事。后者反感庇西特拉图的法令，便在宗族自立门户。见《道德论集》，189 B。

十七 把酒畅谈（15则）

时、玩笑时、打趣别人时，甚至——以宙斯的名义——在成为别人笑柄时得到实践。柏拉图说过："看似公平实则不然，是最糟的不公平。"① 这话千真万确。更有甚者，最高的智慧乃是在看上去并未谈论哲学之中却道出哲学的真谛。玩笑戏谑之间，可以取得未尝逊色于真挚严肃的教诲的效果。欧里庇得斯笔下酒神的女信徒，② 手无寸铁，却靠着小小的神杖战胜了攻击者；同样，真正的哲学家可以通过幽默和笑话征服那些并非完全无懈可击的听众。

"另外，我想，某些话题的确更适宜酒宴。它们有的源于历史，有的取自时事；有的包含的道理颇有几分哲学意味（多数与敬神有关）；有的能激起人们的雄心壮志；有的则能促成人们的善行义举。如果某人能得体地使用这些话题，取悦和教导酒席上的众人，那么至少可以消除酗酒之害。

"现在有些人用牛舌草掺酒，又用马鞭草和铁线蕨的浸剂喷洒地板；因为他们相信这些东西有助于调节来宾们愉快的气氛。③ 这实际上是在仿效荷马史诗中海伦的做法——她在纯酒中悄悄掺入了某种药剂；④ 但人们没有意识到的是，传说中这种源自埃及的古老做法的真正含义，指的乃是讲述合宜的故事。因为当宾客们饮酒的时候，海伦就为他们讲述了奥德修的故事，

　　　　这位强健的汉子的历险，他忍受的苦楚，征服的困难。⑤

---

① 《理想国》，361 A。
② 欧里庇得斯：《酒神的女信徒》734 以下。
③ 希腊医生狄奥斯克里蒂斯（Dioscorides）记载了牛舌草和马鞭草的此种药性，见《希腊本草》(De Materia Medica) iv.60，127。与狄奥斯克里蒂斯同时期的老普林尼（the elder Pliny）也有记载，见其《自然史》卷30，81、107。
④ 《奥德赛》，卷4，220。
⑤ 《奥德赛》，卷4，242、244。

我以为，所谓"海伦掺在酒中的某种舒缓震痛的药物"乃是一个切合当下场合和人物经历的故事。所以，有教养的人们即使在讨论哲学的时候，也能设法靠时机的力量打动人，而非简单地诉诸论证的强迫。确实，我们看到在《会饮》中，即便是论述"终极因""基本善"时——简而言之，即便是论述神学问题时——柏拉图也没有铺陈论证，更没有恼羞成怒、剑拔弩张，而是用简单易懂的前提、生动形象的例证，还有神话传说的使用赢得了听众的赞同。①

"探究的问题本身应该是简单易懂的，话题应是众人所熟悉的，涉及的对象也不宜过于复杂；这样一来，那些智力平凡的宾客们就不至于觉得受压抑或者受排斥。这就好比喝酒的人的身体会习惯性地随着哑剧或歌舞剧摆动，但倘若我们逼着他们站起来穿上沉重的铠甲操练，或是投掷铁饼，那么他们定会觉得宴会不仅无趣反而有害。同理，他们的大脑也该由较为轻松的话题来调动，才是和谐有益的。但我们必须禁止被德谟克里特称作"争论者"的谈话以及诡辩家们的咬文嚼字，这些谈话使得当事人陷入复杂深奥的话题中艰难地跋涉，以致惹怒其他在场的宾客。正如宴席上的酒应该人尽皆宜一样，谈的话题也该是大家都可以参与的。那些提出深奥话题来讨论的客人与社交根本格格不入；就仿佛伊索寓言中的鹤与狐狸一样：② 狐狸请鹤吃饭，端上的是一盘盛在平底的石盘中的清汤。结果鹤不仅没有吃到晚饭，还大出洋相——因为汤汁不断地从她的长嘴中流出来。于是，鹤回请狐狸的时候，把食物盛在长颈小口的瓶子里；这样，她自己可以轻易地把长嘴伸进去取食，但狐狸却无从下口，自取其辱。同样，在酒宴上，每当哲学家们展开精妙诡辩的争论时，总会令多数宾客厌烦，因为后者无法理解谈话的内容；于是这些宾客便开始放喉唱无腔曲，说傻话，或者聊起市集和店铺里的琐

---

① 玛克罗比乌斯在《农神节》卷1，1.3中引用了此条意见。
② 除《伊索寓言集》之外，《菲德罗》、《拉封丹寓言》以及诸多拉丁文版本也收录了此则寓言。

事。这样一来，宴会的和谐氛围便彻底告终，酒神狄俄尼索斯也遭到了触犯。因此，正如当斐利尼库斯和埃斯居罗斯把有关苦难的古老传说的题材引入悲剧的时候，人们困惑不满地问："这一切和酒神狄俄尼索斯又有什么关系？"同样，我也常想质问那些一定要在酒席上大谈什么三段论演绎推理①的人："先生，您说的这些和酒神有什么关系？"确实，当巨大的酒盏放在我们当中，当象征着神赐予自由的花冠被分给众人时，我敢说唱唱"曲歌"（scolia②）是合情合理的，而学究气的争论则近乎诡辩，并不适宜酒宴的氛围。

"说到'曲歌'，有人认为这些歌曲本身并不晦涩。之所以这样命名，是因为宾客们首先要齐声唱敬神的赞美诗，接着人们在席间传递香桃木的花枝（这被称作 aisakos，我想是因为接到花枝的宾客要唱歌），同时传递的还有七弦琴，懂得弹奏的宾客此时会为其调音，且弹且唱，不会音乐的可以婉拒，'曲歌'（scolium）的名字便源于此：因为并非人人都会，唱这种歌有相当的难度。③ 但也有一种说法是，香桃木的花枝并不是在宾客中挨个传递的，而是从一张长椅传到下一张：第一个唱歌的人把花枝传给坐在第二张长椅上的第一位宾客，后者再传给第三张长椅上的第一位宾客；同样第二个人传给第二张长椅上的第二位宾客，以此类推。按照这种说法看来，'曲歌'之所以得名，是因为这种曲折复杂的进行程序。"④

2. 为何说"爱情是诗人的良师"

谈话参与者：绍西乌斯·塞涅乔等

---

① 原意为"大师论证"，得名于这种论证的难解。
② 该词的希腊文有"曲折、难解"之意。
③ 取自 scolia 在希腊文中的第二种意思：费解的，不明的。
④ 取自 scolia 在希腊文中的基本意思：曲折的，迂回的。

某次绍西乌斯设宴款待，宾客们唱了几首萨福的诗歌后，接着开始讨论为什么有人认为：

> 爱情是诗人的良师，
> 它使最愚拙的口发声歌唱。①

而菲洛克森努斯（Philoxenus）却写道：

> 独眼巨人（Cyclops）用甜美的歌声治愈了爱情。

据说爱情擅长在任何情况下给人以勇气和胆量；譬如柏拉图称爱情是"闯劲十足"并且"什么都敢干"的。② 确实，爱情能使寡言的人变得健谈，害羞的人变得殷勤，粗枝大叶的人变得细心勤勉，并且尤其令人不可思议的是——哪怕是极吝啬小气的人，当他被爱情俘虏之后，也会像金属遇到火一样熔化变软，温柔顺服，亲切可爱；可见那句俗语"爱人的钱袋是用一根韭菜叶子扎住的"，虽然是一句玩笑话，但也并不完全是无稽之谈。

此外，也有人说爱情就像醉酒——因为它使人冲动，欢快，神魂颠倒；而且在这种状态下，往往不由自主地低吟浅唱，出口成章：据说埃斯库罗斯的悲剧全是在把盏畅饮之际写成的，因此浸满了酒浆的热情。我的祖父兰普里亚斯（Lamprias）只有在喝酒的时候才能把那个天才雄辩的自我展现得淋漓尽致，所以他总说，就像热气能使熏香蒸腾一样，酒也能使他飘飘然。而且，人们的最大愉悦，乃是见到他们所爱的人，

---

① 欧里庇得斯残篇663。喜剧作家阿里斯多芬（Aristophanes）在《黄蜂》（*The Wasps*, 1074）中，柏拉图在《会饮》（196 E）中都有引用。
② 柏拉图：《会饮》，203 D；《蒂迈欧》，69 D。

十七 把酒畅谈（15 则）

并向爱人歌唱溢美之词。因着这种赞美，爱情便成为万物之中最为饶舌的事物。对于爱人的美丽高洁，人们不仅自己深信不疑，更要向天下人灌输这个信念。正是这种欲望驱使吕底亚的坎道勒斯王（Candaules）把仆人拉到自己的王宫去观瞻王后：① 因为人们总是希望有人见证他们的爱情。于是当他们为美丽的爱人写下颂词之后，总爱用悦耳的音调和旋律将其谱成歌曲，这就好比用金子美化一尊雕像，好让这种颂赞被更多人听到、记住。又譬如当人们送给爱人一匹骏马，一只雄鸡，或其他礼物的时候，他们总希望能把礼物装点得漂亮华丽；同样，如果这件礼物是一句奉承的话语，他们也会尽可能地把它装点得赏心悦目、优美得体——而这些正是诗歌的特征。

绍西乌斯在把这些人称赞了一番以后，说如果爱人们能先读一下色奥弗拉斯托斯关于音乐的论述，那么想出来的法子就不会坏到哪里去。"我最近刚巧读过这本书"，他说，"色奥弗拉斯认为音乐有三种源头：悲哀、欢乐以及宗教迷狂。② 这三种情感都能使人的嗓音波动偏离原先的音域范围。如我们所知，悲哀带来的哭泣和哀号能自然地演变成歌声；这也就是为什么演说家们在结束他们的长篇大论以及演员们在恸哭之时，会一点点地提高他们说话的音调，最终近于歌唱。同样，发自内心的欢乐之情使开朗的人手舞足蹈，即便是拙于舞蹈的人也会雀跃鼓掌。品达是这样描写的：③

  人们被打斗中危险的场面激动，
  发出疯狂尖锐的叫声。

然而睿智高雅的人在体验到这些情绪时，只不过抬高音调独自唱

---

① 希罗多德：《历史》卷1，8以下。
② 残篇90。
③ 残篇208，《酒神颂》（*Dithyramb*）。

歌，背诵诗句。宗教迷狂更能从身体和语调两方面把人们变得异乎寻常。因此，在酒神节的狂欢上，我们可以看见人们有节奏地摇摆身体，得到神谕的人们纷纷用韵律十足的圣歌将预言唱出来，在这些狂乱的人群中，几乎每个人吐出的狂言呓语都俨然合乎韵律和曲调。知道了这些以后，如果我们要在阳光底下播撒爱情，考验它、理解它，那么我们会发现，没有哪种感情比爱情更具有丰富的内涵——它包含着最苦痛的悲哀，最激烈的狂喜，最不可思议的痴迷和狂乱。一个沉迷在爱情中的人，他的灵魂正如索福克勒斯笔下的城市一样，充满着：

馨美的香气，同时又
交杂着狂欢和悲恸的颂歌。①

既然爱情包含了音乐所有的源头——悲哀、欢乐和痴迷，那么我们就无须惊讶爱情能使人变得健谈起来，滔滔不绝，更无须怀疑爱情比其他任何事物都更能激发音乐和歌曲。

3. 色诺芬所谓的"人们在饮酒时喜爱被问到和挪揄的话题"是针对哪些话题

谈话参与者：绍西乌斯·塞涅乔，普鲁塔克

本卷书的十个问题中，居首者是由苏格拉底学派的色诺芬以演讲的方式提出的。色诺芬讲述道，柯比利亚（Gobryas）② 在与波斯王居鲁士同席吃饭的时候，称赞波斯人的素养，尤其盛赞他们提问及打趣人的

---

① 《奥底普斯王》，4。
② 居鲁士王的朋友及姻亲。现存的轶事出自色诺芬所著《居鲁士的教育》（*Cyropaedia*）卷5，2.18。

本领——认为他们可以通过得体的问题和开玩笑来取悦谈话对象。和那类满口歌颂赞美却反而惹人厌恶的人比起来，这些能把人打趣得心甘情愿成为"笑柄"的波斯人——他们的文雅睿智确实值得柯比利亚称赞。因此，当你在佩特雷款待我时，曾说你很有兴趣知道那些问题和笑话的内容和特征："提问和打趣应该具有良好品位，这一点对于谈话艺术很重要。"

"这当然重要"，我答道："可以肯定的是，苏格拉底的《会饮》以及色诺芬本人对波斯酒宴的记叙都显示了这些问题的特征。但倘若我们打算自己寻找答案的话，在我看来，人们总是喜爱回答他们擅长的问题，也就是他们有所经验的事情。相反，如果他们对问题一无所知的话，他们或者一言不发、心中懊恼——仿佛拿不出人家索要的东西；或者凭着猜测给出回答，心中惴惴、如履薄冰。然而，倘若答案对回答者言轻易举，对听众却耳目一新的话，那么被提问的人更是加倍开心。一般来说，如果问题所涉及的领域对于多数人是不懂而且陌生的，那么回答者给出的答案多具有耳目一新的效果。譬如，当回答者可以熟练地回答天文学或辩证法领域的问题时。因为人们不仅靠做事打发日子，也很高兴以聊天度日。用欧里庇得斯的话来说:[①]

    这正是他最卓越的才干之所在。

"当被问到自己所熟悉的领域时，人们总巴不得将答案揭晓于天下，因此对提问者心存欢喜。譬如旅行者和水手总喜欢听到有人问到关于遥远地方、海洋或者异国风俗法律的问题，他们愿意绘声绘色地向提问者讲述那些地域和海湾，仿佛如此一来他们远行的劳苦就得到了补偿。通常我们乐意回答的问题，都是哪怕没有人发问，自己一个人时也

[①] 欧里庇得斯残篇183。

愿意说上一通的；我们认为自己的分享能给别人带去乐趣。这种癖好在以航海为业的人身上表现得尤为严重。稍许谦恭一些的人，在听到他们乐意回答的问题时，也许会因谦逊或顾及同伴的缘故而迟疑作答，尤其是比如他们自己亲自做的事情。因此，奈斯托尔因为知道奥德修的虚荣心，便相当得体地问他：

> 告诉我，受人称颂的奥德修，阿该亚人的光荣和骄傲，
> 你俩如何得到这对驭马的。[1]

因为喋喋不休地自吹自擂难免惹人讨厌，所以除非是在其他谈话成员的邀请之下，这些稍许谦恭些的被提问者才会作出勉为其难的样子，开口作答。

"无论如何，任何一个在外交或行政事务上取得伟大成功的人士都乐意被询问到自己的辉煌经历。这就是为什么一些心怀恶意的小人最不情愿提出这些问题；并且一旦有别人提出，小人们会故意调转话题，让人无从置喙。他们更不会附和他人对于讲述者的嘉许之言。因此，那些明知会触怒对方的仇敌却坚持提问的人，是真心想让被提问者高兴的。

"继续我们的话题：奥德修对阿尔喀诺俄斯（Alcinous）这样说道：

> 你现在是想要我讲述痛心的遭遇，
> 由此将引发我更凄惨的哭泣，更深刻的悲伤。[2]

奥底普斯对合唱团则这样说道：

---

[1] 《伊利亚特》卷10，544。
[2] 《奥德赛》卷9，12。

> 陌生人啊，如此唤起那埋藏已久的不幸
> 实在可怕。①

但欧里庇得斯的描述则正好相反：

> 居安思危——而今回忆起那些痛苦，是多么的甜蜜。②

然而欧氏自己在此也承认，这种甜蜜只有境况已经好转的人们才能体会；对于那些仍旧在漂泊中痛苦挣扎的人说来则并非如此。可见，我们在提问时要尽量避开不幸的话题，因为没有人会对他们输掉的官司、夭折的孩子或陆地海洋上的蚀本生意津津乐道。相反，对于他们如何在议会中获得成功，如何得到国王的接见，或如何成为某次海难匪劫中的唯一生存者这些问题，他们总是百答不倦；因为从某种意义上来说，此类回忆使得他们心中的快感得以延续。另外，人们也乐意回答有关朋友的成功，自己孩子的学习进步、官司获胜或受到国王的宠爱等问题。

"事实上，人们也许更喜爱别人就自己仇敌的耻辱、吃亏或失败的官司提出问题；他们实在很乐意就此类问题发表详尽的报告，但是这些事如果没人问，自己又不好主动讲，否则会被人看成心地阴暗的长舌妇；另外，以下问题也很能博取回答者的好感：譬如向猎手询问猎狗的问题，向运动员请教比赛项目，向多情种子打听他美丽的情人，向虔诚的祭司要求解梦或诠释牺牲动物的征兆，等等。还有，老年人总是很高兴有人请教，总是谈兴大发，哪怕问题中的事与他毫无干系：

> 哦，奈斯托尔，奈留斯之子，请你道出真情。

---

① 索福克勒斯：《奥底普斯在科罗洛斯》510。
② 欧里庇得斯残篇 133（Nauck 编）。

>阿特柔斯之子如何遭遇死难？……
>
>墨奈劳斯其时置身何方？……
>
>阿戈斯其时是否在阿该亚？[①]

在这里，忒勒马库斯（Telemachus）一口气问了许多问题，同时也给了对方讲述各样故事的机会；而不像某些人，因为只要求一个压缩成了几条干巴巴的事实的答案，而剥夺了老年人消遣时光的最大乐子。总而言之，那些愿意给别人带去欢乐而非不快的提问者，总是能把握自己的问题，使得对方的答案博得听众的好感和称赞，而非厌恶和批评。关于问题的主题应该是怎么样的，我就说这些。

"如果某人在开玩笑时既不懂得选择合宜的时机，又无法掌握尺度和技巧，那么此人压根就不应该开玩笑。正如站在湿滑地面的人会因为最轻微的碰撞而摔倒一样，我们在酒席上也会因为不得体的谈话而出洋相。并且，有时挪揄比侮辱更能激怒我们，因为在我们看来，侮辱之词通常是发怒之人的无心叫骂，嘲弄之语则是他人傲慢恶意的有心作为。而同是嘲弄，聪明人比愚顽人更容易激怒我们。因为我们知道聪明人的尖刻里包藏着狡诈，他们的嘲笑是故意设计的侮辱。譬如，若是有人唤你为'鱼贩子！'——这无疑是侮辱，但他若说：'我记得你从前老在袖子上擤鼻涕'——这就是嘲弄。当有一个来自利比亚的名叫奥克达维（Octavius）的人对西塞罗说自己没听清他说什么时，后者的回答是：'你耳朵上还算生着孔呢！'[②] 当梅兰休斯（Melanthius）被那位喜剧诗人戏弄时，他答道：'你现在还我的这枚硬币，可不是我当初借给你的那枚。'[③]

"可见嘲笑比侮辱更具杀伤力——它就像带着倒钩的箭一样，更难

[①] 《奥德赛》卷3，247。

[②] 普鲁塔克：《西塞罗传》第26章第4节；《道德论集》，205 B。在色诺芬的《远征记》（*Anabasis*）中，穿耳孔是非希腊人的标志。

[③] 阿里斯多芬：《和平》，804，《鸟》，151。

拔出，滞留不去。其中暗藏的机锋给受嘲弄者造成的伤害，与给旁观者带去的乐趣恰成正比，因为旁观者的开心表明了他们相信了嘲弄者的话，实际也参与了嘲弄。用色奥弗拉斯托斯的话来说，嘲弄是对于错误不露声色的谴责。因为听众会自动在脑海中将话语中缺失的信息填补完全，就好像他本人知道并且相信这件事一样。譬如，当某个被众人疑作窃贼的人问塞奥克里图斯（Theocritus）是否出去吃晚饭时，后者答道，他不仅要出去吃饭，还准备在外面过夜呢。在这里，任何因这句话发笑开心的听众，实际上就是认定了谣传的真实性。所以说，缺乏教养的嘲弄者会使听众也变得粗鄙无礼，因为后者从中获得了乐趣，并分享了前者的恶意。斯巴达人的观点是，一个优秀的人必须学会不加冒犯地揶揄别人，同时也该忍受来自别人的玩笑；在任何情况下，如果被开玩笑的人受不住了，那么玩笑就该立即停止。如此看来，既揶揄又不冒犯人，实在不是简单的技巧和头脑可以办到的；而要使被嘲笑者也享受到笑话的乐趣，更是难上加难。

"尽管如此，我认为有时同一句笑话，可以使心里有鬼的人坐立难安，却能给清白磊落的人带去欢乐。一个例子是色诺芬在介绍那位奇丑邋遢之人时，戏谑地称他为'萨姆宝拉斯（Sambaulas）的宝贝'。[①] 还有，当然你们都还记得，当病中的奎埃图斯抱怨自己的双手冰冷时，奥斐丢斯·摩得斯图斯（Aufidius Modestus）说道：'可你刚从你那行政区回来的时候，这双手可热乎得很呢。'这句话使得奎埃图斯大笑不已。然而，如果是对于一个窃据要职的行政长官来说，这句话就会成为一句不折不扣的侮辱。同理，当苏格拉底建议长得很帅的克力多布卢斯（Critobulus）[②] 去参加选美大赛的时候，这种善意的揶揄给对方带去的是愉悦，而不是嘲弄。苏格拉底本人也享受过此类嘲弄——譬如阿尔西

---

① 色诺芬：《居鲁士的教育》卷2.28以下。
② 色诺芬：《会饮》卷4.19；当时，原本是对话者在挖苦苏格拉底，但后者给予善意反击。

比亚德笑话他妒忌阿伽同。①

"君王常喜爱别人在谈话时把他们当作普通劳动人民对待：譬如腓力在一次嘲笑自己养的清客，他的清客回嘴说：'难道我就没有供养你吗？'这是因为，通过谈论那并不存在的缺陷，反而可以使一个人的优点得以放大。然而它的前提是，该人的某一方面的优点确实存在，而且得到大家的公认——否则'反讽'的意义也就暧昧不清了。一般来说，类似以下性质的话语往往可以惹人开怀发笑：譬如，向豪富之人提议介绍放贷人给其认识；明知某人只喝水却认定他酩酊大醉；或将出手阔绰的慈善家称作吝啬的守财奴；又或是威胁某个地位显赫的政法界人士说，要在市集上给他难堪。举例而言，波斯王居鲁士故意用自己的弱项向伙伴挑战，就是十分善解人意和让大家高兴的；② 再如在某场祭祀中，伊斯美尼亚（Ismenias）吹奏管乐时没能求到吉祥的神谕，另一个专职祭司接过乐器，吹得滑稽可笑，当旁观者指责他时，他说'动听悦耳的吹奏能力是天神赐予的'。而伊斯美尼亚却大笑着说：'正因为诸神喜爱我的演奏，他们才使典礼一直延续；但他们后来接受祭品结束仪式，全是因为不想见到你。'

还有，戏谑地把原该褒奖的事物贬低一通的手法，如果应用得当，比直白的夸奖更讨人欢心。同样，貌似褒奖的贬低比直截了当的批评更具震撼力：譬如夸奖某个无赖像亚里斯泰迪斯（Aristides），称呼某个懦夫是'阿基里斯'。又如索福克勒斯在《奥底普斯王》中写道：

  这位我信赖的老朋友，克瑞翁……
  ［巴不得把我踢出去，他的诡计使我落入圈套］③

---

① 柏拉图：《会饮》，213 C。
② 色诺芬：《居鲁士的教育》卷1，4.4。
③ 《奥底普斯王》385。

看来，对应每一句褒扬都存在相应的讥讽。譬如苏格拉底把安提西尼邀请好友聚集的善意行为戏称为"拉皮条"；① 又如哲学家克拉底（Crates）② ——因他被各家欢迎、广受邀请，而获得了'不速之客'的绰号。

"源自感激的嗔怪往往能收到令人愉快的逗乐效果。比如第欧根尼是这样评论安提西尼的：

> 他使我衣衫褴褛，不得不
> 受穷挨饿地离家流浪。

相反，倘若第欧根尼直说'他使我拥有智慧、自由和幸福'。那么，话语的收效就没有那么强烈了。对于提供无烟柴火的体育场老板，有个拉哥尼亚人假意控诉：'因为他的缘故，连眼泪都离弃了我们。'一个清客把每天款待自己的家主嗔作'暴君''奴隶贩子'——因为靠了他，这位食客多少年来都没有在自己家的餐桌上吃过饭了。一个原本穷困潦倒的人在成为富翁之后，抱怨自己失去了原先睡觉和休闲的时间——要为国王殚精竭虑。我们可以把埃斯居罗斯笔下的角色对换，责备卡皮里③'把屋里的醋倒空了。'实际上他们自己也正开开心心地威胁要这么做。④ 由于这些话语所表达的谢意颇带几分戏谑的味道，所以更有效，更不至于让那些受褒奖的人觉得难堪。

"懂得如何巧妙地开玩笑的人一定知道病态嗜好和正常习惯之间的区别（譬如在吝啬、酗酒与爱好音乐、打猎之间的区别）：揶揄他人的病态嗜好

---

① 色诺芬：《会饮》卷4，61以下。
② 第欧根尼·拉尔修：《著名哲学家的言论和生平》卷6，86。
③ 卡皮里（Cabiri）为古希腊早期的文字记载中法力高超的魔法师。因为多为民除兴利，被尊称为神，通称为"Cabiri"。
④ 通过许愿献上足够的美酒，诸神会把酸味物质驱除。

会导致怒气冲冲，而拿别人的正常习惯开玩笑，则会给人带去快乐。德摩斯提尼去拜访一个酷爱弹琴唱歌的青年时，后者热情地邀他进门，他答道：'能先把你的竖琴锁起来吗？'——这句话算不得冒犯。可是当莱西马克把一只木制蝎子丢进自己门客的斗篷，吓得他一跳而起时；门客却不该在明知是一个玩笑后反击说：'现在该我吓唬您了，阁下：给我一个塔连特！'①

"许多类似的区别也存在于各种拿别人的体貌特征开的玩笑中。例如，人们并不介意别人笑话他们的鹰钩鼻或狮子鼻，相反还会被逗得哈哈大笑。卡山德的朋友就对色奥弗拉斯托斯的玩笑不以为忤——后者揶揄道：'我很惊讶你的眼睛不会唱歌——因为你的鼻梁已经定下音调了。'居鲁士②则建议一个高鼻子的军官朋友娶一个塌鼻子的老婆——因为这样正好互补。但是，如果被人拿自己的口臭或者鼻臭开玩笑，人们便会怒不可遏。同样，人们可以不在意他人揶揄自己的秃顶，却无法容忍别人嘲笑自己眼光短浅。安提柯③惯于拿自己的独眼自嘲，比如某次收到一份字迹巨大的陈情书时，他笑说：'这样一封信连瞎子都可以看清了。'但是，这同一个安提柯却处死了基俄斯的塞奥克里图斯。因为当有人说道：'站到国王眼前来，好搭救你'的时候，塞奥克里图斯居然回答说：'你这种搭救我的方式是不可能的。'

"帕西阿德斯（Pasiades）曾攻击拜占庭的里昂（Leon），④ 说一看见他，自己的双眼就无比受罪。里昂回击道：'你为何因我的身体缺陷诋毁我呢？难道你没看见，你儿子肩膀上扛着老天爷的诅咒吗？'有一位驼背的雅典政治家亚基布（Archippus），他对梅兰修嘲笑自己的驼背极为恼怒，因为后者说道：'作为一个城市的领袖，你非但没有昂然挺立其上，反倒弯腰低于其下。'不过，也有人可以坦然自若地忍受这种

---

① 塔连特（talent）是古时货币单位，有金银之分。一塔连特相等于六十弥那。
② 色诺芬，《居鲁士的教育》卷 8，4.21。
③ 安提柯一世（Antigonus I），也被称作独眼龙（One-eyed）或独眼巨人（Cyclops）。
④ 该人曾为保卫家乡，与马其顿国王腓力为敌。

缺陷带来的痛苦。譬如安提柯的朋友向其讨要一塔连特,不仅未能如愿,还被安提柯嘲笑说,他自己的肩上就扛着一塔连特。① 于是那位朋友要求给他配备护送队伍和卫兵,'这样就不会有人半路打劫我的财产了'。由此可见,人们对于身体外貌的反应不同:有人因为一事暴跳如雷,有人因为另一事怒火难遏。[伊帕美农达斯在与同僚聚餐的时候,习惯饮一种酸酒;当同僚们问他,这酒是否有益健康时,他回答道,'我不知道。但有一点是肯定的,就是这种酒能让我回忆起家中的饮食'。]因此,喜好玩笑的人必须对在场的众人的性格脾气具备敏锐的眼光,与每个人都展开愉快惬意的交谈。

"爱是一种很复杂的情感,牵扯到玩笑之时也是如此:有的恋人会因为玩笑而情绪低落,很受伤害;有的则因此而愉悦。开玩笑的时机至关重要。这就好比微风能吹灭刚起的火苗,但对于熊熊火焰,它却起到助燃作用。爱情也是一样。初生隐秘之际,别人的打探都会令其恼怒;但当爱情的火苗燃旺、公之于众之后,便可以坦然面对各种笑话揶揄,并且从中获得滋养。当恋人在场的时候,人们会欣然沦为爱情话题的打趣对象。如果他人用来打趣自己的,正是自己对妻子或者翩翩青年的深爱,那么人们心中的喜悦和自豪更是无法言表。据说,在阿基西劳斯(Arcesilaus)的某次讲演中,一位正陷入热恋的听众发表了如下主张:'在我看来,没有任何两件东西是可以相互接触的。'阿基西劳斯闻言,指向他邻座的一位美少年,问道:'我想,这句话的意思是说,你并没有碰触这个小伙吧?'

"现在让我们来看一下参加宴席的宾客类型。面对同样的调侃,人们倘是与好友共席也许会不以为忤地哈哈大笑;但若是恰逢妻子、父亲、老师在场便会愠怒难堪,除非这句调侃也能触动这些人。譬如,当哲学家与朋友们在一起时,可以调侃他赤足走路或深夜工作;但当他父

---

① 塔连特(talent)也是重量单位。一塔连特约合三千公斤。此处安提柯是嘲笑朋友的驼背畸形。

亲在场时，或许该调侃他的节俭克己；又如当他妻子在场时，不妨调侃他如何不将其他女子放在心上，而专心地做妻子的不贰之臣。——当居鲁士问提格拉尼斯（Tigranes）：'万一尊夫人听说你扛包袱，该怎么办？'后者这样回答：'她不会听说的，因为她将亲自临场观看。'

"另一种能使调侃显得缓和、不太恼人的方式，是调侃者承认自己同样也'斯人有斯疾也'。譬如，穷人拿贫穷开玩笑，出身寒微的人拿卑贱出身开玩笑，或恋爱中的人以爱情为调侃别人的主题。因为倘若调侃者与他的调侃对象'同病相怜'，那么在后者看来，这种调侃就并非出于侮辱，而是善意的玩笑；否则便会使人觉得难堪。有一位国王释放的奴隶，后来成了暴发户，他在宴席上以粗俗的谈吐和浮夸的态度肆意对待同席的哲学家们；末了还问道，为什么黑白两色的豆子，煮出来的汤却是黄色的。阿里狄西斯（Aridices）① 反问道：为何黑白两色的皮鞭抽出来的鞭痕都是红的。终于使此人羞愧难当，悻然离去。但塔尔色斯城的安姆菲阿斯（Amphias）在调侃一位总督的朋友出身低微时，很快打住自己的话，说道：'然而我和你一样，也是同一颗种子里长起来的。'——这句话引得那位朋友高声大笑，因为人们都知道安姆菲阿斯是园丁的儿子。再如，当腓力企图与某竖琴手争执有关音符和音阶的问题时，后者恰如其分地指责了腓力的肤浅和多管闲事。他说道：'陛下，您绝不会愿意过我们这种苦日子的，您不屑于在有关这些乐器的雕虫小技上比我渊博。'此话看来有几分自嘲的意思，实际上却不加冒犯地反驳了腓力。同样，一些喜剧诗人用自嘲的手法除去其作品中的刺耳话。如阿里斯多芬论秃顶②以及阿伽同的离别，③ 克拉底鲁（Cratinus）④ 的《酒坛子》……

---

① 此人为阿基西劳斯的学生。
② 亚里斯多芬：《和平》，767.771。
③ 亚里斯多芬：《蛙》83。
④ 活跃于450—423年，是喜剧受到酒神节接受之初最有名的喜剧作家，对于后期喜剧有多方面的启发和影响，但无作品流传。

"另外，一个值得注意的因素是，这些由问题和娱乐引起的调侃，听起来应该显得随意、自发，而绝不该好像预谋已久，似乎是事先准备好的娱乐互动一样。这是因为我们可以容忍酒席上突发的怒气或争执，却无法原谅某个客人才进门就满口污言秽语；同理我们可以宽恕并且许可简单不造作、触景生情的调侃话语，但如果这句调侃与谈话的整个语境毫不相干，那我们便会视其为有预谋的侮辱。譬如提马格尼斯（Timagenes）对一位妻子有习惯性呕吐毛病的男人说：

> 你诸多错误中的首要一个
> 便是当初迎娶这位干呕的缪斯
> 进入你的家门

还有，他对哲学家阿特诺多汝斯（Athenodorus）提的问题：'一个人爱自己的孩子是天性使然吗？'这些与正在进行中的谈话毫不相干的调侃，显然充满了恶意侮辱。正如柏拉图说的，言语虽是万物中至轻之物，开这种玩笑的人们却要为此付出最沉重的代价。[①] 然而那些懂得在开玩笑时合宜得体的人们，则正如柏拉图所说——能优雅且有品位地开玩笑，是有良好教养之人的分内之举。"

4. 先有鸡还是先有蛋

谈话参与者：亚历山大，普鲁塔克，苏拉，菲尔姆斯，绍西乌斯·塞涅乔

因为一个梦的缘故，我已经很久不吃鸡蛋了。之所以这样做，是因

[①] 柏拉图：《法律》，717 C—D。

为我希望借助鸡蛋,就像借助一个奴隶,检验一下那个清晰而又频繁地临到我的梦境。然而某次在绍西乌斯·塞涅乔的宴席上,几位朋友却怀疑我是奥菲教徒①或毕达戈拉斯信徒,② 才把鸡蛋当作禁忌——他们认为我将卵看作是造物之始,就像有的人把心脏或脑子看成是造物之始一样。信奉伊壁鸠鲁学说的亚历山大更是戏谑地背诵道:

吃豆子就犹如吃喝双亲的头颅。

这些人把卵叫作"豆子"(Kuamoi),乃是取其谐义"受孕"(Kuesis),他们认为吃鸡蛋就等同于吃了那些产蛋的生物。我意识到要向一个伊壁鸠鲁主义者解释清楚我为了梦的缘故不吃鸡蛋,比使用梦作为理由更为荒诞不经。因此,我没有开口反驳,只是略微调侃了一下亚历山大,因为他是一个极富才学的人。

在这样一个背景下,我们开始讨论那个难倒了无数探究者的问题——先有鸡还是先有蛋?但我的朋友苏拉(Sulla)认为,我们想由小问题入手,解决世界创始的难题,这就好比试图用一把小工具撼动一块巨大的岩石一样;因此他拒绝参与讨论。亚历山大则把该问题嘲笑了一通,认为它的答案并不固定。此时我的亲戚菲尔姆斯(Firmus)说道:"请允许我借用一下您的原子学说;如果我们假定较小的东西是元素,较大的物体是由较小物体发展而来的话,那么鸡蛋的存在也许确实早于母鸡——因为鸡蛋在我们可以看到的事物中是属于构造简单的那一类,而母鸡则是个更复杂难懂的有机体。并且一般来说,初始因总是率

---

① Orphism,即奥尔菲教。公元前 6 世纪在希腊流行。奥尔菲教认为宇宙未开辟之前是一个混沌的长夜,有一个世界之卵从这个长夜中出现,并分为天和地,代表生命的父与母。在天地之间,有一个有翅的光明神飞动,有时又叫作爱罗斯(Eros),和宇宙父母会合在一起。宇宙父母结婚后,就生出了无神的儿子,即酒神狄俄尼索斯或宙斯。奥尔菲教徒是严格的素食主义者。

② 毕达戈拉斯是素食主义者。

先产生，而精子是一种初始因；鸡蛋虽然比精子要大，却比鸡要小。我们可以确知的是，正如大家公认从潜在的品性到完满的特征之间存在着一个中间发展阶段一样，自然界在精子和母鸡之间也安排了一个中间发展阶段，这便是鸡蛋。此外，据说生命体中最早诞生的部件应该是动脉和静脉，这也可以作为蛋先于鸡产生的论据，因为按照此说，'容器'比其'内容物'要早一步生成。从艺术作品的角度而言，最先产生的是形状不明的粗块，之后清晰的细节才渐渐得以完成；这也就是为什么雕塑家波利克里托斯（Polyclitus）说，用指甲雕琢陶土的阶段，是作品制作中最艰难的部分。①

"所以，一种可能是，物质在自然的温和推动下，产生出无形状的不确定存在，譬如鸡蛋；之后，当这些无形状的物质有了形状和构造，生物就产生了。这就好比毛毛虫首先存在，然后由于干燥而破茧而出，化蝶而成另一种生物一样；同理，作为生殖物质，鸡蛋也该先于鸡出现。因为在任何一个变化过程中，变化所由以发生的东西总比它所产生的结果要先一步产生。想象一下树上的甲虫和木蛀虫，它们由于潮湿大量繁殖，最终导致树木的腐烂和瓦解。谁也不能否认朽木之先必有蛀虫。因为按柏拉图所说，②物质与存在的各种物体之间是母子养育关系，所有物体的构造所需之材料均来自于物质。

"并且"，他大笑着补充说，"'我还要给诸位通情达理的先生们背诵一下'，神圣的奥菲教义不仅宣称鸡蛋早于母鸡产生，而且还把卵归结为所有物体的原生物。③ 至于该教义的其余教义，正如希罗多德所说，'让我们恭敬地保持沉默吧。'因为该教颇为神秘。然而所有物种的出生，的确与卵有着牵扯不断的联系。无数空气和海中的生物都从卵中诞生；还有陆地生物，如蜥蜴；两栖生物，如鳄鱼；两足生物，如

---

① 指作品接近完成时的步骤。
② 《蒂迈欧》49 A，52 D。
③ 普鲁塔克：《道德论集》，391 D。

鸟；无足生物，如蛇；多足生物，如蚱蜢。由此看来，在狄俄尼索斯的仪式中，把蛋当作万物之母来膜拜，并没有什么不恰当。

菲尔姆斯说完之后，塞涅乔指出，他最后那段形象的讲话，实在是自相矛盾。"因为你没能注意到"，塞涅乔说，"你没有把寓言之门向世界敞开，却把话柄引向了自己。事实上，在万物之前就有了世界，因为它是所有事物的最圆满形态，而合理的推论是：完善的东西先于不完善的，完美的早于有缺陷的而存在，整体先于部分而存在。因为，假如部分先于包容此部分的那个整体而存在，这显然是不合情理的。所以，没有人会说人是精子的一部分，或母鸡是鸡蛋的一部分；相反，我们说精子是人体的一部分，鸡蛋是母鸡的一部分——因为它们分别在人体和母鸡之后出现，并且源于这些整体；它们之后的繁殖，只是报答自然对它们的产生的功劳罢了。何况物以类聚，它们也希望能够繁殖出更多与自己的母体一样的个体。物种繁衍的规则①是：被产生者需要进一步再生产；可是，谁也不会需要尚未生成、尚未存在的东西。

"卵的自然构造，本就缺乏动物所具备的外形和结构，也没有动物的血管和器官。所以，大地中产生的蛋从未有记载，尽管如此，诗人们还是把廷达瑞斯（Tyndareus）的儿子们描述成从卵中而来的。但在我们这个世代，大地上所产生的所有动物都是生来就完整无缺的，比如埃及的老鼠以及各地的蛇、蛙、蝉。西西里奴隶战争②的时候，曾血流成河，遍地是腐烂的尸首。由此爆发蝗灾——蝗虫很快遍及全岛，毁坏庄稼。接着，这些原本从地里生出的生物得到了滋养，消化后在体内还产生了种子，这使得它们相互交配寻找乐子，自我繁衍，有的产卵，有的生崽。可见，虽然这个物种最初源自大地，此后就用另一种形式靠交配而自行传宗接代。

"总而言之，蛋在鸡先这种说法，就仿佛说子宫比女人先存在那么

---

① 该词创自斯多亚派。
② 公元前135—前132年或公元前104—前100年。公元前125年非洲遭受蝗灾。

荒谬。因为鸡蛋与小鸡的关系有如子宫与婴孩——前者包藏并孕育产生了后者。同理，提问'蛋不存在的时候，鸡鸭从哪里来'，就仿佛质疑'生殖器和子宫不存在的时候，男女从哪里来'。确实，多数器官与整体同时并存，能力发自器官，行为发自能力，结果发自行为。精子和卵都是器官生殖能力的结果，因此它们是被造的生物整体的生发物。并且我请诸位考虑这点：既然在动物存在之前不可能有'消化食物'的行为存在，那么也不应有精子或卵存在——因为我认为精子和卵都是一定消化及转化过程的产物；在动物自身存在之前，自然是不可能拥有动物的消化产物的。尽管精子似乎多少还可以算一种'第一存在'，但卵却不符合'第一存在'的定义（因为它并不是在先存在的），也不具备整体性（因为它并不完整）。

"关于一个生物的产生，我们并不否认基本原理的存在；我们认为，产生的原理就是那个导致物质中最初变化的力量；也就是促使交配能接过生子的力量。我们认为卵就和血液和乳汁一样，是动物消化食物之后的产物；从来没有人看到鸡蛋从泥土中生长，它的形成和生长过程只发生在鲜活的动物体内。但有数不清的动物却是自生的——以鳝鱼为例就可以知道。人们抓到过无数的鳝鱼，却没有发现哪条携带着精子或鱼卵；[①] 并且哪怕人们把河塘内的水抽干，泥土翻遍；只要将水重新注满，鳝鱼又会在其中滋生。[②] 无论何物，但凡其产生依赖另一生物，必然产生于其后；同样，无论何物，只要不必依赖另一生物而存在，必然产生于前。鸟儿在产蛋之前筑巢，女人在临盆之前缝制婴儿衣服，但你不会说巢在蛋之前存在，衣服在婴儿之前存在。'因为大地并不模仿女人'，柏拉图说：'而是女人模仿大地。'所有自然界的其他雌性生物也是如此。所以，可能最早的生物是来自于大地的，并且能充分自足地长大，直到与大地母亲一样完善有力，所以

---

① 亚里士多德：《动物史》卷6，14.14；16.1。
② 同上书，16.2。

那时在生产中,诸如外壳、血管之类的保护器官都是不需要的。但现在自然由于更加脆弱了,便使母亲需要保护壳了。"

5. 为什么荷马总是按照拳击、摔跤、赛跑这一顺序安排运动项目

谈话参与者:李希马库斯,蒂蒙,梅尼克拉迪斯,普鲁塔克,其他人

说完这些,我们又将菲里努斯(Philinus)赞扬一番,接着李希马库斯说道:"那么,你们认为第一场比赛是什么呢?是赛跑吗?有如在奥林匹亚?……[此处有一段长度不明的缺失]……在这里人们一般按运动项目的顺序引入运动员,先是少年组摔跤选手,再是成年组;拳击和全能竞技也是一样;但在那里,只有少年组全部比赛完毕之后,成年组的选手才可以进场。请大家思考一下,这种比赛时间次序,是否有可能受到荷马的影响?因为在他的作品中,拳击永远排在所有提到的体育项目的第一位,接下去是摔跤,最末是赛跑。"来自帖撒利的梅尼克拉迪斯(Menecrates)惊呼道:"以大力神的名义——我们也太不留意了!如果你手里正巧有荷马的诗歌,请一定让我们重温一下。"

"这个么",蒂蒙(Timon)接口道,"很多都是大伙耳熟能详的。如果我没记错的话,在为帕特罗克卢斯(Patroclus)葬礼举行的体育竞技中,运动项目就是按此顺序进行的。在诗人笔下,阿基琉斯对奈斯托尔说的话便印证了这个次序:

我给你这件奖品,
因为你再也不会参加竞赛,

无论是拳击还是摔跤，无论是投掷投枪，还是赛跑。①

并且，通过奈斯托尔的回答，诗人塑造出一个颇为典型的饶舌老人：
拳击中，我打翻了克鲁托墨得斯，厄诺普斯之子；②
摔跤中，我撂倒了和我对阵的普琉荣人，安凯俄斯；
赛跑中，我击败了伊菲克洛斯，哪怕他腿快如飞。

诗人笔下，奥德修向法伊阿基亚人挑战时也说道：

无论是摔跤，拳击，还是甩开脚步的赛跑，③

阿尔基努斯则建议较为小型的比赛：

我们不是优秀的拳击手，也不是无敌的摔跤把式，
但我们腿脚轻快。④

可以看出，诗人笔下的竞赛次序并不是偶然排定、变动不居的，而是参照当时的风俗习惯。"时人只要尊重古老的序列，都是这么做的。

当我兄弟说完之后，我发表了自己的意见。我认为他在其余部分的论述尽皆正确，唯独对于次序的解释我不能认同。而且，其他一些人也认为，拳击和摔跤在竞技体育中不太可能先于赛跑出现，因此要求我进

―――――――
① 《伊利亚特》卷23，620。帕特罗克卢斯是阿基里斯的挚友，在战斗中被赫克托尔打死。
② 《伊利亚特》卷23，634。
③ 《奥德赛》卷8，20。
④ 同上书，246。

一步阐述一下自己的观点。于是我即席说道,所有这些竞赛项目在我看来都像是战争的模拟训练;事实上,所有比赛的最后总有身着全副盔甲的赛跑,这证实了此类运动和竞赛的目的是军事技能的培养。另外一个习俗是,比赛结束以后,胜利者可以在进城的时候推倒和毁坏一部分城墙,这里面也有着类似的含义:既然一个城市拥有了如此骁勇善战的英雄,那么御敌的城墙就显得多余了。在斯巴达人打仗时,有这样一个习俗,在作战阵线上为由竞赛中夺冠的勇士们留下一个专门的位置,这就是在国王身边作战。还有,在所有的动物中,唯有马儿可以参加各种竞赛并赢得桂冠,因为它们的天性及训练注定它们将陪伴勇士们一道征战沙场。

"如果到此为止,诸位都认可我的推断",我继续说道,"那么让我们再深入思索一下。沙场上,战士们的首要任务应该是出击和自卫。接下来,当面对面地遭遇敌人的时候,他们的任务是与敌人贴身角斗,争取把对方摔倒在地。据说,斯巴达人曾在留克特拉败给我军中摔跤手出身的战士。埃斯居罗斯笔下有位战士被称作'壮实的、穿着铠甲的摔跤手';索福克勒斯也将特洛伊人描述为'热爱好马良弓,穿着叮当响的铠甲的摔跤好手'。最后,战士们的第三项任务是——在战败时快速撤退,或在战胜时乘胜追击。这也就是为什么竞赛中第一个项目是拳击,摔跤位居第二,而赛跑排在第三:拳击模拟攻守,摔跤模拟近身肉搏,赛跑则实践了从战场上逃脱或者追逐逃敌的技艺"。

6. 为什么女人最不易醉酒,而年老男人最易喝醉

谈话参与者:福罗卢斯,苏拉

亚里士多德曾在《谈醉酒》一文中提到,老年男人最易喝醉,而女人最不容易醉酒。对此,福罗卢斯(Florus)表示他不能理解为什

亚里士多德只提到现象,却没能解释原因——他认为这可不像作者一贯的风格。接着福罗卢斯提议大家讨论这个问题——当时的场合是在某个朋友的宴席上。苏拉的答案是,这两个问题其实只是一个:如果我们可以解释女人为何不易醉酒,另一个有关老年男人醉酒的问题也就迎刃而解了;因为两者的特性正好完全相反:滋润和枯槁,光滑和粗糙,柔软和坚硬。他接着说:"我认为,女人的最大特点就是她们拥有水一般的性情。事实上,水就是构成女人的一个重要部分;因此她们才如此的娇弱圆滑,拥有细腻的肌肤以及每月的来潮。而当酒与大量的水混合的时候,就会被水冲淡,失去烈性,也就不再醉人。我们甚至可以从亚里士多德自己的文章里找到对于这一因果关系的看法的一些线索;他认为那些喝酒时一饮而尽——古人称之为'干杯'——的人是最不容易喝醉的,因为酒在他们体内不会多做停留,只在穿肠而过后就迅速排出体外。而多数女人喝酒时正是采取了这种'一饮而尽'的方式。另外一种可能是,由于女性的例假,她们的体内常有液体的排出,也许已经形成了众多通道——仿佛堤道沟渠一样;于是酒浆也流入这些通道,得以很快被排出,而不侵入和干扰人体的重要部位,也就不会造成醉酒。

"至于'年老男人'(*gerontes*)——这个词本身一看起来就使人觉得他们缺乏应有的滋润。因为这个词的意思并不是'流淌在地里'(*rheontes eis gên*),而是指这些人现在的身体状况是如'土壤一样的''土质的'(*geodeis, geeroi*)。老年男子的坚硬固执和辛苦生活,表明他们的体质如沙土般干燥。因此当他们饮酒的时候,他们那海绵般干燥的躯体仿佛把酒浆一股脑儿全部吸尽了——酒精于是得以停留在他们体内大肆作怪。好比洪水在漫过紧实的土地时只是稍做停留,不会造成泥浆地;但在松软的泥土上却被大量吸收,同样,酒浆在老年男子的体内也无法排出,被那儿的干燥所吸引。除此以外,我们不难发现醉酒之人的表现本就符合年迈人的特征。醉酒者的特征很明显:手足发颤,暴躁易怒,舌头打结又喋喋不休,糊涂健忘,神志恍惚。事实上这些特征大多也存在于健康的老年男子身上，只要一点儿意外干扰，就能一触即发。因此说，某个醉酒的老年男子身上所激发出来的种种症状，并非他个人独有，而是突出地展现了本就潜伏于所有老年人体内的特征。对此，一个很好的证明就是，再没有人比一个醉酒青年更像一个老男人了。

7. 人们为何习惯于邀请最多的客人参加婚宴

谈话参与者：绍西乌斯·塞涅乔，铁翁，其他人

我儿子奥托布卢斯（Autobulus）的婚礼在克罗尼亚举行，当时绍西乌斯·塞涅乔是来宾之一。席间，他提出了不少契合婚礼时宜的话题，包括"为什么人们在婚宴上邀请的客人，比其他任何聚会时都多"。因为据他观察，那些热切地发起反奢华运动的立法者们，特别提出应该减少婚宴来宾。"但古时对婚宴上来宾数量多这一点作出解释的"，塞涅乔说道，"只有阿布德拉的学者赫卡忒乌斯（Hecataeus of Abdera）。并且照我看来，他的观点一点也站不住脚。他认为：人们邀请众多宾客参加自己的婚宴，是为了让多人见证主人和新娘都出身于良好门第。但从另一方面来看，喜剧诗人们抨击那些将婚礼办得铺张招摇的人，那些大摆豪华筵席的人，因为如此浪费一番，势必动摇了日后过日子的经济基础。例如，米南达在诗中提到一个要求用各种菜肴围绕整个婚宴的人：

> 你的这种铺张方式
> 并不适合迎娶新娘，
> 倒适合堕落的浪荡子。①

---

① 米南达残篇 865（Kock 编），747（Korte 编）。

"恐怕有人会觉得我这样一味地指责他人,自己却毫无建树,实在有说风凉话的嫌疑。为了避免这点,让我第一个谈点自己的看法。在所有的宴会场合当中,没有哪个比婚宴更能引起人们的注意和议论。当我们向众神献祭,或是为朋友饯行,又或是为异国的客人接风的时候,我们都可以召集许多好友至亲,不为人知地进行。但婚礼却不可能悄悄进行:有了那些结婚哭声、火炬以及尖锐的笛声——这些用荷马的话说来,都会惹得'女人们站在自家门前投出惊赞的眼光'。① 结果,既然已经人尽皆知我们在款待客人,而且客人一定是我们邀请来的,那么,我们就不得不请上所有沾亲带故的人,因为我们生怕遗漏任何一位朋友。"

对于他的观点,大家纷纷表示赞同。铁翁接过话题,继续说道:"让我们接受这一说法吧,因为它的可能性确实挺大。但请允许我加一点:婚宴不同于通常的朋友聚会娱乐,而是重要的家庭大事,它隆重宣布了家族中又加入了一对新人组合。更为重要的是,双方的老亲家都感到有责任借此聚宴的机会向对方亲友表达自己的友善;于是宾客的数量就成倍增加了。另外,因为婚宴中许多或绝大多数项目都由女人出面操办,而既然如此,当然也有必要同时邀请她们的丈夫了。"

8. 海中出产的佳肴是否比陆地更多

谈话参与者:波力克拉底,西马库斯(Symmachus),兰普里亚斯,其他人

尤波亚岛的埃得苏斯(Aedepsus)一直是希腊人喜爱的度假胜地。

---

① 《伊利亚特》卷18,495。

245

其中颇为重要的一个原因是一处唤作"温泉"的地方,那里有得天独厚的自然资源可供人享受,还有星罗棋布的漂亮别墅和幽雅的花园。除了陆地上可以捕获到充足的动物和鸟类之外,那里深邃清澈的海洋里也出产丰富,供应人们的餐桌。在岸边深深的清水中盛产一种精美高贵的鱼。春天是那里的旺季,整个一季节客流不断,衣食无忧者到此休闲,终日聊天度假。当学者卡里斯特劳图斯(Callistratus)在此处度假的时候,人们几乎无法接受别家的邀请——他的热情好客让人无法拒绝,并且由于他的宴会上总聚满了各种优秀人物,这使得宴席本身十分令人愉快。因为卡里斯特劳图斯经常学古时的西蒙,[1] 大举邀请各样的人物,并为他们举办愉悦的宴席;事实上,他也模仿了塞留斯(Celeus)[2]——据记载后者专门为德高望重的市民们设立了一个每日议事会,即"prytaneum"(城市公共会堂)。

于是人们总能在这样的精英聚会上听到精彩的谈话。某次聚会时,一桌烹饪精美的食物引发了一场有关"陆地和海洋,哪里出产的食物更美味"的讨论。多数的宾客站在了陆地一边,认为其中出产的美食不仅种类繁多,而且内容丰富。然而波力克拉底[3]却转身对西马库斯说道:"你在圣地尼哥波立斯(Nicopolis)[4] 长大,虽然熟悉陆地,但那里也算四面环海了。你不打算为海神波塞冬说几句话吗?"西马库斯答道,"我当然要说了。并且希望你也能支持我。因为你能享受到亚该亚的海域最鲜美的海产"。"好吧",波力克拉底说道,"首先让我们来查考一下用词。尽管有那么多的诗人,可是我们只把最卓越的那位称作

---

[1] 据阿瑟尼斯(Athenaeus)的记载,西蒙对希腊的穷困百姓十分慷慨,经常不惜花销地在家中接待他们。西蒙是米太亚德之子,著名的将领。
[2] 传说中伊留希斯的国王。
[3] 波力克拉底来自亚该亚的西锡安,是希腊诗人亚拉突(Aratus)的后裔。
[4] 奥古斯都为纪念他的胜利,在亚克兴角(Actium)附近的半岛建立的城市。

'诗人';① 同理,那么多的佳肴,唯独鱼肉赢得了'珍馐'（opson）②的美名,是因为它的品质远远胜过其他食物。事实上,'美食家'一词,并不是用来形容那些爱吃牛肉的人如大力神赫尔克里斯;也不是用来形容嗜好无花果的柏拉图或嗜好葡萄的阿基西劳斯;③ 而是指那些凡有鱼市必然出现的食客,每到开市的铃铛响起,他们的听力便格外敏锐。德摩斯提尼指责菲罗克拉特④放荡私欲时,就说他拿着卖国的钱买了娼妓和鱼肉。某次政务会议中,一位嗜好美食的议员咆哮着威胁众人,他的怒气即将失控;此时克泰西丰（Ctesiphon）机智地回答道:'我亲爱的朋友,可千万不要发火! 你会让我们被鱼活活吞掉的!'另外,诸位如何理解以下的诗句:

> 你们这些靠定量供给的饥民啊,
> 什么时候才能吃上鱼肉?

又或者,你们如何理解人们发出这样的邀请,'让我们今天来一场海边聚会吧!'难道这不是在宣告'海边晚餐最为美味'这样一个事实吗? 这并不是因为那里的浪花或者鹅卵石——难道说会有人在海边煲粥喝吗? ——而是因为在海边人们可以享受大量的新鲜鱼类。

"此外,海鲜是所有食物中昂贵得离谱的。老伽图在指责首都的铺张奢侈时并无任何夸大其词之处,只是在陈述一个简单的事实,据他说,在罗马,一条鱼比一头牛都昂贵,一百只绵羊外加一只公牛的价格都抵不上一木桶熏鱼。

---

① 指荷马。
② Opson 有多种含义,可以指任何食物,也可特指某样佳肴。鱼羊为鲜。
③ 柏拉图中期学园的创始人。
④ 菲罗克拉特曾在公元前 346 年于希腊和马其顿的腓力国王间居中调停,德摩斯提尼指责他背叛希腊。

"正如最称职的医师才能最客观地论断某种药的效果,最爱音乐的人才最有资格评价一支乐曲;美味佳肴的批评家,也非最棒的美食家莫属。显然我们无法指望毕达戈拉斯或克色诺克拉底①来胜任这项工作。但如果请诗人安泰格拉斯(Antagoras),②伊里希斯之子菲洛克森努斯,③或画家安德罗西德斯(Androcydes)来担任美食的评判工作,倒是再合适不过了。据说因为安德罗西德斯嗜鱼,他特意在一幅画中的海妖斯库拉(Scylla)身边添上了许多活泼的鱼儿。至于诗人安泰格拉斯,据说某次安提柯国王在营地见到他一身厨子打扮,正煮着一锅海鳗。安提柯便问道:'你觉得荷马会一面烧鳗鱼,一面记下了阿迦门农的功绩吗?'而诗人的回答是,'您能否想象阿迦门农一面建立那些伟大功绩,一面努力寻找军营里的鳗鱼香味是从哪个帐篷里传出来的吗?'这些就是我总结了历史和习俗之后,要对诸位——并且,天啊!也是对鱼贩子们——所说的!"波力克拉底结束了他的讲话。

西马库斯说道:"那么,接下来让我用相对严肃且更为逻辑化的方式来讨论一下这个问题。如果调味品的作用是让菜肴更加鲜美的话,那么最好的调味品应该最能唤起我们的食欲。'希望哲学'学派的哲学家们将希望称为生命中最强劲的黏合剂——如果缺少了希望这剂调味品,那么生命一定让人难以忍受。相应地,我们也可以断言:维持食欲的东西就是那种少了它再好的食物也会淡而无味的东西。我们无法从陆地出产的食物中找到这种东西,却可以从海里得到它,譬如,首先就是盐——④如果没有了它,任何珍馐都会难以下咽;因此连面包中都被加了盐,以使其更为美味。无怪乎海神波塞冬与农神得墨忒耳共同驻节一

---

① 公元前339年—前314年"学园"的领袖。
② 公元前3世纪时的史诗诗人,与马其顿安提柯国王相熟。
③ 臭名昭著的放荡子,曾被阿里斯多芬奚落。
④ 显然普鲁塔克认为只有海里才出产盐,但希罗多德已经记载盐矿和岩盐(希罗多德:《历史》,卷四,185)。

座庙宇。盐还是能使得其他调味品发挥功效的关键性调味品。

"古时的英雄们习惯吃得朴素而简单,似乎总在磨炼自己,避开精致的美食。甚至驻扎在赫勒斯庞特(Hellespont)海边时也可以做到食无鱼;① 但是他们却无法咽下不放盐的肉食。他们验证了盐是唯一不可缺少的佐料。正如色彩需要光线,食物也需要盐来刺激感觉。赫拉克里特(Heracleitus)② 认为,死尸比粪便更应当抛掉。然而,所有的肉类都是死尸,或者是其一部分。可是,盐对肉类起到的调味作用,正如把灵魂重新赋予给它一样,给了它可口的味道。这也从另一方面解释了为什么在宴席中,人们通常在主食之前要食用口味偏咸的开胃菜或某些腌制食品。因为这些开胃菜对人们的食欲施加了魔法般的作用,使他们对接下去的菜肴胃口大增,狼吞虎咽。相反,倘若跳过开胃菜直接食用主食,人们的胃口会很快消失殆尽。

"盐不仅是食物调味品,也可被用来给饮料增味。尽管荷马认为'洋葱是下酒的佳品',③ 可是这种水手式的吃法似乎并不适合王公贵族;事实上,食物中有适当的咸味就会美味可口,从而将酒浆的香甜润滑衬托出来,也能使清水更好喝——并且它还不会像洋葱那样带来令人不快的异味。并且,咸味食品对辅助消化也大有裨益;它使得其他食物更加柔顺,容易混合。如此看来,食盐不仅能调味,还起到保健作用。进一步来讲,海水中出产的许多其他美食除了味道鲜美之外,而且吃上去安全放心,因为与肉类相比,它们有同样鲜美的味道,但口感更为细腻,易于消化吸收。芝诺可以证明这一点,还有你,克拉多(Crato),④ 也请帮忙证实。他们二人都嘱咐身体虚弱的人食用鱼肉,因为它是最清

---

① 柏拉图在《理想国》404 B—C 中,为居住在简单国度里的居民的勤俭辩护,正是建立在此基础上。赫勒斯庞特为达达尼尔海峡(Dardanelles)之旧名,位于土耳其欧亚两部分之间,连接马尔马拉海与爱琴海。
② 希腊早期自然哲学家,主张世界的本原是火。——中译者注
③ 《伊利亚特》卷 11,630。
④ 普鲁塔克的一位亲戚。

淡的食物。我要说的最后一点是：从逻辑推论，海水中的食物也是有益健康、强健身心的；因为我们呼吸的健康有益的空气，也来自轻盈纯净的大海。"

"你说得对"，兰姆普里阿斯接口道，"让我们再思索一下这一点：我的祖父总爱嘲笑犹太人，说他们禁食的恰恰是最为正当合理的肉类——猪肉。但我却以为，在诸多美食佳肴中，最正当合理的是海鲜。因为说到现在我们吃的陆地动物，我们必须承认，至少它们与我们吃同样的食物，呼吸同样的空气，从同样的水源中饮水和洗澡。有些动物更在日常生活中与我们分享口粮，成为生活中的良伴；这往往会使得人们在屠宰它们时，听到它们的声声哀鸣而心存愧疚。但海中的动物与我们完全相异，且相隔遥远，仿佛来自一个完全不同的世界。食用时，它们的长相和声音对我们都构不成障碍——因为对完全不在我们中生活的生物，我们没有任何责任和感情可言。更何况对于它们而言，我们的世界就是冥府：一旦离水上岸，生命就立即终止了"。

9. 犹太人忌食猪肉，是源自对猪的尊敬还是厌恶

谈话参与者：卡里斯特劳图斯，波力克拉底，兰姆普里阿斯

兰姆普里阿斯说完之后，在场诸人打算对他的论证再作一些进一步的回应；卡里斯特劳图斯领头问道："你们对'犹太人忌食的猪肉，恰是最合理正当的食物'这一主张，持什么看法？""我衷心赞同"，波力克拉底回答，"但我有另外一个问题：他们忌口猪肉，究竟是因为对猪怀有某种敬意，还是因为对这个物种的厌恶？他们自己对此的解释听起来完全就是神话，但是或许他们自己有什么不想为人道的隐秘原因？"

"我的看法是"，卡里斯特劳图斯说道，"此类家畜在这个民族里受到相当的尊敬；尽管它们又丑又脏，但与那些被埃及各派术士们分别尊

为圣物的屎壳郎、田鼠、鳄鱼或猫相比,猪从外貌到性情还不是最可笑粗鄙的。据说,猪受到尊敬是有着正当理由的:传说正因为猪最先用突起的嘴拱开泥土,形成犁沟,才使得前人得到灵感,发明了犁铧。顺便说一句,这也是'犁铧'这种工具名称的起源(hynis 来自 hys)。在低地的软土上耕种的埃及人则压根用不着犁,每当尼罗河泛滥退却之后,人们便放出一群群的猪,在被洪水浸泡透了的泥地上踩踏,翻起深土,盖上种子。有人因此不吃猪肉,我们大可不必觉得惊讶。在野蛮人当中,还有其他动物因着其他微不足道甚至荒谬的理由而受到更多的尊重。据说埃及人因为认为黑暗优于光明,便膜拜天生眼盲的田鼠。他们认为田鼠是由普通老鼠在新月之夜繁殖的,每五代才能有一胎,并且因为出生时的月光昏暗,它们的肝脏较一般鼠类更小。

"他们还把狮子与太阳联系起来,因为这是四足动物中唯一有爪子、刚出生就具备视力、睡眠时间短——并且哪怕睡着时眼中也有着隐隐幽光。埃及的喷泉泉口都采用了狮子嘴巴的造型,因为每当太阳掠过狮子座的时候,尼罗河就为埃及的土地带来新的河水。人们还认为朱鹭刚孵化出来时,正好和新生儿的心脏一样重——两个德拉克姆,[①] 并且它们伸展的双腿和喙正好构成一个等边三角形。既然连毕达戈拉斯信徒都把白色公鸡尊为圣物,[②] 并且特别忌食海洋动物中的红鲻鱼和海葵;那么我们又怎能指责埃及人行事荒谬呢?诸位都知道所罗亚斯(Zoroaster)[③] 的追随者——古波斯祭司们——崇拜刺猬,厌恶水鼠,认为一个人杀水鼠杀得越多,越是有福气,越讨神欢心。因此我认为,倘若犹太人憎恨猪的话,他们会同样去杀戮它们;但事实是,对犹太人来说,杀猪和吃猪都是违法行为。也许,犹太人对于启发他们耕作的猪表示尊敬是合情合理

---

① 在普鲁塔克所处时期,一德拉克姆相当于1/8盎司或3.4克。
② 第欧根尼·拉尔修:《著名哲学家的言论和生平》卷8,34 中,对毕达戈拉斯信徒的行为规则进行了更为全面的论证和分析。
③ 古代拜火教教主。

的，就好比他们因为驴子首先领他们到泉水边而崇敬它一样。倘若不是这样，天哪，那么还会有人说，犹太人不吃野兔是因为他们无法消化这种污秽不洁的动物。"

"当然不是了"，兰姆普里阿斯反驳道，"犹太人不吃野兔是因为这种动物与他们极为尊敬的驴子十分相像。野兔的皮毛、耳朵、明亮的眼眸和好色的性情都和驴子相当类似，简直就是后者的缩影；你几乎找不到其他小生物与某种大生物之间如此相似的了。也许，犹太人已经受了埃及人的熏陶，对动物的特征持有类似的观点，——认为该物种的灵巧和敏锐是其神圣的标记。野兔的眼睛不知疲倦，甚至在睡梦中都不合拢；它们的听力更是无人能及。埃及人对这点极为赞叹，因此在他们的象形文字中，用兔子耳朵的图形来代表听力。

"显而易见，犹太人之所以忌食猪肉，是因为野蛮人厌恶诸如麻风、鳞皮一类的皮肤病，并且相信此类疾病是通过接触传播的。现在我们发现每只猪的皮下都有麻风和鱼鳞状组织，这些组织当猪的体质下降时会迅速布满全身。并且，猪的极度不洁的生活习性也使得它们的肉质相对逊色。除了那些生来就长在泥泞地里的动物之外，我们无法找出一种比猪更喜爱在泥浆污物中打滚的动物。据说，猪眼的结构扭转向下，是永远无法看到上方的事物或是看到天空的，除非有人将它们颠倒着挂起来，使得它们的眼睛不自然地突起向上。这也就是为什么这类平时尖叫不已的动物，在被人倒着抬起的时候会一反常态地不吭声：它们被眼前的天空和陌生的视野惊呆了，恐惧得不敢尖叫。如果你们允许我引用神话，美少年阿多尼斯据说是被野猪所害的。一些人认为，阿多尼斯就是酒神本人——这一点由两者节日中的很多仪式印证。另一些人则认为阿多尼斯是狄俄尼索斯的爱人；譬如色情诗人法诺克勒斯（Phanocles）写下这些诗句时当然对自己的意思心知肚明：①

---

① 哀歌诗人，可能生活于公元前3世纪。

狄俄尼索斯在群山中奔驰追赶

终于抓住了阿多尼斯神，

当时酒神正在造访神圣的塞普路斯。"

10. 谁是犹太人的神

谈话参与者：西马库斯，摩拉基耐斯，其他人

西马库斯听了兰姆普里阿斯的最后一段话后十分惊讶，于是就问道："兰姆普里阿斯，你怎么把你们国家的神牵扯到希伯来人中去了？[①]你不是在悄悄将这位'叫声放荡、激动女人、被狂热崇拜的酒神狄俄尼索斯'引入他们神秘的宗教吧？是否确实存在某种传说外史，证实他和阿多尼斯的一致身份？"[②]摩拉基耐斯（Moeragenes）插话道："别理他。我来回答你的问题：作为一个雅典人，我可以说，我们这位神不是别人，正是犹太人的神。尽管大部分相关的证据只能对那些加入了这每隔一年举行一次的'圆满秘仪'的人出示，但我可以向诸位朋友们透露一些并不被禁止外传的内容。尤其是在这样一个饭后饮酒、享受酒神慷慨赐予的场合——如果诸位有这个要求，我可以说给大伙听。"

于是在座的所有人都恳求他继续说下去。"首先"，他说，"犹太人最盛大、神圣的节日显然和狄俄尼索斯神相合。当他们庆祝所谓的禁食节时，[③] 正逢葡萄收割的好季节。此时，犹太人用葡萄藤和树枝搭成棚

[①] 很多人相信，狄俄尼索斯是忒拜的女神塞默勒之子。
[②] 塞普路斯的阿多尼斯，他的名字也许源自闪族语言中的 *adon*，意为神明，是一位神或半神，在许多方面与狄俄尼索斯神相应。
[③] 此处原文 Fast（禁食）显然是 Feast（节日）之误；指犹太人的住棚节（Feast of Tabernacles）。

253

屋，在其下摆设桌子，陈列各式鲜果。节日的头两日被称为住棚节。几天后犹太人又会庆祝另一个与酒神的关系更为明显的节日——是直接用他命名的，该节日包括了'花枝游行'，或者说'酒神杖游行'。因为此时，犹太人会人人持花枝进入神殿。尽管我们不知道进入神殿之后他们做了什么，但多半是某种形式的酒神狂欢仪式。因为他们也用小喇叭召唤他们的神，这一点与阿哥斯人在酒神节上的做法完全一致。另有一些人在行进中弹奏竖琴——这些人在他们的语言中被叫作'利未人'，出典大概是 *Lysios*（释放者）或 *Evius*（呼喊之神）。①

"我相信他们的安息日盛宴也与酒神不无关系。② 很多人今天还把酒神信徒叫作'Sabi'，并在他的庆典上如此呼喊。我们可以在德摩斯提尼和米南德的作品中找到相关证据。如果我们把 Sabi 这个名字和庆典参加者们的莫名兴奋（sobesis）联系起来的话，③ 那么距离答案也就不远了。犹太人庆祝安息日的方式也证实了该节日与酒神的关系：朋友间互邀饮酒作乐，当有重要事务与该节日冲突时，他们也至少要抿上一口纯酒。尽管到此为止我们只是猜测，却几乎无人可以推翻这种猜测，首先，如果我们研究一下犹太大祭司在庆典中的衣着，我们不难发现，他们头戴法冠，足蹬厚底靴，身着滚金边的小羊皮长袍，长及脚踝，衣服上还缀着许多铃铛，随着大祭司的走动而在下面叮当作响。这一切都和我们的风俗相符。其次，犹太人也把喧闹作为夜间欢宴的组成部分，还把酒神的保姆称为'青铜敲打者'。神殿三角墙的浮雕和鼓身上的花枝也与我们的风俗类似。毫无疑问，所有这一切都与其他神祇不相称，而只和酒神狄俄尼索斯相合。

---

① *Lysios* 和 *Evius* 两个名字，都是酒神巴克斯的绰号。
② 当希伯来人谈论 *Sabaoth*——意为"万军"（之神）之时，希腊人觉得他们指的是 *Sabazios* 或 *Sabos*，即酒神狄俄尼索斯。罗马人在公元前 139 年以正式文献记录了同样的误解：他们因犹太人涉嫌将 *Sabazios* 带入罗马而驱逐后者。
③ 此处普鲁塔克用 sab 的词根做起了文章。它可以被理解为"有尊严的"或"敬畏"。

"并且,犹太人在宗教事奉中是不用蜂蜜的,他们相信,蜂蜜和酒混合,会损害酒质。然而在发现葡萄树之前,犹太人曾在祭祀中以蜂蜜代替酒浆。直至今日,不会酿酒的野蛮人们仍然饮用发酵的蜂蜜和水制成的饮料,还食用酒味的苦草根,来抵消饮料中的甜味。希腊人也用同样的掺了蜂蜜的酒作为一种'温和奠酒'进行祭神,① 因为他们认为,酒与蜂蜜从某种意义上来说是相克的。要证实我说的的确是犹太人的习惯,我们还可以在他们的刑罚方式中找到佐证:犹太人最憎恨的刑罚之一,就是罚犯人在服刑期间不得饮酒。那些受此刑罚的人……"②

11. 为什么舞台上演绎的愤怒和痛苦能带给我们欢乐, 真实生活中他人的类似感受却不能使我们喜悦

谈话参与者:普鲁塔克,及其他的某些伊壁鸠鲁派的朋友们

我刚才提到的观点,你们当时在雅典和我们聚会的时候也曾经讨论过。我记得那时恰是喜剧演员斯特拉波获奖的时候,因为大伙都不住地谈论他。我们在伊壁鸠鲁主义者波埃苏斯(Boethus)家里赴宴,③ 同席的还有不少和他相同学派的宾客。因为宾客们都有研究问题的癖好,所以当提及喜剧时,便自然展开成为一场讨论:为何他人在发怒、痛苦或恐惧中发出来的声音往往使我们感到哀伤不安,然而舞台上演员们对此种悲惨情绪和语调的模仿再现却能使我们感受到莫大的欢乐?

其他宾客一致同意以下说法:演员作为模仿者,无须经历那些真实的痛苦,处境远远优越于真正的受苦者;而观众正是因为意识到这一点,才觉得喜悦快乐。然而我忍不住插嘴说道,因为我们生来就被赋予

---

① 此类"蜂蜜奠"或"无酒奠"是献给欧墨尼得斯神(Eumenides)的。
② 第四卷书的文字到此便失落了。
③ 普鲁塔克的一位伊壁鸠鲁学派朋友,在普鲁塔克的数篇文章中都被提及。

255

了理智以及对艺术的热爱,① 我们对任何显示出理性和艺术的表演都会产生亲切之感,并钦佩其成功。"正如蜜蜂因为喜爱甜味,追逐所有带蜂蜜芬芳的事物;人类也是一样:因为他们生来就具备对美和艺术的喜爱之情,自然也会喜爱所有带有理性和思考印记的作品或行为。

"如果我们在幼儿面前同时放置一块面包和一只由面团捏成的小狗或小牛犊;孩子会不可避免地被那只'小雕塑'所吸引。同样,如果我们同时给他一块没有规则形状的银子,和一只银制的动物或杯子,孩子一定更爱后者,因为他从中看到了艺术和意义。这也解释了为什么孩子们更喜爱包含着谜语的故事,和带有一定难度的游戏。人类仿佛与复杂机巧之事有某种自然的血缘之亲,能无师自通地被后者吸引。②

"关于造型艺术,人们也有着类似的经历。当看到真实世界中的疾病或死亡时,我们都会感到剧烈的痛苦;但一幅表现菲罗克忒忒斯③的画,或是一尊伊俄卡斯达④的雕像,却能使我们在愉悦中发出赞叹。据说艺术家在塑造伊俄卡斯达铜像的面部时,特别加入了白银,以求表现她垂死的面色。

"伊壁鸠鲁学派的诸位朋友们,这一点实在是昔勒尼学派思想的强大佐证。该学派与你们的分歧在于,他们认为人类不是靠耳目器官来获取快乐的,而是靠心灵通过耳目器官的中介之后汲取的。尽管母鸡不停的咯咯声和乌鸦哇哇的噪音很难听,但我们却乐于听到口技演员对它们的模仿。尽管肺病患者的外形让我们震惊,但以他们为主题的画作和雕塑却能使我们久久凝视,爱不释手。这是因为我们的心灵的本性,使我们很容易被这类仿真的艺术品吸引。

---

① 此处"艺术"在原文中也有"技巧"、"才智"的含义。
② 该论点极为有力,因为伊壁鸠鲁主义者宣扬的价值检验标准之一,就是不经教育的本能。
③ 索福克勒斯在戏剧中叙述了菲罗克忒忒斯因为腿上伤口溃烂,受尽折磨。据说公元前6世纪,阿里斯多芬的一件油画作品曾以菲罗克忒忒斯的事情为主题。
④ 奥底普斯王的母亲,在发现嫁给了弑父的儿子后,上吊自杀。或根据欧里庇得斯描写,用匕首自杀。公元前4世纪,希兰尼文(Silanion)以其为主题创作雕塑。

"是什么内在情感,或是外部因素,使得人们如此喜爱帕美诺(Parmeno)① 演绎的猪猡,以至于这都成了一个经典实例了?大家应该知道这个故事:帕美诺的模仿出名之后,他的竞争对手们针锋相对地举办了一次演出。但是人们先入为主,纷纷偏向帕美诺,且谈论道:'演出很好!——可是和帕美诺模仿的猪叫比起来,根本算不得什么!'于是一位演出者就在袖中藏了一只活猪仔——可是人们听了真正的猪叫后仍然议论道:'这怎么能和帕美诺的猪相比呢?'这时那位演员便把猪崽掏出来,放在地上由其跑入人群,以证明人们的评论不是建立在事实基础上,而是受了偏见的影响。这充分说明,除非人们相信演出中包含着智慧和有意识的努力,否则同样的知觉,在人们脑海中不会形成相应的效果。"

12. 为何松树曾被视为波塞东和狄俄尼索斯的圣物?
    科林斯地峡的运动会曾以松枝为胜利花冠,
    后换用欧芹,现在又再次使用松枝

谈话参与者:普拉克西特利斯,鲁坎纽斯,普鲁塔克,一位修辞学
          专家,其他人

一次在大祭司鲁坎纽斯举行的科林斯的晚宴上,宾客们对为何选用松枝作为科林斯地峡运动会的胜利花冠进行了讨论。当时恰逢科林斯地峡的运动会期间。大会的官方向导,② 普拉克西特利斯(Praxiteles),由于喜爱神话的缘故,举出传说中的例子说道,天神梅里克泰斯(Me-

---

① 据说他是一名画家,能把猪画得如此惟妙惟肖,以至于观众们在赏画时几乎可以听到猪的哼叫声。
② 或作"讲解员"。

licertes)① 曾经被海浪抛上岸，躺在一棵松树下。他还提到，在离迈加拉不远的地方，有一处叫作"美人逃遁之地"的地方。据当地人说，伊诺就是在这里抱着孩子投海的。多数宾客同意，松枝花冠一般被认为是特别属于波塞冬的；但鲁坎纽斯（Lucanius）补充道，因为该树也被献给狄俄尼索斯，它也自然而然地成为人们对梅里克泰斯崇拜的一部分。这句话使我们提出了以下问题：古人最初将松枝献祭给波塞冬和狄俄尼索斯时，是为了什么？

在我们看来，这一切都合情合理。因为这两位天神统治的领域通常都被认为与潮湿和产生发源有关。事实上，所有的希腊人献祭给波塞冬时，尊他为生命的赋予者，献祭给狄俄尼索斯时，则尊他为树神。尽管如此，松树还是与波塞冬有着特别的关联，原因并非如同阿波罗多罗斯②所说，由于松树生长在海边；也不是因为松树和海洋一样，都喜爱清风的吹拂（有人当真这么推断）；而是因为松树在制造船只方面的巨大作用。松树及其家族中的其他树木，譬如杉树、石松，为造船业提供最优良的木料，以及用于船体防水的沥青和松脂，如果缺了这些，船只无法下水航行。

同时，人们也把松树献祭给狄俄尼索斯。这是因为他们相信，松树可以使酒浆变得甜美。据说盛产松树的国家也盛产适于酿造甜酒的葡萄。对此，色奥弗拉斯托斯的解释是，松树通常在黏质土壤中生长，而黏土的温度较高，易于催熟葡萄，从中涌出的清泉也是口感最甜美的。假如将黏土与小麦混合，它的热量将使后者大幅膨胀，拥有更大体积。

另一种可能性是，松树对于葡萄的生长，起到直接的催化作用。因为该树出产丰富，又被用于酒浆的保存。譬如沥青总是被用于封存酒桶，很

---

① 伊诺（Ino）的小儿子，伊诺在逼迫下抱着他投海。之后梅里克泰斯成为海神，某些人认为最早的科林斯地峡运动会就是为了荣耀他而举办的。伊诺是狄俄尼索斯的阿姨。
② 雅典人，出生于公元前 180 年。曾纂写多部神话学的学术著作。参看 *Frag. Griech. Historiker*（F. Jacoby），244 F 123。

多人还惯于把酒浆与松脂混合。① 譬如希腊埃维厄岛和意大利波河旁的居民都有这个习惯。罗马人十分喜爱这种用松脂调味的酒,并从高卢维埃纳②附近的地区进口该酒。松脂不仅能为酒浆添加独特的香甜风味,而且还使它的口味更为浓郁。因为松脂带来的热量能快速去除新酒中的清淡味道。

听到这些,一位以通晓高雅文学闻名的修辞学的专家说道:"以老天的名义!松枝成为科林斯地峡运动会胜利者的花环,不就是前不久的事吗?原先人们用的是欧芹。③ 因为有一幕喜剧中,某个守财奴是这样说的:

> 我很乐意将整个科林斯地峡运动会,
> 以欧芹花冠的价值出售。

历史学家蒂迈欧④记载了以下逸闻。在与迦太基人作战争夺西西里时,科林斯人遇到一群运送欧芹的驴子。大多数兵士都把这个当作厄兆,因为欧芹被认为是丧事的象征,⑤ 并且人们提到病入膏肓的病人时,往往会说:'事到如今,你也只有送他一束欧芹了。'然而蒂摩莱昂⑥提醒兵士们说,科林斯地峡举办的运动会中,胜利者的花冠正是由欧芹编织而成的,于是军队士气大振。"

"安提柯国王的旗舰就是以'科林斯地峡运动会'(Isthmia)命名的,这是因为船尾自然地生长出了欧芹。我还可以引一首宴席上的短歌,歌中唱到了一只以欧芹封口的陶土罐子:

---

① 更多关于松脂与酒浆关系的讨论可见老普林尼《自然史》卷16,22.53以下。今日希腊仍流行 retsina(一种松香味希腊葡萄酒)。
② 即今日法国维埃纳省。比较老普林尼《自然史》卷23,24.47对邻近海尔维安(Helvian)地区的记载。
③ 未经煮熟去皮的欧芹比如今食用的欧芹更耐用。
④ 西西里著名的历史学家,大约生活在公元前356—前360年。
⑤ 老普林尼《自然史》卷20,113中也有相关记载。
⑥ 科林斯将军,约在公元前340年为争夺西西里岛的叙拉古与迦太基人作战,并在西西里塞杰斯塔(Segesta)获得胜利。

> 雅典郊外的陶土在火焰里焙烤，
> 酒神暗红色的奔腾血液深藏在内，
> 瓶口内是科林斯地的枝条。

你们这些把松枝抬举成了编织科林斯地峡古老花冠的人们啊，你们难道没有读过这个吗？你们难道不觉得，松枝并非是来自祖先的传统，而是新近的舶来品吗？"修辞学家的一番话以及他的渊博知识，使得在座略微年轻一些的人都大为叹服。

然而鲁坎纽斯微笑着看了我一眼，说道："以波塞冬的名义！这是多么洋洋洒洒的一番引经据典啊！看来过去有人利用我们的无知无识，把他们颠倒事实的观念灌输给了我们，说松枝才是该运动会传统的花冠，而欧芹花冠是随后来自尼米亚的舶来品，之所以起用欧芹，原因是想与赫拉克勒斯（Heracles）运动会竞争。① 根据这些人的看法，尽管欧芹一度替代了松枝，成为神圣的象征，但随着时间的推移，松枝又东山再起，恢复荣耀。"

至于我本人，在回忆了诸多有关典据之后，仔细想了这个问题，承认鲁坎纽斯是对的。譬如，诗人尤福利翁（Euphorion）曾这样描述梅里克泰斯：

> 海滩上，他们哭泣着，把那位青年放置在松枝丛中。
> 那时他们仍将其当作胜利者的花冠。
> 凶残的手掌，还没有伸出，将
> 西莉妮目光锐利的儿子，② 从阿索波斯女儿的旁边拉下，③

---

① 根据普鲁塔克《忒修斯传》卷 25，4 记载，科林斯地峡运动会最初由忒修斯（Theseus）创办，仿效赫拉克勒斯创办的奥林匹克运动会。
② 复仇女神的狮子，月神西莉妮（Selene）之子。
③ 复仇女神以阿索波斯的女儿命名的河流，位于尼米亚运动会场地附近。

但从此之后他们就将欧芹的花冠戴在头上。

我记得卡里马库斯更清楚地挑明了这一点，他在他的诗歌《赫拉克勒斯》中谈到了欧芹：

阿勒蒂斯①的儿子们使盛会保持其古老的风格，
以爱琴海边天神的名义，这个花冠将成为科林斯地峡赛会胜利的标志；
与尼米亚相争，但他们将蔑视松枝，
尽管之前，松枝一直是每一位艾菲亚②冠军的花冠。

另外我也读过一则由普卢克勒斯（Procles）写的有关科林斯赛会的文章。作者在文章中记录道，最早的比赛花冠是由松枝编成的，然而到了后来，人们将比赛神圣化了，于是学习尼米亚运动会，使用欧芹作为花冠材料。这位普卢克勒斯是克色诺克拉底所主持的柏拉图学园中的一位学生。

13. 什么是"盐豆朋友"？荷马又为何说盐是神圣的

谈话参与者：福罗卢斯，阿波罗法尼斯（Apollophanes），普鲁塔克，菲里努斯

某次菲里努斯摆设宴会。席间，他问大家，谚语中所说的"盐豆朋友"（salt and bean friends）究竟所指何人。学者阿波罗法尼斯旋即答道："该谚语所指的，是那些和我们关系亲密到哪怕只有盐

---

① 多里安科林斯地区（Dorian Corinth）的民族英雄。见品达 *Olympian* xiii. 14（17），*Isthmian* ii. 15（22）。
② 可能是科林斯的旧名。

粒和豆子，也愿意与我们共进晚餐的朋友。"接下来大家提出了新的问题，即为何盐在人们心目中享有如此崇高的地位？以下是荷马的诗句：

他撒着神圣的食盐，

柏拉图也说过，根据人类的习俗，盐是所有物质中最受众神喜爱的。然而埃及祭司们的宗教戒律，又使问题复杂化了：他们戒绝食盐，哪怕在面包中都不加一粒盐。问题是，如果诸神都喜爱食盐，并且以它为圣，祭司们为什么从宗教的考虑出发要对它忌口？

　　此时菲里努斯让大家不要将埃及人的做法归入这个问题；而该针对我们的问题，找到一个希腊人的答案。但我说道，事实上在这个问题上，埃及人与希腊人并不矛盾。某些时候，严格的宗教仪式会禁止生殖、笑声、酒浆等许多一般而言应该获准的事物。所以，或许埃及祭司戒绝食盐，是以纯洁为动机，避免食盐的热量可能带给人们的性欲。又或许他们抵制食盐，是因为它是一道味道鲜美的调料——食盐几乎可以视为所有其他调料的调料。有些人甚至把盐称作 charietes（意为"欢乐"），因为它使食物变成愉悦的享受。

　　"既然如此"，菲里努斯说道，"我们是否可以说，这正是食盐被人们认为是神圣的理由呢？""确实如此"，我答道，"而且这还是一个比较重要的因素。因为被视作神圣的事物，往往是那些最普通，但是最能满足人们实际需要的事物，譬如水、光、四季、土地等。以土地为例，人们不仅将她视作'神圣的'，更把她当作一位女神膜拜。而从实用性看，食盐并不比以上任何一种逊色。它的加入使得食物更合人们的口味，使膳食最终适应人体。

　　"现在让我们来看看食盐的另一种性质，是否也是它称神圣的原因：食盐可以被用来保存尸体，使其长久不坏，它使死者的身体免于完全腐烂、从世上消失，因此是与死亡敌对的。人类最为神圣的因素就是灵魂，它使得身体免于消散，从而维系着人们的生命。而食盐起到的作用与灵魂极为相似：当人体被放置在食盐中时，后者通过对人体各构成部分的协调，干涉和阻止了腐烂的过程。一些斯多葛派学者认为，猪刚出生的时候，只是没有生命的肉块，之后灵魂被植入，像盐一样，使其保存下来。你也看到，闪电带来的火也被人们视为神圣，这是因为被它击打烧焦的尸体能长时间保留而不致朽坏。如此看来，古人以食盐为圣物，就不足为怪了——因为它和那闪电的圣火起到相同的作用。"

在我说完之后，菲里努斯接过了我的话："你们不认为生殖也是神圣的吗？因为任何事物的起源必然是一位神？"我肯定了他的说法，于是他继续道："人们认为，食盐对于生育的贡献是巨大的，你适才在说到埃及祭司时对这点也略有提及。育狗者在遇到狗群情欲迟缓、不愿交配时，通常给它们喂食咸肉，或其他带咸味的食品，以此促使它们发情交配。运盐的船总是老鼠成群，某些权威认为，这是因为母鼠舔了盐粒，可以不经交配而怀孕。但更有可能的是咸味刺激了老鼠体内的性欲，增加了它们交配的次数。也许正是因为这个原因，女人如果不是被动无味或顽固不化，而是富于魅力和活泼主动，这种女性之美就被称作'味道强烈的''味道刺激的'，这两个词不带有负面含义，而传递了魅力和兴趣。我认为，诗人们称呼阿芙罗狄蒂为'生于咸水中的'，并传播她起源于大海的故事，就是在暗示海盐的生育能力。因为他们也在波塞冬和其他各种海神的身上，塑造了类似的丰饶、多产的性质。在动物界也是如此。天空和陆地上的动物中，没有一种比海中的动物更善于繁殖了。恩培多克勒的诗句也见证了这点：

带领着无声部落中，那多产的鱼儿。"

14. 柏拉图说神明永远在进行几何思考的意义何在

谈话参与者：第欧根尼阿努斯，普鲁塔克，廷达里斯，菲洛卢斯，奥托布卢斯

正当大家都陷入沉默时，第欧根尼阿努斯（Diogenianus）又重起话题："既然是柏拉图的生辰，那么我们何不让他也加入我们的讨论？既然我们一直在讨论众神，那么我们何不思考一下，柏拉图说'神明永远在进行几何思考'，究竟是什么意思？——当然，前提是，如果这句话真的出自柏拉图之口。"

我答道，尽管柏拉图的任何一本著作都没有明确地包含这句话，但人们却有充分证据认为它出自柏拉图之口，并且也与他的性格颇为相合。廷达里斯（Tyndares）很快接过话题：

"第欧根尼阿努斯，你是否认为，这句话中，是否暗藏着某种深奥难懂的教义？还是仅仅包含他本人口头笔下经常表达的意思，即赞美几何将我们从一贯附着的感性世界剥离，而转向理性的、永恒的存在？（对这种存在的冥思正是哲学的目标，如同人们在神秘宗教仪式中的目标是成为一个'观看者'一样）[1] 因为柏拉图所讲的那枚将灵魂固定在肉体上的钉子，那枚'欢乐与痛苦之钉'[2] 的最大弊端似乎是：它使通过感性认识的事物比任何理性知识都显得清晰，并迫使人们用感情而非理智来判别事物。经过剧烈的痛苦与欢乐，人们已经习惯将注意力放置于那多变不定的物质世界上，把它当成真实存在；于是他们对真

---

[1] 当参加神秘教的人从较为次要的仪式上升到进入最高的仪式，就得以最终"观看"神圣的秘密。同样，哲学家在几何学的辅助下，得以从研究物质对象转向观看理性本身。

[2] 柏拉图：《菲多》，83 D："每一次欢乐和痛苦都带着某种钉子，把她（指灵魂）与肉体固定在一起，并给了她肉体的性质，使她同意一切肉体所认为真实的。"

理的认识就受到了蒙蔽,并且他们心灵中的光芒——那据说抵得上'千只眼睛'[①]的、专门思索神圣事物的器官——也黯淡丢失了。一切所谓的'数学科学'都犹如光滑而未扭曲的镜面一样,呈现着理性知识的对象的真理的踪迹和魅影,而其中尤其是几何学,被菲洛劳斯(Philolaus)称之为'众国之源、众城之母'的,[②]引导认知向上走,转向新的方向,使得认知就像是通过了一场彻底的净化,渐从感性认识中解脱出来。正因为如此,柏拉图斥责欧多克索斯、阿契塔(Archytas)和门奈赫莫斯(Menaechmus)试图将立方加倍的问题带入工具和机械的领域的做法,这就好像他们不是通过理性,而是依靠实用的方式寻找比例中项。[③]他认为如此一来,几何学的优势就消失殆尽,因为它从上升中滑落下来,退回到感性认识的范畴;再也无法掌控那体现出神自己的真实本性的永恒的、非物质的形象。"

廷达里斯说完以后,那位一直幽默地装作深切爱慕他的密友——菲洛卢斯——说道:"感谢你没有独享这份观点,而是与我们共享了它。然而,既然你证明了几何学于人比于神更具重要性,你也给了我们反驳的力量。这是因为,任何一位神,都不需要求助数学来把认识从被造物转开,转向对真实存在的理解!因为这些造物的存在本来就出自于他,由他帮助,依靠与他的关联。不过,请大家思索一下,柏拉图这句话,是否不为人注意地暗指那些你们亲近并熟识的东西。[④]我是说,他将苏格拉底的精神与吕库古斯的精神相结合,甚至过于与毕达戈拉斯精神的结合(这是狄卡伊阿库斯提到的)。大家当然知道,吕库古把算术比例从斯巴达赶了出去,因为它具有民主和煽动民心的特点。同时,他提出了适合温和的寡头政体或法治的君主政体的

[①] 柏拉图:《理想国》卷 7, 527 E。
[②] Diels-Kranz, *Frag. Der Vorsok.*, 44 A 7 a.
[③] 比较:Diels-Kranz, *Frag. Der Vorsok.*, 47 A 15。
[④] 廷达里斯是斯巴达人。

几何比例。①算术比例将同等的量分给每个人，只计算人数，但几何比例则按照每个人的价值将他应得的量给他，按照比例估价。几何比例并不把所有东西混杂一体，而是内在具有清晰的原则分辨好坏。人们得到的分量，并非是按着天平均衡分得，或者由抽签胡乱决定；而是因着他们各自的好坏甄别。我亲爱的廷达里斯，神也是这样——通过裁判我们的行为，按照比例进行分配。这就叫作'公正'和'报偿'，我们可以从中学到，应把公正作为平等（公平），而非将平等当作公正。乌合之众追求的'平等'，其实是最大的不公正，神尽最大可能地除去这种不公正；而神则保持价值的区别，以几何的方式设定比例关系，作为法制的标准。"

这番讲话得到了众人的称赏和赞同，但此时廷达里斯却佯装嫉妒，要求奥托布卢斯②一同对付菲洛卢斯，反驳他的话语。尽管奥托布卢斯拒绝了这个要求，但仍提出了一个他个人的不同观点。他认为，几何学的唯一主题是研究各种界限的性质和特征，而神在创造世界时，用的也正是在本身无限度的物质上施加界限的方法。当古人们使用"无限"这个词描述物质的无界限和不确定时，他们的意思并不是说体积大小或数量上的无限，而是指缺乏秩序与和谐。因为形状和秩序安排总是对被塑造成形或安排有序的物质的一种限定。否则，物质本身就缺乏形状和秩序。当数字和比例进入物质的时候，后者就如同受到了制约，在线条及其构成的图形即立体的包围下，提供了各样可甄别基本物体，为空气、大地、水、火的起源奠定了基础。诸如八面体、二十面体、棱锥体、立方体等，它们的各边相等，各角相似，它们拥有的比例不可能从

---

① 关于这两种比例，见柏拉图《法律》卷6，757 B，亚里士多德：《政治学》卷3，5.8；卷5，1.7，《尼各马可伦理学》卷2，6.7。算术比例中，如 1∶2∶2∶3，两边等差；而在几何比例中，如 1∶2∶∶2∶4，两边等比。伊索克拉底（*Aeropagiticus*, xxi）强调，几何比例是雅典民主鼎盛时期采取的统治原则。

② 普鲁塔克的三个儿子之一。

无序或不稳定的物质中生出，必须有赖于几何规则来规定其形状和构成其部分。所以，从无限度的质料中有了界限的那一刻起，宇宙便有了完美的和谐与组合和限定。尽管物质永远想挣脱几何学的束缚，回归到不受限制的状态；但理性却一直抓住它们，以线条对其进行包围，以样式对其进行甄别，这就是万物的起源和出现。①

奥托布卢斯说完之后，大家也要求我发表一下自己的看法。于是我赞扬了各人发表的原创观点，并表示它们有相当的可信度。"但是"，我说道，"为了让你们既不必放弃自己的学派，也无须完全采信他人的观点；我请诸位先听一下我们的学者们对于这个词语最权威的解释。几何学的最典型的定理或是问题是这样的：用两个已知图形组成一个新的图形；要求它与其中之一相等，而与另一个相似。② 据说，毕达戈拉斯在解决这个问题后向神献了祭；因为与那个著名的证明直角三角形斜边平方等于两个直角边的平方之和的定理相比，③ 这个无疑更加优美并富有灵感"。

"这一点毫无疑问"，第欧根尼阿努斯说道，"但这和我们眼下的讨论又有什么关系呢？"

我回答道："如果诸位记得《蒂迈欧》如何将宇宙起源的原理区分为三个方面，那么你们很快就能理解我的意思。那三个部分分别被恰当地称作：神、物质〔质料〕和形式。其中，物质最缺乏秩序，形式是最美丽的样式，而神则是最好的原因。神的意图是尽可能用上每样质料，使它们都得到塑形，通过比例、尺度和数字使自然成为有序宇宙（cosmos），把所有的材料构成一个统一体，其中既有质料的属性，也有形式的属性。于是，神便给自己出了这个题目：通过已有的质料和形式，造出第三样东西，并创造和维系那永远持续下去的宇宙——它与物

---

① 此段用到的宇宙起源学采自柏拉图《蒂迈欧》。
② 欧几里德：《数论》卷6，25。
③ 即勾股定理。

质相等，而与形式相似。由于宇宙持续进行各种事物的形成和变化，也由于它本质上与自身形体的必然联系，宇宙从其父亲兼创造者处获得帮助，后者通过理性，依据样式，使得现存的事物遵循形状的限制。所以，事物对于限度的遵守，甚至比它们的对称性更美丽可爱。"①

15. 关于毕达戈拉斯信徒们不在家中接纳燕子、起床后立即抖平床单等诫命的讨论

谈话参与者：鲁西乌斯，苏拉，普鲁塔克，菲里努斯

迦太基人苏拉宣布为我久违之后又重抵罗马举办"欢迎晚宴"（这是罗马人的叫法），并且邀请了几位密友一同庆贺。其中一位名叫鲁西乌斯（Lucius）的客人，②来自伊特鲁里亚，是毕达戈拉斯学派摩德拉特（Moderatus）的学生。席间，他看到我的朋友菲里努斯③戒口不吃荤腥，便自然地开始了关于毕达戈拉斯教旨的话题。他将毕达戈拉斯称作伊特鲁里亚人，④但说这并非因为他像有的人那样由于父系血统之故，而是因为他是在伊特鲁里亚出生、成长并受的教育。为了证明自己的看法，他列举了毕达戈拉斯的一些 symbola（诫命），⑤诸如要求人们起床后立即抖平床单；将罐子提起后将炉灰上留下的壶

---

① 关于末尾句的原文和含义，见柏拉图《菲利布》，66 A—B。
② 鲁西乌斯是毕达戈拉斯派信徒，也在该卷书中第 8 章出现，但他并非福罗卢斯的儿子。
③ 此人是普鲁塔克的密友，可能是同胞。在许多对话中出现。在其他章节中也提到了他的素食习惯。
④ 有关毕达戈拉斯的世系，见 Diels-Kranz, *Frag. Der Vorsok.* 14.8。
⑤ 除了神话、民间传说及巫术之外，毕达戈拉斯派的 symbola（诫命）和 acusmata（口传的教义）还包含很多其他的内容。这些内容大约在公元前 6 世纪该学派形成以来就被人合理化和寓言化诠释。详见 Diels-Kranz, *Frag. Der Vorsok.* 58 c，及 Nilsson, *Gesch. d. gr. Religion*, I, pp. 665—670。

底印子抹去；不接纳燕子来家中做客筑巢；不从扫帚上跨过；不在家中饲养钩状脚爪的鸟类等。他说道，尽管毕达戈拉斯信徒将这些诫命口笔相传，但只有伊特鲁里亚人才真正用心地遵守它们。

鲁西乌斯说完这些以后，众人纷纷发表意见，认为那则关于燕子的教旨实在奇怪——不饲养钩爪的猛禽倒也罢了，为何同样地将对人类温和无害的燕子拒之门外呢？某些古人对此的解释是，这则诫命暗中针对的是拨弄是非、流言蜚语的交往；然而鲁西乌斯本人却否认了这种说法。因为流言蜚语并非燕子的特征——正如它们并不像松鸦或山鹑那样喜爱细语饶舌一样。

"那么"，苏拉说道，"他们不接纳燕子，是否因为那则杀戮孩子的神话，使得人们对蒂留斯（Tereus）、普洛克涅（Procne）、菲洛梅拉（Philomela）和他们在那些激情的导致下所做的（或遭受的）渎神的、残忍的事，产生了反感呢？① 一直到今天人们都把燕子称作'来自道里斯的女郎'（ladies from Daulis）。某次，一只飞过的燕子将粪便落在智术师高尔吉亚（Gorgias）身上，后者抬头对燕子说道：'注意你的仪表，菲洛梅拉！'② 或者说，这则解释也站不住脚，因为毕达戈拉斯学派并不拒绝接纳在同一悲惨事件中有份的夜莺，把它当外来者赶走"。

"苏拉，毫无疑问"，我答道，"你说的话很有几分道理。但请诸位考虑一下另一种可能性。也许在毕达戈拉斯信徒中，燕子招致恶名的缘故，与钩爪禽类如出一辙？她也是肉食者，并且尤其倾向于捕杀和吃鸣蝉——而后者被认为是神圣的音乐昆虫。③ 另外，如亚里士多德所说，④

---

① 在这个著名的故事中，菲洛梅拉变成了一只燕子，而普洛克涅则变成了夜莺。此处普鲁塔克所指的激情，包括了蒂留斯对妻妹菲洛梅拉的淫欲，以及普洛克涅的怒火；最终导致普洛克涅杀死亲子以向丈夫复仇。道里斯位于希腊中部，是福基斯（Phocis）的一个城市，蒂留斯即住在此。
② Diels-Kranz, *Frag. Der Vorsok.* 82 A 23.
③ 关于蝉，详见 Anacreontea, 34（L. C. L.）。
④ 亚里士多德残篇353（Rose 编）。

她贴近地面飞行，捕捉微小的活物；而且她是唯一吃住在人类屋檐下的房客中对她的房东并没有做出任何贡献的动物，也不与其分享口中的食物。但鹳就不一样。虽然并没有从人们这里获得住宿、温暖、保护或者帮助，但它们仅仅因为那屋顶上得到的片刻小憩而知恩图报：四处杀灭蟾蜍和蛇——这些对人们构成危险的动物。不像燕子，从人们这里得到了各样好处以后，只等幼鸟羽毛丰满，就忘恩负义地不辞而别。最能说明问题的是，在所有与人们分享住房的生物中，唯有苍蝇和燕子无法被驯养，不让人碰，不与人做伴，也无法在任何工作或娱乐中做出贡献。苍蝇之所以胆小，是因为人们粗暴对待，且不停驱赶它们。但是燕子的胆小是由于它们对人类有着天生的厌恶感和不信任，总是存在浓重的猜疑心，不肯被驯服。如果研究这类问题的合适方法，不是仅仅去寻找一个直接的答案，而是在一个事物中好像反观到另一个事物，那么毕达戈拉斯在将燕子确立为浮躁和不知感恩的典型中的意图就是警诫我们，在有人因为紧急情况到我们这里避难的时候，与他们密切交往的时间不宜过长，也不要与他们分享壁炉、家庭或者我们最神圣的事情。"

我的发言如同为众人除去了某种禁令一般，由此他们开始蛮有把握地将伦理性的解释运用于其他"诫命"。譬如，菲里努斯说道，毕达戈拉斯学派在炉灰中除去罐子的痕迹，是为了告诫我们不要将明显的愤怒情绪存留在身上。相反，在沸腾结束并恢复宁静之后，就要将所有关于邪恶的记忆从脑海中抹去。

在某些宾客看来，起床后立即抖平床单的意思十分明显，没有什么更深刻的含义：倘若男人在与妻子同床后，在床单上留下人尽可见的压痕，这本身就有失体面。

苏拉却认为，更有可能的是，毕达戈拉斯信徒借着此项诫命，在早上一起来就撤除睡眠用具，从而反对人们在白天打盹。人们应该在夜间休息，而在白日里起床活动，并记得除去由"死亡的躯体"留下的所有痕迹；因为睡梦中的人并没有比死人强多少。他还为自己的诠释找到了旁证,因为毕达戈拉斯信徒对同门的鼓励是,对于任何背负重担的人,不要减轻他的担子,而应帮助加重他的负担;以此表现出他们对懒散行为的厌恶和反对。

下编

《希腊罗马名人合传》选

一 亚历山大传

1. 我将在这一卷中为亚历山大大帝和击败了庞培的恺撒作传，因为所要论及的事迹众多，而且都是那么伟大辉煌，所以如果我没能谈及这二人所有的著名业绩，或未提及的具体事件也没有详细展开，而只是对其中最重要的部分进行了简要的记录，那么我在开场之际唯一要说的就是恳请读者勿过苛责。我写的不是历史，而是人物传记；许多极为显赫的业绩并不一定就能彰显出人物的内在的善和恶，但是有的点滴小事，哪怕仅仅是只言片语、举手投足，却往往比伏尸千万的战役、铁马金戈的武备和攻城掠池的征杀更能够显明人物的个性。画师在绘画中着力刻画展示人物的精神品格的面容眼神，而很少在意身体的其他部分，画像却能得其神似。同样，我也必须专注于特别能表现人物灵魂的那些事迹，以此描绘他们的生活，而把那些对伟大功业的记述留给他人去写。

2. 关于亚历山大的谱系，他父系一边可由卡拉那斯上溯到赫拉克勒斯，[①] 而他的母系那边则可由纽普托利马斯上溯到阿伊阿库斯，[②] 这一点是确凿无疑的。据说在腓力刚获准与奥林匹娅斯一道加入萨摩色雷斯的神秘宗教仪式之后，还是个青年人的他就与孤儿奥林匹娅斯坠入了情网，在她兄弟阿里姆巴斯的同意下，他立刻与她订婚。在完婚的前夜，新娘梦到一个霹雳击中了她的子宫，那里立刻燃起熊熊烈焰，火花迸向四面八方，良久才熄灭。他们结婚后不久，腓力梦到他的妻子的子宫被加了封印。据他回想，印章的形状是一只狮子。当时一些预言家猜测这一梦象预示着腓力必须密切关注他的婚姻关系，但是太米萨斯的阿

[①] 古希腊最负盛名的英雄，为宙斯与阿尔克墨涅所生，半人半神，功业累累，在荷马之前就已经成为普遍崇拜的对象。——中译者注

[②] 古希腊神话中埃阿喀得斯族的始祖，为宙斯与埃癸娜所生。——中译者注

瑞斯坦德认为这个梦说明那个女人怀孕了，因为空的地方没必要封印，而且怀的一定是个男孩，他的性格勇敢无畏如雄狮一般。据传，腓力在奥林匹娅斯睡觉的时候看到她身边盘着巨蛇，正是因为这件事使腓力失去了对自己妻子的热情，他不愿再与她同床，也许是害怕她把什么咒语或法术施在他的身上，或者是由于相信她是神灵的伴侣而惧怕她的拥抱。

然而对于这些事情，还有另外一些说法：从远古时起，这些地区的所有妇女就醉心于奥菲士教的典礼和狄俄尼索斯式的迷狂的仪式（所以她们被称为"克隆通尼斯"和"美玛隆斯"①），并且在许多方面模仿海马斯山区周围的伊东尼亚人的妇女和色雷斯人的妇女。看来正是由于她们，"色雷斯库因"（threskeuin）一词才被用来描述放纵的仪式与迷狂。而且奥林匹娅斯比其他妇女更为狂热入迷，并以更狂野的方式去施行这种神圣的命令。在仪式中她习惯于让狂热的同伴们带上驯服的巨蛇，这些家伙经常神秘地从常青藤和簸篮中伸出它们的头，或者盘在这些妇女的魔杖和花环上，这一切使得男人们感到十分可怕。

3. 据说腓力看到了那一幕景象后派了麦格洛坡里斯的凯罗涅去德尔菲神殿求神谕。阿波罗的神谕要求他向阿蒙②进献牺牲，并对这位神表示最大的敬畏，同时还告诉他，因为他从门缝中窥见神以蛇形和他的妻子同床共榻的神迹，所以要失去那只看到过神的眼睛。据埃拉托斯特涅所说，奥林匹娅斯在送亚历山大远征之际，曾单独与他交谈，说出了他的身世之谜，而且希望他要怀有配得上他高贵出身的远大目标。与之相反，另外一些人则说奥林匹娅斯否认这一说法，并说："亚历山大必

---

① 这是"巴库斯信徒"的马其顿名字。奥菲士教相传为希腊神话中诗人奥菲士所创立的教义，它与对希腊神话中的酒神狄俄尼索斯的崇拜及与东方的埃及、印度的宗教都有很密切的联系，主张灵魂轮回洗罪之说，其宗教仪式迷狂神秘。——中译者注

② 阿蒙神是古埃及的太阳神，当时有些希腊人将其与宙斯合为一体，被视为最高主神。——中译者注

须停止在赫拉①面前对我的诽谤。"

亚历山大可能出生在赫卡通拜昂月之初,②即马其顿人称为"洛斯"的那一天,是这一个月的第六天。这一天,埃菲斯的阿尔忒米斯女神③殿毁于火灾。当时马格尼西亚的海格西亚却以冷静得足以扑灭火海的态度说:阿尔忒米斯神殿的焚毁是因为这位女神正忙于接亚历山大来到世上。然而所有在埃菲斯的预言者却将这一灾难看作是进一步灾难的征兆,他们四处奔走,掩面哭号,预感到那一天也孕育了亚洲的悲哀与巨大不幸。腓力当时刚占领波提代亚,在那儿他又同时收到了三条喜讯:第一条是经过一场大仗,帕曼纽征服了伊利瑞亚人;第二条是他的赛马在奥林匹克运动会上取得了胜利;而第三条就是亚历山大降生了。这些事当然使他极为高兴,而预言师的预言更使他情绪高昂,他们宣称孩子的诞生有三个胜利相伴随,这预示着他的一生将常胜不败。

4. 亚历山大的外在形象在利西波斯④为他所塑的塑像中得到了完美体现。这位艺术家准确地观察到了被他的后继者和朋友竞相效仿的亚历山大的特征:脖颈略微向左偏斜,眼神柔和动人。相反,阿派勒斯⑤却把他描画成了万钧雷霆的操纵者,也没有表现出他的肤色,画得太黑太暗。实际上,如许多人所见,他皮肤白皙,而他的胸膛特别是脸上又变得红润。并且从他的皮肤上散发出一种令人愉悦的气味,他的口中和身体间也有一股清新之气弥漫在衣服里。这是我们从阿里斯托克塞诺斯的回忆录中读到的。

也许这种状态的原因在于他身体中的气质属于火热型;因为特奥弗拉斯特认为:香气是由于热量作用于黏湿的体液而产生,因而世界上干

---

① 阿蒙宙斯神的合法妻子。
② 公元前356年。
③ 古希腊最重要的女神之一,与狩猎、生殖、丰产有关,后来又被认为是月神。——中译者注
④ 古希腊雕刻家,活动于公元前4世纪,雕人像躯干较长,头较小。——中译者注
⑤ 古希腊画家,曾为亚历山大当过宫廷画师。——中译者注

爽炎热的地区能生养出最为优秀的香料；在这里太阳蒸发了身体中的湿气，而湿气和一切使事物腐败的物质一样，充满了植物体。亚历山大身上充满了热量，好像这一点使他总是感到燥热，总是要喝水。

但是，当他还是一个孩子的时候，亚历山大就在许多事上显示出了自制力。尽管他有时会冲动、暴烈，但肉体的快乐却很少能支配他，他非常适度地处置它们。同时，在他以后的岁月里，他的雄心又使他的精神更为严肃、高贵。他并不追求所有的名声或各种荣誉，而腓力却是那样。腓力运用演说的能力把自己装点为一个智者，并把自己在奥运会上获得的两轮战车的胜利事迹印在铸币上。当亚历山大周围的人询问他是否愿意参加奥运会的竞走比赛时（因为他是个捷足者），他回答说："不，除非我的对手都是王者。"一般来说，亚历山大也一直厌恶运动员的所有竞技活动；尽管他设立了许多比赛，不仅有悲剧诗人、长笛和里拉琴①的演奏的比赛，而且还有吟咏史诗的比赛以及各种狩猎和持棍技击者的比赛，但是他却没有兴趣为拳击和摔跤比赛的获胜者颁奖。

5. 他曾经在腓力不在时接待过波斯王派来的使节，举止从容的与他们交往，并通过他的友善和提问赢得了他们的赞赏。他的问题毫无幼稚琐碎之气，他向他们请教去波斯路途有多远和进入波斯国内旅行的特点，问到他们的国王，想知道波斯王是什么类型的战士，有何种力量、何种勇毅。使节们对此十分震惊，认为腓力夸夸其谈的本领和他的儿子向往伟大事业的热情相比，真是轻若鸿毛。每次传来腓力夺取了一个著名城邦或在某个辉煌战役中取得胜利的消息时，亚历山大都并不开心，他对他的同伴说："伙伴们，我的父亲将先于我做成每件事；他不给我留下率领你们取得震惊世界的伟大而辉煌功业的机会。"因为他从不贪图享乐与财富，而是渴望着卓越与声名，所以他认为他从他父亲那里得到的越多，通过他自己赢得的就越少。国势昌盛，蒸蒸日上，只意味着他的

---

① 古希腊的一种弦乐，太阳神阿波罗手中所持的即为里拉琴。——中译者注

父亲在挥霍着他的成功机会。他真正需要从他父亲那里得到的,不是财富、奢华和娱乐,而是奋斗、战争和野心的空间。

在培养他的工作中,有许多人担当过他的保姆、家庭教师和老师,这些人中最重要的是利奥尼达,他是奥林匹娅斯的亲戚,气质严肃。他自己并不回避家庭教师的名衔,因为这个位子给了他很高的荣誉。但是别人由于他尊贵的地位和皇室身份,便都称他为亚历山大的义父和导师。另一个担当家庭教师工作和名衔的人是李希马库斯,他是阿卡那尼亚本地人,此人并无什么特别的高贵雅致,但是因为他自称是培尼克斯,把亚历山大称为阿基里斯,把腓力称为佩列欧斯,[①] 所以被人们看重而位居第二。

6. 有一次,一个叫斐力斯图斯的帖撒利人牵来一匹名叫"布西发拉斯"的骏马,想以十三塔连特[②]的价格卖给腓力。他们来到一块开阔地试马,可是这匹马野性十足、难以驾驭;既不让人骑也不理腓力侍从的吆喝,并立起身来踢所有接近它的人。腓力十分恼怒,命人把它牵走,深信此马狂野难驯。但是站在近旁的亚历山大说道:"他们要失去多么好的一匹马呀!因为缺乏技巧和勇气,他们不能驯服它。"起初腓力并没有理会;但是当亚历山大不断地这么说并很难过时,腓力对他说:"难道你指责年长的人吗?难道你自信比他们知道得更多,或者你以为你知道怎么驯服这匹马吗?"亚历山大回答道:"至少对于这匹马,我会比他们驯得好。""那么如果你做不到,我该怎么惩罚你的鲁莽呢?"亚历山大说:"如果那样,我愿意付这匹马的钱。"对此人们报以大笑。当父子间就罚金达成一致后,亚历山大立刻跑到马的旁边,一把抓住笼头和缰绳,牵着它朝向太阳;因为他刚才注意到这匹马好像被落在它面前的自己的影子所惊扰,所以才四处乱跳。他用这种方式让马平

[①] 培尼克斯是特洛伊战争中最伟大的英雄阿基里斯的祖先,佩列欧斯是阿基里斯的父亲。——中译者注

[②] 古货币单位,一塔连特相当于1200美元,购买力是现代货币的四至五倍。

静下来，用手拍着它，使它精神旺盛、不再惧怕；接着，亚历山大平静地将斗篷往身边一抛，轻盈地一跃，稳稳地坐在了马背上。然后，他稍稍紧一紧马边的缰绳，既没有抽它也没有用劲地勒紧马衔就把它控制在了手中。当他看到它不再为惊恐所困急急欲奔时，便放开马缰任它驰骋，然后通过严厉的呼号和两脚的挤戳催它奔驰。腓力和他的侍从们一开始焦虑无言，当亚历山大以优美的姿势转身、带着骄傲和喜悦的神情骑回时，人们爆发出一阵欢呼。据说腓力激动得热泪盈眶；亚历山大刚从马背上跳下来，他就上去亲吻着他说："我的孩子，去追求配得上你的国度吧，马其顿容不下你呀。"

7. 自从腓力看到他的孩子天性不屈不挠、抵抗强制压迫、却很容易为理性引导去服从义务职责后，便总是对他进行劝导而不是命令；同时腓力对用普通的诗歌教师和正规的学习方法来培养他的孩子并不完全信任，他感到教育是一件十分重要的事，正如索福克勒斯所言：

<blockquote>这是一件需要多方约束和引导的事情，</blockquote>

于是腓力派人邀请最具盛名、最有学问的哲学家亚里士多德来作亚历山大的老师，并给予他高贵的地位和丰厚的报酬。亚里士多德出生的城市斯塔吉拉曾被腓力亲自攻毁过，现在他又在那里重新殖民，并恢复了原先被他放逐和被奴役的人的公民身份。

腓力还划给他们一块米尔泽附近仙境般的领地，作为师徒工作和学习之处，今天游人仍可以在那里看到亚里士多德的石头座位和树荫中散步的小道。看来亚历山大不仅从老师那里学到了伦理和政治学说，而且还得以参加被哲学家称作"最高深"和"秘传"的神秘而深奥的课程讲学之中，这种课不对众人开放。[①] 当亚历山大后来进军深入亚洲之

[①] 仅适合口头传授和入会的人；秘传的而非公开的学说。

后，得知亚里士多德在他的著作中已经发表了关于这些深奥事情时，他直截了当地为了哲学的缘故给亚里士多德写了一封信。信中写着："亚历山大谨致亚里士多德。您将您关于'最高深学说'的论著公开发表实非妥当，因为如果我学到的理论成为所有人之共有财产，那我何以超越他们？我宁愿在认识到最优秀的事物方面而非在我的权力方面优越于众人。谨此。"为了给自己辩护，亚里士多德以鼓励亚历山大雄伟抱负的方式回答说，亚历山大所谈及的理论其实既可以说发表了，也可以说没有发表，因为事实上，他关于形而上学的论著对那些讲授或学习这门科学的人来说毫无用处，写作它们只是为已经受过这门科学的完整训练的人作备忘之用。

8. 另外，在我看来，亚历山大对医术的热爱也是亚里士多德谆谆教诲的结果。他不仅热爱医药的理论，而且在他的朋友们生病时，他能实际地为他们开药、治疗、调理；这一点从其书信中可以看出。同时他本性酷爱读书学习。由于他相信并声称《伊利亚特》是一本军事艺术的必备之书，据欧奈西克瑞塔斯记载，他随身携带一本由亚里士多德校订的"《伊利亚特》珍本",[①] 睡时也经常把它放在枕下的短剑边。当他深入亚洲时如果无书可读，就命哈培拉斯给他送一些来。哈培拉斯给他送来了斐力斯图斯的书和欧里庇得斯、索福克勒斯和埃斯居罗斯的许多伟大的悲剧作品，以及特勒斯图斯和菲洛克森努斯关于赞美酒神的诗歌。他对亚里士多德推崇备至，并深深热爱着他；如他所言，这种爱甚至超过了对他父亲的爱，因为父亲只给了他生命，而亚里士多德则教导他拥有了高贵的生命。不过，后来他对这位导师多少心存怀疑，虽然没有到伤害他的地步，但是对他友善的关心缺少了从前那股热情和爱慕，这表明他们间的关系日益疏远。但是，被根植到他本性中去的那种对哲学热切的追求却随着他的成长与日俱增，从未在灵魂中消退，这点可以

[①] 参见第 26 节。

从他对阿那克萨库斯的尊重中，从他赠送给克塞诺克拉底五十塔连特作为礼物的事情里，以及他对卡兰那斯和丹达米斯的慷慨赐赠中得见一斑。

9. 当腓力远征拜占庭时，① 亚历山大尽管只有十六岁，却能够留守后方，担任马其顿的摄政和国玺的掌管者，在这期间他平定了米狄人的反叛，并占领了他们的城市，驱逐了所有蛮族，在那里安置下各种居民，并将这个城市命名为亚里山大玻里斯。而且他还在客罗尼亚参与了反对希腊的战争，② 据说他是第一个冲破了忒拜人神圣军团的队列的人。甚至到了我们的时代，在塞费苏斯郊外还能看到一棵古老的橡树，被称为"亚历山大橡木"，因为当时他曾在此安营下帐，马其顿阵亡将士的公墓也距此不远。

这一系列辉煌事业自然使腓力万分钟爱他的儿子，甚至当他听到马其顿人称亚里山大为他们的王，而称他自己为他们的将军时也感到快乐。然而，家庭中还是产生了不和，由于腓力与奥林匹娅斯的恋爱与结合给国家带来了阴影，可以说，女人在管理家务中制造的麻烦蔓延到整个国家中，产生了父子之间的许多不和与剧烈的争执。奥林匹娅斯脾气暴躁，妒忌又阴险，不断地教唆亚历山大使事态扩大。最大的一次公开争吵是由阿塔拉斯在克娄巴特拉的婚礼上引起的。腓力与这个女孩年纪差距虽大，却爱上了她，并娶她为妻。阿塔拉斯是克娄巴特拉的叔叔，婚礼上他借着醉意要求马其顿人向神祈祷，以期腓力和克娄巴特拉生下一个合法的王国继承人。这一句话激怒了亚历山大，他把手中的酒杯朝他砸去，并大声呵斥道："那么我算什么，你这卑鄙的混蛋，你把我当成私生子了吗？"当时腓力气得腾身而起，拿着剑向亚历山大冲去，万幸的是一时盛怒加上酒醉使他一个趔趄摔倒在地。亚历山大趁势嘲讽

---

① 公元前340年。
② 公元前338年。

道:"看,这个人!这就是那个打算跨过欧罗巴直捣亚细亚的人,可他在从这个榻子跨到那个榻子时都会跌跟头。"这次醉酒争吵之后,亚历山大带着奥林匹娅斯出走,把她安置在伊壁鲁斯,自己则驻节伊里利亚。

正当这个时候,科林斯人德马拉图斯来看望腓力,他是这一家人的客人和朋友,是能对他家无所顾忌地坦率直言的人。见面寒暄拥抱之后,腓力问他希腊人之间是否和谐一致。德马拉图斯回答说:"当你使自己的家庭陷入这样巨大的纷争和不幸的时候,腓力你不该去关心什么希腊。"这话让腓力清醒了过来,他派人找到亚历山大,通过德马拉图斯的劝导让他又重新回到家中。

10. 当时,卡里亚省的总督披克索达洛司希望通过联姻方式与腓力暗中达成军事上的联合,他想将他的大女儿嫁给腓力的儿子阿里迪乌斯,并派阿瑞斯托克瑞特斯去马其顿联系此事。亚历山大再一次被他的朋友和母亲编织的诽谤和谣言所迷惑,相信腓力欲通过这一显赫的婚姻与强大的结盟使王国归给阿里迪乌斯统治。他被这些想法搅得烦恼不堪,竟派了悲剧演员帖撒拉斯去卡里亚,说服披克索达洛司放弃和他的私生而且痴傻的哥哥订婚的计划,而与他结成婚盟。这个新计划令披克索达洛司更加高兴。当腓力得知此事后,万分生气,拖着亚历山大的一个同谋的朋友——帕曼纽的儿子菲罗塔斯——冲进他的卧室,严厉地斥责他,辛辣地辱骂他卑鄙无耻,玷污了自己的高贵地位,居然想成为一个卡里亚人的女婿,想为一个蛮族的国王当奴隶。对于帖撒拉斯,腓力写信给科林斯人让他们把他用链子锁住了送回来。亚历山大的其他同谋都被放逐出了马其顿,他们是哈帕拉斯、尼阿卡斯、埃瑞吉亚斯和托勒密,这些人在亚历山大当权后又都被招了回来并给予了最高的荣誉。

当保桑尼阿斯由于阿塔拉斯和克娄巴特拉的唆使受到暴虐的对待,并在腓力那里没有得到公正的处置后,他一气之下刺杀了腓力。大多数人都谴责奥林匹娅斯,传言说是她夸大事端,煽动那个年轻人的愤怒,诱使他去报复；但也有一些非难落到亚历山大身上。据说当保桑尼阿斯被糟蹋后，向亚历山大哭诉自己的不幸，亚历山大便对他吟了一句《美狄亚》中抑扬格诗句：

　　新娘的父亲，新娘和新郎。

尽管如此，亚历山大确实搜查出并惩罚了参与谋杀的人，并对奥林匹娅斯在他不在期间野蛮地处置克娄巴特拉的行径感到愤怒。①

　　11. 亚历山大继承王位、执掌帝国时只有二十岁。此时马其顿面临着巨大的嫉恨，可怖的仇视，以及来自各方面的危险。相邻的蛮族部落不愿再忍受他们的奴役，渴望着恢复他们世代相传的王国；至于希腊，尽管腓力在战场上征服了她，但还没有充分的时间来使她在马其顿的轭下变得驯服；而且因为他打乱和改变了那里行事的原则，反而使之处于动荡纷乱之中。亚历山大的马其顿顾问们惧怕出现大的危机，希望他完全放弃对希腊各城邦的统治，不要在那里再使用武力，并通过怀柔的手段使暴乱的蛮邦恢复忠诚，扑灭他们中反叛的苗头。然而亚历山大却从完全相反的原则出发，认为只有通过无畏与高尚的精神才能赢得帝国的安全和稳定，他确信，如果他看上去哪怕只削损了一点点威严，所有的敌人就会开始向他进攻。因而他迅雷般制止了蛮族的骚乱和战争，带领着部队直达多瑙河边，在那里他与特利巴利的国王西马斯展开一场大战，并击败了他；当他得知忒拜发生了反叛而且还得到雅典人的同情和支持的消息后，立刻挥戈南下，穿过温泉关通道。他宣称，当他在伊利亚人和特利巴利人之中时，德摩斯提尼②还把他称为一个小男孩；当他到达帖撒利时就称他为小伙子了；现在他希望让他们看看站在雅典城墙

---

① 克娄巴特拉一家都被奥林匹娅斯在腓力死后残酷地杀死。
② 雅典最具盛名的演说家，当时反对马其顿称霸希腊。——中译者注

外的是一个真正的男子汉。

当亚历山大兵临忒拜城下之后,[①] 他仍想给忒拜人一个悔过的机会,仅仅要求他们交出叛乱首领培尼克斯和普洛西特斯,并宣布对站到他这边的人进行大赦。但是忒拜人却提出了相反的要求,他们让亚历山大向他们投降,交出大将菲洛塔斯和安提帕特,并且还宣布所有帮助希腊自由的人和他们站在一起;因此亚历山大立即下令攻击,让他们尝尝战火的厉害。虽然马其顿人超过忒拜人数倍,但是忒拜人仍以与自己的弱小不相称的顽强精神和勇气不断向敌人发起攻击。但是,马其顿部队从堡垒中冲杀出来,向他们进攻,他们受到四面包围,大部分阵亡。城池不久被攻破,忒拜惨遭屠城,被夷为平地。亚历山大之所以这样对待忒拜,主要是想用这样残酷的手段来震慑希腊其他城邦,使他们畏缩屈服;同时他还想以此安抚盟友福基斯人和普拉泰伊阿人对忒拜的仇恨。亚历山大只赦免了祭司、马其顿的朋友以及品达[②]的后裔,还有那些投票反对反叛的人,对于其他人(大约三万人)则一律卖为奴隶,据统计,被杀的一共有六千人之多。

12. 在城被攻破后的众多灾难之中,有这样一件事情,一群色雷斯士兵冲进了高贵圣洁的提莫克莱娅的家中,他们的头子无耻地强奸了她,然后还贪婪地问她家里是否藏有金银。她说她藏了,然后单独引着他到了花园,并将一眼井指给他看,对他说当城陷时她亲手把她最贵重的财宝投入其中。当这个色雷斯人附身察看时,她绕到他身后一把把他推了下去,然后推下许多石块砸死了他。她被其他色雷斯人捆住手带到亚历山大处,从她的仪态和步履中可以看出她是一个极其尊贵、精神高尚的人;她平静无畏地跟在引导者的后面,当亚历山大王问她是谁时,她回答说她是特阿真尼的妹妹,他的哥哥曾为了希腊的自由率军与腓力

[①] 公元前335年9月。
[②] 希腊著名诗人。——中译者注

作战，阵亡在客罗尼亚。亚历山大对她的所言所行深感敬佩，下令给予她和她的孩子以自由。

13. 亚历山大还与雅典人达成和解，虽然他知道雅典人为忒拜的厄运深感悲痛，在听说这一不幸消息后，就立刻停止了他们刚开始的秘仪宗教庆典，并积极地接待那些从忒拜逃来寻求庇护的人。尽管如此，或许是因为他的暴怒已经满足厌腻，就像吃饱的狮子一样，或许他想用某种仁慈的行为去抵消那极端野蛮的行径，他不仅免除了对这座城市的所有指控，甚至命令它好好关心它的事务，因为，他知道假如自己出了什么事，那就只能由雅典统治希腊了。后来，据说他给忒拜人带来的灾难经常使他感到懊悔，并使他以后能宽和地对待许多人。当然他在酒醉的时候杀死了克雷塔斯；① 以后，当他的士兵们怯懦地拒绝跟随他去攻击印度，② 好像他们剥夺了他远征的成就和荣耀时，他都会习惯性地将这些归结为是狄俄尼索斯报复的怒火所致。幸存的忒拜人只要来到他面前提出任何要求，都能从他那得到想要的任何东西。这些就是有关忒拜的事情。

14. 在科林斯地峡召开的希腊各城邦的总集会上，投票通过了远征波斯的计划，亚历山大被推为他们的领袖。那时许多政治家和哲学家上前向他表示祝贺，而他却希望正在科林斯逗留的辛诺普的第欧根尼也能来向他祝贺。但是这位哲学家对亚历山大漠不关心，继续享受着他在克瑞尼奥近郊的闲暇生活，于是亚历山大亲自去看他；发现他正躺着晒太阳。当看到如此多的人走近他，第欧根尼略微抬了抬身子，定睛看着亚历山大；这位国王上前向他致意，询问他是否有要求，第欧根尼回答道："有的，请站开一点，不要挡住我的阳光。"据说亚历山大对此话极为震惊，对这个对自己极为藐视他的人身上表现出来的傲慢十分钦

---

① 参见第 51 小节。
② 参见第 62 小节。

佩，在离去的路上别人都在嘲笑这位哲学家的迂腐，而亚历山大却说："如果我不是亚历山大，那我一定就做第欧根尼。"

此时亚历山大希望能得到神关于他远征亚洲的看法，他来到了德尔菲神殿；碰巧他来的那天正逢忌日，在这一天求神谕是不合法的。他先是派人请女祭司来为他求神谕，但她拒绝履行她的职能，并引用了相应的法律来为自己解释；亚历山大听后自己一把捉住女祭司拖着她来到神殿。女祭司被他这股激情所折服，说道："我的孩子，你是不可战胜的。"听到这句话后，他立刻说他再不需要进一步的预言了，因为他已经从女祭司那里得到了他心里想要的神谕。

当他开始他的远征之时，① 似乎有很多神迹自天而降，其中，里波斯拉的奥尔菲神像（为柏木所制）全身上下大汗淋漓。许多人对此感到十分恐惧，但是阿瑞斯坦德告诉亚历山大应当高兴，因为这预示的乃是他将完成一件值得歌咏诗诵的伟业，其功足以让诗人歌者们去经年累月地挥汗记叙歌颂。②

15. 关于亚历山大军队的数量，据最小估计大约有三万步兵、四千骑兵；据最大估计则有四万三千步兵、五千骑兵。关于这些部队的供给问题，据阿里斯多布卢斯说，当时亚历山大手头的费用不足七十塔连特；杜里斯也说给养只够维持三十天；欧色奈西克瑞塔斯说，除此之外他还借了二百塔连特。但是尽管出发时只有如此贫乏的物资，但是在登船之前，亚历山大还是先询问了他的同伴的境况，并分给这个人一块农场，分给另一个人一个村庄，又把某个小村或海港的岁入给他的另一个朋友。结果几乎所有皇家的财产都被他这样分配用尽。他的朋友柏第卡斯问他："噢，国王，您将为您自己留下什么呢？"亚历山大回答道："希望。"柏第卡斯听后说道："那么让我们在随您远征中共享您的希望

---

① 公元前334年早春。
② 参见阿里安《亚历山大远征记》第1卷，第11节。

吧。"然后他婉拒了亚历山大的馈赠,亚历山大的其他一些朋友也同样辞谢了他的礼物。但是对那些希望得到并愿接受他的恩惠的人,亚历山大欣然赠予。他把他在马其顿的大部分财产都这样分给了他的朋友们。然后,他以这种决然的气概和心境跨过了赫勒斯庞提海峡。①

在他登上特洛伊城时,他向雅典娜神献祭并向英雄墓奠酒致敬,还在阿基里斯墓前按古代的传统全身涂油与他的同伴们举行裸体赛跑,然后向墓地敬献花环,他宣称这位英雄是幸福的:生时有幸得到忠诚的朋友,死后有幸有伟大的诗人为之传名。当他参观这片城池的其他古迹时,曾有人问他是否想看一看当年帕里斯的竖琴,② 他回答道:"对那支竖琴,我并无兴趣;我更愿看到阿基里斯的那支竖琴,他曾用它歌唱过勇敢的人们辉煌的事迹。"③

16. 与此同时,大流士的将军们业已集结大军,把它部署在格拉尼卡斯河的渡口对岸;因为此处为进入亚洲的门户,所以一场为进占那儿的战斗不可避免。④ 然而大多数马其顿的军官却心存畏缩,因为那里水深岸险,对岸崎岖不平,而他们在战斗中却不得不向上爬。一些人认为他们还应当谨慎地遵守传统的按月份行动的习惯(因为在戴休斯月,马其顿的国王不应当带兵开战)。对这种反对意见,亚历山大只是命人把那个月称为"第二个阿忒米希文月"就解决了。帕曼纽以天色已晚反对那一天进行冒险的渡河,亚历山大则宣称,在渡过了赫勒斯庞海峡后,如果还畏惧格拉尼卡斯河,那么那条深广的海峡也要为我们汗颜了,说罢他带着十三队骑兵冲入滚滚的河水之中。此时对岸的险处布满了敌人的步兵和骑兵,标枪如雨,河水湍急,汹涌澎湃,士兵们几乎站

---

① 即达达尼尔海峡。——中译者注
② 帕里斯,特洛伊王子,英俊美貌,风流多情,因为他掠走海伦,引发了特洛伊战争。——中译者注
③ 参见《伊利亚特》第9卷,第185—191节。
④ 格拉尼卡斯河战役,发生于公元前334年。——中译者注

立不稳；亚里山大也一点也不像一个智慧的指挥官，而是像个愚昧的疯子。但是他顽固坚持要抢占渡口。在纷乱中，部队还是冲上了泥泞的对岸。在大部队还没过来排成队列之前，他和部队匆匆卷入与敌人的近身格斗之中。敌人杀声震天地压过来，战马前拥后挤，挥矛猛刺，矛断了就抽剑砍杀。许多敌人冲向亚历山大，将他团团围住，因为他臂佩圆盾，头盔的每一面都插着一支硕大洁白的羽毛，所以分外引人瞩目。尽管有一支标枪扎进他的胸铠接口，所幸他并没有受伤。两位波斯大将罗萨西斯和斯皮色瑞达提斯一起冲向他，亚历山大闪过一个，并用他的长矛狠刺身穿胸铠的罗萨西斯，然而因为用力过大，长矛断作两截；他立刻抽出剑来与之搏杀。就在亚历山大与罗萨西斯打在一处时，斯皮色瑞达提斯从一旁又冲了上来，他立在马上手持蛮族的战斧用尽全力对着亚历山大的头劈了下来，亚历山大急忙闪身，头盔的冠顶和一支羽毛被劈了下来，头盔保住了他的命，但是被砍破，斧刃从他的发梢扫过。当斯皮色瑞达提斯抬起手来打算再来一下时，克雷塔斯（"黑克雷塔斯"）冲了上来，用长矛一枪刺穿斯皮色瑞达提斯，同时亚历山大也用剑把罗萨西斯砍倒在地。

在亚历山大的骑兵进行如此凶险残酷的战斗时，他的马其顿重装兵方阵也渡过河来，两方步兵开始交战。然而波斯人并没有顽强抵抗，没过多长时间，除了一些希腊的雇佣兵外就全线败退了。这些雇佣兵在一个高地站稳下来，要求亚历山大许诺他们若投降就给予他们宽大处理。但是亚历山大一时被愤怒支配而失去理性，拒绝宽恕，第一个冲杀过去，结果丧失了自己的坐骑（被一剑刺入了肋骨，不过这匹马不是前面说的那匹叫"布西发拉斯"的马）。这还使马其顿人受到了前所未有的死伤，因为这些雇佣兵懂得怎么打仗，又因为绝望而不惜拼命。

据说在蛮族方面，此战损失了两万步兵，两千五百名骑兵。而亚历山大这一边，据阿里斯多布卢斯说，全部只损失了三十四人，其中有九名是步兵。对于这些人，亚历山大命令为他们塑铜像，这些像都是莱西

289

帕斯所铸的。为了让他希腊的盟友分享这次胜利，他特别向雅典送去缴获的三百副盔甲，并在其他的战利品上刻上下面充满雄心的献词："腓力的儿子和全希腊人的（斯巴达人除外）① 从亚洲蛮族中缴获了这些战利品。"同时他把从波斯夺来的酒器、紫袍及其他这一类的东西，除了一小部分外，都献给了他的母亲。

  17. 这场战役立刻使形势变得对亚历山大有利起来，甚至萨提斯人都归附了他，这是蛮族在海岸线上的堡垒；其他许多地方也都归亚历山大统治了。只有哈里卡那萨斯城和米利都还孤立地抗拒，但它们也被亚历山大迅速地袭取，并征服了它们周边的所有领土。② 这时亚历山大陷入了对未来如何行动的思考和犹豫之中。很多时候他急切地希望倾其全力冒险与大流士决一死战，另一些时候他又想下定决心先占领沿海地区和夺取他们的资源并增强实力，然后再进军与大流士作战。此时在吕西亚的克萨都斯城附近的一眼泉水中，水面自动抬升，四处漫溢，一个刻有古代文字的铜牌浮出水面，上面写着：波斯帝国终有一日将为希腊所毁，彻底覆灭。受这一预言的激励，亚历山大加紧步伐扫清直至希里西亚和腓尼基的海岸线。他沿着帕姆菲利亚海岸线迅急地行进，许多历史学家对此进行了夸大其词的记录，把它说成是一个奇迹，借着伟大天馈的好运，大海退却，为亚历山大让出一条路来，尽管这里平时海涛汹涌，陡峭的崖壁下几乎从不露出狭窄的海滩。米南达曾经在他写的一本喜剧中调侃这一奇迹：

> 这多像亚历山大呀；如果我欲求某人，
> 他就会自动到来；如果我欲穿越大海，
> 海水就立即在我面前退去。

---

① 斯巴达人当时不服从腓力，与马其顿敌对，所以献词中要专门把他们排除在外。——中译者注
② 对这些城邦的攻击直到公元334年晚秋时才结束。

亚历山大在自己信中并没提到过这类不凡之事，而是说他们从发西利斯出发，通过了一条被称为"梯子"的道路。他在发西利斯待了几天，在这期间他发现一个集市上树立着一个去世的发西利斯公民（名叫"铁奥德克塔斯"）的雕像。有一次晚宴后，他醉意浓浓，领着一群狂欢之人来到这个雕像前跳舞，用许多花环给他加冕，颇为合宜地纪念某位哲学家；当亚历山大从学于亚里士多德时，曾经喜欢倾听此人的谈话。

18. 之后，他又击败了与他对抗的皮西地亚人，征服了富里基亚；当他占领了高地亚城后，① 来到据传是米达斯国王的宫殿，目睹了那辆被用山茱萸皮绳紧扣在车辕上的著名的战车，听到了当地言之凿凿地讲的一个故事，即无论是谁解开了这个绳结，就会注定成为全世界的王。后来的许多作家记述说，因为那个绳结的绳头藏而不现，外面绳圈交织地盘绕了很多圈，亚历山大不知从何入手，最后干脆用剑一下劈开绳扣。但是阿里斯多布卢斯却说，他很轻易地就解决了问题：他只是把车辕系在车把手上的插销抽出来，然后就从下面卸下了车辕。②

从那里出发，他征服了帕夫拉高尼亚和卡帕多西亚，同时听到可能会给他制造大量麻烦和无数困难的大流士海岸部队将军迈农的死讯，这越发激励了他深入波斯腹地远征的决心。与此同时，大流士也从苏萨进发到了沿海地带。他因为率领大军（他统领了六十万人）而信心十足，也因他的一个梦而备受鼓舞；然而预言师在解释这个梦时只是拣好听的说，而没有说出其中的真实含义。大流士梦到了马其顿的方阵陷入一片火海，亚历山大穿着他自己担任皇家廷臣时所穿的那种袍子服侍他，然后进入柏拉斯神殿后消失不见。这个梦的真意似乎在于，天降预兆给大流士：马其顿的伟业将如火焰般辉煌壮丽，亚历山大将成为亚洲的主

---

① 公元前333年初。
② 参见阿里安《亚历山大远征记》第2卷，第3节。

人，正如大流士从皇家廷臣升做国王后成为亚洲的主人一样，然后他将在荣耀中迅速地结束他的一生。

19. 由于亚历山大长久滞留在西西里亚，大流士的自我感觉更加良好，他认为亚历山大是胆怯了。然而滞留在那里的原因是亚历山大身染重病；据一些人说他的病是因疲惫过度所致，而据另一些人说则是因为他在冰冷刺骨的西德纳斯河里洗浴所致。似乎没有一个医生敢于诊治，一是因为亚历山大似乎已经病入膏肓，无药可治；二是由于一旦治不好，马其顿人如果怪罪下来无法担待。但是阿卡那尼亚的腓力看到亚历山大王处于不幸的困境中时，出于对他们间友谊的信任，决心哪怕冒天大的风险，也要尝试用尽医术给予治疗。他准备了药物，劝说亚历山大，如果想恢复体力投入战争，就冒险一试。就在这时，帕曼纽从军营中给亚历山大送来一封信，提醒他提防腓力，因为大流士曾想将自己的女儿许配给他，并赠送他大量的礼物，以此收买他，希望他能杀掉亚历山大。亚历山大读完信后把它放在枕头下边，甚至没给任何最亲近的朋友看。当到了约好的时间，腓力端着盛药的杯子走进来，亚历山大一面把枕下的信递给腓力，一面从他手里接过药，立即服下，毫无犹豫之情。当时场面极富戏剧性，令人惊悸感动，一个正在读信，一个正在喝药，两人同时转睛抬眼，四目相对，形容表情却大不相同；亚历山大显得从容愉快，眼光中透出对腓力的信任和善意，而腓力却对谣言指控极为震惊，一时举手向天，求神鉴其一片真诚无辜，一时又附在亚里山大的榻边，恳请他勇敢地接受他的治疗。药力很强，发生作用后好像把亚历山大的生命力驱赶到他的身体最深处之中，他的声音变得微弱，陷入昏迷，几乎完全丧失了感觉。但在腓力的治疗下他很快恢复了健康。当他气力恢复后就公开露面，让所有那些看不到他的面容就寝食难安的马其顿人安下心来。①

---

① 参见阿里安《亚历山大远征记》第2卷，第4节。

20. 在大流士的军中有一个从马其顿逃出来的人叫阿明塔斯，他很了解亚历山大的特性。就是这个人，当他看到大流士急于在狭窄的山道上攻击亚历山大时，便请求大流士待在原处，这样就可以在宽阔平坦的平原上凭优势兵力与在数量上少得多的亚历山大的军队展开决战。大流士回答道，他担心的是在他接近敌军之前，他们就会望风而逃了，结果让亚历山大从他的手中溜走。阿明塔斯听后说道："在这一点上你实在不用担心，噢，大王；因为亚历山大不会跑，反而一定会进军攻击你——也许就在此时，他已经进兵了。"大流士根本听不进阿明塔斯的这些话，拔营起寨向着西里西亚进军；与此同时亚历山大也向叙利亚进军，欲攻击大流士。但是在夜幕当中两军互相错过，然后双方又都调过头来，亚里山大庆幸他的好运，急切地希望能和他的对手在山间狭道上相遇，而大流士也急于从山道中撤回，重新占据原来的营地。因为大流士已经看到，他错误地把自己置于这样的地形中，山地、海泽，还有一条河（品那如斯河）横贯其间，把地形分成很多小块，这极不利于他的骑兵作战，而这却十分有利于数量上较少的敌人。在作战的地势上命运确实偏向于亚历山大，但是更重要的是他的将才出众。他的兵力在数量上大大少于蛮族的军队，但他并没有让敌人给包抄了，反而亲自统率他的右翼部队绕过敌人的左翼，从侧面向敌人发起猛烈攻击，并击溃了反抗他们的蛮族军队。亚历山大身先士卒，大腿上也被剑刺伤。卡瑞斯说这个伤是他与大流士在战场上短兵相接时，被大流士刺的，但是亚历山大在写给安提帕特关于这次战争的信中却没有提及是谁刺伤了他；他只写道他大腿上被短剑刺伤，但是伤势并不严重。[①]

尽管他赢得了一次辉煌的胜利，歼灭了超过十一万的敌人，但是没有捉住大流士，后者差一点就没有逃脱。亚历山大缴获了大流士的战车和弓箭后，收兵返回，发现他的马其顿官兵们正在从蛮族的帐篷中搜夺

---

① 参见阿里安《亚历山大远征记》第7—10卷。

大量财宝。尽管波斯人在到达战场前为了轻装前进已经把许多行囊留在了大马士革,但营帐中的财宝还是多得不计其数;他的手下从中把大流士的帐篷找出来,里面堆积着华丽的器皿、家具和数不尽的财宝。亚历山大立即脱掉盔甲走进浴室,说道:"让我们到大流士的浴室里洗去我们沙场征尘。"而他的一个同伴说道:"不,这是亚历山大的浴室,因为被征服者的财富必须属于征服者,重新命名。"当他进去后,看到水盆、水罐、水桶、膏油瓶等,全都是金子做的,雕刻得充满异国情调;整个房间里飘着香料和膏油散发出的不可思议的香气。当他穿过这些东西进入另一个帐篷时,不觉惊叹它的高大宽敞,也称奇于几案卧榻的华美装饰,他回过头来对他的同伴们说:"这才像是一位国王呀。"

21. 当他正要用晚餐时,有人进来告诉他,在囚犯中间发现了大流士的母亲、妻子和他的两个未婚的女儿;因为当她们看到波斯国王的战车和弓箭,以为他已经死了,于是顿足捶胸,痛哭流涕。亚历山大沉思片刻,她们的痛苦甚至比战斗的胜利更打动了他的心灵,他命令利昂那塔斯向她们传达他的旨意,告诉她们大流士还没有死,让她们不必害怕亚历山大,因为他与大流士开战是为了争夺统治权力,而她们依然会得到当大流士曾为国王时她们所应得到的任何东西。如果这条旨意让妇女们感到了温和友善,那么亚历山大接下来所做的事更证明了他的人道。他允许她们可以安葬任何波斯人,并为此目的可以从战利品中取用任何衣服和饰物;他不但不减少她们半点曾经享有的尊显待遇,还给予她们比以前更多的关照。而且,这些高贵文雅的妇女从亚历山大那里得到的最为尊贵、最合乎王家风范的照顾是,她们在囚禁中既没有听说,也没有遇到,甚至都没有怀疑过任何玷污她们的名誉的事情。她们好像生活于神圣不可侵犯的圣殿童贞女闺房中,隐秘安全,而非生活于敌营当中。据说大流士的妻子是当时最美丽的皇后,正像大流士本人也高大挺拔,风度潇洒一样;他们的女儿的漂亮也一点不逊色。

但是,亚历山大似乎认为自我控制比征服敌人更是一位君王的事业，他既不想对她们动一个手指头，也不再会对任何女人存有念想，唯一的例外是对巴西妮。这个女人是迈农的寡妻，在大马士革被俘。因为她受的是希腊式的教育，并有着令人喜爱的气质，又因为她的父亲，阿塔巴札斯，是国王女儿的儿子，亚历山大（据阿里斯多布卢斯说，是在帕曼纽的怂恿下）陷入了对这位出身高贵而美丽的女人的爱恋之中。但是对其他被俘的妇女，尽管她们个个端庄秀丽，他也只是开玩笑地说波斯女人令人眼目痛苦。在这些美人的美貌面前，他显示出了更胜一等的美好——他的清醒和自制。他经过她们面前时，就像是面对一些没有生命的画像。

22. 有一次，他布置在海岸边的军队指挥官司菲洛克森努斯写信给他，说有一个塔伦同人叫色奥多罗斯，他有两个绝色娈童想出卖，不知亚历山大是否想买他们。亚历山大被这封信所激怒，在他的朋友面前频频抱怨，问是否他自己曾经有什么不检点的事被菲洛克森努斯看到，使得后者居然提这种可耻的建议。他给菲洛克森努斯写了一封严厉斥责的信，并命他把色奥多罗斯和他的娈童处死。当哈格农写信给亚历山大，说他想买以美艳著称于科林斯的克罗比洛丝作为礼物进献时，也受到了同样严厉的责备。还有，当他得知帕曼纽手下的两个马其顿士兵达蒙和提谟修斯奸污了一些雇佣兵的妻子，他写信给帕曼纽说，如果这两个人所犯属实那就是危害人类的禽兽，务必严惩处死。在这封信中他也提到了他自己，他写道："就我而言，你们可以看到，我不仅没有去看，也没想去看大流士的妻子，而且我不许人们在我面前谈起她的美貌。"他经常说，比起其他事来，睡眠和性爱更令他意识到自己是有死的凡人，因为它们表明劳苦和享乐生自同样的人性弱点。

他还完全控制着他的食欲，这表现在许多方面，其中最为典型地表现在他与阿达女王的谈话中。他称她为母亲，并使她成为卡里亚女王。女王出于亲善每天给他送去各种美味和蜜饯，后来又说要送给他技艺精湛的面包师和厨师为他服务，他却说道他并不需要，因为他从他的老师利奥尼达斯那里已经得到了更好的厨师:星夜行军为他准备好了早餐的胃口,而少许的早餐又使他在晚餐时吃得很香。他还说:"利奥尼达斯经常跑来打开我的箱子和柜子,检查我母亲是不是在那里给我藏了奢侈多余的东西。"

23. 对于饮酒,亚历山大也不像一般人想的那样沉溺其中。人们之所以这样看他,是因为当他有闲暇时,喜欢在桌前待很久(其实说得多,喝得少),每喝一杯时都要长篇大论一番。因为重担在身,他不能像其他的将军那样,为美酒、休闲、体育、爱情和奇景所耽搁。他的一生就是很好的证明,尽管这是短暂的一生,却充满了伟大的业绩。在他偶有闲暇的时刻,他起床祭神后,立刻吃早点,然后他会去狩猎,主持审判,安排军务和读书。如果行军不是十分紧张,他会练习射箭、爬山,或去练习从行进的战车中跳上跳下。在他的日记中也可以看到,他有时也打狐狸和鸟作为消遣。当他在晚上安营住下后,他在洗澡或涂油膏时,会询问他的大厨或面包师们晚餐是否及时准备好了;到了天色昏黑时,他便斜倚在卧榻上开始用餐。在进餐时他表现出令人钦佩的细心和周全,对大家招待得公平大方;如我们所说,他喜欢长谈,所以会在酒桌前待很久。尽管一般来说他的谈话是左右君王中最亲切宜人的,但他往往也会自吹自擂,像个大兵一样。结果使谄媚之徒有可乘之机。这使他的最好的朋友深感不安,因为他们既不愿争相献媚,也不愿在称颂亚历山大中甘拜下风;他们认为前者太丢人,而后者隐含着风险。饮酒结束后,亚历山大会洗个澡,然后睡去,经常睡到第二天正午;有时候他会睡上一整天。

对于所有的美味,亚历山大都能控制住他的欲望,所以当有人从海边给他送来珍稀水果或海鲜时,他总是将它们分给他的每一位伙伴,往往最后没有了他的那份。尽管如此,他的晚餐总是十分豪华;而且随着他的胜利,花费在这上面的钱越来越多,直到最后要一万德拉克马之巨。不过到此就打住了,这个数字是他规定花在自己参加的宴饮娱乐上的用度的上限。

24. 伊苏斯战役之后，① 他进兵大马士革，劫掠了那里波斯人的钱财货物和他们的妻子儿女。帖撒利的骑兵尤其大发其财，因为在战争中他们表现得过人神勇，所以才被亚历山大有意派去进攻，以好好酬劳他们一番。但是其他部队也都得到了许多财富。马其顿人第一次尝到了黄金、白银、美女及蛮族奢华生活的味道，现在他们像狗一样地四处寻找波斯人的踪迹，搜刮波斯人的财宝。

然而，亚历山大决定首先确保自己对海岸线的统治。除了提尔外，塞浦路丝和腓尼基的国王都立刻臣服于亚历山大的统治。对提尔的攻击进行了七个月，② 战斗中使用了堤道、大量攻城器械，还在海上动用了两百艘三层桨战舰。攻打提尔期间，亚历山大做了一个梦，梦见赫拉克勒斯站在提尔的墙头向他招手并呼唤他。而许多提尔人则梦到阿波罗告诉他们说，他要离开他们站到亚历山大一边，因为他对城里进行的一切很不满意。于是，阿波罗神好像变成了一个在投降敌人时被当场捉住的逃兵，人们用绳索捆住他的巨像，把它钉在基座上，并叫它是"亚历山大分子"。在亚历山大的另一个梦中，他梦到一个萨蹄尔③在很远的地方嘲弄他，当他努力接近并想捉住它时，它就逃开，但是经过多次的引诱和追击，终于使它屈服了。预言师将"萨蹄尔"一词分为两个部分，言之凿凿地对亚历山大解释说："提尔将是你的了。"④ 当地的居民今天还能指出一眼泉水，说亚历山大就是在它的近旁梦到萨蹄尔的。

当对提尔的攻击还在继续时，亚历山大同时开始远征居住在安提黎巴嫩山区的阿拉伯人。在这次远征中他冒着生命危险救了他的老师李希

---

① 公元前333年11月。
② 公元前332年1—8月。
③ 希腊传说中的半人半羊神。——中译者注
④ 古语中"提尔"（Tyre）一词包含在"萨提尔"（Satyros）一词之中，所以预言师才这样说。——中译者注

马库斯的命,这位老人坚持要跟随他出征,宣称他自己一点也不比培尼克斯老弱。①但是当军队接近山区后,他们弃马,徒步行进,大多数人都走远了。亚历山大自己不愿意抛下精疲力竭的李希马库斯,因为夜幕降临,敌人就在附近,所以一路和他在一起,鼓励支持着他往前走。不知不觉中,他与自己的军队分离了,身边只有几个随从跟着他,不得不在四周漆黑寒冷、路途崎岖艰险的环境中度过一夜了。在这种困境中,他看到远处敌人燃起的篝火星星点点。因为他对自己的身体敏捷充满信心,而且也习惯于在马其顿人处于困境中时不辞劳苦、身先士卒来激励他们,他便向最近的一团篝火跑去。两个蛮族正坐在火堆旁,他冲过去用短剑杀死他们,然后拿起一支燃烧的木柴回到自己的一方。他们立即点燃了一堆大火,一些敌人被吓逃了,而另一些冲上来的也被击败。于是这一夜平安无事。这是我们从卡瑞斯的记载中得知的。

25. 对提尔的围攻还在进行。亚历山大把承担许多战斗的军队都撤下来休整,只领着少数的人攻城,目的是不让敌人得以喘息。这时预言师阿瑞斯坦德进行了祭祀,然后从得到的征兆中非常自信地对旁观的人们宣布,城池将在这个月里被攻克。他的话引起了一片嘲笑,因为这一天已经是这个月的最后一天了。亚历山大一直都热情地支持着他的预测,看到他陷入窘境,便命人不要把那一天算作是那个月的第三十天,而是算作第二十八天;然后,当号角吹响进攻的信号后,他振奋起几倍的斗志攻向城墙。战斗异常猛烈,甚至留在营地的部队也抑制不住自己,纷纷冲上去帮助攻城的军队。提尔人投降了;于是亚历山大正好在预言的那一天攻陷了这座城池。

之后他又向叙利亚的首要的城市格扎发动了攻击。②当时有一只鸟在空中向亚历山大投下一个土块,正砸在他的肩膀上。当这只鸟落到作

---

① 参见第5小节。
② 公元332年10月。

战的机械上时，立刻被上面的网绳缠住。阿瑞斯坦德对此的解释是，尽管亚历山大肩膀受伤，但城市将被攻下，结果事实也确实是如此。然后亚历山大派人把劫掠的大量战利品送给家乡的奥林匹娅斯、克娄巴特拉和其他一些朋友，他还给他的老师利奥尼达送去了重达五百塔连特的乳香和一百塔连特的没药，作为当他童年时期老师在他心中激起的希望的纪念。这事好像是这样的，当年有一次亚历山大在祭祀的时候，两手捧着香料洒入祭坛的火中，利奥尼达就对他说："亚历山大，当你征服了盛产香料的地方时，你才能这样放开手脚用香料；现在你必须节俭。"因此，亚历山大在写给他的信中说道："我给您送去充足的乳香和没药，你可以不再对神灵吝啬了。"

26. 当一个小宝箱送到亚历山大手中时，那些看管大流士财物的人们都认为它是他们那里最珍贵的东西，于是亚历山大问他的朋友们什么东西最值得存放在里面。大家众说纷纭、莫衷一是，亚历山大最后说他要在里面放一本《伊利亚特》妥善保存。[①] 这个传说为许多可靠的传记作家们所证实。如果亚历山大人根据赫拉克莱德斯的权威告诉我们的话是真实的，那么"荷马"在他的远征中就不是一个无用的多余伴侣。据说，在征服埃及后，他希望建立一个地域广大、人口众多的希腊式城邦，此城将以他的名字命名。根据他的设计师的意见，他已经打算为此丈量出地皮围起来。然而那天晚上当他睡下时，一幅壮丽的景象呈现在他眼前。一个两鬓斑白、神色庄重的老人站在他的面前，对他背诵了一段诗文：

> 在埃及的岸边，波涛汹涌的海面上，
> 浮现出一座岛屿；人们称它为发罗斯。[②]

[①] 参见第 8 小节。
[②] 荷马《奥德赛》第 4 卷，第 354 小节。

听到此，亚历山大猛地从梦中跃起，向着发罗斯走去。当时它还是一个岛，位于在尼罗河的卡诺比克河口的外边不远，但是现在它已通过一条堤道与大陆相连起来了。亚历山大看到这个地点具有无与伦比的自然优势（这是一片陆地，像一条宽阔的地峡，一边是一个巨大的礁湖，另一边是海，并与一座巨大的海港隔海相望），他禁不住说道：荷马不仅在其他方面令人钦佩，而且还是一位非常聪明的建筑师。他指示根据这一地点来规划新城。因为手头没有灰笔，所以他们就将大麦粉撒在黑色的土地上，划出一个半圆形的区域；[①] 在圆弧内连接上许多直线，显出了一个短髦形的或军披风形的图形。这些线可以说是从衣服的下摆出发，整齐划一地逐渐切分那个区域。亚历山大王为这一设计而欣喜不已。突然，从尼罗河和礁湖中飞出无数只不同种类、不同大小的鸟，像乌云一样同时落在那片地上，把地上的大麦粉吃了个一干二净。这一征兆甚至使亚历山大本人都感到极为不安。

但预言师的解释使亚历山大转忧为喜，他们说这预示着由他在这里亲自建立的城市会十分富庶，它的资源将像哺乳的母亲般滋养各民族的人们。听了这话，亚历山大下令修筑此城，而他自己则出发去阿蒙神庙。这一旅途道路漫长，充满种种艰辛，还有两个特别的危险。一个是断水，它可能使旅行者们多日缺水；另一个是当人们行进在无底深渊般的沙砾里时，会遇上凶猛的南风；据说很久前冈比西斯的军队就曾遭到如此厄运，当时巨浪般涌起的砂石在平原上奔腾，五万人葬身沙海，军队被完全毁灭。尽管亚历山大的所有随从都指出这些危险，但是他一旦决定了的事情，谁都无法改变。命运迄今总是眷顾着他，这使他十分固执，他的勇敢气质又使他特别喜好去征服困难；好像战场上的接连胜利还不够一样，还要叫地形、季节和自然都向他臣服。

27. 无论如何，在这次的旅途中，当遇到困境时他确实得到了不可

[①] 参见阿里安《亚历山大远征记》第3卷，第2节。

思议的神助，比他以后得到的神谕都更使他确信不疑，而且在某种程度上，也正是由于这种神助，才使神谕显得可信。比如从天而降的大雨瓢泼不断，祛除了人们心中对干渴的恐惧，结束了沙漠中的炎热，使沙地变得潮湿坚实，空气纯净清新。还有，当人们走迷了路，无所适从时，一群渡鸦出现，好像专门来为他们指路，迅捷地飞在他们前面；人们一路跟随。当他们越走越慢落在后面时，它们就停下来等他们。据卡利西尼斯说，更使人惊奇的是，当黑夜到来时，这些渡鸦通过哇哇的叫声唤回走失的人们，使他们又回到正确的道路上。①

当亚历山大越过沙漠来到神殿后，阿蒙神殿的大祭司以亚历山大的父亲——阿蒙神——的名义向他表示了欢迎；于是亚历山大问道，是否有任何杀害他父亲的凶手从他手中逃脱。对这个问题祭司提请他注意自己的言辞，因为他的父亲并不是一个凡人。于是亚历山大转换说话的方式问杀害腓力的凶手是否都已经得到了惩罚。对于他的帝国，他问道是否天命使他能成为全人类的统治者。神的回答是他得到了这种天命，而且腓力的仇已报。亚历山大向神献上了丰厚的祭品，并给予祭司们大量金钱作为礼物。

这就是大多数作家对神谕答复的记述，但是亚历山大自己在给他母亲的一封信中说道：他得到某种秘密的回答，他回来后将把它单独告诉她。一些人说祭司为了向亚历山大表示友好，向他致词时用了"O, paidion"（即"我的儿子"）一词，但由于祭司先知讲的外语有发音问题，以"s"代替了结尾的"n"音，这样就读成了"O paidios"。亚历山大对这个小小的口误感到很高兴。有一种说法流传开来，说神对亚历山大的称呼是"O pai Dios"（即"噢，宙斯的儿子"）。

而且他还听了埃及哲学家萨蒙的讲课，他尤其接受其中的这一教诲：所有的人都是在神的统治之下，因为在所有情况下，做首领的总是

---

① 参见阿里安《亚历山大远征记》第3卷，第3—5节。

301

神圣的。然而他自己关于这一主题的意见则更为哲学化，即尽管神是所有人类的共同父亲，然而，他特别把高贵和优秀的人看作是自己的子嗣。

28. 一般来说亚历山大总是傲慢地对待野蛮人，好像完全相信他出生于神的谱系。但是当他和希腊人在一起时，他言行适度，很少会说他拥有神性。不过有一次，他就萨摩斯问题致信雅典人时写道："我从来也不曾把这个自由繁荣的城市给予你们，因为你们是从你们的主人——那个被称为我的父亲的人——那里得到它的"，这里指的是腓力。以后有一次，当他被箭射中，他忍受着巨大的疼痛说道：

> 我的朋友，这里流淌的是血，而不是"灵液，那是从至福的神的经脉中流出的"。①

还有一次，天上传来一声霹雳，所有的人都惊恐不已；当时在场的智者阿那克萨库斯就此对亚历山大说道："宙斯的儿子，你能否也发出这样的霹雳？"亚历山大开怀大笑，说道："不，我不想惊吓我的朋友。正如你如果嫌弃我的晚餐，说只看到摆的是鱼，而没有看到摆着波斯总督的头颅，我也不会按照你想要的去做。"实际上，据说阿那克萨库斯在看到亚历山大送给赫菲斯提昂一只小鱼作礼物时，说出以上这段话，似乎是在批评和嘲笑那些历经千难万险苦苦追逐名望和权力的人，因为他们在享乐上比其他人强不了多少。从这些话中我们可以看到，亚历山大并没有因为相信自己的神性而愚蠢，丝毫也没有得意忘形；他只是借助这种说法来统治其他民族而已。

29. 当他从埃及回到腓尼基，② 他用神圣的仪式和牺牲来祭祀了神，

---

① 《伊利亚特》第 5 卷，第 340 小节。
② 公元前 331 年初。

然后又举行了赞美酒神的合唱竞赛和悲剧表演的竞赛，比赛办得十分华丽热闹，不仅是因为舞台设备和装饰的精美，而且是因为参赛的领头人或赞助者的热情。如同在雅典是通过抽签选出参赛领头人一样，这里是由塞浦路斯的国王们担任领头人。最热烈的竞争在萨拉米的尼柯克雷恩与索利的帕西克拉特之间展开，因为他们通过抽签拥有了最受欢迎的演员。帕西克拉特的演员是阿特诺多汝斯，尼柯克雷恩的演员是色萨洛斯。亚历山大个人偏爱的是后者。但是他隐瞒了自己的喜好，直到最后裁判投票宣布阿特诺多汝斯获胜。之后，当亚历山大离开剧场时说道：他支持裁判的决定，但是如果放弃他王国的一片土地能换得色萨洛斯的胜利的话，他将会欣然同意。尽管如此，当阿特诺多汝斯因为没有继续参加雅典人的狄俄尼索斯节日戏剧比赛而受到罚款时，他请求亚历山大王能为他向雅典人写一封信。亚历山大虽然不同意这么做，却用自己的钱为他交了罚金。在演出中还有一个斯卡菲亚的莱科恩，他在亚历山大面前表演得非常成功，并在喜剧的诗句中加进了一句向亚历山大要十个塔连特的词，亚历山大听后大笑，按数给了他这么多钱。

大流士派人给亚历山大送来一封信，还请朋友来说情，[①] 希望能以一万个塔连特赎回俘虏，将幼发拉底河这一边的所有领土都划归他所有，并将他的一个女儿嫁给他，以求能和他结盟，化敌为友。亚历山大和他的同伴们一起讨论此事，帕曼纽说："如果我是亚历山大，就会接受这些条件"。亚历山大则说，"如果我是帕曼纽的话，我也一定会接受"。在给大流士的回信中亚历山大写道："来归顺我，你将得到一切礼遇；不然我将立刻攻击你。"

30. 不过，很快他就为这样答复大流士而后悔了，因为大流士的妻子在分娩中死去，很明显，他十分懊恼失去了一个显示他仁慈的机会。因而他给这个女人安排了一场十分奢华的葬礼。一个在寝宫里伺候她的

[①] 此事发生在攻打提尔之时，参见阿里安《亚历山大远征记》第 2 卷，第 25 节。

叫特伊雷奥斯的被俘阉人趁机从营房中跑了出来，骑着马逃到了大流士那里，告诉了他妻子去世的消息。当这位国王听到这个噩耗后，击打着自己的头，发出痛苦的哭号，说道："哎呀，波斯的命运真是苦啊！他们王的妻子和姐妹们不但生时为囚，死后还被剥夺了皇家的葬礼的荣耀。""不，我的国王"，这位内侍说道，"在她的葬礼上，她享受到了所有相称的荣耀，您不该责备波斯的命运。因为我的女主人斯塔苔拉还有您的母亲和子女，活着的时候并未缺少半点她们一直享有的幸福，除了无法亲睹圣上的龙颜光彩；而大神将来一定会再度为她送去这一光彩；而且，她死后也没有被剥夺任何葬礼的华彩，她甚至还得到了敌人的眼泪为之增光。亚历山大在胜利后的温和与他在战场上的凶恶是一样地强烈"。

当大流士听到了这些话时，因为焦虑烦乱和忧伤，一点也不愿相信；他把这个内侍引入帐篷中隐秘的一隅，对他说道："如果你没有和波斯人的命运一道背叛了我，倒向马其顿人一边，而且如果我，大流士，还是你的国王和主人，那么凭你对弥特拉斯神的神圣光明和你的国王的右手起誓，告诉我，我不该为斯塔苔拉的被俘和死亡悲痛吗？当她生时我是否没有遭到令我心碎的耻辱？如果我遇到的是一个愤怒野蛮的敌人，我不幸的命运岂不会与我的荣誉更为相称？那位年轻人这样对待他的敌人的妻子，除了是为了羞辱他的敌人，又能是出于什么动机？"当波斯王还在滔滔不绝地讲着的时候，特伊雷奥斯一下跪倒在他面前，央求他恢复平静，不要错怪亚历山大，也不要去羞辱自己已经死去的姐妹和妻子，更不要使自己失去了灾难中的最大安慰，即相信那个征服过他的人超越了一般的人性；不但如此，还应当敬佩亚历山大以极大的自制对待波斯的妇女，甚至比他在战场上以对待波斯男人的勇武还有过之而无不及。最后，这个阉人以神圣的誓言来证明自己所说的一切属实，并大谈亚历山大的宽宏大量和自我克制；大流士走了出去，来到部下们中间，他双手举起对天祈祷道："噢，保佑我的种族和王国的神们啊，接受我的恳请吧,救我使波斯脱离所遭的厄运,让它和我登基接手时那样繁荣昌盛吧,让我能够酬谢亚历山大在我处于厄运中时对我的恩惠;但是,如果天神的妒忌和命运的定数必将亡我,波斯国势当绝,那就请求神不许其他任何人坐在居鲁士尊贵的王座上,只将此殊誉赐予亚历山大。"以上这些言行事迹为许多历史学家所证实。①

31. 此时亚历山大已将幼发拉底河以西所有国家都征服了,他开始举兵再次进攻大流士,而大流士也陈兵百万与之相对。② 在行军中发生了一件可笑的事,营地的侍从分成两队进行比赛,各自设一个指挥官,一个被叫做"亚历山大",另一个叫"大流士";开始时他们只是互相投掷土块,继而拳脚相加,最后越斗越狠,用上了石头和木棍,很难平复。亚历山大听说后,命令两边领头的单独出来打斗,对那个被称作"亚历山大"的,由他自己提供了盔甲,而称作"大流士"的,则由菲罗塔斯提供盔甲。军队列在两边观看,把打斗的结果看做是未来征战的某种预兆。经过一番激烈的拼打,被称作"亚历山大"的人赢了,他得到了十二个村庄和有权穿波斯人衣服的奖励。这件事是我们从埃拉托西尼斯那里知道的。

这场进攻大流士的伟大战争并非如许多作者所记载的发生在阿尔柏拉,而是发生在高加米拉。③ 这个词意思是"骆驼屋",因为古代有一个国王曾骑着一匹健步如飞的骆驼从敌人手中逃脱,后来他让这只骆驼在此处安家,并拿出一些岁入,指定附近的村庄照顾它。碰巧在波德罗米翁月出现了月全食,④ 时间大约正好在雅典人举行秘仪宗教庆典的开始的时候。这次月食后第十一天,两支大军就相遇了。大流士让他的军队处于高度戒备状态中,并手持火炬亲自巡察;而亚历山大自己则在马

---

① 参见阿里安《亚历山大远征记》第4卷,第20节。
② 公元前331年6—7月。
③ 参见阿里安《亚历山大远征记》第3卷,第8节。
④ 公元前331年9月20日。

其顿士兵们睡去后还和他的预言师阿瑞斯坦德在帐篷前深夜不眠，举行神圣的秘仪，向"恐惧之神"献祭。同时，他的老朋友们，特别是帕曼纽，看到在尼发提斯和高地亚山区之间燃遍了蛮族的篝火，混杂难辨的喧嚣声如海潮般此起彼伏地传来，都为如此数量的士兵所震惊，互相讨论说，如果在光天化日下击退这潮水般的大军将是多么巨大艰险的任务。因而他们等亚历山大祭祀完后，都来竭力劝说他在夜间发起进攻，借着夜色掩饰住战斗中的危险。① 但是亚历山大给了他们一个著名的回答，"我不去偷来我的胜利"。有些人认为他的回答十分虚夸，在这样大的危险面前还开玩笑。另一些人则认为他对当前形势有充分的自信，十分正确地估计了未来，使大流士不至于如果战败的话把原因归为夜黑，如以前在山区、隧道和海上打败他那样，从而使他再也没有勇气重整军马卷土重来。大流士在这样广阔的战场上招集了如此众多的士兵，这将使他不会因为缺少军力而放弃战争，只有在光天化日下彻底打败他，才能击碎他的勇气和希望，使他最终放弃战争。

32. 人们走后，亚历山大在自己的帐篷中躺下；据说在这一夜余下的时间里，他睡得比平时沉得多，以致当他的军官早上走近他时都觉得惊讶不已；他们自己发布命令让士兵首先吃早饭。之后，因为情况紧急，帕曼纽走进帐篷，站在他的卧榻前，叫了他两三声才唤醒他。帕曼纽问他道：你怎么能睡着的，就好像仗已经打胜了，而不是正在准备去打你所有战斗中这最大的一仗。亚历山大面带微笑，说道："请问，难道你不认为我们已经是胜利者了吗？现在我们不是可以不必再四处奔走，在这个广大荒芜的国家寻找那个逃避战斗的大流士了吗？"不论是在战斗之前，还是在白热化的战斗之中，亚历山大都显现出他的伟大和对自己的计划的坚信不凝。在战斗中，帕曼纽指挥的左翼在巴拉克拉斯人的骑兵的冲杀之下进兵受阻、陷入困境；同时马扎亚斯又命骑兵从战

---

① 参见阿里安《亚历山大远征记》第3卷，第10节，帕曼纽主张夜攻。

线边缘绕过，攻击看守辎重的马其顿部队。帕曼纽腹面受敌，心急火燎，派人向亚历山大禀告，如果不从前面抽调强大的援兵支持后方，①那么营房和辎重将全完了。此时亚历山大正准备对他统率的部队发出攻击命令；当他得到帕曼纽的消息后，他说：帕曼纽现在真是神志失常，没了理智，困境让他忘了简单的道理：胜者不仅分毫无损，而且还可以补充从敌人那里得到的辎重；至于失败者，那就用不着去想着他的财富和奴隶，只能想如何光荣地战死了。

亚历山大派人将这个信息送给帕曼纽，然后，他戴上头盔，从帐篷中走出，并披戴上其余盔甲，他贴身穿着西西里马甲，在它外面是由双层亚麻制面的护胸甲，这是伊苏斯战役中的战利品。他的头盔虽是铁制的，但熠熠生辉，宛若镀银，这是西奥菲勒斯的手艺；头盔下的护喉甲镶着宝石。他的剑锋利坚韧，闪闪发光，这是西提恩国王的礼物；他总是训练自己在战斗中用剑来搏斗。他还系了一条皮带，做工尤为精美，是古人希里康的手艺，为罗德岛所敬献，他习惯于战时佩戴它。平时凡是出外巡游，只召集部分方阵，或是激励、训导和检阅他的士兵时，他一般不骑布西发拉斯，这匹马已过壮年，而换骑其他的马，然而无论何时只要他准备投入战斗，他便又牵出布西发拉斯，骑上它进行攻击。

33. 此时亚历山大对帖撒利人和其他希腊人作了一次非常长的演讲，当他看到他们欢呼着支持他领导他们攻击蛮族时，如卡利西尼斯告诉我们的，他将长矛换到左手，用他的右手向众神祈祷说，如果他真是宙斯的后裔，就请他们保佑和支持希腊人。预言师阿瑞斯坦德身穿白色斗篷，头戴金冠，骑马立于队列之间，他指着一只鹰，它在亚历山大头顶盘旋，随后径直冲向敌人。看到这一情景，人们受到极大的鼓舞，在互相劝勉鼓励之后，骑兵全速冲向敌阵，马其顿的重装兵方阵紧随其后，像洪水般涌来。但前锋部队还没有冲到敌阵，敌人就开始溃退，受

---

① 帕曼纽在那里是在亚历山大追击大流士时向他求援的。

到了激烈的追杀。亚历山大追着逃敌，向敌阵的中心冲去，大流士就在那里。从很远处，亚历山大就透过重重皇家骑兵队列看到了他。① 大流士生得英俊高大，引人瞩目，站在高高的战车上，被许多华丽的骑兵队列保护着；骑兵密集地围绕在他的战车周围准备迎敌。当他们看到亚历山大凶狠地接近，前面驱赶着溃兵时，都惊慌失措地逃开。那些少数最为勇敢和高贵的骑兵被杀死在国王面前，堆积在一起，人和马扭曲在一起发出最后的哀号。

在大流士的眼前，展开着无数残酷的拼杀，而保护他的部队挤在一块儿后退，压迫着他，他的战车无法调转车头撤离这里，轮子被许多倒下的人和马绊住，同时战马也被四围堆积如山的死尸惊得暴跳不已，车夫慌得不知所措，大流士跳下战车，丢盔弃甲，骑上一匹刚生了小马的母马逃之夭夭。然而据说如果不是帕曼纽不断派人向亚历山大救助，说大量敌人仍然集结在他那里，无法击退，大流士也许就不会被放跑了。在这次战役中帕曼纽受到了普遍的指责，说他行动迟缓，毫无效率，这也许是因为年龄增长而勇气降低的缘故，或者如卡利西尼斯说的那样，是由于他对亚历山大权重一时的嫉恨所致。然而，当时亚历山大虽然被不断救助的信息所扰，但他并没有告诉士兵真实的情况，而只是说天色已黑，就此收兵。当他策马领军赶往他的处于险境中的军队的时候，半路上却听到敌人已经完全被击溃退却的消息。

34. 这场战役就这么结束了。结果看来是波斯帝国的彻底崩溃；亚历山大被称为"亚洲之王"，他举行了庄严华丽的祭神谢恩活动，并将珠宝、土地和行省赏给他的朋友们。为了能在希腊城邦中得到荣誉，他致信他们说，波斯所有的暴政已经被废除，现在他们可以在自己的法律下生活了；而且在他特别写给普拉太人的信中，他说他将为他们重建家

---

① 参见阿里安《亚历山大远征记》第3卷，第14节，关于大流士的布阵有详细的记载。

园,因为他们的祖先在为了自由的斗争中同意让他们的领土成为与蛮族人战斗的战场;① 他也派人给意大利的克罗同的人民送去了部分战利品,以纪念他们的运动员帕乌洛斯的热情和勇敢,这个人在米底亚战争中,当其他希腊人坐视不救他们的希腊兄弟时,自己出资装备了一艘船,驾着它驶向萨拉米,去与那里的人们一道冒险奋战。亚历山大把每种形式的英勇都放在心上,他是高贵行为的忠实朋友和保护人。

35. 此后亚历山大进入巴比伦,这个城市立刻向他投降。他十分惊异地看到,那里的大地上有一道巨大的裂缝,火焰像喷泉般从里面不断地冲出,在裂缝不远处,流动的石油多得汇成了一个湖泊。这些石油与沥青没有什么两样,只是非常易燃,在火焰还没有接触到它们之前,就可以被火发出的光和热所引燃,而且还常常使周边的空气也着起火来。为了展示这一特性和它的威力,当地的蛮族在通向亚历山大的营房前的路上洒了少许石油,然后站在路的最远端,用手中的火把伸向地面上的因为洒了石油而变黑的斑块,第一个斑点立刻着火,火焰以不可思议的速度飞快地传到路的另一头,转瞬间整条路成了一条连绵不断的火线。当亚历山大沐浴涂油的时候,总是有一些侍从在他身边服侍,和他逗乐;这些人中有一个叫阿特诺法涅斯的雅典人,想试试站在亚历山大身边的一个丑陋但歌唱得很好的年轻人(他的名字叫斯特发努斯),于是就说道:"噢,大王,难道你不想在斯特发努斯身上对这种液体做个试验吗?如果它烧着了他,不能被扑灭,那我就确信它具有不可征服的可怕能量。"非常奇怪,这个年轻人自己也愿意试试。当他用石油涂抹了自己的全身后,顿时燃起了熊熊烈焰,亚历山大见状陷入极度的惶恐之中;如果当时他身边没有那么多人手里拿着盛水的瓶子侍候他洗澡的话,那就来不及抢救了。因为这孩子全身都烧坏了,此后的日子很难。

很自然,一些人希望能将寓言与真理联结在一起。他们说这种石油

---

① 公元前479年。

就是美狄亚使用的毒药，在悲剧中她将它涂在王冠和长袍上。他们说火焰并不是从这种东西本身中喷出的，而是因为有火焰置于其附近，两者就会迅速地连在一起，飞快得以至感觉无法把握。因为火的光线和流射从很远的距离给予一些物体的只是光和热；但是，如果这些物体是干燥并有很多接受流射的孔道，或是富含油质，那么它们就能收集光和热，燃起烈火，改变事物。关于这种石油的起源的争论有很多……①也许这种油性的物质之所以能燃烧，是由于它来自的土壤中元素丰富，易于着火。因为巴比伦的土壤非常炽热易燃，以致大麦粒经常也会从土中蹦出四处跳动，好像土地的炽燃使大地也悸动起来似的；这里的居民在炎热的季节都睡在装满水的皮囊里。而且，当年在哈培拉斯统治这里时，他急切地装饰皇家花园和道路，成功地移植了许多希腊的植物，只有常春藤不适应这里，全都枯死了。这是因为这种植物性喜阴冷，无法忍受这里炽热的土性。有关这些离题的掌故，还是让我们就此打住吧，免得我的不耐烦的读者抱怨了。

36. 当亚历山大进而使自己成为苏萨的统治者后，他从那里的宫殿中得到了四万塔连特的铸币，还有数不清的家具和财宝。其中据说有重达五千塔连特的赫耳弥俄涅紫色染料；尽管这些东西在那里已保存了一百九十年，但看上去依然色泽鲜艳如新。其原因相传是因为紫色染料中加入了蜂蜜，而白色的染料中加入了白色橄榄油。因为有了这些成分，所以经年累月，看上去还是纯净光泽，艳丽有辉。而且据德农说，波斯的各个国王还从尼罗河和多瑙河运来水贮藏在他的财宝中间，以寓示着他们帝国的伟大，万民臣服。

37. 因为地势崎岖艰险，还有波斯的最显贵的贵族的防卫（大流士已经逃走），波西斯地区很难攻入；但是亚历山大找到了一个向导，使他绕道没走多远就进入了那里。这个向导能说两种语言，因为他的父亲

---

① 这一段有阙文。——中译者注

是吕西亚人，母亲是波斯人；据说，当亚历山大还是一个孩子时，德尔菲神庙的女祭司在她预言里就说到过，将有一个"吕库斯"会成为亚历山大行军攻击波斯时的向导。大家说女祭司指的就是现在亚历山大找到的这个向导。① 在这个地方发生了对战俘的大屠杀，亚历山大自己也写道，为了他的利益，他下达了对当地居民进行屠杀的命令；而且与在苏萨一样，据说在这里也发现了大量的铸币，亚历山大动用了两万只骡子和五千头骆驼来运送器具和财宝。

当亚历山大看到一座被拥入宫殿的人群从宝座上随意推倒的薛西斯的巨大雕像时，他在它面前停下来，然后与之攀谈起来，仿佛它是薛西斯本人一样。他说道："我是应该因为你曾远征希腊而让你继续躺在这里呢，还是应该因为你的伟大抱负和其他美德而把你扶起？"这番自言自语后，他沉默地思索了很长时间，最后他还是从他身旁走开。（因为正值冬季）为了休整军队，他在这里待了四个月。据说当他第一次坐在黄金华盖下的皇帝宝座上时，亚历山大父子的老友，科林斯人德马拉图斯，激动得失声痛哭，老泪纵横地说道：那些没有看到亚历山大坐在大流士的宝座上就死去的希腊人，被剥夺了多么大的欢乐呀。

38. 之后亚历山大开始准备起兵继续追击大流士。之前他参加了一回他的同伴们的饮宴，席间许多人的情人也一道参与狂欢作乐。这些妇女中最为著名的一个名叫苔丝，她是雅典人，是后来成为国王的托勒密的情妇。在饮乐进行的时候，她部分地为了赞美亚历山大，部分地为了调侃他，说出一番话，颇有雅典之风，虽然就其本人身份而言何其太雅。她说她跋涉亚洲各地的所有辛苦今天都可以从在波斯人金碧辉煌的宫殿中奢华作乐里得到酬报；但是若把曾经烧毁雅典的薛西斯的宫殿也付之一炬，那将使今夜的狂欢宴饮更加让人开心了。她会在亚历山大的眼皮底下点起火来，这样，男人们就会传播这样的说法：跟着亚历山大

---

① 参见阿里安《亚历山大远征记》第3卷，第18节。但是只讲了军队通过山区。

的女人赛过雅典的所有海陆军大将，代表希腊对波斯人进行了更为巨大的惩罚。她的话音刚落，喧闹的掌声四起，国王的伙伴们都急切地上前帮腔，以致亚历山大屈从了他们的欲望，腾身跃起，头戴花环，手持火炬，引着跟在他后面一路狂欢喧闹的同伴们把宫殿围住。在附近的其他马其顿人听到消息，也持着火炬兴奋地跑来。因为他们希望，亚历山大烧毁这座宫殿表明他思恋着家乡，不想在蛮邦久居。根据一些作家的说法，事情就是这样发生了。但另一些人则认为这件事是有所预谋的。尽管说法不一，大家都同意说，亚历山大立刻就后悔了，下令扑灭火焰。

39. 亚历山大生性慷慨，并随着他财富的增加而更加大方。他的礼物总伴着善意的关怀，说真的，仅此善意就是真正的恩惠。我将举出一些例子，有一个培欧尼亚人的首领叫阿瑞斯顿，他杀了敌人后把人头拿给亚历山大，说："噢，大王，在我的国家，这样的礼物足以得到一个金杯作为回报。""是吗？"亚历山大开怀大笑着回答说："是一个空杯吧；不过我要用一只盛满了纯酒的金杯来祝你身体康健。"又有一次，一个普通的马其顿人赶着一匹骡子驮运一些皇室黄金，当骡子精疲力竭后，他只好把黄金放在自己肩上，努力驮着它走。亚历山大正好看到这个疲惫不堪的人，了解了情况；当他看到这人正打算把黄金放下时，对他说道："别放下，扛着它到你的帐篷再放下。"而且，亚历山大对那些拒绝他礼物的人比那些向他索要礼物的人更加感到不满。他在写给福基翁的一封信中说：如果他拒绝他的礼物，那他从今往后就不再将他当成朋友看待了。一个与他一起玩球的叫塞拉皮昂的年轻人，从没有向亚历山大要过什么东西，所以亚历山大也从没给过他什么；于是在玩球时，无论什么时候只要塞拉皮昂得到球，就会把它传给其他人，直到亚历山大问他："你可不可以把球传给我？"他答道："不，因为你没有向我要啊。"听到此话，国王哈哈大笑，给了他很多的礼物。有一次亚历山大对他的一个爱恶作剧的好友普罗提亚斯大动肝火，这个人的朋友们请求亚历山大宽恕他，普罗提亚斯自己也泪汪汪地请求他的原谅，于是亚历山大原谅了他,说他们又是朋友了。"既然如此",普罗提亚斯说道,"那我的大王呀,首先给我些东西证明一下吧"。于是亚历山大下令给他五个塔连特。他的朋友们和侍卫都习惯于炫耀他所赠送的那些财物,个个显得高傲神气。这一点,在奥林匹娅斯写给亚历山大的信中清楚地表现出来。她写道:"我求你换个方式表达你对你所喜爱和尊重的朋友的恩惠吧;现在你使他们个个都像国王一样,为他们招来大群的朋友,你自己却两袖清风。"奥林匹娅斯经常这样写信抱怨他,但是亚历山大把她的信藏起来。只是有一次,他让赫菲斯提昂按通常的习惯和他一道读他打开的一封奥林匹娅斯的信,不过他读完后,亚历山大摘下自己手上的戒指,用它封住了赫菲斯提昂的嘴。马札亚斯的儿子在大流士宫廷里是最有影响的人,他已经拥有了一个行省,但有一次亚历山大又给了他一个更大的行省;他婉言谢绝,说道:"噢,大王,以前这里只有一位大流士,但现在您却造出许多个亚历山大。"对帕曼纽,亚历山大赐给他一所在苏萨的巴高阿斯的房子,据说里面有价值一千塔连特的服饰。他还写信给安提帕特,命令他设立卫队保护自己,因为据报有些反对他的阴谋正在酝酿之中。对他的母亲,他也给她送去很多礼物,但是不许她干预政务,也不许她干涉他指挥战争;当她为此责骂他时,他总是耐心地忍受着她的恶言恶语。有一次,在读完一封安提帕特指责奥林匹娅斯的长信后,他说道,安提帕特不懂,母亲的一滴眼泪足以抵消一千封这样的信。

40. 亚历山大看到他的好友们都变得奢华起来,过着挥霍无度的鄙俗生活。例如:泰奥斯人哈格农穿银钉装饰的鞋子;利昂那塔斯为了体育锻炼,特地用骆驼从埃及运来沙土;菲罗塔斯用来狩猎的网有几百尺之长;当他们运动后洗浴时,更多的人往身上涂没药而不再是橄榄油,而且他们身后都跟着一大群的仆人管家。亚历山大于是温和而有分寸地责备他们。他说他感到十分惊讶,经过如此众多的伟大奋斗,他们居然忘记了,不辞辛劳去征服的人要比被辛劳服侍的人睡得香;而且,他们应当把自己的生活与波斯人的生活进行一个对比,从而看到:奢侈是真正奴隶性的生活,而艰辛的劳作才是真正高贵的事情。他说道:"如果一个人连用自己的双手照料自己都不会,那他还如何能够照顾自己的马匹,擦拭自己的长矛和头盔?难道你们都忘了,我们远征的目标不正是要避免重蹈被征服者同样的覆辙吗?"因此,他更为积极地投入到军旅和狩猎之中,不避艰险,以至有一次当他击倒一只雄狮时,身边的斯巴达使者对他说:"真是高贵啊,亚历山大王,你与雄狮搏斗,看看到底谁才是真正的王者。"克拉特拉斯把这次狩猎的图景敬献给了德尔菲神庙,上面用铜铸有狮子、猎狗和搏斗中的亚历山大,还有正在上前援助的克拉特拉斯本人,这幅作品中有的铜像是莱西帕斯雕刻的,有的是利奥查瑞斯雕刻的。

41. 亚历山大在历练自己,同时激励其他人英勇地行动,总是不断冒险;但是他的朋友们却在财富和堂皇气派的包围中,习惯了享受奢侈闲惰的生活,对他不断艰险跋涉进行军事远征感到厌倦,渐渐开始甚至不断地诋毁攻击他。尽管如此,他开始时首先非常温和地对待他们的不满,说国王的命运就是在施予恩惠之后还要被人怨恨。而且,他对好友们总是细致入微地关怀,显出极大的善意和尊重。我在这举几个例子。

当朴塞斯塔斯被熊所咬伤后,写信告诉了他的很多朋友,但唯独没有告诉亚历山大,因此亚历山大写信责备他,并说道:"尽管如此,现在告诉我你的情况,还有,你们一道狩猎的人中是否有人在你危难之际弃你不救,让我来惩罚他。"他给有事在外的赫菲斯提昂的一封信中写道,当他们在猎猫鼬时,克拉特拉斯却被柏第卡斯的长矛伤了大腿。当他听说朴塞斯塔斯从病中康复后,他写信给医生亚历西朴斯,向他表示感谢。当克拉特拉斯生病时,亚历山大睡觉时梦到一个异象,醒来后就亲自向神献祭,祈祷他朋友康复,并叫克拉特拉斯也向神献祭。当医生保桑尼阿斯想要一些毒参草来为克拉特拉斯治疗时,亚历山大给保桑尼阿斯写信,一方面表达自己的忧虑,另一方面又建议他小心使用这种药。当埃斐亚特斯和西萨斯抢先来告诉他哈培拉斯逃亡的消息时,他把他们囚禁起来,说他们诬告。当他送老弱病残的士兵回家时,埃盖的攸瑞罗卡斯也设法让自己上了复员的名单中;后来事情败露,他招认说,他这样做是因为他爱上了一个叫泰利丝帕的女人,决心追随她一道去海边。亚历山大听了,不但没有责备他,反而问他这个姑娘的身世如何,当他知道她是自由人出身的艺妓时,说道:"噢,攸瑞罗卡斯,我会帮助你用礼物或言辞来追求爱情的,但是其他的手段不行,因为她是一个自由人。"

42. 令人吃惊的是,他花时间给他的朋友们写了很多的信。如:他写了一封信,命令搜寻一个逃向西里西亚的塞琉古的奴隶;在另一封信中,他命令朴塞斯塔斯捉住尼科恩,他是克拉特拉斯的仆人;他还有一封写给麦加培札斯的信,因为一个仆役逃到了圣庙中寻求庇护,亚历山大命令他,如果可能,就将这个奴隶诱出圣庙然后捉住他,但是不可以在圣庙里动手抓人。据说,起先当他审问死刑案件时,当原告陈述时,他都会用手捂住自己的一只耳朵,保证不受干扰,不失去对被告的公平。但是在听过大量的讼案后,他变得严厉起来,由于目睹许多罪行指控确有其事致使他也听信伪证。特别在他受到污蔑中伤时,他不再谨慎细致,而是变得残酷无情,因为他热爱自己的名誉甚过他的生命和帝国。

现在,他又进军追击大流士,[①] 盼望着能再打上一仗;但是当他听说大流士已被柏萨斯抓去后,他就遣散帖撒利人回国了,并在给予他们的报酬之外又慷慨赐予他们两千塔连特。由于长途艰苦地追逐大流士(在连续十一天里骑马行军了三千三百浪),主要是因为缺水,他的许多骑兵都累垮了。正在这时,一些用骡子驮着皮囊运水的马其顿人与他相遇。当他们看到亚历山大时,正值中午,他渴得要命,他们立刻用头盔盛满水捧给他。他问他们是在为谁运水,他们回答说:"是为了我们

---

① 公元前330年春季。

的孩子，但是如果您能活着，就算我们失去了我们的孩子，我们也还可以再有其他孩子。"听了这话，他接过他们手中的头盔，但是当他看到他周围那些骑兵都伸长了脖子看着他手中的水时，他把水还了回去，没有喝一滴；他感谢这些送水给他的人们，说道："如果我一个人独自喝了，那么我的这些骑兵就会失望。"其他的人都被他这种自制和高贵的精神所感动，他们高喊着要在他的带领下勇往直前，并策马奔驰，还说他们只要拥有这样的国王，就感到一点儿也不渴不累，甚至感到自己也非凡人了。

43. 虽然所有的人都倾力向前，但是据说当亚历山大冲入敌人的营地时，只有六十人跟在他身边。在那里，他们纵马跃过撒得到处都是的金银，穿过一辆辆装着妇女和儿童、没人驾驭四处乱跑的马车，追杀着那些逃在最前面的敌人，认为大流士就在他们之中。但是最后他们发现大流士躺在一辆车上，身上刺满了标枪，奄奄一息。尽管如此，他挣扎着请他们给他一点儿水喝；当波利斯特拉托斯给他喝了一些凉水之后，他对波利斯特拉托斯说："我的朋友，此时是我所有不幸命运的顶点：我从你手中得到的恩惠，我已无力报偿；但是亚历山大将会酬报你的善行的，神将会因他善待我的母亲、妻子和儿女而报答他；对于他，我想通过你，伸出我的右手向他表示感谢。"他拉着波利斯特拉托斯的手，说完这些话后就死去了。当亚历山大赶到时，他对发生的这一切感到十分悲伤，解下自己的披风盖在大流士的尸体之上。以后，当他捉到柏萨斯的时候，对他处以裂刑。① 两棵笔直的树被拉弯合在一起，然后把他捆到两棵树上，再把拉弯的树放开，借巨大的拉力把他撕成两段。而现在他把大流士的尸体按照皇家规格装殓，送给他母亲，并将他的兄弟伊克萨特雷斯看成是自己的同伴之一。

---

① 公元前329年春季。参见阿里安《亚历山大远征记》第3卷，第30节，第4卷，第7节。

44. 然后，亚历山大领着他的精锐部队进入了赫尔卡尼亚。在那里他看到大海的一个海湾，看上去和攸克塞因海湾一样大，但是其水质比地中海还要好。他不知道其中的确切原因，只能猜测最大的可能性就是，它是由于麦伊奥提斯湖水源源不断地涌入所致。然而自然学家早就知道更为真实的原因：在亚历山大远征前很多年，他们就发现这是四个从外海深入内陆的海湾中的最北面的一个，它被叫作"赫尔卡尼亚海"或者是"里海"。

在那里，一些蛮族意外地遇到了一些马其顿士兵牵着亚历山大的马"布西发拉斯"，就趁势把它给劫走了。亚历山大知道后十分震怒，派一个传令官去威胁他们说如果不还回他的马，就要把他们所有的人包括他们的女人和孩子都杀死。但是当他们带着他的马回来，并把他们的城池也献给他时，他就十分友善地对待他们，还给劫他马的那些人一笔赎金。

45. 亚历山大继续行军，进入到帕西亚，① 并在那里休整军队；他还第一次穿上了蛮族的衣服，这样做，也许是希望能把他自己融入当地的生活习惯中，带来种族和风俗的同化，化解人们的仇恨；也许他希望这样能使马其顿一点一点地容忍他的生活方式的变化转换，最后在他们当中也引入跪拜的礼节。尽管如此，他还是没有采纳著名的米底亚人服饰，那过于粗野奇异，也没有采纳长裤、长袖马甲和冠冕这样的装束，而是小心翼翼地设计了一种介于波斯和米地亚服装之间的服装，比前者质朴，又比后者更为高贵豪华。起初亚历山大只是穿着它接见蛮族或在家里与友好们相聚，但后来人们经常可以看到他穿着这种衣服骑马出现在公众场合。这种衣着伤害了马其顿人的感情。但是因为他在其他方面的优秀品质，马其顿人还是在这样一些使他快乐和感到荣耀的事上屈从了他。亚历山大确实遭受了太多的劫难，前不久他又被箭射中膝盖下的

---

① 公元前 330 年，早秋。

小腿，很大的骨头碎片都从肉中露了出来；另一次，他被一块石头击中颈部，严重得使他视力模糊，很长时间看不清东西。尽管如此，他仍然一刻不停地喜欢各种冒险。实际上，他又渡过了奥瑞赛瑞特斯河（他自己认为是塔内河），将西徐亚人击溃，趁势追杀了几百浪（Furlong，长度单位，每浪相当于220码、201米和1/8英里——译注）之远，尽管此时他正受着腹泻的折磨。

46. 许多作家，如克雷塔图斯、普洛克雷图斯、欧奈西克瑞塔斯、安提戈尼斯和伊斯特，都说阿马宗人的女王到这里来拜见了亚历山大，但是皇家侍从如阿里斯多布卢斯、卡瑞斯，还有普特勒密、安提克雷得斯、忒拜人斐洛和色安格拉的腓力，除此之外还有埃列特里亚的赫卡塔奥斯、卡尔奇底开的腓力和萨摩斯岛的杜里斯，都说这件事是杜撰的。亚历山大自己的证言支持了后者的观点。因为在一封写给安提帕特的信中，他详细记录了西徐亚人的国王想把女儿嫁给他的事，但是却只字未提阿马宗人。很多年后当欧奈西克瑞塔斯为那时已成为国王的李希马库斯朗读他写的历史的第四卷时，讲到了有关阿马宗人的故事，李希马库斯微笑着说道："可是当时我在哪儿呢？"尽管如此，不论我们信还是不信这个故事都不会影响我们对亚历山大的尊敬。

47. 因为担忧他的马其顿士兵对他今后的远征产生厌倦，亚历山大将大部队留在营地，自己带着他们中的精锐（两万步兵，三千骑兵）驻扎到了赫尔卡尼亚，在那里他对他们说道：目前，在蛮族眼中他们如梦一般不可思议，但是如果他们只是使亚洲弄得一片混乱，然后一走了之的话，那么他们就会被蛮族看作是女人而受到攻击。他又说道：他并不阻拦那些想离去的人，但是他提醒他们注意：当他为马其顿征服所有世界时，是他们离弃了他和那些愿意继续远征的人们。这些话都一字不差地记在他写给安提帕特的信中。而且他还写道：当他讲完了这番话后，所有的士兵都向他高呼，请他率领他们去征服他所计划征服的世界的任何地方。在这样检验了他们对他的忠诚后，他率领大军继续征战就不再是一个难题了,实际上,他们心甘情愿地追随他。

在这种环境下,他使自己的生活方式更加适应于当地的习俗,并努力使当地风俗与马其顿的风俗和谐一致,因为他认为通过这种能产生好感的混合和共同的实践,而不是通过强力,才能在他离开此地后还牢牢地树立他的权威。因而他又专门挑选了三万名当地男童,并任命了许多的老师,下令教授他们学习希腊语并训练他们使用马其顿的武器。虽然他是因为爱情的缘故而娶了罗克塞妮为妻(他是在一个宴会上和这个年轻美貌的女士跳舞时认识她的),但这事被认为与他所治理的那些事务之间十分和谐。蛮族因这一婚姻带来的亲近关系受到鼓舞,而且他们十分喜欢亚历山大,因为他在这些事上表现得最有节制,没有律法的许可,他甚至不愿意去接近这个他唯一真心爱上的女人。

而且,当他看到在他最主要的朋友中,赫菲斯提昂支持他的方针改换了自己的生活方式,而克拉特拉斯则顽固地坚持马其顿故土的生活方式时,他就让前者处理蛮族事务,后者处理希腊和马其顿事务。一般来说,他对赫菲斯提昂表现出更多的友爱,而对克拉特拉斯则更多的是尊敬,他不断地这样说:赫菲斯提昂是亚历山大的朋友,而克拉特拉斯是国王的朋友。因为这个原因,这两个人私底下相互怨恨,而且经常演变成公开的对抗。有一次在远征印度时,两个人甚至拔剑相向,各自的朋友也提剑来帮忙,亚历山大驱马赶到,当众责骂赫菲斯提昂,骂他是个蠢材、疯子,也不想想要是没有他亚历山大的恩惠,他什么都不是;同时在私下里,他又严厉地责备了克拉特拉斯。然后他把他们叫到一起,为他们调停,在阿蒙和所有其他的神面前起誓,说他在所有人中最爱他们两个;但是如果他再听到他们互相争吵,他就把他们两个一起杀掉,至少杀掉那个挑起事端的。从此之后,他们之间再也没有做过互相伤害的事,也没有说过互相伤害的话,即使在相互间开玩笑时也没有。

48. 此时,帕曼纽的儿子菲罗塔斯在马其顿人中获得了很高的声望;他被认为既勇敢又坚毅,而且除了亚历山大,没人像他那样广交朋友、乐善好施。至少我们听说，当他的一个密友向他借钱时，他命他的管家去取钱给他的朋友，可是管家告诉他他已经没有什么东西可以给予他的朋友，他喊道："你这是什么意思？我们不是还有盘子和衣服吗？"尽管如此，他态度傲慢，夸耀富有和奢侈得都太过头了，特别是他对尊显高贵风范的模仿十分蹩脚，显得笨拙、虚假和缺乏优雅，以致他招致人们的猜疑和嫉恨；甚至有一次他的父亲帕曼纽也不得不对他说："我的孩子，求你少一点炫耀招摇吧。"同时，对他的责难很早就传到了亚历山大的耳中。当大流士在西里西亚被击败、大马士革的财产被抢夺的时候，在押往营地的许多俘虏中，有一个出生于皮德那的年轻女人，长得十分漂亮，她的名字叫安提贡。这个女人被菲罗塔斯得到。年轻的菲罗塔斯喝醉后像个大兵一样，总是对着他的情人口无遮拦地吹牛夸耀，说所有的丰功伟绩都是他和他的父亲建立的；他说亚历山大只是个毛头小子，靠着他们父子俩的功勋才得以当上统治者。这些话被这个女人又传给了她的一个相好，而这个人又很自然地传给了其他人，传来传去，传到了克拉特拉斯的耳朵里，他把这个女人秘密地带到亚历山大处。当亚历山大听了她说的那些事后，命她以后继续和菲罗塔斯交往，并随时来向他报告她从她爱人那里听到的一切。

49. 菲罗塔斯一点也没有觉察到针对他的阴谋，还是经常和安提贡见面，向她发牢骚、吹牛，说了许多攻击亚历山大王的不合宜的话。但是尽管不利于菲罗塔斯的证言不断传入亚历山大的耳中，他仍默默地忍受，克制着自己，这也许是因为他仍然相信帕曼纽对他的一片忠心，或者是因为他还对他们父子的声名和权力有所顾忌。与此同时，一个叫利墨纽斯的马其顿人从卡拉斯特拉来密谋刺杀亚历山大，[①] 他邀请他的好友尼克马库丝一起做这事，但是尼克马库丝不愿意参加，相反把这个预谋告诉了他的哥哥塞巴里纽斯，两人立刻去找菲罗塔斯，要求他带他们

---

① 公元前330年，晚秋。

面见亚历山大,说有重要的事情,他们必须见他。可是菲罗塔斯却用某种理由(什么理由不得而知)拒绝了他们,宣称国王正在处理其他更为重要的事。而且他连续两次拒绝了他们的请求。因而他们开始怀疑菲罗塔斯,于是另找他人才被领到了亚历山大面前。首先他们告发了利墨纽斯的阴谋,然后他们隐晦地暗示出对于菲罗塔斯的怀疑,因为他连续两次把他们的请示搁置一旁。这极大地激怒了亚历山大;当他得知利墨纽斯因为拒捕而被派去捉他的人击杀后,他觉得更为烦乱,认为失去了关于这个阴谋的证据。而且,因为他厌恶菲罗塔斯,那些长期以来仇视这个人的人们都到亚历山大跟前告状,公开说国王把事情想得简单了,因为像利墨纽斯这样一个从卡拉斯特拉来的人,不可能只凭自己就干出这么胆大包天的事情;他们还说,这个人只不过是个帮手,或只是个权力更大的人派来的刺客而已,应当对那些最想隐瞒此事的人进行调查。当亚历山大开始听信这些怀疑的意见时,菲罗塔斯的敌人立刻提出无数针对他的控告。结果亚历山大下令捉住他并开始审问,国王的一些好友们站在一边拷问,亚历山大自己则在一块挂毯之后听着。据说当他听到菲罗塔斯对着赫菲斯提昂悲惨痛苦地哭号哀求时,亚历山大不禁喊道:"多么怯懦,菲罗塔斯呀,多么软弱,你这副德性居然也敢干这样胆大包天的事?"当菲罗塔斯被处死后,亚历山大立刻派人去米底亚把帕曼纽也处死,帕曼纽追随腓力左右时就立下了累累功勋,是亚历山大的亲密老臣中唯一一位鼓励亚历山大进军亚细亚的;同样还是这个人,他亲眼看着自己的三个儿子中的两个在远征中牺牲,而现在他却和他的第三个孩子一起被处死。[①]

这些行为使亚历山大在他的许多朋友眼中变得令人畏惧,特别是安提帕特,他秘密派人到伊托利亚人那里,与他们结为同盟。伊托利亚人自己也害怕亚历山大,因为他们曾攻毁了奥伊尼亚达伊城;亚历山大知

---

① 参见阿里安《亚历山大远征记》第3卷,第26节。

道此事后说道：不要说是奥伊尼亚达伊的儿郎，就是他自己也要惩罚伊托利亚人。

50. 之后不久发生了克雷塔斯事件。① 对此，那些只是简单地听说了当时情况的人会认为这比菲罗塔斯事件更野蛮可怕；但是我们如果对这些事件的原因和发生的时机进一步思考，我们就会发现这件事并不是蓄意设计的，只是因为国王遇上的晦气，在暴怒和酒醉的情况下招致了克雷塔斯的毁灭之神。事情是这样发生的，一些人从海滨给亚历山大王带来了一些希腊的水果，他觉得这些水果生得十分漂亮，近乎完美，于是就叫克雷塔斯过来，想让他也看一看并一起分享。碰巧克雷塔斯当时正在献祭，他听到亚历山大的召唤后就中途出来，三头已经被奠酒的羊也跟着他。当亚历山大听说这一情况后，就告诉了他的预言师阿瑞斯坦德和拉斯第蒙人克利奥曼提斯。然后他们告诉亚历山大这是恶兆，他就命他们赶快献祭以求克雷塔斯平安。亚历山大自己也曾在前两天睡觉时做了一个奇怪的梦，他看到帕曼纽的孩子和克雷塔斯坐在一起，都穿着黑色宽松的长袍，而且都死了。克雷塔斯没有完成献祭，而是等亚历山大向卡斯托和波卢克斯献祭之后，直接随国王赴晚宴。宴会上狂饮之后，人们唱起了由普兰西库斯（或者如一些人所说是披里奥）所作的韵诗，来嘲笑和讥讽那些最近被蛮族打败的将军。年长的客人对此十分厌烦，开始抱怨这些诗人和歌者，但是亚历山大和他周围那些人正听得高兴，于是叫歌者继续唱。这时克雷塔斯显得格外烦躁，他已经喝得酩酊大醉，加上他天性粗朴刚愎，便坚持认为这样很不好，这是在蛮族和敌人中间侮辱自己人，而他们远比嘲笑者要好得多，尽管他们运气不佳。亚历山大大声说：克雷塔斯是在为自己辩护，把胆小说成是"运气不佳"。克雷塔斯一下跳了起来，说道："对，就是这个胆小如鼠的人救了你的命，当时你这位自称是神的儿子的人在斯皮色瑞达提斯的长

---

① 发生于公元前328年的战争期间，参见阿里安《亚历山大远征记》第4卷，第8节。

矛前调头就跑!① 有多少马其顿人为你流血负伤，帮你爬上了权力的顶峰，好让你自负到不承认腓力是你的父亲，却自称是阿蒙神的儿子。"②

51. 这番话把亚历山大彻底激怒了，他说道："卑鄙的东西，你以为你可以随时这样诋毁我，在马其顿人中制造分裂冲突而不受惩罚吗？""不"，克雷塔斯紧接着说道，"我们现在就在受惩罚了，看看我们从自己的辛劳中得到的是什么样的回报吧；我真要认为那些已死的人们是幸福的，他们不会活着看到我们马其顿人挨米底亚人的棍棒暴打，或看到我们为了见自己的国王而不得不乞求波斯人"。克雷塔斯就这样毫无顾忌地痛骂，而亚历山大身边的那些人则冲上来咒骂克雷塔斯，年长者在中间想努力制止这场骚乱。这时亚历山大转向身边的来自卡尔狄亚的克塞诺达库斯和来自科洛彭的阿特缪斯说道："希腊人如果来到我们马其顿人中间，不就像是半神走到了野兽中间吗？"克雷塔斯仍然不想让步，他叫喊着要亚历山大要么有话就直接说出来，要么就不要再邀请自由而直言无忌的人参加晚宴，去和蛮族和奴隶生活在一起吧，因为他们才会跪拜在他那白色的紧上衣和波斯的小腰带前。此刻亚历山大再也控制不住自己的愤怒，顺手拿起一个桌上的苹果向克雷塔斯砸去，并开始四处寻找自己的剑。但是他的一个侍卫阿里斯多芬已经把它从他手边拿走，其他人都拥上来劝他不要发怒，可是亚历山大依然暴跳如雷，用马其顿话召唤他的卫队（这表明将发生更大混乱），并命令号手吹号。当这个号手犹豫不决时，亚历山大气得一拳打倒了他，而这个人以后因此受到了人们的尊敬，因为主要是由于他拒绝吹号，才避免了营地陷入更大的骚乱。但是克雷塔斯不想屈服，他的朋友们费了很大的劲才把他推出宴会堂。

可他又从另一个门里冲了进来，用非常粗暴又十分轻蔑的口吻背诵

---

① 参见第 16 小节。
② 参见第 27 小节。

着欧里庇得斯的《安德洛玛刻》中的抑扬格诗句：

  啊，在希腊那里，治理得是多么邪恶啊！

结果最终亚历山大从他的一个卫兵那里夺过一支长矛，当克雷塔斯刚走到门帘旁时，追上去一枪刺穿了他。克雷塔斯大吼一声倒在地上，痛苦呻吟，此时亚历山大忽然一下子怒气全无。清醒过来，看到了站在一边默默无言地看着这一幕的朋友们，然后把长矛从尸体上拔出，向着自己的喉咙猛刺过来，幸亏他的侍卫及时抓住了他的手，努力将他扶回到自己的房间中。

  52. 之后的一天一夜他都在悲痛的哀苦中度过，最后因为悲伤过度，过于哀伤而一言不发地躺倒在卧榻上，长叹不息。他的朋友们因为听不到他的声音而感到十分不安，强行闯入他的房间，纷纷相劝，可是他不理不采，直到预言师阿瑞斯坦德提醒他曾经做过的那个看到克雷塔斯的那个梦,[①] 还有其他那些不祥的预兆，劝他相信这一切很久前就已经为命运所注定，亚历山大才显得不那么执拗了。他们又请哲学家卡利西尼斯（他是亚里士多德的亲戚）和阿布德拉的阿那米萨库斯来劝导他。相比之下，卡利西尼斯是通过体谅和温和的态度来抚慰亚历山大的痛苦，话语委婉，以免再引起他的伤痛；但是阿那克萨库斯在哲学上有自己的一套，以看不起他的同僚而闻名，他边走边嚷地进来，对亚历山大大声地说道："这儿就是亚历山大，整个世界都在看着他；但是他却躺在榻子上像个奴隶一样地哭泣，因为他害怕法律和人们的责难；但是，他本人就是法律和正义的尺度，因为他的征服使他拥有统治和主宰的权力，而不是像个奴隶一样屈从于无聊见解的控制之下。难道你不知道宙斯让正义和法律坐在他的两边，为的就是使他统治世界的每件事都成为合法的和正义的吗？"阿那克萨库斯的这一番道理确实成功地减轻

[①] 参见第 50 小节。

了亚历山大的痛苦，但是这也改变了他的性情，使他变得更加虚荣，更加的不顾法纪；阿那克萨库斯也因而获得了国王的宠信，并使国王与卡利西尼斯的交往成了一件多余又不快的事情，因为这个人的严峻总不能让国王欢心。

据说有一次晚宴时话题转到了季节和气候上面，卡利西尼斯支持那些主张在冬天这里要比希腊冷的人的意见，而对此阿那克萨库斯则坚决反对，因而卡利西尼斯对他说："你当然一定会承认这里比希腊要冷，因为在那儿的冬天你只是披一个斗篷就可以四处晃悠了，但在这里，你却只能裹着三条毯子坐在案边。"当然，这种反驳只能增加阿那克萨卡斯的愤恨。

53. 进而，其他的智者和献媚者们也跟着亚历山大讨厌见到卡利西尼斯的雄辩极大地吸引着年轻人，也讨厌看到他的生活方式——有序、尊贵、独立——使老年人对他不无好感，因为这些证实了他一直强调的他寄居他乡的原因，即他到亚历山大这里来只是热切地希望能借此恢复他的公民同胞们的家乡，能在他的故乡的城邦里重新恢复人丁兴旺。① 除了这些对他的声誉的嫉妒之外，他也不时地因为自己的行为授人以柄，如很多次地拒绝人们的邀请，而当他偶尔参加聚会时，他的严肃与沉默也使他显得好像对发生的一切不甚赞成、不甚喜欢似的，以致亚历山大也引经据典地批评他说：

> 我恨那些自以为聪慧的人。

据说有一次很多人受到国王的邀请来参加晚宴，卡利西尼斯也被命令参加，当酒杯传至他处，人们要让他说一番赞扬马其顿的话，他说得非常之好，以致所有的宾客听了都站起来向他欢呼，向他纷纷投掷自己的花环；亚历山大则引用了欧里庇得的话说：

---

① 他的家乡奥林杜斯在公元前347年为腓力所毁。

高贵的题目，自然容易生出优美的讲演。

"可是给我们显示一下你的雄辩吧"，亚历山大王说道，"请公开地指责马其顿人，这样他们就可以明白自己的缺点，得到改善"。于是，卡利西尼斯开始从反方的角度讲演，滔滔不绝而又无畏地指责马其顿人，最后指出，希腊各邦的内争派斗才是帮助腓力的权力增长的真正原因，并补充说：

内战乱世之中，竖子亦可成名。

这些话使马其顿人对他产生了深深的仇恨，亚历山大则宣称，卡利西尼斯证明的不是他的雄辩能力，而是他对马其顿人的恶意。

54. 根据赫尔米波司的说法，上面这件事是卡利西尼斯的一个名叫斯特罗布斯的书童告诉亚里士多德的；他还说，当卡利西尼斯觉察到国王对他的疏远后，有两三次当他从亚历山大身边离开的时候，他朗诵着这样的诗句：

帕特罗克拉斯也已经死去，一位远比你勇敢的人。①

听了这个故事后，亚里士多德中肯地评断说：卡利西尼斯作为一个演说家有着伟大的才能，但是却缺少常识。尽管如此，在关于跪拜礼的事情中，卡利西尼斯极其固执拒绝行礼，像一个哲学家应该表现的那样；他孤军奋战，在公众面前陈述他如此愤慨的原因，许多年长的和最优秀的马其顿人对此也暗中同情称赞他。通过反对施行跪拜礼，他使希腊人免予遭受这一奇耻大辱，同时也使亚历山大自己的形象得到真正的维护；但是他却因此毁了他自己，因为大家认为他是用蛮力而不是用劝导来感化国王。

据米提利尼的卡瑞斯说，有一次亚历山大在宴会上饮完酒之后，将酒杯传给了他的一个朋友，当这人接到酒杯后，立刻站起身来面对家神

---

① 《伊利亚特》第 21 卷，第 107 小节。

的神龛喝完,然后先向亚历山大行跪拜礼,上前亲吻他,再回到自己的坐榻边。所有的客人都按顺序这样做;等酒杯传到了卡利西尼斯手边,当时国王并未注意,正和赫菲斯提昂说话,卡利西尼斯喝完酒后走上前去正要亲吻国王,姓斐多的德米特里乌斯叫道:"噢,国王,别接受他的亲吻,只有他没有行跪拜礼。"因此亚历山大拒绝了他的亲吻,于是卡利西尼斯高声说道:"好的,我将离开比你们少吻一下而已。"①

55. 他这么做所引起的不快进一步证实了赫菲斯提昂的说法:他说卡利西尼斯违背诺言,在许诺将对国王施行跪拜礼后又不做,对亚历山大不敬。同时,如李希马库斯和哈格农之类的人坚持认为,智者卡利西尼斯专注于想要废止暴政的高贵思想之中,所以年轻人都拥到他的身边,跟随着他,好像他是成千上万人中唯一自由的人。也因为这个原因,当李希马库斯与他同伙反对亚历山大的阴谋败露后,②他的敌人们对他的非难和指责便有机可乘。他们说,有一次当李希马库斯问他如何才能成为一个扬名天下的人时,卡利西尼斯回答说:"去杀死一个天下扬名的人。"而且,为了煽动李希马库斯去做这种事情,他告诉他不要畏惧那金碧辉煌的王榻,而是要记住他所接近的只是一个同样会生病受伤的凡人而已。然而李希马库斯和其同谋到死也没有一个人揭发卡利西尼斯。甚至就是亚历山大自己,在他当时写给克拉特拉斯、阿塔拉斯和阿西塔斯的信中也说,那些年轻人在拷问下已经承认了罪行,是他们自己密谋此事的,再没有其他人参与其中。但是之后在给安提帕特的一封信中,他却控告卡利西尼斯也是罪犯之一,他写道:"那些年轻人已被马其顿人乱石砸死,但是对那个智者,我将要惩罚他,以及那些送他到我身边的人和那些在他们的城邦中庇护密谋刺杀我的人。"这些话里直接表露出他对亚里士多德的敌意,因为亚里士多德与卡利西尼斯是亲

---

① 参见阿里安《亚历山大远征记》第4卷,第12节。
② 同上书,第13节。

戚，卡利西尼斯是亚里士多德的侄子赫罗的儿子，他就是在亚里士多德的家里被养大的。至于卡利西尼斯的死，众说纷纭，有人说他被亚历山大处于绞刑，另一些人却说他是被捆住手脚死于病中，而卡瑞斯却说他被抓后，身陷镣铐之中七个月，以便能在全体大会前受审，亚里士多德也得到场。大约亚历山大在印度受伤的那个时候，他死于过于肥胖和寄生虫病。①

56. 不过这都是后来的事情了。让我们还是按部就班地讲述。当时，科林斯人德马拉图斯已经年事颇高，② 非常急切地想看到亚历山大；当他亲眼见到亚历山大后，他说那些没有看到亚历山大坐在大流士的宝座上就死去的希腊人，被剥夺了最大的幸福。③ 然而他并没能长久享受国王对他的恩惠，不久就死于年迈衰弱。他的葬礼办得十分奢华，军队为了纪念他堆起了高达八十肘尺④的巨大纪念塔。他的骨灰被华丽的四马战车运送往海滨。

57. 亚历山大现在打算翻过群山进攻印度。⑤ 因为他看到在这段时间里，他的军队为过多的战利品所累，行动迟缓，所以在一天的黎明时分，在辎重装车完毕之后，他首先烧毁了属于他自己和他的同伴的货物，然后下令烧毁其他马其顿人的那些货物。事后看来，这一举动的计划比起它的实施远为让人震惊，因为只有少数士兵觉得不快，大多数人看到这一情景时，都狂喜着呼喊叫嚣，在把必需品送给缺乏的人之后，也把多余的物品亲手点燃，付之一炬；这一情景使亚历山大更为激情澎湃。除此之外，他对违命不从者的惩罚一直以无情坚定著称，令人畏惧。例如他的好友之一的米南达接到要他在某个要塞继续驻军的命令

---

① 参见阿里安《亚历山大远征记》第4卷，第14节。
② 公元前327年春。
③ 参见第37节。
④ 一肘尺相当于45.72—55.88厘米。——中译者注
⑤ 公元327年，晚春。

后，拒不从命，就被他处以死刑；还有，当蛮族人奥索达特反叛他时，也被他亲手杀死。

当时，有一只羊生下一只羊羔，这只羊羔头顶上长着一个东西，从颜色和形状上看就像是女人戴的冠冕，两边各有很多肉球。亚历山大对这一征兆十分厌恶，他让巴比伦人给他洗涤（这些巴比伦人就是为此而被他带在身边的，这还遭到了一些非议）；在与他的朋友谈话中他讲到，他并不是为自己的命运担心，而是为他们；因为他担心如果他死了，上天可能会将他的权力交到某个卑鄙无能之辈的手中。尽管如此，一个较好的征兆发生了，从而使亚历山大觉得不再沮丧。有一个马其顿人叫普罗克星那斯，他被派去管理国王的装备，当他正在奥克苏斯河岸边准备挖地安帐篷时，忽然挖出一眼泉水，先是涌出许多油腻如脂肪的东西，但是当表面的东西流走后，立刻有非常清澈的油流了出来，这油看上去与橄榄油没什么区别，无论是气味上味道上，还是在润滑的感觉和光泽上都是一样的，然而这附近不产橄榄树。据说奥克苏斯河水本身就能使其中洗浴的人感到非常的柔滑。亚历山大对此惊喜异常，在给安提帕特的信中，他把这件事称作上天赐予他的最伟大的征兆之一。然而预言师却认为这个征兆预示着远征将是辉煌的，但也充满了艰辛；因为如人们通常所说的，上天给予某人以油膏，就是要在艰难困苦中给予他帮助的意思。

58. 这果然应验。亚历山大在作战中遇到了很多危险，多次身负重伤；但更为巨大的损失来自他的军队缺乏基本补给，还要经受严酷恶劣的气候。虽然如此，他仍然以无畏和勇敢来克服命运和敌军，仍然相信对于巨大的勇气来讲没有什么是不能克服的，而懦弱则不能确保平安。据说当他围攻一个西西美垂斯人的城堡时，那里地势险峻，无法攀爬，士兵们都感到十分气馁；亚历山大问欧克西亚提斯：就精神性质而言西西美垂斯人属于什么类型。欧克西亚提斯回答说他们是非常胆怯的人；亚历山大听后说道："你的意思就是我们可以占领这个城堡，因为统治这里的是个软弱的家伙"。的确，最后亚历山大只是通过恫吓就占领了西西美垂斯。再有，当他进攻另一座同样陡峭的城堡时，他激励年轻的马其顿士兵奋勇前进，对其中一个也叫亚历山大的人说："仅仅因为你的名字，你就理所应当成为一个勇敢的人。"当听说这个年轻人勇猛冲杀，在战场上十分光荣地牺牲后，亚历山大痛不欲生。另一次，当马其顿人在横着一条深河的奈萨城前逡巡不前时，亚历山大立在河岸上痛叫道："我真是个最倒霉的人呀，我为什么没学游泳呢？"边说边拿上盾牌就要奋力渡河。当他宣布停止进攻之后，从被围攻的城市里派来了使节团谈判投降归顺事项。当他们看到亚历山大盔甲未卸，身边没有侍从，都十分震惊；后来，有人送进来一个坐垫给他，他却让给了使节团中最年长的一位（此人名叫阿卡菲斯），请他坐下。阿卡菲斯对亚历山大的宽宏和谦恭深感敬佩，问亚历山大说：如果要成为他的朋友，他希望他们做些什么。亚历山大回答说："你们城中的人必须让你成为他们的统治者，而且要给我提供城中一百名最优秀的人。"听到这话阿卡菲斯大笑着说："不，噢，国王，如果我给您的是最差的而不是最好的，那我才能把这城统治得更好。"①

59. 如我们所知，印度的太克西利斯拥有的王国和埃及一样大，其中有很多肥沃的牧场，盛产各种鲜美水果。他也是一个聪明的人，当他与亚历山大相见后，他说："亚历山大，如果你们不是来这里掠劫我们的水源和必需的食品的话——聪明的人只是为这些顽强战斗——那么我们为什么一定要兵戎相见呢？对于其他所谓的财富和货物，如果我是你的主人，我将很愿意赐予你，但是如果我是你的仆从，我也不反对向你所赐予的恩惠表达谢意。"这时亚历山大开怀大笑，握住这位国王的手说："你能否设想经你这么一番温和的话后，我们今天的会面就会不战而终吗？不，你不会战胜我；因为我会与你战斗，竭尽我之全力直到最

---

① 参见阿里安《亚历山大远征记》第5卷，第2节。

后，在慷慨宽大上你超不过我。"结果亚历山大收了许多礼物，又回赠了他们很多，最后他慷慨地给太克西利斯又加上一千塔连特的铸币。这一行为极大地惹恼了亚历山大的朋友们，但是却使许多蛮族对他更具好感。

印度境内最好的战士却是那些雇佣兵，他们习惯于在不同的城市间流浪，并勇敢地保卫出钱雇佣他们的城市，他们给亚历山大的霸业带来很大障碍。亚历山大与他们在某个城市中签订了休战协定，并允许他们离开，但是在他们动身之际对他们发起了进攻，把他们全部杀死。这是亚历山大军事生涯中的一个污点，在其他时候，他在战争中都遵守规则，像一个国王那样行事。哲学家们也和雇佣军一样给他带来很多麻烦，这些人咒骂那些依附于亚历山大的当地君主，激励自由民起来反抗。因而亚历山大下令捉住了他们中的很多人，并将他们吊死。

60. 关于与坡拉斯的战役，[①] 亚历山大在自己的信中进行了详细的记录。他写道，希达斯皮斯河横在敌对双方的营地之间，在河对岸坡拉斯布下他的象阵，密切监视渡口。亚历山大则日复一日地在他的营地里制造出嘈杂喧嚣的声音，使蛮族渐渐习惯起来而不再警觉。然后在一个疾风骤雨的夜晚，他带领一部分步兵和最为精锐的骑兵沿河走了一段路，避开对岸驻扎的敌兵，然后渡河到达一个小岛上。这时大雨倾盆而下，河水奔流湍急，龙卷风四处扫荡，惊雷霹雳轰击在队伍中间；尽管他看到许多人被雷劈而死，还是下令从小岛上出发，向对岸冲去。可此时希达斯皮斯河被暴风雨搅得咆哮不安，惊起的巨浪击打着两岸，在河岸上冲出来一个大口子，部分河水于是向决口中冲进去；在这两股水流之间的河岸又滑又险，士兵们几乎无法立足。据说此时亚历山大也哭号着说："噢，雅典人呀，你们能猜想到我是经受着怎样的险恶来赢得我在你们眼中的光荣吗？"至少欧奈西克瑞塔斯对这件事是这么记录的；

[①] 参见阿里安《亚历山大远征记》第5卷，第9—19节。时值公元前326年春。

亚历山大在自己的记录中则记道，他们跳下木排，全副武装地越过决口，在齐胸的水中跋涉。然后他领着骑兵走在步兵前面大约二十浪的距离，以便如果敌人用他们的骑兵发起攻击，他对他们将拥有绝对的优势；如果他们调动步兵，那他的步兵也能在最佳的时机赶到。他的推断果然正确，当敌人的一千名骑兵和六十辆战车向他们发动攻击时，他奋力击溃了他们，俘获了所有的战车，杀死了将近四百名骑兵，这时坡拉斯确信亚历山大本人已经渡过河来，于是除了留一小部分人马在河边继续阻挡正在过河的马其顿余部外，他调动几乎所有兵力向亚历山大压来。由于害怕敌人的象阵和数量庞大的军队，亚历山大决定由他向敌人左翼发起攻击，并命令科那斯向敌人的右翼发起攻击。敌人的两翼都被打垮，溃散的敌兵向中间的象阵涌去，拥挤成一堆，于是战斗变成近身格斗，不到第八个时辰，敌人投降。这就是战胜者自己在信中对整个战况的描述。

许多历史学家都认为，坡拉斯身长有四腕尺加一指距之高，[①] 如此高大的身躯骑在小山一样的大象身上时，就像骑手骑在马背上一样。而且他骑的大象不仅体形硕大，而且极为聪明，又十分关切它的主人；当主人全力作战时，它也勇敢地保卫着他，踩踏着冲上来的进攻者；而当它感到它的主人被投掷来的武器击伤，气息奄奄时，因为怕他掉下来，它便缓缓地跪在地上，用它的长鼻轻轻地抓住扎在他身上的标枪，把它们一一拔出来。当坡拉斯被俘后，亚历山大问他应该怎么对待他，他回答道："像对待国王那样"，亚历山大又问他还有什么要说的，他回答："所有的一切都包含在'像对国王那样'之中了。"因此，亚历山大不仅任命他为他原有国土的统治者，给予他总督的头衔，而且还将他所征服的其他独立小国的领土增加进去，据说共有十五个国家，其中具有相当规模的城市有五千个，还有数不清的乡村。他所征服的其他领土有这

---

① 大概有 6 英尺 3 英寸高。约 1.9 米。——中译者注

个的三倍之大,他任命他的朋友菲利普为那里的总督。

61. 和坡拉斯一战后,他的战马布西发拉斯也死了,不过不是当时就死的,而是过了一段时间。许多作家认为它是因伤接受治疗时而死,但是据欧奈西克瑞塔斯说,它只是死于老病衰弱,因为他已经活了三十年。① 它的死使亚历山大非常难过,他觉得这就像失去了一位朋友和同伴一样让人伤心。他在希达斯皮斯河岸边建立了一个城市纪念它,将城命名为"布西发拉斯"。据说当他失去经他的养育长大的爱犬佩里塔斯时,也建立了一个城市,并以他的狗的名字命名。索什说他是从帕特蒙和勒斯庇安处听到这些的。

62. 与坡拉斯的战斗挫伤了马其顿人的锐气,使他们进一步进入印度的计划停滞下来。因为他们费尽全力才击退了敌人召集起的仅有两万步兵和两千骑兵的人马,所以当亚历山大又主张渡过恒河时,他们都强烈地反对他,因为他们了解到恒河有三十二浪宽,深达一百寻,对面的岸边已经布满了大量武装的敌人、战马和战象,他们也得知甘德瑞特和普拉西国王已经在那里布置了八万骑兵、二十万步兵和八千辆战车,还有六千只战象;而且这些都绝非虚报,因为不久以后统治这里的安德洛考特斯赠给塞琉古五百头战象,并率领六十万军队侵入并征服了整个印度。

开始时,亚历山大把自己关在自己的帐篷中,郁闷不乐,独自躺着,感到他如果不能渡过恒河,那他已经得到的一切都将不值一提,甚至可以说,如果就此罢手退兵,那就是承认自己被击败了。但是在他的朋友们的合情合理的安慰下,加上他的士兵拥堵在他的门前对他哭号祈求,他最终动了怜悯之心,开始拔营撤离,同时借助许多虚饰的设计来增加他的声名。例如,他准备的盔甲比平时要大,马槽比平时的要高,而马衔也比平时用的要重,并把它们散布到各处。而且他树立起许多祭

---

① 参见阿里安《亚历山大远征记》第 5 卷,第 25 节。

神的祭坛,这些都流传至今,当普拉西的国王们渡过河来时,还是对它们十分敬畏,并按希腊的方式向它们祭献牺牲。那时安德洛考特斯还是一个小伙子,他亲眼看到了亚历山大;据我们所知,他后来经常说亚历山大差点就任命他为这个国家的统治者了,因为原先的国王人品低劣,出身低贱,一直遭到人们的轻视和仇恨。

63. 因为急切地想看到大海,在建造好的划桨大船和木排后,他轻松地从那里出发,顺流而下。① 然而他的旅程并不是没有艰苦或是没有战争,一路上他总要登上陆地攻击城池,征服沿途的一切。在攻击据说是印度最为善战的马利人的城池时,他几乎被人砍倒,丢了性命。当时城墙上当地居民被抛石器驱散后,他第一个踩着云梯登上城墙。此时云梯断为几截,结果他被孤立地暴露在蛮族的标枪射杀范围内,这些人就站在城墙下。现在几乎只有他一个人,他伏下身子,然后猛地从城墙上跳到敌人中间;幸运的是他的鞋上被擦出了火花,当他挥舞着手中的武器攻击他们时,这些蛮族还以为这个人前面喷出了一道闪烁的火焰,一开始时就吓得四散奔逃;但是,当他们看清来人身边只有两个护卫时,便又向他冲了回来,一些人想用剑和矛刺穿他的盔甲,当他奋起防卫时,一个蛮族在较远的距离朝他射了一箭,这一箭非常准确和有力,直穿入他的护胸甲,狠狠地戳入他胸中的肋骨里。这一击之力使他退后几步,跪倒在地,而那个攻击他的人抽出曲柄弯刀冲了上来;这时只有朴塞斯塔斯和利姆尼奥斯二人在他身边护卫,两人也都受了伤,利姆尼奥斯被一刀杀死,朴塞斯塔斯拼力顶着,亚历山大终于干掉了这个蛮族人。但是他受了更多的伤,脖子上挨了一棍,倚靠在城墙上,可他还两眼直瞪着敌人。就在这时,其他马其顿人终于冲了上来,围到他的身边,扶起他时,他已失去知觉,不知周围发生了什么。他们迅速把他运回帐篷。"亚历山大死了"的传言立刻在全营传开。人们费了很大劲将

---

① 参见阿里安《亚历山大远征记》第 6 卷,第 1 节。

木制的箭杆锯掉，才把护胸甲从亚历山大身上解开，最后将嵌进一根肋骨中的箭头挖了出来，据说这个箭头有三指宽、四指长。箭头拔出时，亚历山大王一下痛得昏厥过去，整个人好像都被推到了鬼门关前；但是尽管如此，他还是挺了过来。当他脱离危险后，他依然十分虚弱，不得不长时间地接受调养治疗；但是，当他听到门外马其顿的士兵们渴望见到他的喧闹声后，就撑着披起了披风，走出去见他们。之后，祭祀了众神，他继续登船上路，顺流而下，沿途仍然征服了很多地方和巨大的城池。

64. 亚历山大捉到了十个天衣派的信徒，① 他们曾竭力煽动萨巴斯人反叛，给马其顿人带来了极大的麻烦。这些哲学家素有能聪慧简洁地回答问题的名气，亚历山大因而向他们提了许多非常难以解答的问题，并声明他将把第一个回答错了的人处以死刑，然后以同样方式依次对付剩下的人。他令其中一个最为年长的人作这一竞赛的评判官。第一人被问道，按他的意见，活着的人多还是死了的人多；那个人的回答是：活着的人多，因为死了的人已经不存在了。第二个人被问道，是海里的动物多还是陆地上的动物多，回答是：陆地上的动物多，因为海只是陆地的一个部分。第三个人被问道，什么样的动物最狡猾，回答是："那些到现在为止还不为人类所知的动物。"当第四个人被问道为什么要煽动萨巴斯人反叛时，回答是："因为我希望人们要么能高贵地活着，要么能高贵地死去。"第五个人被问道，依他的意见，是夜晚岁数大还是白天岁数大，他的回答是："白天岁数大——大一天。"亚历山大对此觉得惊讶，于是那个人又补充说，难解的问题必然有难解的答案。再往下，亚历山大问第六个人：一个人如何才能得到人们最大的爱戴，这个哲学家说："如果他能大权在握，却不令人恐惧。"对剩下的三个人，

---

① 也称为裸体派信徒，印度宗教中的一派，认为修行不应拥有财产，只能以天为衣，重苦行，以乞食为生。——中译者注

问题之一是：一个人如何才能成为神，回答是："做到人所不能做到的事"；另一个问题是：生活与死亡哪一个更为强大？答："生活，因为生活承受了如此众多的苦难。"最后一个问题是：对一个人来说活多长是合适的，回答说："直到他认为死去比活着更为美好时为止。"问完后，亚历山大转向评判官命他给出意见。评判官说道他们回答的一个比一个差。"那么，好吧"，亚历山大说道，"作出这样的判断，你将第一个死"。"噢，国王，那不可能"，评判说道，"除非你说过的话不对，即你将要把回答的最差的第一个人处死"。

65. 对这些哲学家，他送了他们一些礼物后，就让他们走了；但是对于那些具有极高声誉，平静地自我隐居的人来说，他派欧奈西克瑞塔斯去请他们来会上一面。欧奈西克瑞塔斯是犬儒第欧根尼学派的一位哲学家。据他说，卡兰那斯态度非常粗暴无礼，命他脱去外袍，裸着身子，听他所说的话，否则，就算他是宙斯派来的人，他也不会与他谈话；但是丹达米斯却温和些，当他认真地听他讲完苏格拉底、毕达戈拉斯和第欧根尼后，评论说：这些人的天性都很好，却在过于敬畏法律中度过了一生。其他人的记载则是，丹达米斯说的唯一一句话就是："为什么亚历山大要走这样长的旅途到这里来呢？"尽管如此，卡兰那斯还是在太克西利斯的劝说下来见亚历山大。他的真实名字是"斯菲尼斯"，但是因为他对遇到的人打招呼时总是说"卡兰"（这是印度语中的致意问候词），所以希腊人就叫他为"卡兰那斯"。据说正是这个卡兰那斯，在亚历山大面前摆出了关于如何统治的著名的图示。事情是这样的，卡兰那斯把一块干燥卷曲的兽皮扔到地上，并将脚踩在兽皮的外边上；于是兽皮的一边就被平压在了地上，可是其他各边却还是卷起来。他踩遍了兽皮，以此证明：无论他压兽皮的哪一个边，都不能把它整个地平压在地上。最后他站立在兽皮的中央，噢，瞧！整块兽皮就被稳稳地压平在地面上了。他设计出这个比喻来警示亚历山大，应当极力去控制他的帝国的中央，而不该远离中心，四处游荡。

66. 亚历山大沿河入海用去了七个月的时间。之后他和他的舰队一起入海航行,① 当行至一座小岛时,他亲自命名它为"斯克鲁斯提斯"(它的通常名称是"普西尔图西斯")。他登上小岛,向众神献祭并研究海洋和可以登陆的海岸特性。他在祭神时祈求今后再也没有人能超过他远征的界限;这之后他乘船返回。他命令他的舰队从海上绕行,始终贴着右侧的印度,同时任命尼阿卡斯为舰队的司令官,欧奈西克瑞塔斯为船长。② 他自己则沿陆路行军,穿越欧瑞坦特斯人的国家;在那里他陷入了严重的窘迫,损失了许多人;他的步兵曾有十二万之众,骑兵也有一万五千人,然而最后只有不到四分之一的部队从印度回来。无情的疾病,劣质的食品,酷热的天气和极为糟糕的饥荒围困着他们;因为他们通过的是一片未开垦的地域,那儿的人生活悲惨,勉强度日,只有几头羊和一些破烂财物。因为一直吃海鱼,他们干枯难闻。亚历山大花了六十天时间从这片困难之地中走出;但当他刚一到达葛得罗西亚时,所有的物品都变得充沛起来,附近的行省和各地君侯们纷纷向他进贡。

67. 在这里休养生息了一段时间后,亚历山大又出发了;他用七天时间行军穿过卡曼尼亚,一路狂欢享乐。在八匹马缓缓拉着的一个高大显眼的长方形平台上,放有几案,亚历山大和他的朋友们就坐在上面边走边饮、通宵作乐;无数马车跟随其后,有些有着紫色刺绣的天篷,另一些则用新鲜碧绿的树枝遮挡阳光,这些马车运的是他的其他同伴和将军们,这些人头戴花环,酩酊大醉。不见盾牌,不见头盔,也看不到长矛;伴随着整个行军队伍的是酒杯、酒壶、牛角饮具,士兵们几乎一直浸在巨大的桶和调酒碗中的葡萄酒里,互相举杯祝福。有些人走着,另一些人则躺着休息;奏管鸣弦,歌声四起,伴着女人狂欢的叫喊声,音乐充满了每一个角落。除了这无秩散漫的行军之外,还有酒神节上才举

---

① 公元前325年,仲夏。
② 参见阿里安《亚历山大远征记》第6卷,第19节。

行的体育比赛，好像酒神自己在队伍中指挥狂欢一样。而且，当亚历山大到达葛得罗西亚的皇宫时，他又让他的军队休息，并举行盛大的庆祝活动。据说有一次他在观看唱歌跳舞的竞赛时喝多了，他所喜爱的演员巴高阿斯赢得了唱歌和跳舞的冠军，盛装未卸，穿过戏院，在亚历山大的身边坐下；看到这一场面，马其顿人欢快地拍着巴掌，高喊着要国王亲吻胜利者，直到最后亚历山大把他抱住，温柔地亲吻了他才罢休。

68. 亚历山大的海军大将尼阿卡斯也航行到这里与他会合，亚历山大十分高兴地听了他们的航行经历，并急欲亲自率领巨大的舰队沿幼发拉底河而下，① 然后，在环绕过阿拉伯半岛和非洲后，经赫拉克勒斯石柱进入地中海。在萨普萨卡斯建造了各种类型的船只，水手和领航员也从各处被召集而至。但是他的返程中日益增多的困难，他在马利的受伤，以及他的部队的损失，都被人们传报得非常严重，这使人们担心他能否平安返航，诱使被征服的属国反叛，也使他所任命的那些将军和总督们变得更加暴戾不公，贪婪和无礼。总之各处都是动荡不定，人心思变。甚至奥林匹娅斯和克娄巴特也拉帮结派，攻击安提帕特，把他的属地一分为二，奥林匹娅斯占据伊壁鲁斯，克娄巴特拉占据马其顿。亚历山大听到这事后说，他的母亲作出的是更为正确的选择，因为马其顿人是不会屈从于一个女人的统治的。

因为这些原因，他命尼阿卡斯回到海上，② 到沿海一带地区打了一系列的战役，而他自己在从亚洲腹地班师回国的一路行军中，严惩他的那些犯下恶行的指挥官们。阿布里特斯的一个儿子叫欧克西亚提斯，就被亚历山大亲手用矛刺死；而当阿布里特斯没有为他提供必需的给养，并打算用三千塔连特的铸币来代替时，亚历山大命令把这些钱扔到他的马前，他们没人敢碰这些钱一下，他叫骂道："你提供的这些东西对我

---

① 参见阿里安《亚历山大远征记》第7卷，第1节。
② 公元前324年初。

们有什么用？"然后他就把阿布里特斯投入狱中。

69. 到了波斯后，他按他们从前的国王的习俗，给妇女们分发钱财；过去，国王每来一次都要分给每人一个金币。据说因为分发钱财这个原因，过去的一些国王就很少来波斯，而奥库斯因为吝啬，甚至一次也没来过自己的老家这里。还有一件事，就是当亚历山大发现居鲁士的墓被盗后，他将罪犯处以死刑，尽管这个名叫波律玛库斯的犯罪者是个来自培拉的有名的马其顿人。当他读完居鲁士墓上的碑文时，他命人在原来的碑文下面用希腊文刻下同样的碑文。原文是："噢，人啊，无论你是谁，无论你从何处来，我早知道你将前来；我是居鲁士，我为波斯人赢得了他们的帝国。因此，请不要抱怨我用这一抔黄土埋身吧。"这些话深深地打动了亚历山大，使他感到人生无常，变化不定。①

在波斯时，卡兰那斯因为生了肠病，要求为他准备火葬。② 他骑马到来，做了祈祷，然后在身上洒了水，并把一些自己的头发放在火焚的木台上；他登上台去，面对着云集在周围的马其顿人，劝告他们在这一天与他们的王一起欢娱作乐，他宣称说他自己很快将在巴比伦城再次见到亚历山大。说完这话后他躺下，遮住他的头，当火焰烧到他时也不躲避，始终保持着开始时的那个姿势；他就像他们国家的智慧的人自古以来所做的那样，心甘情愿地将自己献祭于神。同样的事情也发生在多年后跟随恺撒的另一位印度人身上，在雅典现在还可以看到一座"印度人之家"。

70. 亚历山大从火焚处回来后就聚集他的朋友和官员们一起共进晚宴，并建议举行一个喝纯酒比赛，胜者将得到加冕。于是喝得最多的一个名叫普罗玛库斯的人得到了奖品，这是一顶值一个塔连特的冠冕，他喝下了足有四大罐之多的酒，但是没过三天他就死了。其他的人当中，

---

① 参见阿里安《亚历山大远征记》第6卷，第29节。
② 同上书，第7卷，第3节。

据卡瑞斯说，也有四十一个人因纵饮狂喝而剧烈战栗而死。

在苏萨，亚历山大娶了大流士的女儿斯塔苔丝为妻，并为他的好友们完婚，将最高贵的女人分给他的最高贵的男人；同时他为那些已经缔结了婚约的其他马其顿人举行了盛大的婚礼宴会。在这次宴会上有九千位客人一起共进晚餐，他们每个人都得到了一只奠酒用的金杯。宴会其他的设施也是惊人地华丽辉煌，主人还为所有负债的客人偿清债务，所有花销总计有九千八百七十塔连特。这时，"独眼龙"安提戈尼斯把他的名字也虚报到债务人的名单中，并找一个人来谎称他在自己钱庄借钱给安提戈尼斯。于是安提戈尼斯得到了钱；然而谎言不久就被揭穿，国王非常生气，把他赶出宫廷，并剥夺了他的兵权。不过，安提戈尼斯是一个非常优秀的战士，当他还是一个年轻人时，曾追随腓力攻击坡任萨斯，虽然他被弹弩射出的短弩击中眼睛，他既不把弩拔出来，也不肯下战场，一直打到把敌人击退，逼入城中为止。因而他对现在所蒙的羞辱不可能无动于衷地默默忍受，明显想要自杀以摆脱忧伤和沮丧。亚历山大感到害怕，宽恕了他，还命他把钱收下。

71. 他留下来受教育和训练的那三万个孩子现在已经长得身体强健、相貌堂堂，而且行动起来灵巧敏捷，① 亚历山大非常高兴，然而这却使马其顿人充满了沮丧和害怕，认为他们的国王现在已经不再关注他们。因而当他要送他们中的老弱病残回到海边时，他们就说这是侮辱和虐待；在南征北战中把他们都榨干了之后，就把他们抛在一边，饱受耻辱，打发他们回老家，而此时的处境与当年离家出征时相比，真是此一时，彼一时呀。因此，他们要求亚历山大把他们全都解散，遣送回去算了，马其顿人已经没有用了，因为他已经有了这些年轻的"武士"，他可以使用他们来继续征服世界了。② 这些话使亚历山大大为不快，盛怒

---

① 参见47节。
② 参见阿里安《亚历山大远征记》第7卷，第12节。

之下，他将他们一顿痛骂，并把这些人全部赶走，命令波斯人担任他的警卫，并从中挑选护卫和侍从。当马其顿人看到亚历山大现在由这些波斯人护送，而他们自己则被赶到一边，受到屈辱的对待时，反而变得谦卑起来；回头再理智地想想，他们发现他们是在嫉妒和盛怒之下几乎丧失了理智，因而他们最终觉醒过来，都来到亚历山大的帐前，只穿着内衣，不带武器，哭号忏悔，希望他能怜悯他们这些卑劣的忘恩负义的家伙。尽管亚历山大听到他们的哭号后心也软了下来，但是他还是拒绝见他们。这些人待着不走，在他门前站了两天两夜，不停地哭求主子的饶恕。到了第三天，亚历山大走了出来，当他看到他们卑微可怜的惨相时，也不禁流下泪来；他温和地训斥了他们几句后，对那些超过服役期的士兵们赐予了许多礼物送他们复员回家，并写信给安提帕特，要求在所有的公共竞赛中及在戏剧院里都要让这些人坐在最前排，并戴花环。他又下令让那些在为他服役时牺牲的人的孤儿们配享他们父亲的饷金。

72. 当亚历山大来到米地亚的埃克巴塔那后，他开始处理一些紧急的事务，但是他的大量时间立刻被戏剧和节日庆祝所占满，因为有三千名希腊的艺术家闻风而来。但是庆典很快因为一件事停下来了。就在这段时间里，赫菲斯提昂偶染风寒，因为他是一个年轻人，又是一个军人，所以不愿接受严格的饮食治疗法的约束，当他的医生格劳卡斯一跑去戏院时，他就坐下吃早餐，大吃禽肉，大碗喝酒，从而病情恶化，不久就死了。亚历山大对失去这个朋友感到无比的痛苦。① 他立刻下令把所有马和骡的鬃和尾都剪去以示哀悼，并除去城墙四周的城垛；他又把那个倒霉的医生钉死在十字架上，很长时间在营地中禁止笛声及各种音乐，直到从阿蒙那里得到神谕，命他把赫菲斯提昂尊为英雄并向他献祭时为止。而且亚历山大还不惜发动战争来缓解自己的哀伤，四处追踪捕猎敌人，向科萨亚人发动大举进攻，屠杀了他们所有的成年人。这被称

---

① 参见阿里安《亚历山大远征记》第7卷，第14节。

作是对赫菲斯提昂亡灵的奉献。为了给他的朋友举行葬礼和修建陵墓，他打算花费一万塔连特，希望装饰建设得精美奇绝，不枉所费。所以他渴望最优秀的艺术家斯塔斯克瑞斯特来做此事，因为此人刻意创新，经常能创造出壮丽、大胆、炫耀的作品。在以前亚历山大接见他时，他曾说在所有的山峰中，色雷斯的阿托斯山最适宜于塑造成一个人的形状和模样；如果亚历山大当时下令，他将把阿托斯山雕成一座亚历山大的最为持久和最为显著的雕像，雕像的左手环抱着一座拥有十万人口的城市，右手处将有一条大河波涛汹涌直入大海。亚历山大当时拒绝了这个建议；但此时他却积极和他的艺术家一起设计发明比这项计划还要更奇特、更昂贵的计划来。

73. 当亚历山大向巴比伦进军时，尼阿卡斯（他由海洋进入幼发拉底河，然后溯流而上与亚历山大会师）告诉国王说，他遇到过一些查尔丹术士，① 这些人说亚历山大应当避开巴比伦城。② 亚历山大对此并未在意，继续他的行程；当他接近巴比伦城墙时，他看到许多乌鸦在天空飞翔，彼此撕抓，有一些掉下来死在他的脚下。之后，他得到密报说，巴比伦的指挥官已经献祭占卜了他的命运，于是亚历山大就派人找来了那位预言师毕萨格拉斯，毕萨格拉斯承认有这事，亚历山大就问他在用作牺牲的动物中看到了什么，毕萨格拉斯就说，牺牲的肝叶上有毛病。"哎呀"，亚历山大说道，"这的确是个大兆头！"他没有伤害毕萨格拉斯。他觉得很懊恼没有早听尼阿卡斯的忠告，于是基本上住在巴比伦城外，或是住在不同的帐篷中，或是到幼发拉底河中漂流。同时他也为很多征兆所烦扰。例如，在他的动物中，有一只最大最英武的雄狮受到一只驯服的驴的攻击，竟被它踢死。还有一次他脱去衣服玩球，后来穿衣服时，一个和他一起玩的年轻人看到一个男人正坐在国王的皇座

---

① 古代中东的占星术士。——中译者注
② 参见阿里安《亚历山大远征记》第 7 卷，第 16 节。公元前 323 年春。

上，沉默不语，而且头戴王冠，身披皇袍。当他们问他是谁时，他依然久久无声无息，最后好像如梦初醒一样地说，他的名字是狄奥尼西奥斯，是美塞尼亚人；因为被人起诉，被从海边带到了这儿，他被镣铐锁了很久；但是就在刚才，萨剌庇斯大神来到他的身边，给他松开镣铐，并带他到了这里，命他穿戴上皇冠皇袍坐在皇座上，然后保持缄默。①

74. 听到这些后，按预言师所指示的，亚历山大把这个人杀了；但是他变得情绪低落，开始猜疑上天的恩宠和庇护，对朋友也疑心重重。他显得特别害怕安提帕特和他的儿子们，其中之一是伊奥拉斯，他的主祭酒官，另一个是最近刚来到巴比伦的卡桑德，此人受的是希腊的教育，所以当看到一些蛮族向亚历山大行跪拜礼时，因为从未看到过，不禁狂笑起来。但是亚历山大对此很恼火，两手狠狠地抓住他的头发把他的头向墙上撞去。另有一次，当卡桑德反驳那些控告他父亲安提帕特的人时，亚历山大打断他，说道："你是什么意思？如果这些人没有受到冤屈，他们怎么会跑这么远的路到这里来作伪告？"当卡桑德宣称，正是他们跑得离证据远远的，这一事实就说明他们是在作伪告，亚历山大听了一阵狂笑，说道："这就是亚里士多德的弟子的诡辩吧，它可以证明任何问题的正反两方面；但是，如果我发现你们对这些人做了一丝的冤屈之事，我就要狠狠惩罚你们！"据我们所知，卡桑德的心中深深地渗透着对亚历山大的极大畏惧，以致许多年后，他已经成为马其顿的王和希腊的统治者，有一次在德尔菲神殿中参观里面的雕塑时，忽然看到了一座亚历山大的雕像，于是好似猛被一击，全身抽搐战栗，头晕眼花，很久才被治愈。

75. 因为亚历山大现在对神意分外敏感，他的精神变得烦乱不安，易受惊吓；只要有一点点不寻常的事发生，都会被他看成是一个重要的预兆；献祭者和预言师在他的宫殿进进出出。可见，怀疑和蔑视神的旨

---

① 其他一些预兆参见阿里安《亚历山大远征记》第7卷，第18、22、24节。

意固然是一件令人悲哀的事,但是迷信同样也是一件令人悲哀的事。就像水天生往低处流一样,现在陷入了恐惧之中的亚历山大也愚昧不堪,充满了迷信。尽管这样,当他听到人们向他汇报关于赫菲斯提昂的神谕答复时,他还是把忧伤放在一边,再一次投入献祭和宴饮之中。他为尼阿卡斯举办了一次盛大的娱乐活动,之后他按习惯已经睡前沐浴了,但是在收到迈狄亚斯的邀请后,他又到那里与他痛饮狂欢;① 因为通宵饮宴,他开始发烧。但是这并不是像某些作家所写的那样,是在用"赫拉克勒斯之碗"痛饮之后发生的,当时也没有出现他忽然感到背部一阵剧痛,好像被矛刺中一般的事情;人们之所以想象了这些细节,只是因为这些作家觉得应为伟大的行动创造出悲剧性的感人结局。但是据阿里斯多布卢斯说,亚历山大发起非常严重的高烧,因为觉得十分渴,他就喝了些酒,之后他变得神志不清,死于戴休斯月的第三十天。

76. 不过,"宫廷日志"中对亚历山大的病况发展是这样记录的:在戴休斯月的第十八天,② 因为发烧他睡在浴室里。第二天,沐浴后,他回到他的卧室,在那里与迈狄亚斯掷骰子玩。天晚之后他又一次沐浴,然后向众神献祭,进食甚少,通宵高烧。第二十天,沐浴后,按惯例献祭;之后躺在浴室里,和尼卡阿斯在一起,听他讲航行中的故事和大海的故事。第二十一天,他和前一天一样度过,依旧发高烧,入夜,病情严重;第二天,他整天的体温都非常高。因而他将他的床榻移到大浴池旁边,在那里他与他的官员谈论了有关军中空职的事情,以及如何选用有经验的人来填补空缺。第二十四日,他烧得更高了,不得不被人搀扶着进行献祭;而且他命令他的主要官员都要留在宫中,各个军团的指挥官就在外面过夜。二十五日,他被移至河对岸的宫中,睡了一小会儿,但烧一点也没有退。第二十六日,当他的指挥官们来到他的床前

---

① 参见阿里安《亚历山大远征记》第7卷,第25节。
② 公元前323年6月2日。

时，他已经不能说话了；因而马其顿人认为他们的王已经去世，他们高声叫喊着来到宫门前，威胁亚历山大的友伴们让开道路不要阻挡；当大门打开后，他们一个个脱去披风盔甲，鱼贯而入，在亚历山大的榻前轻轻地走过。也是在这一天，塞琉古和培松被派到塞拉皮斯神殿中询问是否应当把亚历山大送到那里；神给他们的答案是不要移动亚历山大。在第二十九天，① 到晚上时，亚历山大与世长辞。

77. 此处的记述基本上是逐字逐句地复述了宫廷日志中的记录。至于有人下毒之说，当时并无一人提出。如我们所知，五年后才有了这种说法，当时奥林匹娅斯将许多人处死，并把伊奥拉斯的骨灰抛撒在四处，宣称是他下的毒。但是另有一些人确信是亚里士多德劝说安提帕特这么做的，而且是通过他搞到毒药的，这些人还引证一个叫哈格那西米斯的人来增加他们的说服力，此人曾公开承认他从安提贡纳斯国王处听到了这个故事，而且毒药是一种从挪那克瑞斯的山崖上采到的冰凉的水，他们像收集细微露水一样地得到它，并把它保存在驴的蹄子中；没有其他的容器能够盛载这种水，因为它的清凉与辛辣几乎能蚀穿一切。不过，大多数作家认为下毒的故事完全是捏造的；因为当亚历山大死后，他的指挥官员们一连好几天陷入了互相间激烈的争吵之中，他的尸体停在潮湿闷热的环境中，并没有进行特殊的保存，但是没有任何明显的迹象表明他是中毒而死，尸体仍然很洁净干燥，没有中毒腐坏的现象。

当时罗克赛妮已经有了孩子，因此得到马其顿人的尊重；但是她嫉恨斯塔苔拉，因而用一封假信把斯塔苔拉和她的妹妹骗到她那里一起杀掉，然后把她们的尸体投入井中，并用土把井填平。坡狄卡斯也密谋参与了此事。此人当时大权在握，并总是四处打着阿海达琉斯的名义活动，好像他在保护着皇家权力一样。阿海达琉斯是腓力与一位名叫菲利

---

① 公元前323年6月13日。

娜的普通女人所生的孩子，他因为身体疾病而在智力上有缺陷，然而这并非天生造成的；据说他小时候表现出极高的天资，气质高贵，但是后来奥林匹娅斯给他吃了某种药，伤害了他的身体，也破坏了他的心智。

二　恺撒传

1. 恺撒的妻子克莱莉亚是秦纳的女儿，① 秦纳曾经拥有罗马的绝对权力。② 当苏拉成为独裁者后，③ 无论他是用许诺还是威胁，都不能诱使恺撒与克莱莉亚离婚，于是就没收了她的嫁妆。恺撒对苏拉的仇恨还源于他与马略的亲戚关系。因为恺撒的姑姑朱里娅是老马略的妻子，也就是小马略的母亲，所以恺撒是马略的表兄。此外，虽然当时苏拉正忙于颁布一大堆的死刑命令，却没注意到恺撒，但是恺撒并不想沉默不语、明哲保身，而是走到公众前面竞选神职人员职位，尽管当时他还只是个年纪轻轻的小伙子。苏拉秘密反对这个参选者，用了一系列手段使恺撒落选，并谋划着将他置于死地；当有人主张说没有必要杀死这么一个孩子时，苏拉断言：他们真是没脑子，没看到一个恺撒可以顶好几个马略。当这话传入恺撒的耳中时，他躲了起来，在萨宾一带藏来藏去。一次当他生病而不得不连夜变换藏身之所时，被苏拉派来搜查隐藏在这一带的逃犯的士兵捉住。然而，恺撒用两个塔连特贿赂了他们的头目，一个名叫克涅利乌斯的人，又获得自由。之后，他立刻乘船去比西尼亚的尼科美得斯王那里，在短暂逗留后，他决定动身返回，但是却在法玛库萨岛附近被拥有大型战舰和许多小船控制那一带海域的海盗们所俘。

2. 海盗一开始提出了二十塔连特赎金的要求，恺撒却嘲笑他们说：

---

① 许多人认为传记开始时对恺撒出身的介绍遗失了。
② 公元前86年。
③ 公元前82年。

恐怕你们不知道在你们面前的是谁！他自愿将赎金额提到了五十塔连特。之后，恺撒派了他的许多随从往不同的城市去取钱，自己身边只留下了一名伙伴和两名随从。这些海盗是西里安人，嗜杀成性，但是恺撒对他们极为蔑视，每当他要睡觉时便命令海盗们不许说话。三十八天里，那些海盗几乎根本就不像是在看守他，而更像是他的皇家侍卫。他们同他一起进行体育活动，一同游戏，还要耐着性子听他朗诵他自己写的诗和各种演说。那些不能欣赏他的人则被恺撒直斥为无知的蛮子，他还经常大笑着威胁要把所有人都吊死。这些海盗喜欢这一切，以为他的大胆言论只是天真和少年儿戏。令他们想不到的是，当从米利都那儿来的赎金付给了他们，他们放走恺撒后，恺撒立刻带了一支舰队从米利都海港出发去追捕这些海盗。他们当时还在岛旁下锚休息，大部分人落入了他的手中。他们被投进了帕加马的监狱，钱财成了他的战利品。接着恺撒亲自去见了朱尼阿斯，要求他作为亚细亚行省总督，对辖区内的这些海盗加以惩罚。但是这位总督却觊觎那笔数目不小的钱财，借故迟迟不办。于是恺撒自行其是，到帕加马提走了犯人，就像他在岛上曾警告海盗们的那样，把他们全钉上了十字架，而当时他们还以为他只是在开玩笑。

3. 不久之后，苏拉的权力渐渐开始衰落。恺撒的朋友邀请他回罗马，但是恺撒坐船到了罗德斯，并在莫隆的儿子阿波罗尼乌斯的学校学习。阿波罗尼乌斯当时是一个品德高尚的著名修辞学家，他也是西塞罗的老师。据说，恺撒具有政治演讲的天赋，并自觉刻苦训练提高，因此，他毫无争议地成为排名第二的讲演者，而这排名第一的位子却是他自己放弃的，因为他认为他应当首先努力成为一名政治家和指挥官，而不只是听任由他的天赋引导在演讲术上取得更大的成就。所以他更多地投入一系列征战和政治活动，并借此而最终获得了至高无上的霸权。就像他后来在答复西塞罗《论伽图》的文章中说的：他不赞成把一个士兵的粗话与一个雄辩家的文采作比较，因为后者依靠天赋，而且还拥有大量时间进行学习。

4. 恺撒回到罗马后，弹劾多拉培拉在他的行省中施行弊政。① 当时许多希腊城邦都提供证词支持恺撒。虽然多拉培拉最终被宣判无罪，但是恺撒为了回报希腊人当时对他的热情支持，便在他们以腐败罪在马其顿的行政长官那里起诉巴布利阿斯·安敦尼时充当他们的公诉人。恺撒干得十分出色，以至于安敦尼向罗马保民官申诉，说自己与希腊之间的讼案在希腊审判，对他是不公平的。然而在罗马，恺撒凭借他在公诉中的口才赢得了极大的声望，同时他以其友善的态度与普通民众的交往，这也为他在大众中获得了良好的形象。同时，他的慷慨好客和华丽的生活方式也为他在政治上逐渐赢得了较大的影响。起初，他的对手认为这种影响将随着他在民众中的花费的停止而迅速消失，因此也就忍耐着他的名声在民众中日复一日地兴旺。到后来，这种声名变得根深蒂固，无法铲除，并直接威胁着整个国家。这时，他们才发现凡事无论开头是多么的渺小，只要点滴积累，也不能被忽视；轻视它们的结果最终只能是使它们发展到无法遏制的地步。在这些事中，据说还是有一个人发现了恺撒表面政策下所隐藏的真正意图，他能理解在恺撒那和善快乐的外表下所隐藏的坚强品格，他因此而感到恐惧，就像是一个人对表面微笑平和的大海的恐惧一样。这个人就是西塞罗，他曾说：他在恺撒所有的政治计划与活动中看到的是一种专制的意图。不过他也说到：当我看到此人体面的发式和用一个手指头梳理头发的样子时，我又几乎不能想象这个男人胸怀推翻整个罗马体制的巨大祸心。下面我们还会更多地谈到这个话题。

5. 民众对恺撒的好感和支持，最早的一次显示在他与盖约·波彼略竞争军团长官的事件上。在这次竞争中，恺撒赢得了胜利。第二次也是更明显的一次，表现在以外甥的身份为去世的姑母朱里娅（马略的

---

① 公元前 77 年。

妻子）在元老院为她致悼词上；① 而且，在送葬的行列中他还大胆抬出了马略的画像。由于马略及其朋友曾被宣布为公敌，因此马略的画像自苏拉当政以来就被禁止露面。当时，有人反对恺撒的这种举动，但民众却大声回应，为恺撒欢呼，佩服他能在隔了那么长时间之后，似乎又把马略的容光从哈得斯②那儿给大家带回来了。根据古罗马的规矩，只能为过世的年长妇女在元老院致悼词，而年轻妇女不得享有这种荣誉；恺撒第一个破了这个规矩，在元老院为自己去世的妻子致悼词。③这件事使他得到了众多的赞赏，它打动了民众的同情心，民众由此对他充满了好感，认为他是一个温和的充满感情的人。

在妻子的葬礼之后，④恺撒去了西班牙，在那儿的行政长官维都斯手下做财务官。恺撒一直对维都斯很尊敬。后来恺撒做了行政长官，也任命了维都斯的儿子为财务官。在此任期之后，他取了他的第三任妻子庞培娅；⑤他当时已经有一个女儿，是和克莱莉亚生的，后来嫁给了庞培。恺撒在花费上十分慷慨，曾被认为是代价太大，而买到的不过是区区短暂名声；但是事实上，他却用了极低的价格得到了最有价值的东西。在恺撒担任公职之前，据说他已经欠下了一千三百塔连特的债务。在他被任命为亚壁大道的管理者后，他在它上面又花了自己大量的金钱；再后来，在任市政官期间，他出资为城市买了三百二十对角斗士；他还在剧院演出、游行队伍和公共宴会上大笔花钱。他的所作所为把他的前任的所有宏伟政绩全盖过了，结果民众心里想的就是如何寻找新的职位与新的荣誉头衔来报答他。

6. 当时在罗马城中存在着两大派别，一个是长期以来十分强大的

---

① 公元前68年。
② 罗马神话中的冥王。——中译者注
③ 公元前68年。
④ 恺撒的第一位妻子是一位富有的罗马骑士的女儿，叫卡索提娅。第二位是克莱莉亚，第三位是庞培娅。
⑤ 公元前66年。

苏拉派，另一个是由于受到恐吓的完全处于劣势的马略派。恺撒希望复兴马略派，并使之归从自己。因此，当他在当市政官时，他野心勃勃，私下做了马略的塑像和举着奖品的胜利之神像，并派人在晚上把它们运到了朱庇特神庙里。一大早，人们看见这些被塑造得如此精美的作品闪烁着金色的光芒，铭文上刻着马略在征服辛布里人的战争中的胜利，他们无不对竖立起它们的那个人感到佩服与惊讶（因为大家都很清楚那个人是谁）；这一消息不胫而走，人人都赶来观看。但是有些人站出来，指责恺撒为已被元老院的法律和决定判决了的人翻案，是阴谋篡夺国家的最高权力，他已经对民众的脾性做了许多驯服工作，这次他是想试试，看民众会不会服了他，对他的任何创新都乖乖听命。而马略的党人此时奔走相告，突然大量拥满了朱庇特神庙，并不停地鼓掌造势。他们中的许多人看到了马略的塑像后，竟喜极而泣，而恺撒则得到他们的高度颂扬，被看作马略所有亲戚中最配得上他的继承人。后来，当元老院讨论此事时，卡塔拉斯·琉塔提阿斯，一个当时罗马最有声望的人，站起来谴责恺撒，并说了一番令人难忘的话："恺撒现在已经不是在悄悄地挖地道，而是在率领军队向国家宣战了。"当然，针对这项指控，恺撒为自己进行了辩护，并说服了元老院。因此他的崇拜者们更加得意，并劝说恺撒不用再对任何人谦卑，因为民众希望看到恺撒打败他的所有对手，并成为这个国家的统治者。

7. 在这个时候，最高祭司莫特路斯去世了。① 伊索里库斯和卡塔拉斯是这一令人垂涎的最高祭司职位的候选人。他们都是显赫人物，在元老院有着很大影响。但面对此情况，恺撒仍表示要出来与他们两个竞选，不会作出任何的让步。选举者似乎刚好以均等的人数分别支持他们，因此，卡塔拉斯虽然比恺撒更有竞争力，但对局势的不明朗有些恐惧了。他试图以大量的金钱引诱恺撒放弃他的野心勃勃的竞争，但恺撒

---

① 公元前 63 年。

却坚决地表明，即使他不得不借许多钱，他也会坚持到底。

在选举的当天，当恺撒的母亲含泪把他送到门口时，恺撒亲吻了她并说道："母亲，今天你要么看到你的儿子成为祭司长，要么就看到他被流放。"整个竞选过程十分激烈，但投票结果是他最终决定性地击败了两个强有力的对手。但这样一来，元老院跟贵族们更担心恺撒的当选会使民众陷入一种极度狂热中。因此，皮索和卡塔拉斯指责西塞罗在喀提林的事件上放过了恺撒，当时政府完全有机会整倒恺撒的。喀提林不仅仅想颠覆现状，还想消灭整个帝国，使一切陷入混乱之中。而他后来被逐出罗马时，[①] 只不过是因为他的种种较小的劣行，远非是因为他的更大计划的败露而导致的。但是，他把林都拉斯和塞提加斯留在了城中，继续进行他们的阴谋。当时，恺撒是否在暗中与这些人有牵连，无法确定；但是，在后来这些人被元老院以压倒性多数宣判为有罪时，当执政官西塞罗逐个征求元老对他们判刑意见时，问到恺撒之前，所有人都认为应该将他们处死；但轮到恺撒时，他却坚决反对这个决定。他发表了一个长长的、思虑周详的讲演，辩护道，将这些高等公民和拥有高贵血统的人处以死刑，既不合于传统，又有悖于法律，除非是在极度必要的情况下才勉强可以。他提出他自己的意见，希望把这些犯人戴上镣铐，分送到西塞罗所指定的意大利的各个城市中，在那里受监视，直到喀提林在战场上被打败之后，元老们可以在一个和平空闲的时候再对他们最后的处置投票作出决定。

8. 这些话似乎很有人情味，加之恺撒的言辞有着巨大的说服力，使得不仅在恺撒后面发表意见的元老都站到了恺撒的一边，先前的一些人也都接受了他的意见，直到问到伽图和卡塔拉斯时，才出现了反对意见。他们强烈地反对恺撒的提议，伽图甚至表示他对恺撒言论的怀疑。结果，这些犯人未经审判就直接交给了行刑者。这时西塞罗的很多年轻的守卫者

[①] 公元前63年。

冲了进来，用长剑威胁恺撒离开元老院。但是库里奥用自己的长袍护住恺撒帮助他脱身，当时那些年轻守卫都在看西塞罗的暗示，但他摇了摇头，或者是由于对民众的害怕，或者是他认为谋杀恺撒完全违背了法律和公正。

如果这些都是真的，我却不知道为什么西塞罗在他的执政官任职的著述中没有提到这些。不过，后来他却被指责没有利用那次最好的机会除掉恺撒。当时他表现出一种对民众的惧怕，而恺撒完全和民众打成一片。事实上，没过多久，当恺撒去元老院为自己被人怀疑的问题进行辩解时，他的声音被淹没在一片反对的喧哗声中。外边的民众意识到恺撒在元老院待的时间大大超出往常，便自发包围了元老院，大喊恺撒，要求元老院放恺撒出来。伽图也因为恺撒与民众的紧密关系而惧怕他，怕底层的人会发动一场革命，因为民众对恺撒充满了如火般热诚的期望，所以伽图劝说元老院同意每月分配给民众谷物作为补贴，这一措施结果使得国家每年足足多支出了750万银币。然而，这一举措的确明显地制止住了当时四处扩散的恐慌情绪，及时使恺撒的力量中的最坚强部分瓦解消散，因为他已经当选了行政官，① 并将因此更加可怕，更加难以对付。

9. 在恺撒任行政官的时候，除了发生在他家中的一次丑闻，几乎没有遇上什么麻烦。有一个叫巴布利阿斯·克罗狄的人，他出身贵族，以富有和雄辩引人瞩目，但是他却比当时所有臭名昭著的无赖更加傲慢和厚颜无耻。这个人爱上了恺撒的妻子庞培娅，而庞培娅似乎也愿意。但是由于恺撒的母亲奥勒利亚是一个头脑清醒的人，一直对庞培娅看得很紧，使他们见面既困难又危险。

当时，罗马有一个叫玻娜的女神，对应的是希腊的吉纳凯女神。福里基亚人坚持这个女神是他们的，说她就是米达斯国王的母亲；而罗马人则说她是德律阿德斯仙女之一，是福那斯的妻子；而希腊人又主张她

---

① 公元前62年。

是狄俄尼索斯的众多母亲中的无名者之一。这也就是女人为什么在庆祝她的节日的时候要用葡萄藤枝盖在屋棚上，并按照神话里所说的，在她的宝座旁边盘上一条具有神圣意义的大蛇。在这个神圣仪式上，男人是不能出席的，甚至待在举行庆典的房子中也是违法的。但妇女们却要单独在这里按奥菲士教的方式举行多种仪式，并且按照这个宗教习惯，当这个节日到来时，执政官或者行政官将带领所有的男人离开那所将要举行仪式的房子，留下他们的妻子接管这所建筑物及其周围的地方，并由她们作出适当的安排。最重要的仪式在晚上举行，那时能听见纵酒狂欢和众多音乐之声。

10. 就在某个庆典上，庞培娅也在那儿庆祝节日，克罗狄认为他还没有长胡子，或许可以混入里面而不被发现。因此他穿上裙子，并装扮成奏鲁特琴的少女样子混入了举行仪式的房子里。当他去的时候门是开着的，他被守在那儿的女仆秘密地带了进去。但是这个女仆去通知庞培娅时耽误了一段时间，克罗狄等不住，便离开了原来的地方，避开光亮的地方在这所大房子里溜达。突然，一个奥勒利亚的女仆走过来，要和他一起戏闹，就像其他妇女之间那样玩。当他拒绝时，她拖住他，并询问他是哪儿来的。克罗狄说他正在等庞培娅的一个叫阿布萝的女仆（这个人就是那个女仆），可是他的声音出卖了他。这个奥勒利亚的女仆尖叫着逃开，直接奔向有光亮的人群处，她大声叫道：她发现了一个男人。妇女们一下子恐慌起来，而奥勒利亚则立刻停止了对女神的祭拜仪式，并把所有的神像都盖了起来。接下来，她命令关上所有的门，亲自点着火把开始搜查克罗狄。他躲在领他进来的那个女仆的房间里，但最终还是被发现了。当妇女们看清这个人是谁时，就把他赶出了门。她们跑了回去，当晚便把发生的事告诉了她们的丈夫。第二天，全城都传遍了克罗狄亵渎神灵的消息，他必须向神献祭，不仅是因为他侮辱了那些妇女们，而且要向整个城市和众神献祭。于是有一个保民官指责克罗狄亵渎神灵，而且最有影响力的元老们也联合起来作证，指控他除了犯有其他令人震惊的罪行之外，还与鲁库卢斯的妻子，也就是他的姐姐私通。但民众组织起来反对这些人对他的激烈指控，为克罗狄辩护，再加上因为陪审员害怕民众，这一切帮了他大忙。恺撒则立刻与庞培娅离了婚；但当他被传唤到法庭作证时，他声称自己对克罗狄所受的指控一无所知。他的话令人难以相信，因此，检察官又问："那你又为何与你的妻子离婚？"恺撒回答说："因为我认为，我的妻子即使受到任何嫌疑，也都是不应该的。"

有人说，恺撒这么说是诚实地作证；但另有人说，他这么做只不过是为了迎合那些一心要救克罗狄的人。不管怎样，克罗狄最终被宣判无罪。大多数的陪审员都以难以辨认的笔记写下了他们的宣判，以避免因为判这个人有罪而冒得罪民众的生命危险，又不想因为宣判克罗狄无罪而在贵族中落下坏名声。

11. 不久后，恺撒继担任了行政官后，又接受了对西班牙行省的管理权。但因为他难以解决与债主之间的纠纷，那些债主们阻止他离开，怨声载道，恺撒只好求助于罗马最富有的人克拉苏，而克拉苏又需要恺撒那种旺盛的精力与热情以帮助他在政治上与庞培斗争。最后，在恺撒答应了他们中最纠缠不休、最不肯让步的人提出的条件，并交了八百三十塔连特的保证金后，他才得以动身去西班牙。①

据说，当恺撒穿越阿尔卑斯山路过一个荒凉而人口稀少的野蛮人村庄时，他的同伴开玩笑地问他："这种地方是否也有为了当官而争吵，为了出人头地而斗争，各种强权人物之间充满嫉恨的事呢？"恺撒听了十分严肃地说道："我宁可成为这儿的第一人，也不要到罗马当第二人。"在西班牙时，还有一次当恺撒在空闲的时间读着亚历山大的传记时，不禁久久陷入沉思，突然泪如雨下。他的朋友十分惊讶，问他为何流泪，他答道："当亚历山大在我这个年龄的时候已经征服世界，而我

---

① 公元前 61 年初。

却还不曾取得过任何辉煌的成就，难道你们不认为这是令人悲伤的事吗？"

12. 无论如何，当恺撒到达西班牙上任后没多久，他便积极行动起来，很快在以前二十支步兵大队的基础上又建起了十支。然后，他率领他的部队制服了卡雷西人和卡尔浦纽斯人，并一直挺进到外海地区，征服了许多以前并不臣服于罗马的部落。在战争胜利结束后，恺撒同样乐意于在这些地区营造和平，他调和各个城市之间的关系，使它们和谐相处，特别是缓和债务人与债权人之间的紧张矛盾。他命令债权人有权每年从债务人的收入中拿走三分之二，剩下的由财产所有者自己支配，直到最后偿清债务为止。他的行省任期期满之后载誉而归，他变得十分富有，同时他的士兵们也发了财，因此他们就像是对待皇帝一样尊重恺撒。

13. 因为当时恺撒如果要庆祝凯旋，就得待在罗马城外，而竞选执政官的人则必须在城内，这使恺撒陷入了两难境地。因为他到达的时候正是处于执政官的选举时期，他向元老院要求是否能免除他亲自登记的义务，而是委托他的朋友代劳参加执政官竞选。但是，伽图开始时却以法律为依据反对恺撒的要求，到后来当他看到元老们都被恺撒吸引了注意力时，转而采用持续一天演说的办法，最终搁置了此事。于是恺撒决定放弃凯旋式而参与执政官的竞选。他一进入城内，就采取了一个欺骗了所有人的计谋，只有伽图除外。这个计谋便是使庞培和克拉苏这两个在城中最有影响的人和解。这两个以前争吵过，但现在通过恺撒而和好了。他们没有意识到，他们联合的力量被恺撒利用了，使他成功地改变了政府的构成，这也可以看作他们两人做的一件好事。引发内战的原因并非如大多数人所认为的那样，是恺撒和庞培之间的争端，而是源自于他们的友谊，因为他们首先共同推翻了贵族政治，在完成了这件事后，才产生了他们相互之间的争端。伽图经常预言这个结盟的下场，所以被人称作是一个郁闷而令人生厌的家伙，但是后来又被称为一个明智的忠告者——只不过命运不佳。

14. 现在在克拉苏和庞培的友谊包围和保护之下，恺撒开始竞选执政官。在他最终成功地与卡尔浦纽斯·毕布拉斯一道当选执政官并走马上任后，他起草的法律更像是袒护民众的最激进的保民官，而不是执政官；为了使民众感到满意，他采取了多种土地分配方法。在元老院中，地位较高的议员对恺撒的反对又给他梦寐以求的借口，他信誓旦旦地喊着说，他是不得已而被驱赶入平民议会的；元老院的傲慢和固执逼得他不得不寻求民众的支持，他安排克拉苏站在他的一边，而庞培站在另一边，问他们是否支持他的法律。他们声称他们支持他；于是恺撒便恳求他们给予他帮助，反对那些想用武力来威胁他的人。他们都答应了他的请求，庞培甚至还说他将亲自拿着刀与盾对抗那些人。这种冲动而疯狂的演说，使庞培有失高贵的身份，元老院也威严扫地，因此贵族们感到十分沮丧，而民众则十分高兴。

此外，恺撒还想进一步利用庞培的影响力。恺撒有一个叫朱里娅的女儿，虽然她曾经与塞维利阿·西彼俄订婚，但恺撒解除了婚约，并答应将其嫁给庞培。同时，恺撒让庞培的女儿嫁给塞维利阿，虽然她曾经与苏拉的儿子福斯都订婚了。不久后，恺撒又与派索的女儿卡尔柏尼亚结了婚，并在第二年帮派索当上执政官。这举动遭到了伽图强烈地反对，他声称人们不应忍受凭借联姻获取最高权力，凭借女人让男人互相帮助以拥有权力、军队及行省的行为了。

至于与恺撒同时任执政官的毕布拉斯，因为他不仅没有能阻止恺撒立法，反而与伽图一样有被杀死在元老院的危险，因此他在余下的任期中躲在家中，闭门不出。而庞培在他结婚后不久，便派全副武装的人把守元老院，帮助人们通过恺撒的法令，并把阿尔卑斯山两边的高卢作为执政行省，交给恺撒管理五年，还有伊里利库姆和四个军团。当然，伽图试图反对这些措施，恺撒就打算让保民官将他关入监狱。恺撒本以为伽图会向保民官求情，但他不说一句话，径直走开。当时不仅一些颇有影响的人物表现出不满，就连普通民众出于敬重伽图的高尚品德也默默跟在他的后头，流露出十分沮丧的眼神。恺撒见此情况，立刻秘密地通知一位保民官放了伽图。

在其他的元老中，只有少数人是跟恺撒一起去元老院的，余下的都感到不满，离他远远的。一个年事已高的元老，叫科西狄阿斯，他曾对恺撒说他的同僚之所以不来，是因为他们害怕那些全副武装的士兵。恺撒问道："那你又为什么不因为害怕而待在家中呢？"科西狄阿斯回答道："因为我的年纪，我已经来日不多，用不着过于顾虑了。"在恺撒的这段任职期间，政治上最不体面的事是克罗狄当选了保民官，克罗狄因为通奸、破坏夜间警戒等事已经是臭名昭著。恺撒选他是为了推倒西塞罗，他直到后来才支持他，因为当时在他的帮助下，恺撒发动了一次成功的针对西塞罗的派系斗争，把西塞罗赶出了意大利。

15. 以上就是高卢战役之前的恺撒的人生轨迹。在此之后他发动的战争岁月里，在征服高卢的所有战役中，他似乎有了另一个人生开端，走了一条不同的人生道路，获得了新成就：作为士兵和统帅，不亚于那些在领导才能上令人钦佩并功勋卓著的人。不但如此，如果把恺撒跟菲比阿、西庇阿和莫特路斯相比，或者是和同时代、稍早于他的时代的苏拉、马略、两位鲁库卢斯，甚至是和庞培——此人因为军事上各个方面的杰出表现而名声在外甚至达到顶峰——相比，恺撒的成就超过了他们所有的人，因为相比之下，他在最艰难的地域发动战争，他获得了最大面积的国土，他打败了最难对付的敌人，他赢得了最残暴和不忠实人的好感，他对待俘虏温和而又合情合理，他对他的士兵从不吝于嘉奖；总之，他打了最多的仗，消灭了最多的敌人。他在高卢打了几乎不到十年的仗，但是席卷了八百多座城市，征服了三百个民族，并在不同时期一共与三百万士兵进行长期交战，在肉搏战中直接消灭了一百万敌人，而被俘虏的人远远多于这个数字。

16. 他手下的士兵在他的带领下显示出了坚定的意志和巨大的热

357

情。尽管在以前战役中，那些士兵从来都不比其他的士兵表现得好，但现在为了恺撒的荣誉，都表现得战无不胜而且不可抗拒。比如，一个叫阿西略的人，在马塞利亚参加海战时登上敌军的船，虽然他的右手被剑砍掉，但他另一只手仍紧握着盾，并冲入敌人中，竟然打败了船上所有的敌人并俘获了这艘船舰。另一个叫喀西约·斯凯渥的人参加了在德拉赤姆的战役，他的一只眼睛被箭射中，肩膀和一条腿分别被标枪刺穿，但他仍用盾挡住了射向他的一百三十多根箭。在这困境中，他叫敌人过去，说他要投降。两个人走了过去，他用剑砍掉了其中一人的肩，猛击另一个人的脸，吓得他拔脚而逃。最后，他在同伴的帮助下安全退了回来。还有一次是在不列颠，恺撒亲自督战，当敌人对陷入沼泽的最前面的军官们发起猛烈进攻时，一个普通士兵冲入战场，奋勇作战，击败了蛮族人，救回了军官们；但他自己困难地跟在后面跋涉，陷入泥沼，丢了盾牌，最后半游半走地才穿过了它。恺撒和他的随从看到这一幕后惊叹不已，欢呼着迎接这个士兵，但他却一下子跪倒在恺撒的脚边，难过地流眼泪，请求恺撒原谅他丢了盾牌。在非洲，有一次，西庇阿俘获了一艘属于恺撒的船，这船由格拉尼阿斯·皮特驾驶，他曾被恺撒任命为财务官。西庇阿对格拉尼阿斯说，他将船上剩下的人扣为战俘，放过他的性命。而格拉尼阿斯却说，恺撒的士兵只会给予怜悯，但是从不接受怜悯。说完他便用剑自刎了。

17. 恺撒在他的军队中培养了高昂的士气与旺盛的斗志，因为首先，他从不吝于对士兵授予奖赏和荣誉，因此表明了他从不在战争中积敛财富用于他个人奢侈享受或者生活舒适。他细心积累这些财富以作为对英勇行为的奖赏；他不会比他的士兵中应得的人拿得更多。其次，他主动冒险，而且从不拒绝辛劳。他的部下都知道他的宏伟抱负，所以从不为他对冒险的热衷感到惊讶。但是他们仍然对他所经受的身体难以承受的辛劳感到十分惊讶。因为恺撒的身体并不健壮，皮肤柔软而又洁白，脑子里有毛病，并且患有癫痫，这个病据说是在科都巴第一次发作的。然而，他从不以他脆弱的健康状态作为享受舒适生活的借口，而是用他在军事上的活动来医治这种脆弱。劳累的旅途，简单的饮食，经常在野外睡觉，持久的辛苦等，以此战胜自我，使身体强壮，抵御各种疾病。他大多数的时候都是在马车或者是草窝里睡觉，以便休息也为活动服务。在白天，他在各个要塞、城市、营地之间穿梭。这时候有个奴隶常常坐在他身边记录下他的命令，并有一个佩剑的士兵站在他后面。恺撒的行军非常快，在他第一次从罗马到高卢的这段行程中，他只用了七天的时间就到达了隆河。

从恺撒的童年起，马术就不在话下，他能在马飞奔的时候将手放在背后，并紧紧地握在一起。在高卢的一系列战役中，恺撒习惯于在马背上口述信件，要两个缮写者同时工作，甚至像俄彼阿斯说的，还要更多。据说恺撒是第一个发明了用简写符号与朋友交谈的人，这是因为他要处理的事务头绪繁多，还要管理巨大的城市，不可能通过一一会面来处理每件事务。他对饮食的随便也有许多例证。一次，当发利略·利奥作为主人在蒙地奥莱纳姆招待恺撒时，有盘芦笋上浇了没药，而本该浇橄榄油的，恺撒却根本不介意地吃了起来，还责怪了对此不满的朋友。他说道："当然，你可以不吃你不喜欢吃的东西。但是，对此无礼挑刺的人自己也定是鲁莽无礼。"还有一次是在旅途中，他和他的同伴们因为暴风雨而躲到了一个穷人的茅屋中，这个屋子只有一间房间，而且睡的地方只能容纳下一个人。他对他的朋友们说，荣誉应当交给强者，必要的供给应当交给弱者。然后他命令俄彼阿斯睡在房间里，而自己跟他其余的随从则睡在了门廊上。

18. 我们接着讲高卢的战役，第一场高卢的战役是攻打赫尔维提亚人和提加里尼人。① 他们烧掉了自己的十二个市镇和四百个村庄，并向臣服罗马的那些高卢地区进发，就像西姆布赖人和条顿人曾经做过的一样。他们认为自己在勇气上不会输于西姆布赖人和条顿人，而且他们又

---

① 参见《高卢战记》第1卷，第2—29节。

拥有与之相当的兵力，一共三十万人，其中十九万是战士。提加里尼人冲向了阿拉河，那儿不是由恺撒而是由他的副手雷宾那斯负责；而赫尔维提亚人则向正在向某友邦行进的恺撒部队发起了进攻，但恺撒找到了一个坚固的躲避场所。在那里，他重新整顿并布置了他的部队。有人给他牵来了一匹马，他说："当我取胜之后，我将骑着这匹马去追杀；但是现在让我们去消灭敌人吧。"说完他就步行带领他的军队猛冲了上去。经过一番激烈而又持久的战斗，他终于打败了所有敌兵。在这场战斗中，遇到的最大麻烦就是敌人使用的一种马车战阵，不仅男人可以站在里面进行战斗，而且妇女和儿童也可以躲在里面保护自己，奋力厮杀，直到被全部砍翻。这场战争几乎到了深夜才结束。恺撒不仅打了一场漂亮的仗，还在此之上加上了一个更为崇高的停战措施，他安顿了那些在这场战斗中逃生的蛮族（大约超过了十万人），让他们继续居住在那些曾被他们抛弃和破坏了的地区和城市中。恺撒这么做，是为了防止当这一地区无人居住的时候，日耳曼人将渡过莱茵河来占领它。

19. 恺撒的第二次战役则是为保卫高卢对抗日耳曼人[①]展开的，他此前曾在罗马与日耳曼人的国王阿利俄维斯塔结成同盟。但他们是恺撒的臣民的极具威胁性的邻居，因为如果有机会的话，他们绝不会安分地守着自己的家园，而会侵犯并占据高卢。恺撒看到手下的军官感到害怕，特别是那些有着较高地位的年轻人，他们与恺撒一起出来战斗只不过是为了过上奢华生活和赚钱发财，因此，恺撒把他们召集起来[②]命令他们离开。这些人只是一帮懦弱的家伙，他不会强迫他们去冒险。至于他自己，他说他将只带领第十军团向蛮族进发；敌人的士兵不会比西姆布赖人强；而他自己作为一个元帅不会比马略逊色。第十军团派出了一个代表团队向恺撒表示感激之情，而其他的军团都责骂自己的指挥

[①] 参见《高卢战记》第 1 卷，第 30—53 节。
[②] 同上书，第 40 节。

官。所有部队充满高昂士气，在恺撒的带领下行进了许多天，最后在离敌人二百浪①的地方安营扎寨。

恺撒的到来粉碎了阿利俄维斯塔的图谋。他曾认为罗马人不会进攻日耳尔曼人，无法抵挡自己的进军。恺撒的勇气使他感到惊讶。而且，他发现自己的军队军心涣散，对他们来说更糟糕的是，圣女的预言大大削弱了军队的战斗精神。他们的圣女是通过观察河流中漩涡的回旋和溅出的水花来预言的，她们当时说不能在下一个新月前展开战斗。恺撒知道了这点，并发现日耳曼人一直保持平静，他认为应当在敌方无心战斗时出击，而不是静候敌人先动手，于是他派人攻打日耳曼人的堡垒和他们安营的山头，以激怒他们，挑逗他们怒气冲冲地从堡垒和山中出来，在外面与他们交锋。敌人被轻而易举地击败了，恺撒带着人一直追到了四百浪开外的莱茵河畔，一路上尸陈遍野，处处是遗弃的物品。阿利俄维斯塔只带了少量随从渡过莱茵河逃走，据说他的人总共死了八万。

20. 取得了这次胜利之后，恺撒留下他的部队在塞纳尼一带过冬；②因为他自己迫切地想介入罗马发生的事，于是出发到了高卢的波河。③鲁比孔河把意大利的其他区域与山南高卢划分了开来。在那块地方，恺撒建立了他的指挥部并开始实施他的政治计划。这时有很多人来看他，他给了他们所有人想要的东西，他们走的时候不仅带着他的恩惠，而且还怀着将来有更多希望的企盼。在恺撒在高卢剩下的战争岁月里，在庞培一点儿没有注意到他的情况下，恺撒有时联合武装起来的公民制服敌人，有时又用他从敌人那里抢来的钱去赢得和降服市民。

当恺撒听说比尔格人发动了叛乱，集聚了无数的士兵，他立刻启程，全速返回。④ 比尔格人是高卢最强大的部落，占据着那里三分之一

---

① 1浪相当于201米左右。——中译者注
② 公元前58—前57年冬季。
③ 参见《高卢战记》第1卷，第54节。
④ 参见《高卢战记》第2卷，第1—33节，发生在公元前57年。

361

的土地。当他们正在抢劫与罗马结盟的高卢人时，恺撒向他们发起猛烈进攻，敌人无论是零星部队还是人数众多的军团都被打得惨败，被击溃和消灭，死伤无数，以至于罗马人能在充满尸体的湖泊和河流上穿行。所有在海边的叛乱者未经战斗就全部投降了。然后，恺撒又亲领大兵进攻这一地区最野蛮、最好战的纳尔维爱人。纳尔维爱人居住在茂密的森林中，他们把家人与财产安顿在远离敌人的森林隐蔽处后，当恺撒在修筑防御工事，没有思想准备时，他们以六万之众突袭了他，击溃了他的骑兵队，包围了他的第七和第十二军团，并杀死了所有的军官。要不是恺撒碰巧抓住了一个盾牌，① 穿越了前面的战斗者冲杀入蛮族中间，要不是他的第十军团看见他身历险境，从高地冲下来，杀入敌阵救他，那么恐怕没有一个罗马人能幸免于难了。正是由于恺撒的英勇精神，罗马人发挥出超常的勇猛，尽管无法把敌人赶出战场，但是斩杀了大量敌人；最后，敌人的六万人只有五百人生还，而四百名元老只活下来三名。

21. 罗马的元老院得知这一系列的胜利后，下令祭神，停止商业活动，举行了十五天的酬谢庆典，位于历次庆典之首。② 因为那么多部落同时叛乱所带来的危险是显而易见的，而且，这次的胜利者是令大众喜爱的恺撒，这使他的胜利看起来比别人的更加辉煌。恺撒在处理完高卢的事务后，在波河边上过冬，③ 在那儿同时实施他在罗马的一系列计划。一方面，各个职务的竞选人都享受着恺撒的帮助，通过恺撒出钱贿赂民众而赢得选举；作为交换，他们也愿意做任何事以帮助恺撒增加权力。另一方面，身处高位、影响巨大的人也纷纷到卢卡去拜访恺撒，④ 他们包括庞培、克苏拉、撒丁尼亚的总督阿彼阿斯和西班牙的总督尼波

---

① 参见《高卢战记》第 2 卷，第 25 节。
② 同上书，第 35 节。
③ 公元前 57—前 56 年冬。
④ 公元前 56 年 4 月。

斯。以至于在那个地方竟来了一百二十个权杖开道的高官和二百多位元老。

他们在那里举行会议，解决一系列的事务。结果是庞培和克苏拉再次当选为来年的执政官，恺撒除了对行省的控制权再延长五年之外，还得到金钱。这一点也许使人难以理解，那些从恺撒那儿得到过那么多金钱的人催促元老院给恺撒钱，好像他一文不名似的，而且可以说是甚至强迫元老院去作出这个令元老院自己不满的决策。伽图当时不在那儿，因为他被蓄意派往了塞浦路斯岛，为这事让道；伽图的坚定追随者法弗尼阿斯却发现他的反对根本起不了作用，所以他摔门而出转而对民众大声申诉。但根本就没有人留心听他的，一些人是因为敬畏庞培和克苏拉，而大多数则是想讨好恺撒，所以保持沉默。

22. 恺撒回到他高卢军中之后，① 发现那个地区进行着一场大规模战斗。起因是攸西彼提人和顿克特里人这两大日耳尔曼人的部落渡过莱茵河，控制了那儿的土地。对这场战斗，恺撒在他的《评论集》中曾这样描述到，蛮族在派人跟他签订停战协议后，对他的行进中的部队突然发起进攻，以八百人击溃了他五千毫无准备的骑兵；而后，又派了另外使者来，想再一次欺骗他。这一次，他把这些使者通通抓起来下狱，并立刻向蛮族发起了进攻，因为对这些背信弃义的家伙讲忠诚是愚蠢的行为。但塔努西乌斯说，当元老院正准备为欢庆胜利而献祭时，伽图却认为，元老院应该将恺撒移交给蛮族，这样才能避免整个罗马城背上破坏休战协定的罪名，使诅咒落到真正有罪的人的头上。

蛮族当中，越过莱茵河进入高卢的有四十万之众，几乎全部被砍杀殆尽，那些极少数逃回去的人都被一个叫苏甘布利人的日耳曼部族接收了。恺撒于是以此为理由指责苏甘布利，除此之外，他还渴求得到

---

① 公元前 55 年。

363

"第一个跨过莱茵河"的威名。因此，恺撒开始在河上建桥，[①] 虽然河流很宽，而且正处于涨水期，水流湍急，河中有许多树干和树枝冲下来，不断打击和冲跑桥墩，但恺撒想出了一个办法，就是在河里沉下巨大的圆木建造的跨河长堤，拦住这些树干和树枝，减弱水流及其冲力，最终他在十天内，令人难以置信地建成了一座桥。

23. 他终于带领他的部队渡过莱茵河。没有人敢来阻挡他，即使是苏埃维人——他们曾经是日耳尔曼人中最强大的部落——也把他们的家和财产都安顿在深邃而又树木茂密的隧道中。恺撒对敌人采取焦土政策，对与罗马结盟的忠实朋友加以鼓励嘉奖，在日耳曼待了十八天后，他回到高卢。

人们一直颂扬恺撒航海远征不列颠的事迹，认为这是他的勇气的最佳证明。因为他是第一个带着一只舰队进入西部海洋的人，或者说，他是第一个进入大西洋发动战争的人。那个岛十分大，但不同的作者对它又有着不同的描述，有人认为这个岛和整个故事都是捏造出来的，它根本就不存在。恺撒对它的占领意味着罗马帝国的权力延伸到了无人居住的地方。恺撒两次分别从高卢的两个不同海岸出发，到达海洋对面的那个岛，并打了许多仗，给敌人带去了许多灾害，但是没有给自己人带来什么好处，因为，那儿的平民生活困苦悲惨，根本没有什么值得一抢的。当他看到自己无法如愿结束这场战争，就只得从国王那里带走了人质，强迫国王交上了贡物，然后离开了那个岛。

回到高卢时，他看到了一些他在罗马的朋友寄给他的信件，本来人们打算从水路送给他的；他得知自己的女儿在庞培的家中不幸难产而死。庞培悲痛异常，恺撒也陷入巨大的悲痛之中。他们的朋友也焦虑不安，他们知道把紧张冲突的国家维系在一起的唯一亲戚关系纽带现在彻底瓦解了。那婴儿也在他母亲难产死后几天夭折了。人们不顾保民官的

---

① 参见《高卢战记》第 4 卷，第 16—19 节。

反对，把朱里娅抬到了马尔休斯墓园，在那儿为她举行了葬礼，并把她葬在那里。

24. 恺撒的军队现在规模太大了，因此他只好将它们安排到了若干个冬营中。而他则按照他的习惯继续向罗马进发。他走了以后，整个高卢再一次爆发叛乱，① 大批叛军袭击堡垒，并试图摧毁罗马人的冬营。其中人数最多、规模最大的一次叛乱是由安皮奥列克斯领导的，他带领他的军队彻底打败了提图里乌斯和科塔的部队，西塞罗所率领的军团也被其六万大军团团围住，几乎被攻破，罗马人大多身受重伤，在激烈的自卫中耗尽了气力。

当这些叛乱的消息传到远离此处的恺撒之后，他立刻带了七千人赶了回去，急着把西塞罗从包围中救出。但这些包围者知道了他的到来，立刻迎战，想把他的军队一举消灭，认为区区几千人根本不在话下。恺撒一直与他们周旋，避免与他们交锋，直到他发现了一个可以以少胜多的地形，他才命令扎营，并要求他们不得出战，加高堡垒，坚守营门，表现出他们很害怕的样子。敌人果然中计，产生了轻敌的思想，鲁莽进攻，队列不整，此时恺撒带兵突然出击，打败了他们，并使他们死伤惨重。

25. 这次胜利使高卢的很多叛乱者都平静了下来，再加上恺撒在冬天的时候到处视察，密切注意任何破坏和平的动向。从意大利调来了三个军团，补充恺撒在战斗中损失的士兵，庞培借给了他两支自己统率的军团，另一个军团是从高卢波河一带新招募来的。但是，在偏远地区，更大的战争危险却慢慢显露出萌芽。② 这些危险是颇有影响力的人物在那些最好战的部落中播种和长期培养的，并且从各个方面获得了力量：四处集合起来的充满活力的年轻人，为这一反叛集聚的大笔财富，反叛

---

① 参见《高卢战记》第 5 卷，第 24—51 节。
② 参见《高卢战记》第 7 卷，公元前 52 年。

者的强大的城市，反叛地区的难以攻破的地形。在冬季，河流都结了冰，森林被掩埋在雪中，平原因为冬季洪流而变成了湖泊，一些地方的小路也被积雪给隐藏了，有的地方的沼泽和溪流不停变幻着方向，使行军变得十分危险。所有这一切，几乎都使恺撒无法实施进攻叛乱者的计划。于是，许多部落开始叛乱。他们以阿尔维尼人和卡尔努得斯人领头，由维尔琴盖托里克斯作为总指挥，此人的父亲被高卢人处死了，因为他们认为他想实施专制。

26. 这个头领把他的军力分成了若干部分，任命了许多军官来管理他们，他们在全境取得了节节胜利，直打到阿尔河。他得知了在罗马有一个反对恺撒的联盟后，就觉得应该立刻在整个高卢全面开战。如果他晚点下手，当恺撒卷入内战后，意大利就会陷入恐怖，像老西姆布赖人引起的恐怖一样可怕。但是恺撒十分善于利用各种战争的艺术，尤其是利用战争的时机。当他一听到叛乱的消息之后，就立即从他来的这条路赶回，在严酷的冬季仍旧以饱满的热情全速前进，让蛮族看到一只不可战胜的部队正在向他们进发。在这条路上，即使让一个他的信使前行都让人难以置信，而现在他竟带领了整个部队前进，摧毁了叛军的家园，破坏了他们的要塞，夺取了他们的多个城市，接受了许多人的投降。叛军的整个败局在爱杜伊人加入对抗恺撒的战争时出现了转机。他们素来称自己为罗马人同盟，并一直很受器重。他们加入叛军极大地动摇了恺撒军队的军心。因此，恺撒从那个地方撤离，穿过林贡斯人的地区，希望能进入到他的友邦塞广纳人的国家里，然后作为一道屏障挡在意大利与高卢南部地区之间。在那里，敌人对他发起了进攻，并有成千上万的敌人对他进行包围，而恺撒也想与之决战。经过一段时间的浴血厮杀后，他最终大获全胜。不过一开始时，他确实遇到一些挫折，在战斗中阿维尔尼人曾把从恺撒那儿缴获的短剑挂在一座神庙里；当恺撒亲眼看见它时，笑了；尽管他的朋友们劝他把它拿下来，可是恺撒却拒绝了他们，说那剑是神器。

27. 然而，大多数逃脱的蛮族跟着他们的国王去阿莱西亚城避难。阿莱西亚城因为其高大的城墙和众多的防御者而被认为是坚不可摧的，恺撒对这个城市进行了包围；但是此时城外正有一场非常巨大的危险降临在他的身上，因为三十万人来自于高卢的各个强大部族的武装正在赶往这个城市援助，而城中的兵力不少于十七万。恺撒身陷两大强敌的夹击包围之中，不得不建造了两堵用于防御的墙，一堵墙面向那个城市，一堵墙抵抗来袭的援兵。他意识到，如果这两支力量汇集到一起，那么他的努力将毁于一旦。

自然有很多原因使恺撒在阿莱西亚的历险十分出名，因为这使恺撒比以往战役发挥了更多的谋略和更多的勇气。但最令人难以置信的是，恺撒在城里的敌人一无所知的情况下，甚至在面向城池防御的罗马人都不知道的情况下，居然在城外消灭了成千上万的敌人。因为这些罗马人只是在听到阿莱西亚城内男女老少的恸哭声时才知道我方获胜。至于城里的人知道自己的败局，乃是因为从城上看到罗马人的营地中运入了很多装点着黄金白银的盾牌以及涂满鲜血的甲胄，还有高卢式样的酒杯和帐篷。如此庞大的一支大军转眼间就如一个幻象或一场梦境般烟消云散，其中大部分倒在了战场上。阿莱西亚城中的人也在给恺撒和自己制造了如此之多的麻烦之后，最终投降了。整场战争的敌方领导者维尔琴盖托里克斯穿上最漂亮的盔甲，骑上装饰华丽的马出了城门，围着坐着不动的恺撒转了一圈后，从马上跳下，脱去了他的盔甲，坐在了恺撒的脚下一动不动，直到最后恺撒命令将他关押起来以庆祝胜利。

28. 恺撒在很久以前就决定要彻底打败庞培，当然庞培也一样希望自己能够打败恺撒。克苏拉曾一直持观望态度，看谁能胜利他就加入谁，曾一度是保持双方和平的平衡者，可他现在已经猝死在帕提亚人中间。现在，如果这两个人中，只要有一个能击败另一个，那他就将是罗马最强大的人；如果他不想自己被干掉，那他能做的就是先把对方干掉。这种担心最近开始左右庞培，直到那之前他一直轻视恺撒，认为他既然能把恺撒捧得那么高,那么让他摔下来也不会很难。但恺撒很久以前就已经开始为打败庞培做准备了;他就像一个运动员那样,先避开他的对手,在高卢的战争中锻炼自己,训练队伍并壮大自己的威名,用所取得的成绩和胜利使他能与庞培站在同一高度竞争。他寻找的进攻借口既来自庞培自身,也来自时代,还来自罗马的政治腐败,那时参加竞选的人公开买选票,不知羞耻地贿赂民众,而大众拿了钱之后,不仅用投票为雇主服务,还用上了弓箭、刀剑和投石器。所以,选举地点经常被鲜血和尸体玷污,整个城市也因此陷入了无政府状态,就像一只没有舵手的船漂流在河里。稍有头脑的人都明白,在这种疯狂与动乱的情况下,即使结局是以建立君主政治收场,那已经是谢天谢地了。有不少人真的敢在公众场合说,只有君主制才能医治国家的弊病,同时他们主张要采纳最好的"医生"治疗,他们指的这个医生就是庞培。至于庞培,虽然表面上假装拒绝君主的荣耀,但实际上却比任何人都迫切地想成为独裁者;伽图看穿了这一点,因此就劝说元老院任命庞培为唯一的执政官,以便用一种更为合法的君主制满足他,免得他动用武力建立独裁。他们还投票使他的行省统治权的任期得以延长,他有两个行省:西班牙和整个非洲,他通过派出使者和驻军的方式统治那里,每年还为此从国库动用一千个塔连特。

29. 于是恺撒也委托他人为自己竞选执政官,并同样延长自己的行省统治权。起初,庞培对他的此举保持沉默,而马塞拉斯和林都拉斯强烈反对;他们有憎恨恺撒的其他理由,因此就使出浑身解数污蔑和诽谤恺撒。举个例子来说,恺撒在高卢新近建立起的一个殖民地叫新康谟,而那里的居民却被这两个人剥夺了公民身份;再有,当马塞拉斯担任执政官时,用鞭子抽打了一个来自新康谟的元老,告诉他说之所以要在他身上留些标记,是要提醒他明白他不是罗马人,并命令他回去将这些标记给恺撒看。在马塞拉斯的任期过后,恺撒把他从高卢获得的财富如河流般源源不断送给公共圈子里的人,替保民官库里奥还清了大量的债务，给执政官泡卢斯一千五百个塔连特，使他能在集会场所边上建造高贵的大法院，并在福尔维亚树立了一座著名的纪念碑。当这一系列事情发生后，庞培公开加入了反对恺撒的联盟，他和他的朋友们做了很多努力，试图找人接替恺撒的职位，要求恺撒将曾在高卢战争中所借的庞培的士兵归还庞培。于是恺撒让这些士兵回去，给了他们每个人二百五十个德拉克马作为礼物。但回到庞培处的那些军官却在民众间散布了很多关于恺撒的故事，既不合情理也不真实，而且由于这些谣传使庞培充满了虚妄不实的希望，最终毁了他。他们告诉庞培说，恺撒的队伍正热切盼望着他，并说如果由于嫉恨引起的恶疾在整个政体中溃烂而给他在控制整个政务上带来任何麻烦的话，这些在高卢的军队随时准备为庞培服务。他们还说恺撒打了太多的战争，大家都非常讨厌他，而且怀疑恺撒有建立君主制的野心。所有这些都满足了庞培的虚荣心，他不再害怕恺撒的军事实力，因而也就忽略了壮大自己的军队，取而代之的是以元老院的众多讲演和决议来声讨恺撒。实际上他采取的只不过是对于恺撒来说一点儿威胁也没有的措施。据说，恺撒派去罗马的一个百夫长曾站在元老院门前，当他得知元老院不会延长恺撒作为指挥官的任期时，他一拍刀鞘说道："这个会的。"

30. 然而，恺撒提出的要求却显得再公平不过了。他声明，如果他应当解除武装，那么庞培也应该那么做，当他们都成为普通人时，让公众来决定怎么报答他们各自的服务。他争辩道，如果剥夺了他的军队，但同时又批准庞培能拥有军队，那么这无疑是在控告一个人妄图进行独裁统治的同时使另一个人真的成为独裁者。当库里奥代表恺撒在民众面前转述这些建议时，民众报以热烈的掌声，有些人甚至还朝他抛掷鲜花，就像他是一个获胜的运动员一样。同时，作为保民官的安敦尼则无视执政官的权威，在民众前读了一封恺撒寄给他的关于此事的信。但是，在元老院中，庞培的岳父西庇阿提出了一个建议，如果到了一个限定的日子恺撒还没有交出他的军权，那么他就应当被宣布为公敌。执政官提出了两个问题：庞培是否应该放下武器，恺撒是否应当放下武器，元老院中几乎没有人同意前者，但是几乎大部分人同意后者。当安敦尼提议双方都必须放弃他们的指挥权时，取得了元老们的一致同意。然而西庇阿表示强烈反对，执政官林都拉斯同时也叫嚣，对付强盗只有用武力，而不是选票。于是，整个元老院分裂了，由于对意见分歧表示悲哀，元老们都穿上了丧服。

31. 不久之后，恺撒又写信给元老院，在这些信里，他的立场明显温和多了，他同意放弃其他一切，除了要求山南高卢和伊里利库姆地区，加上两个军团仍能归他指挥，直到他竞选第二次任执政官时为止。演说家西塞罗从西里西亚回来后，就一直忙于这场纷争的调停，他试图缓解庞培的苛刻条件，庞培在当时坚持解除恺撒的兵权，此外其他一切都可以让步。西塞罗同时还试着劝说恺撒的朋友们让恺撒也作出一定的让步，可以保留恺撒提到的两个行省，但士兵必须减少到六千人；庞培准备接受这一让步。执政官林都拉斯却绝不允许庞培让步，他大骂安敦尼和库里奥，并使他们被羞辱地赶出了元老院；[①] 这么一来，他就给恺撒制造煽动士兵的怒火的最佳借口：两位高贵著名的大人乘着雇来的马车，换上奴隶的服装，狼狈地从城里逃出来。他们当时逃出罗马的时候就是这副模样。

32. 此时，恺撒只有不超过三百名骑兵和五千名步兵，其余的都留在阿尔卑斯山的另一边，他派人去把其余的部队调过来。虽然他意识到他的事业初期及一开始的行动还不需要那么多兵力，但他必须利用这个最佳时机好好显示他队伍的勇气和速度，这样，通过给敌人一次意料不到的打击，比起通过让敌人有所准备的正规战役，更加能够在敌人心中形成恐慌。因此他命令百夫长和其他军官只带上剑，不带其他武器，去攻占高卢的一个大城阿里密浓，尽量避免骚乱和流血，他将此任务委托

[①] 公元前49年1月7日。

给了霍腾秀斯。

他那天出现在公共场合，并观看了角斗士的训练。傍晚之前，他沐浴更衣后，去了宴会大厅。在那儿，他与邀请的客人做了些简短的交谈，当天快要黑的时候，他与大多数客人有礼貌地打过招呼后，便起身离去，并请他们等他回来。此前，他曾吩咐他的一些朋友到时候跟他走，但要三三两两从不同路线出来。他登上了备好的马车，并先独自踏上另一条路，再辗转回到阿里密浓。当他到达了把山南高卢从意大利其他地区分隔开来的那条河流（就是鲁比孔河）时，① 恺撒陷入深思，现在他已经越来越接近可怕的一步，他为所要冒的巨大危险焦虑不安，放慢了速度。过了一会儿，他停了下来，沉默良久，进行着激烈的思想斗争，他的决心来回摆动，他的盘算改过来、改过去。他又用了很长时间与在场的朋友讨论局势，包括阿西尼阿斯在内，想到如果他们过河，则将给人们带来巨大的灾祸，同时又想到他们将留给子孙后代的威名。最终，在一股激情的推动下，他丢开了一切顾虑，把自己交付给未来，说出了一句冒险一搏的人常说的一句话："骰子已经掷下了。"于是跨过了河。此后他全速前进，在天亮之前他就突袭了阿里密浓，并夺取了它。据说，在恺撒渡河的前一个晚上曾做了一个奇怪的梦，梦到他与他的母亲乱伦。

33. 占领阿里密浓后，战争就像是打开闸门的洪水一样，遍布所有陆地和海洋。各个行省之间的界限变得模糊，各个地方的法律也陷入混乱。这不是人们所想象的在其他时候那样，男男女女们惊慌失措地在意大利各地逃难，而且几乎可以说是很多城市整个地拔脚逃跑，相互求告。而罗马也被从周围城镇如潮水般逃离出来的居民所淹没，没有人服从长官的命令，也没有人听理性的声音，就像巨大的海洋被她自己内在的不安所颠荡，掀起的巨浪使人根本无法逃脱。矛盾冲突的激情和剧烈

---

① 按罗马的规定，自己的军队不允许过这条河，否则就被视为反叛。——中译者注

的不安到处蔓延，那些为变动感到高兴的人不会保持沉默，但他们往往会碰上那些被恐惧和忧虑笼罩着的人，尤其是在这样的大都市中，于是便由于坚信命运站在自己一边而和心情相反的人争吵起来。庞培这个时候已经十分恐惧，还遭到了各个方面的指责，有些人说是他使恺撒更为强大，最终害到自己和国家，又有人谴责庞培默许林都拉斯在恺撒即将要投降和提出合情合理的方案的时候侮辱他的使者。法佛尼阿斯则要庞培在地上跺脚，因为有一次，庞培在元老院曾向元老们夸口，他们无须为战争准备而担心，如果恺撒敢来，他只须在地上跺跺脚，就能在意大利布满士兵。

然而，即使那时庞培的军队比恺撒的多得多，但没有人愿让他作判断。庞培受到很多错误和可怕的消息的影响，以为战争迫在眉睫，战火到处蔓延，因此他放弃拿主意，随大流，发布布告，宣布罗马进入无政府状态；他放弃了罗马城，命令元老院跟随，命令凡是热爱国家和自由而不是独裁统治的人都不要留下来。

34. 现在，执政官也都逃走了，甚至没有像往常那样在离开前举行祭祀；大多数的元老也逃走了，他们匆忙将手头的东西一裹就溜，样子像是个强盗，好像这些财产不是他们自己的一样。同样，以前曾强烈拥护恺撒事业的一些人，现在却因恐惧而失去理智，也毫无必要地随大溜逃跑了；但是最悲惨的还是罗马城的景象，宛如大风扫过之后的一只没了舵手的船一般四处冲撞。虽然迁移是十分悲惨的事情，但由于庞培的缘故，人们"把他乡作故乡"，感到罗马已经是恺撒的地盘了。甚至恺撒最要好的朋友之一，雷宾那斯，他曾经是恺撒的使者，并充满激情地随他参加过历次高卢战役，现在却也动摇起来，投靠了庞培。

听说此事之后，恺撒仍然给雷宾那斯送去他的钱和军用行装。恺撒向多米提乌斯进军，此人率领三十队步兵大队驻守着科斐尼昂。当恺撒行军到他附近的地方安营后，多米提乌斯对守城感到绝望，于是向他的医生，一位奴隶，要了毒药；他喝下后，打算等死。但是过了一会儿，当他听说恺撒对待俘虏是多么仁慈时，他不禁对他的命运感到悲痛，并对他如此鲁莽的行为感到自责。这时，医生让他不要难过，应当欢呼一下，因为他刚才喝得根本不是毒药，而只是安眠药而已。因此，多米提乌斯充满狂喜，一跃而起，并找到了恺撒，恺撒接受了他举起右手做的保证，放了他，并让他回到庞培那里去。类似的消息传到了罗马，人们感到十分高兴，一些逃亡者也回来了。

35. 恺撒接手了多米提乌斯的队伍，同时还接手了许多城市里庞培所征集的大量部队。至此，恺撒已经拥有了庞大而且令人敬畏的队伍，他开始向庞培进发。但庞培没有等他到，就逃到了勃隆度辛，并在这之前就派军队将执政官送到了提累基阿姆。不久之后，当恺撒靠近的时候，他本人也乘船离开；关于这一段事，我将在庞培的传记中更为详细地记载。① 恺撒希望能立即出发追赶他，但由于缺少船只，他只好回到罗马，在六十天内兵不血刃就成为整个意大利的主人。

他发现整个城市比他想象得更为平静，还有很多元老们在城中。因此，恺撒以温和的姿态与他们商谈，② 甚至请他们向庞培派出使节，提出适当的和谈条件。但是没有人听他的，要么是因为他们背叛了庞培，因此害怕庞培；要么就是认为恺撒并不想真心这么做，只是说说而已。当保民官梅特拉斯引用法律试图阻止恺撒从国库中拿钱时，恺撒说道，动武的时刻不是论法的时刻，"如果你对现在所发生的事不满，那么请你走开。因为战争不容忍自由言论。如果缔结了和约，我就放下武器，那时你可以再对公众滔滔不绝地演讲。我讲此话已经是克制了，没有动用我的合法权利，因为你和其他反对我的人都在我的手掌之中，我可以任意处置"。说完这些后，恺撒走向了金库的大门，当找不到钥匙时，他立刻派人去找铁匠，命令他马上打开这扇门。这时梅特拉斯再次想阻

---

① 在普鲁塔克的《庞培传》中，对内战中庞培的活动有详细记载。——中译者注
② 参见《内战记》第1卷，第32节。

止他，恺撒提高了他的嗓门并威胁他，如果他再找麻烦就杀了他："年轻人，你当然知道，对我来说，这样说比这样做更不痛快。"在这番话后，梅特拉斯怀着惧意离开了，因此，恺撒很快而且很轻松地得到了战争中需要的一切物资装备。

36. 之后，恺撒向西班牙进军。① 他决心先解决庞培的两名副将阿夫拉涅乌斯和发罗，把那儿的军队和行省占为己有，然后再全力向庞培进发，这样使自己的后方没有一个敌人。行军中恺撒经常因为遭伏击而冒着很大的生命危险，而他的军队大部分时候却因为粮草不足而陷入危机；但他仍旧继续进攻、挑战、包围敌人，直到他最终占领了敌方的军营，收编了他们的军队。然而这两个首领逃到了庞培那里。

37. 当恺撒回到罗马后，他的岳父皮索催促他向庞培派遣使团，向他提出一个解决方案。但伊索里库斯却为了讨好恺撒而反对这个提议。在被元老院选为独裁官后，恺撒招回被流放的人，给苏拉掌权时蒙冤的那些人的子孙恢复公民权利，调整了利息，以减轻债务人的负担，还着手进行了其他一些这类性质的公共措施，并在十一天后主动放弃了独裁权，宣布他与塞维利阿·伊索里库斯同为执政官，投入到战斗中去了。

他挑选了六百名骑兵和五个军团，把其余的部队丢在一边。在一月上旬冬至的那一天（这一月大概对应的是希腊的波塞冬月）开始火速行军，② 渡海穿过爱奥尼亚海湾后，占领了俄利康和阿波罗尼亚，然后派运输船重新回到勃隆度辛去接那些行军中掉队在那里的士兵。这些士兵已经不是精力旺盛的青年，加之由于不停的战争而疲惫不堪，因此在路上不免对恺撒发牢骚。"这个人让我们去哪儿，去做什么呢？有完没完啊？他总是让我们急行军，把我们当作不知疲累和没有感觉的东西。即使刀剑也会被无休止的打斗磨坏，盾和盔甲在长时间的战斗后也该歇歇；我们的伤口应该让恺

---

① 参见《内战记》第 1 卷，第 34—86 节。
② 公元前 48 年。

撒明白了；他领导的是凡人，是在痛苦折磨下会死的凡人。严酷的冬天和海上的暴风连神都无法压制，而这个人却要冒这个风险，就好像他不是在追赶敌人，而是逃离他们一样。"在这种抱怨声中，他们松松垮垮地行军到了勃隆度辛。当他们到了那儿，却发现恺撒已经出海了，这时他们的口吻立刻变成责骂自己是统帅的叛徒，他们还辱骂他们的长官没有让他们加快行军速度。他们坐在峭壁上，眼望着辽阔的海和伊壁鲁斯的方向，期待着有船将他们接到他们的指挥官恺撒身边去。

38. 在阿波罗尼亚，恺撒所带的军队数量难以与敌方抗衡，并且他滞留在对岸的军队延误了到达的时间，因此他感到有些犹疑和焦虑。恺撒构想了一个颇具危险的方案，他将悄悄地坐上一艘十二桨的船，就这样穿过被大批敌人包围的海面到达勃隆度辛。于是，在晚上，恺撒将自己打扮成一个奴隶的样子上了船，像个不起眼的人那样悄悄坐下。船沿阿尼乌河驶向大海。清晨，通常会有微风从陆地吹向海洋，抚平着入海口的波澜，但是那天夜晚从海面吹来阵阵狂风，压倒了从陆地吹来的风；因此，这条河被倒灌的海水和滔滔巨浪的冲击所激怒，变得粗暴无比；浪头伴随巨大的响声和狂暴的漩涡来回推打。船长无法驾驶船只向前驶，因此，他命令水手们准备按原方向返回。这时，恺撒显露了他的身份，握住因为看到他而吓住了的船长的手，并说道："向前，朋友，要有胆量，不要害怕！坐你船的人是恺撒，他的好运与你们同行！"水手们忘记了暴风雨，奋力划着桨，尽力沿河而下。但自然之力无法抵抗，船进了很多水，在入海口需要冒的风险太大了，恺撒只好极不情愿地让船长掉头。当他返回后，大群不高兴的士兵聚集在那里等着见他，指责他这么做，因为他们觉得恺撒认为不能仅仅靠他们来打胜仗，宁可找麻烦，冒着生命危险去接那些没跟来的人，而不相信已经在身边的人。

39. 在这后不久，安敦尼带着部队从勃隆度辛赶到了，这使恺撒有了挑战庞培的信心。庞培布好了阵，从陆路和海路调来了充足的给养，而恺撒在一开始供给就没充足过，到后来更是因为供给极为不足而陷入困境。但他的士兵却挖出了一种植物的根,将它们拌着牛奶吃。① 他们还曾经用它做过一种面包,然后跑到敌人的哨岗那里,将这些面包丢进去,并叫喊道,只要这个土地上还有这种根,他们就绝不会放弃攻打庞培。当然,庞培是不会让这些面包和话语传入军营的,因为他的军队已经士气低落,害怕敌人的凶猛和顽强,他们看恺撒的军队就像看野兽一样。

恺撒对庞培的防御工事发动了持续的小规模战斗,除了一次战斗,其他的仗打得都不错;但是在这次战斗中,恺撒遭到惨败,而且差点丢掉了他的营地。庞培发起攻击时,没有一个恺撒的士兵坚守阵地,战壕里到处是被杀死的士兵,逃到壁垒和防御墙后面的其他士兵也被杀死了。即使恺撒抓住逃亡者并命令他们回去,也没有作用;不但如此,当他试图抓住军旗时,军旗手丢掉军旗就跑,结果敌人缴获了三十二面恺撒军旗。恺撒自己也差点做了刀下之鬼,因为当一个高大而强壮的士兵从恺撒身边跑过,恺撒拦住他,命令他掉头去迎击敌人,但这个家伙害怕极了,举剑向恺撒砍下去,他的剑还没落下去的时候,恺撒的携盾侍从便砍掉了他的整只手臂。这次彻底的失败使恺撒几乎要放弃他的目标,可是庞培不知道是因为过度谨慎还是其他原因,并没有乘胜追击,而是将逃亡者囚禁在堡垒中后,便撤退了。恺撒在离开他的朋友们时说:"如果敌人真有一位懂得如何取胜的统帅,他们今天就会获胜。"随后,他回到了他的帐篷里躺了下来,他在无果的反省中度过了他最难熬的一个夜晚,他认为他是一个糟糕的将领,因为别的地方有如此富饶的土地在等着他,在马其顿和帖撒利有那么多繁荣的城市,他却忽视不顾,反而跨海跑到这里,使敌人掌握了他的舰队的行踪,于是陷入供给不足的困境,而非包围打击敌人。他的这些对困境和复杂情势的消沉想法使他辗转难眠。第二天一早,他冲出帐篷,下决心带领他的军队去马

---

① 参见《内战记》第 3 卷,第 48 节。

其顿对付西庇阿，这样一来，他要么可以吸引庞培到一个他无法从海上得到供给的地方作战，要么使西庇阿由于无人援助而被他打败。

40. 这一仗使庞培的士兵和他身边的将领勇气大增，他们认为应该对恺撒穷追不舍，因为他们猜想恺撒已经被击败，正忙于逃命。但庞培对冒险出击表示谨慎，因为他备有最充足的给养打持久战，他认为这时候最好是打击敌人一时的士气。因为恺撒军队中的最好的战士有经验，有勇气，在战斗中势不可当，但长途行军、频繁的扎营、包围战和夜间放哨，则使这些人由于年岁的原因而士气衰退，筋疲力尽，举步维艰。同时，有消息说由于饮食不当引起的一种传染病在恺撒的军中蔓延。还有，最重要的就是因为，恺撒既没有强大的资金支持，供给又无法保障，有人认为在短期内，他的军队就会自动瓦解。

41. 因为这些原因，庞培不希望继续追击恺撒，伽图也是唯一支持他的决定的人，这也是出于他爱惜同胞的生命，因为甚至当他看到敌方成千上万死伤惨重的时候，也会突然落下眼泪，然后用帽子遮住他的脸走开。而其他所有的人都在责怪庞培逃避战争，并以称呼他"阿伽门农王"（王中之王）来激励他，因为这个称呼暗示着他不会放弃他的最高权力，而且，有那么多将领依赖他，并经常去征求他的意见，也使他感到自豪。同时，法弗尼阿斯学着伽图演讲时无畏的样子，像个疯子般地抱怨，庞培过于仁慈的命令让他们自己一年多没有吃到图斯库卢姆的无花果了。而刚从西班牙回来、打了败仗的阿夫累尼阿斯当被人指责为了贿赂背叛军队利益时，也质问起他们为什么不把与那位买了他的行省的商人作战。因为这些人的胡搅蛮缠时刻干扰着庞培，使他勉强决定发动战争追击恺撒。

恺撒在行程中遇到很多困难，没有人将粮草卖给他，而且因为他最近的失败，每个人都轻视他。但当他攻下了帖撒利的刚菲城后，他不仅为士兵们提供了食物，并且意外地消除了军中的疾病。这是因为大家开怀畅饮，之后又在军中狂欢喧闹，借着酒力，身体状况发生了意想不到

377

的变化，驱散了毒素。

42. 当两军都进入了法萨鲁平原并在那儿安营扎寨后，庞培的思想又回到从前了。而且，他还在梦中看到了不祥的征兆：他梦到自己在剧院中，罗马人都在为他鼓掌……①。但是，他身边的人却充满了信心，热烈展望着胜利；多米提乌斯、斯宾特和西庇阿三个人互相激烈争论着，谁将取代恺撒的执政官职位，许多人甚至派人去罗马租用适合于总督和执政官居住的府宅。② 对战争最急不可待的大多是骑兵，因为他们个个相貌俊朗，配备了崭新的盔甲和强壮的马匹，更令他们士气高昂的是他们有七千人的力量，而恺撒只有一千骑兵。步兵的数量也不均等，庞培有四万五千人，而恺撒只有二万二千人。

43. 恺撒把他的士兵召集起来，告诉他们科尔菲涅乌斯率领两个军团已经快到了，卡兰斯手下的十五队士兵驻扎在雅典和麦加拉。恺撒问他们是愿意等着这些部队来，还是冒风险主动攻击敌人。士兵们高喊着恳求恺撒尽快出兵作战，与敌人交手，而绝不是等待。于是恺撒检阅了军队后，洁身献祭，他的预言者告诉他，在三天之内将有一场与敌人决定性的战争。当恺撒问到，是否在牺牲上看到什么有利的迹象，预言者说道："你自己能最好地回答这个问题，因为神的征兆是现状将彻底改变。如果你认为自己现在就是主人，那你将遭遇厄运；如果你认为你现在处于劣势之中，那么你将翻身。"在战斗前一晚，当恺撒在午夜巡视哨兵时，恺撒的军营上空看到一团燃烧的火焰，光芒四射，过了一会儿沉落到庞培的军营中去了。在第二天早晨，敌方军营中出现了恐慌和混乱。然而，恺撒没有打算在那天发动战斗，而是开始拔营准备行军去斯科特尤撒。③

44. 当他们正在拔营的时候，恺撒的侦察兵骑马带回了消息，敌人

---

① 原文有缺。——中译者注
② 参见《内战记》第3卷，第82节。
③ 公元前48年8月9日。

正前往平原准备开始战斗。听到这个消息，恺撒喜出望外。向神祷告和发誓后，他把军团分成了三个部分。中路由多米提乌斯·喀尔文那斯带领，安顿尼带领左翼，他自己带领第十军团负责右翼。但当看到敌方骑兵的部署正是朝他的右翼而来，而且顾及到他们的良好装备和众多人数，恺撒从最远的一条战线上悄悄地调来了六队士兵安插在他右翼的后方，告诉他们当敌人骑兵开始攻击的时候他们应该怎么做。庞培这方面，他带领右翼，多米提乌斯负责左翼，而庞培的岳父西庇阿指挥中路。庞培将所有的骑兵都安置在左翼，打算包围恺撒的右翼，彻底打败敌军的指挥官，因为他认为无论纵深多么宽的步兵阵势都无法与之抗衡，只有大量的骑兵同时袭击才能彻底压倒和打败敌人。

当双方准备开始冲锋时，庞培命令他的军队站在原地不动，密集列阵，做好准备，在敌人到达标枪的射程之内再迎战。但是恺撒却说庞培在这儿犯了一个错误，① 因为他没有意识到，率先进行猛烈的冲锋不仅可以增强打击力，而且会点燃激情，激发士兵所有的斗志。当恺撒正准备向前冲锋，他自己也已经冲出去战斗时，他看到了一个曾经随他出生入死并且十分忠心的百夫长正在鼓舞他的士兵，并挑起他们与他较量，看谁更英勇。恺撒喊着他的名字说道："盖约·克拉西奇乌斯，我们的希望是什么，我们的信心又是怎样？"克拉西奇乌斯伸出他的右手并高声说道："我们将赢得最辉煌的胜利。恺撒，今天无论我是生还是死，你都会称颂我的。"说完，他第一个全速冲向敌人，还带领了他手下的一百二十名士兵。他一路砍杀，冲破了第一行列，但当他正要向前厮杀时，他被一剑从口中刺入，剑锋从脖子后面刺了出来。②

45. 当双方的步兵在中路交锋厮杀时，庞培的骑兵神气活现地从侧路冲出，布开阵势，打算包围敌方的右翼。在他们袭击之前，恺撒安排

---

① 参见《内战记》第3卷，第92节。
② 同上书，第91—99节。

的那队士兵从指定的地方冲了出来,他们没有像惯常的那样投掷标枪,也没有用标枪刺敌人的大腿,而是瞄准敌人的眼睛和他们的脸部。他们是按照恺撒的吩咐去做的,因为恺撒很清楚,这些骑兵从未经历苦战和负伤,他们都非常年轻,并且为他们年轻英俊的外貌而感到自豪,因而他们对这种伤害格外害怕,不仅害怕他们现在身处的危险,还有他们今后破相的痛苦,一定不会真正顽抗。这招的确有用,因为他们无法忍受向上刺来的标枪,甚至不敢面朝它们,纷纷扭过脸去,把头藏起来以免受伤。最后,骑兵们陷入混乱之中,狼狈地转身逃走了;这就坏了庞培的大事。战胜了庞培骑兵的恺撒部队立刻包围了敌人的步兵部队,袭击他们的尾部,开始把他们杀个片甲不留。

在另一翼的庞培看到他的骑兵四处逃散,一下子变了一个人似的,忘了他是伟大的庞培、军队的统帅,倒像是一个被天神夺去理智的愚人,一句话不说地回到营帐中,坐在那里,被动地等待着什么,直到他的军队被完全打败,敌人已经开始攻击他的堡垒并与守卫开始作战时,他才终于缓过神来,突然喊出一句:"什么!到了我的指挥部了?"于是庞培脱下了战服,换上适合逃亡穿的衣服,偷偷地溜走了。他接下来的运气如何,他又是如何落入埃及人手中并丧生在那里的事情,我在庞培传中会介绍的。

46. 恺撒进入庞培的营地中,看到横七竖八倒在地上死掉的和快要倒下的敌人时,低声长叹说:"他们是希望出现这个结果的;他们把我引到这条路上——如果我盖乌斯·恺撒打了大胜仗以后,解散了我的部队,我就会在他们的法庭中受到审判。"据阿西尼阿斯·波利俄说,恺撒在当时是用拉丁文说出此话的,后来他自己将这些话用希腊文写了下来。恺撒的部队占领营地时所杀的大多数是仆人,死亡的士兵没有超过六千人。大多数被俘者都被恺撒编入了他的军团中,他还赦免了许多重要人物,其中一个就是后来刺杀恺撒的布鲁图。据说,当恺撒没有找到布鲁图时,以为他死了,十分悲痛;但当有人把布鲁图安全地带到恺撒面前时，恺撒立即转忧为安，喜出望外。

47. 有很多征兆都预示着这次的胜利，但是在记载中，最奇怪的一件事发生在特拉利斯。那座城市的胜利女神庙有一座恺撒的塑像，它的基座本身就很牢固，又被铺上了坚硬的石头。然而据说有一棵棕榈树从它的底座下长了出来。还有，在巴达维乌姆，一个颇有名气的预言家盖约·科尼利阿斯（他与历史学家李维是同一个城市里的公民，并且互相认识）那天正好坐着占卜。根据李维所说，一开始，他算出了战斗的时间，然后对在场的人说战斗仍在进行，士兵们正在厮杀。当他又一次观察了占卜的迹象时，他突然跳起来，高兴地叫着："你将是胜利者，恺撒！"站在旁边的人都十分的惊讶，这位预言家从他的头上拿下戴着的花环，并发誓说，如果事实没有证明他所预言的，那么他将再也不戴上它。无论如何，李维坚持当时的事情就是这样的。

48. 恺撒给了帖撒利人自由，以此来庆祝他的胜利，然后便开始追击庞培。当他到达亚洲的时候，他为了让寓言集作者塞奥庞波斯高兴，又解放了奈达斯人，还减免了所有亚洲居民三分之一的税收。在庞培死后不久，他到了亚历山大里亚。当狄奥多图呈上庞培的人头时，恺撒叫他拿开。但他接受了庞培的印戒，不禁对之潸然泪下。不仅如此，庞培的同伴和亲信在埃及四处游荡时，不少都被法老抓起来了，恺撒对他们十分友好，并让他们投靠他。恺撒写信给在罗马的朋友们，提到自己在胜利中的最大荣幸就是一次又一次地拯救那些曾与他对抗过的同胞们的生命。

至于在埃及的战争，有人认为这是没有必要的，只是出于恺撒对克娄巴特拉的激情，这对恺撒来说是不光荣的而且充满了危险。但其他人却责怪法老的众臣们要对此负责，特别是宫廷中最有影响的宦官波提努斯，是他杀了庞培，还把克娄巴特拉赶出了她的国家，现在他又开始设计对付恺撒。出于这个原因，有人说自从那以后，恺撒通宵宴乐来伪装自己。但是波提努斯公开的举动让人看不下去，他说了许多话，做了许多事，仇视和侮辱恺撒。举个例子，当士兵们被分到最陈最差的谷物时，他命令他们忍受着，还要知道知足，因为他们吃的东西是属于别人的。在国宴上，他用的也是木制的和陶制的餐具，理由是恺撒拿走了所有金银制品抵债，因为现在法老的父亲曾欠了恺撒一千七百五十万德拉克马。然而实际上恺撒赦免了国王的孩子们的一部分债务，现在他只要求一千万德拉克马作为军费。对于这个要求，波提努斯却建议恺撒可以先离开去处理他的重要的事情，并向恺撒保证，他晚些时候将心怀感激地还清债务；恺撒答道，他在任何情况下都没有必要让埃及人建议他怎么做；之后，他秘密地派人从乡间招来克娄巴特拉。

49. 因此，克娄巴特拉在她的朋友中只带上了西西里人阿波罗多拉斯，他们登上了一艘小艇，在夜幕降临的时候到达了皇宫。为了避人耳目，她笔直地躲在一个床罩中，阿波罗多拉斯再在袋子口打结，然后抬到了恺撒的屋里。据说这是克娄巴特拉的主意，而恺撒也一下子就被她的大胆和智慧所折服，此后又被她的风情万种所迷倒，因此，他化解了她与她的兄弟的冲突，让他们共享王权。后来，当所有人都在为这次和解庆祝时，恺撒的一个奴隶，也是恺撒的理发师，发现将军阿基拉斯和宦官波提努斯正在阴谋毒害恺撒，这个奴隶一向是一个十分小心谨慎的人，这是因为他的异乎寻常的懦弱所致，因此无论到哪里，他时时刻刻警惕观察。恺撒找到他们后，便立即派兵把守宴会厅，然后杀了波提努斯；但是阿基拉斯却逃到了他的军营，组织军队向恺撒发起攻击，使恺撒陷入危难之中，当时恺撒只带了一点儿人，却要对付偌大一个城市的军队。在这次战斗中，一开始，恺撒面临了被切断水源的危险，因为敌人在水道上建起了一座堤坝；到后来，敌人试图想阻截恺撒的舰队，因此恺撒不得不用火来击退他们；这场火从造船所开始蔓延，一直把著名的图书馆给烧毁了；在发罗斯的战斗中，恺撒从防波堤上跳到了一条小船上，想去帮助战斗中的士兵，但埃及人从各个方面包围上来，恺撒只能跳入了海中，拼命游泳才得以逃脱。据说在那个时候，他一只手握着一些手稿，虽然飞矢如雨，他有时不得不把头埋入水中，但是他紧抓手稿不放，将它们露出水面，用另一只手游泳。而他的小船在他跳下去不久就沉了。后来，在法老投入叛军之中后，恺撒终于率领部队在一次战斗中打败了他；这一仗死了很多士兵，国王自己也从此失踪了。于是，恺撒让克娄巴特拉独登埃及的王位（不久后，她生下了他的儿子，被亚历山大里亚人叫作恺撒瑞恩），他自己则动身向叙利亚进军。

50. 在离开埃及向亚洲进发的途中，① 恺撒得知多米提乌斯被米特拉达梯的儿子法那西斯给打败了，并带着一些跟随者从本都逃了出来。而法那西斯则乘势扩大战果，举兵占领比西尼亚和卡巴多西亚，还计划着把一个叫拉塞阿曼尼亚的国家弄到手，还煽动那儿的各个小邦和行省叛乱。因此，恺撒立刻带领了三个军团向他进发，在西拉城附近打了一场大仗，把法那西斯赶出了本都，并歼灭了他的部队。恺撒给在罗马的朋友阿曼提奥斯的信中形容这场战斗的迅速与凶猛时用了三个词："我来了，我看见了，我胜利了。"而在拉丁文中，这三个词有着相同的词尾，其简洁有力，给人深刻印象。

51. 在这之后，他穿越意大利全境回到罗马城；在那一年里他第二次被选为独裁者，虽然那个职位的任期过去从未超过一年；在第二年，恺撒被选为执政官。这时人们对他颇有微词，因为在他的一些士兵参加叛乱并杀死两个总督加尔巴和科斯康尼阿斯后，而他对他们的惩罚只是不再称呼他们为"士兵"，而是"公民"，还给了他们每人1000德拉克马和许多意大利境内的土地。人们对恺撒的指责还来自多拉培拉的愚蠢，阿曼提奥斯的贪婪，安敦尼的酗酒，以及科尔菲涅乌斯的奢靡——他认为自己住的庞培的房子还不够好，要重新翻修它。这些事都使罗马人颇为不满。但恺撒对这些事并不是毫无知觉，他也不喜欢这些人，只是迫于政治情势，他必须利用这些人作为帮手。

---

① 公元前47年7月。

52. 法萨鲁的战役结束后，伽图和西庇阿逃往了非洲，在那儿的朱巴国王的帮助下，他们集聚了庞大的军队。恺撒因此决定远征讨伐他们。在冬至前后，他进入了西西里。由于他想打消他的军官们想在那里多耽搁一点时间的念头，他便在海边搭起自己的帐篷。当起顺风时，他带领三千步兵和一些骑兵起航了。他神不知鬼不觉地把这些人送到后，乘船返航，有些担心他的其余大部队。但是他在海上遇到了已经启程而来的他们，于是领着他们到了营地。

恺撒听说，由于一个古老预言，大概说的是只有西庇阿家族的人才能赢得非洲，敌人变得勇气大增；恺撒想愚弄一下敌人的指挥官西庇阿，或者想也利用一下这个预言（到底出于何种动机，不得而知），他从手下人中挑出了一个无名小卒，叫西庇阿·撒拉斯提奥，他属于阿非利加尼家族。恺撒让这个人每场战斗都冲在最前面，好像是军队的指挥官一样，迫使他不停地攻击敌人。恺撒没有足够的食物给他的士兵，也没有草料给牲畜，他们只能把海带上的盐冲洗掉，并拌上一点儿青草，然后用来喂马。努米底亚人人数众多，且行动迅速，控制了这个国家。有一次恺撒的骑兵们休息时，一个利比亚人向他们展示他如何做到一边跳舞、一边吹笛子，骑兵们惊奇无比，于是将他们的马都交给了奴隶，高兴地在地上坐着观看，敌人突然包围袭击了他们，他们中的一些人被杀死了，敌人对剩下逃往营中的人紧追不舍。如果不是恺撒和阿西尼阿斯·波利俄从堡垒中冲出来迎战并止住了他们的溃逃，那么战争也就在此结束了。另一次，敌人在双方的遭遇战中占了上风，据说，恺撒扭住逃跑的掌旗手的脖子，把他的头扭过来喊道："敌人在那边！"

53. 可是，西庇阿却因为这些小的胜利而信心大增，冒险要进行决战。因此，他让阿夫累尼阿斯和朱巴隔着一段距离扎营，他自己则出发去湖的另一边靠近塔普萨斯城的地方筑堡扎营，进可以攻，退可以防，相互呼应。但当他忙着施行这个计划时，恺撒以难以想象的速度通过一条不为人知的小路穿过了茂密的树林，到达了那个地点，对一些敌人进行了侧翼包围,再从正面攻击其余的敌人。打败了这些人后,他利用良好的时机和运气的眷顾,第一次攻击就占领了阿夫累尼阿斯的军营,然后又一次攻击就拿下了努米底亚人的营地,朱巴只是侥幸从那儿逃走了。就这样,半天不到,恺撒就成了三个军营的主人,杀死了五万敌人,而自己仅仅损失了五十人。①

这是一些人对于这次战争的记述;但是另一些人说,恺撒并没有亲自参加这次战斗。因为当他排兵布阵时,他的老毛病又犯了。他感到不对头,身体已经颤抖起来,就在他的这个老毛病完全控制他之前,他被人抬到了附近的一座堡垒中。整场战斗中,他都安静地待在那里。从战斗中被俘的执政官和总督,一些在被活捉时自杀,另一些则在被活捉后被恺撒处死了。

54. 因为恺撒想活捉伽图,所以他急忙赶往乌提卡。伽图坐镇乌提卡,没有参加上面讲到的战斗。但当恺撒得知伽图自杀的消息后,感到很不高兴,虽然不知道究竟是什么原因。不过恺撒说了句:"伽图,我不愿你死;而你又不愿让我来饶你一命。"恺撒后来写的关于伽图的文章中,却并没有体现出什么善意或和解的意思。伽图死后,恺撒对他发泄了巨大的愤怒。然而,恺撒对待西塞罗和布鲁图以及成千上万与他作过对的人都十分的宽宏大量,所以可以推断这篇文字并非出自仇恨,而是出于政治的意图。西塞罗写了一篇以伽图名字命名的颂文,许多人争相传看,因为这位最杰出的演说家写的是最崇高的主题。这使恺撒感到恼火,因为西塞罗赞颂死去的伽图,等于是在骂恺撒。所以,他著文反击,罗列了大量对伽图的指控,题为《反伽图论》。两本著作都拥有众多的热心读者,这是由于伽图和恺撒两人的缘故。

55. 我们接着前面说。恺撒从非洲回到罗马以后,首先对民众做了场凯旋演说,夸耀自己的战功,声称他征服了一个庞大的国家,大得足以每年为公共财政提供二十万雅典蒲式耳的谷物和三百万磅的橄榄油。

---

① 公元前 46 年 4 月。

然后，他举行了凯旋式，庆祝在埃及的胜利、在本都的胜利以及在非洲的胜利，最后一项他宣称是为了庆祝对朱巴国王的胜利，而不是对西庇阿的胜利。在这场凯旋式中，朱巴国王的一个婴儿被放到了凯旋队伍中，他可能要算是最幸运的俘虏了，因为他只是一个努米底亚的蛮族，却在最有学问的希腊历史学家们的笔下占据了一席之地。在这一系列凯旋式结束后，恺撒给了他的士兵们丰厚的奖赏，并用筵席和表演来招待民众。他一次性设宴，同时摆开两万张长桌，安排了浩大的角斗比赛及海战表演来纪念他去世已久的女儿朱里娅。

在这以后，他进行了人口调查，当时，人口从以前的三十二万降到了十五万。内战带来了多么大的灾难，在罗马城吞噬了那么多人，更不用说意大利其他地区和行省了。

56. 这些事情都结束以后，恺撒第四次当选为执政官，然后他就远征西班牙讨伐庞培的儿子们。他们还是黄毛小伙子，但是集聚了数量惊人的军队，并显示了巨大的勇气，表明他们完全能统率大军；因此恺撒又陷入了极大的危险中。激烈的战斗在蒙大城周围展开，当恺撒发现他的士兵遭到了强大力量的攻击并渐渐无力抵抗时，他在队列之间穿行，并大声叫道：让你们的统帅落入这些娃娃手中，难道你们就不感到羞愧吗？在费尽全力的艰苦战斗后，他终于击退了敌人，并歼灭了超过三万的人，而他自己也损失了队伍中一千个最优秀的战士。当战斗结束后，他回到朋友身边时说，他向来是为胜利而战，而这次却是第一次为生存而战。他在罗马酒节这天①打了这场胜仗，据说这天还是伟大的庞培四年前出战的日子。至于庞培的儿子们，年幼的那个逃脱了，几天后，狄提阿斯向恺撒呈上了年长的那个儿子的头颅。

这是恺撒发动的最后一场战争，为这次胜利举行的凯旋庆祝却极度触怒了罗马人，因为它所纪念的不是对外国指挥官或蛮族皇帝的胜利，而是

---

① 公元前 45 年 3 月 17 日。

彻底铲除最强大的罗马家族后裔。祖国经受了如此巨大的灾难，恺撒却来庆祝胜利，这是极不适宜的。他引以为豪的所作所为如果不是迫不得已，本来在神与人民面前是站不住脚的。而且在此之前，他从不捎信或派人宣布他在内战中的胜利，而是尽力回避建立在消灭同胞的基础上的"名声"。

57. 不过，罗马人在恺撒的好运面前做出了让步，接受了命运，认为君主统治可以让人民从可怕的内战中得到喘息；他们任命恺撒为终身独裁官。这被公认是专制，因为现在他不仅拥有绝对权力，而且任期无限。西塞罗最先在元老院提出授予恺撒某些不太过头的荣誉。然而其他人竞相提出授予恺撒更多、更过分的荣誉头衔，结果恺撒在最温和的公民眼里都成了令人反感和讨厌的人，因为他头上满是过于夸张的虚荣。有人认为，恺撒的敌对者跟谄媚者一样帮助通过这些决议，这样一来，他们就能有尽可能多的借口来反对他，而且可能获得最好的理由来置他于死地；因为内战已经结束，至少这方面找不到理由指责恺撒了。甚至鉴于他的宽厚仁慈，人们还特地建起了一座"仁慈之神"的神庙以示感恩。恺撒宽恕了很多曾经与他作对的人，甚至还给了他们中的一些人加官封爵，如布鲁图和喀西约都当上了总督。庞培的塑像以前被人推倒了，恺撒又命令把它重新竖立起来。西塞罗说道，恺撒竖立庞培的塑像，实际上是竖起了他自己的形象。他的朋友建议他最好有一个贴身保卫，同时也有很多人自告奋勇要担当此任。但他不同意这样做，他说，一下子了结生命比永久地活在死亡的恐惧中要好多了。他把人们的好感当作最可靠的保护，于是再一次用盛宴和谷物分配来收买民众，把新开垦的殖民地分配给他的士兵。其中最引人瞩目的就是迦太基和科林斯。也许是巧合，这两个城市过去同时被攻破，现在又同时被重建。①

58. 对于贵族，他许诺某些人将来担任执政官和总督职位，又以各种各样的权利和荣誉安抚其他人；他在所有人的心中播种希望，因为他

---

① 两城攻毁于公元前146年，重建则是在公元前44年。

非常渴望能统治忠诚顺服的臣民。因此,执政官马克西马斯去世的当天,他任命卡尼尼奥斯·瑞韦利奥斯为一天的执政官,以完成剩下的任期。据说,许多人到新上任的执政官这里来表示祝贺和恭维,而西塞罗却说:"我们要快一点去,否则这个人的任期要结束了。"

恺撒赢得的众多胜利并没有使他天生开创霸业的雄心转到他辛劳获得的成就的享受上去,相反,却进一步激励他取得新的成就,让他酝酿新的宏伟大业,让他胸怀赢得新的荣耀的冲动,似乎他已经用尽了他所取得的东西。所以,他所感觉到的事实上乃是自己与自己的战争,这是一种在他已经做到的事情和将来想做的事情之间的战斗。他又开始计划着远征攻打帕提亚人;在征服他们后,他又取道赫尔卡尼亚、里海和高加索山,绕过攸克星,侵入西徐亚;之后,他还占领了日耳曼及其周边国家,然后经高卢返回罗马,这样终于完成了一个四面环抱海洋的庞大帝国。不仅如此,他在这次远征中还打算挖通科林斯地峡,而且派阿尼安努斯负责这项工程;他还打算把罗马城底下的台伯河导入深深的运河之中,使它与大海相通,这样就为商人设计出了一条既安全又方便的通向罗马的通道了。除了这些,他还准备把庞蒙提塞和塞提亚周围的沼泽改造成适合成千上万的人耕种的平原;另外,还在离罗马最近的地方修建抵挡海水的防波堤,这样就能消除奥斯提亚海岸所潜藏的危险了;然后,又在那里建设足够多的港口和锚地以容纳来拜访他的庞大舰队。所有的这些都在准备之中。

59. 他科学地研究了历法的调整,以纠正时间计算上的混乱。这项研究完成得十分出色,而且研究结果被证明具有高度实用性。不仅仅在远古时代,罗马人常常混淆太阴历和太阳历之间的联系,以至于献祭的盛宴和庆典的时刻渐渐相互错开,最后变更到完全相反的季节里;而且在当时,人们也常常没有办法计算实际上的太阳年;只有祭司知道时间,而且他们常常突然插入闰月,使大家目瞪口呆。就像我在其传记中所提到的那样,据说纽马国王是第一个设置闰月的,但他也只是根据星座和太阳运行轨道设计了对错误进行细微短暂的修正。但是恺撒将这些问题摆在了最有名的哲学家和数学家面前，并利用了所有已存在的修正办法，计算出了他自己的修正法，比前人的都要精确得多。这就是罗马一直用到现在的历法，这也是公认的在太阳年和太阴年之间的不对应现象最少的一种方法。但甚至连这件事都给了嫉恨恺撒和厌恶他权势的那些人攻击他的把柄。据说，当有人说天琴座将在第二天升起时，雄辩家西塞罗讥讽道："根据法令，是这样的"，暗示这也是权力安排的结果。

60. 但是，恺撒为自己招致的最公开和最致命的仇恨来自他对于王权的酷爱。对民众来说，这是他们第一次感到仇恨的原因；对那些已经长时间压抑自己仇恨的人来说，这是最难得的借口。而那些主张恺撒拥有这个荣誉的人事实上在民众中间散布预言书中的一种说法：罗马人只有在国王的带领之下才能战胜帕提亚，否则无法攻陷它。当恺撒从亚尔巴进入城中时，他们斗胆向他高喊"国王"，并向他致敬。但许多人感到惊讶，恺撒看出来了，于是说他的名字是恺撒，而不是国王。他的话造成了一片沉默，他穿过人群，脸上全无喜悦或满足的神情。此外，元老院投票把各种各样过头的荣誉头衔加到恺撒的头上之后，一次碰巧他正坐在讲台上，总督和执政官向他走过来，全体元老尾随其后，但是他没有起身欢迎他们，好像他只是在对待平民一般；他说，他的荣誉应该削减了，不必再增加了。这不但激怒了元老院，还有普通民众，他们认为元老受到了侮辱，就等于国家受到了侮辱；可以离开的人都立刻沮丧地走开了。恺撒也意识到他犯了一个错误，他立刻转身回家，并解开外袍，露出脖子，高声对他的朋友吼道，他为任何想杀他的人准备好了他的喉咙。到后来，他又为当时的行为找借口说是疾病的关系，他解释道，那些被这种疾病痛苦折磨着的人通常难以长期面对众人说话而保持镇定，会不停地颤抖，并陷入眩晕，失去知觉。然而，据说他的解释并不是真的，当时他十分渴望站起来迎接元老们，但是因为他的一个朋友——事实上是他的一个诌媚者科尼利阿斯·巴尔保斯——阻止了他，

389

并说道:"记住你是恺撒,你应当像一个君主一样受到敬奉。"

61. 除了这些得罪人的事情之外,他还侮辱了保民官。罗马有一个叫琉柏卡斯的节日,这是一个古代牧羊人所庆祝的节日,而且与阿卡狄亚的利西人有关联。很多年轻的贵族和长官在节日里赤身裸体地在城里来回奔跑,并用长毛皮鞭开玩笑地抽打他们所碰到的行人。而有地位的女人也有意挡住他们的道,就像学童伸出手让老师打一样,相信这能使孕妇顺利生产,使不孕的人怀孕。恺撒有一次出席了这一庆典,他坐在纯金宝座的讲台上,穿着凯旋式上的服饰。安敦尼是执政官,因此他是这次神圣比赛中的一个赛跑者。于是,在他冲进集会地时,人们都为他让路,他拿了一个缠绕着月桂的王冠,想把它呈献给恺撒。这时响起了一阵事先安排好的欢呼声和鼓掌声,不过并不热烈。但当恺撒推开王冠时,所有的人都开始欢呼;安敦尼再一次将王冠献给他时,少许欢呼声又一次响起,但他还是拒绝了;这时大多数人再一次欢呼。这个试验因此就这么失败了,恺撒命令将它呈献给神山上的朱庇特神庙,然后便站起身走开。但是,这时人们却看见他的许多雕像头上都已经戴上了皇冠。因此两个保民官弗拉维和马瑞卢斯走到它们面前,把皇冠拿掉。他们在发现那些首先欢呼恺撒为国王的人之后,把他们投进了监狱。而且,人们跟着这两名保民官,为他们鼓掌欢呼,并称他们为"布鲁图",因为布鲁图曾经结束了王权统治,将权力交给元老院和民众手中。① 看到这些,恺撒被彻底激怒了,他革除了马瑞卢斯和弗拉维两人的职务,同时不断地骂他们"笨蛋",尽管这么做冒犯了民众。②

62. 在这种情况下,民众的思想都转向了马克·布鲁图,认为他在父系一边是老布鲁图的后代,在母系一边也是属于罗马的显赫家族舍维列,同时他还是迦图的女婿和侄子。然而布鲁图积极抵制君主制的愿望由于

---

① 这里指罗马从早期王制向共和国转变时期赶走国王的那个布鲁图,为恺撒时的那个布鲁图的祖先。——中译者注

② 拉丁语"布鲁图"意即"愚笨"。

受到了恺撒的种种恩惠和荣誉而减弱，这不仅是因为他在庞培逃跑后，在法萨鲁被恺撒赦免，同时由于恺撒答应他的请求放过了他的许多朋友，而且因为恺撒十分信任他。他在当年得到了最受人尊敬的总督一职，而且这是在与强劲的对手喀西约的竞争中胜出的，并将在三年后成为执政官。据我们所知，恺撒曾说，虽然喀西约对于这个职务的要求具有更为正当的理由，但就他个人来说，他是不会漏掉布鲁图的。还有一次，有些人在恺撒面前指控布鲁图的阴谋已经开始进行了，但恺撒不愿听他们讲下去，而是将他的手放在自己身上说："布鲁图能等得起这皱起的皮肤的"，暗示着布鲁图由于拥有高尚品格，是有资格作为统治者的，但他不会由于想成为统治者而成为一个忘恩负义的恶棍。但那些急于想改变现状的人把眼睛紧紧盯着布鲁图，把他看作是唯一的或首要的争取目标。他们不敢冒险直接跟他谈话，但在夜里在他总督的讲坛和椅子上放满了字条，其中不外乎是这一类话："你沉睡了，布鲁图"，或者"你根本就不是布鲁图"。当喀西约意识到布鲁图的野心有些被这些东西激起时，他比以前更加催促他，因为喀西约自己也有恨恺撒的私人原因，这些我都在布鲁图的传记中提到了。此外，恺撒事实上也开始怀疑喀西约了，因此他曾对他的朋友们说："你们认为喀西约想要什么？我不太喜欢他，因为他太苍白了。"还有一次，当有人控告安敦尼和多拉培拉想对他图谋不轨，阴谋造反时，恺撒说："我不那么怕这些胖胖的长头发的家伙，倒是怕那些苍白的瘦子"，意思是指布鲁图和喀西约。

63. 命运似乎不可避免，但并非不可预料。据说当时有很多令人惊讶的征兆和神秘的现象出现。诸如天空的亮光，夜晚巨大的轰隆声，飞进议事堂的鸟等，这些征兆与这么大的事件相比，就不值得一提了。哲学家斯特拉波说，他看见许多身上着了火的人在猛冲，其中从一个士兵的奴隶手中冒出了巨大的火焰，旁观者似乎都认为他必死无疑，但当火焰消失后，那个人却没有受伤。他又说道，当恺撒献祭时，找不到祭品的心。这一征兆引起了恐慌，因为按自然规律，动物没有心是不能活的。下面这个故事更是为许多人流传。某位占卜师警告恺撒，三月十五日一定要保持警惕，这天将有巨大的危险。到了那天，恺撒去元老院的路上，他向这个占卜师调侃道："三月十五日已经来了"，而这个占卜师平静地答道："对，三月十五日是到了，但它还没有过去。"除此之外，在前一天，当马克·雷必达在晚餐招待恺撒时，恺撒碰巧与往常一样签署一些信件，他靠在桌边，这时谈话的主题突然转到了哪种死法最好的问题上，恺撒在任何人回答之前，突然叫道："意外死亡。"后来，当他与往常一样睡在妻子身边，房间的所有门窗一下子全打开了，恺撒让当时的声音和洒在身上的月光搞闷了，他坐起来后，注意到身旁的卡尔柏尼亚正在熟睡中，但口中却冒出了含糊的语句和呻吟；后来才知道她梦见了把被谋杀的丈夫抱在怀里，她在为他悲伤痛哭。

但是一些人却说这不是恺撒的妻子在梦中看到的景象。李维的记载是，元老院曾投票决定为恺撒的屋子加上一面尖顶墙，作为装饰和荣耀。那天夜里，卡尔柏尼亚梦到了它被拆除，因此她才悲伤地哭泣。所以，当白天到来时，卡尔柏尼亚恳求恺撒，如果可能的话，千万不要出门，请推迟与元老们的会面；如果他不在乎她的梦，她恳求他用其他方式的占卜和祭祀来预测将要发生的事。而恺撒当时也流露出了一些怀疑和害怕。因为他从来都没有看到卡尔柏尼亚表现出如此女人气的迷信，但是现在他却看到她是如此惊恐不安。在进行了许多祭献之后，众多占卜师都告诉恺撒，所有的预示都是凶兆，他便决定派安敦尼去元老院打发元老们离去。

64. 然而这时，那位叫狄西摩斯·布鲁图的人出现了，他姓阿尔拜那斯，恺撒对他十分信任，在遗嘱中把他列为第二继承人，但是他却参与了另一位布鲁图和喀西约的阴谋。此时，他担心如果恺撒逃过了那天，那么他们的阴谋就将败露，因此他讥笑那些占卜者，并责备恺撒，说他这样做将使自己在元老中成为众矢之的，他们会认为恺撒在捉弄他们，因为是他下令他们集合的，而且他们已经准备并且愿意一致选举恺撒为意大利之外行省的国王，无论到这些领地的什么地方，陆地还是海上，都将戴着皇冠；但是如果这个时候跟他们说会议取消了，等到卡尔柏尼亚做了吉祥的梦你们再来吧，那么他的敌人将会说些什么，当他的朋友解释说这种行为不是任意和专横时，又有谁会听？但是（阿尔拜那斯说）如果他真的决定认为这天是不祥的，那他仍应该亲自去元老院宣布延迟此事。他边说这些话，边抓住恺撒的手就带着他往外走。当恺撒走出门不远，一个别人的奴隶急忙想靠近他，但却被很多在他周围的人给挡住了。于是他到恺撒家里，乞求卡尔柏尼亚保护自己，直到恺撒回来，因为他将有十分重要的事情要向恺撒禀报。

65. 此外，奈达斯人出身的阿提密多鲁斯因为讲授希腊哲学而与布鲁图的一些追随者交往甚密，所以他知道他们所密谋的大部分事情。这次他赶来给了恺撒一个卷轴，里面揭发了布鲁图将要做的事情。当他看见恺撒接过这类卷轴并把它们都交给了他的助手，他走到恺撒身边说道："快看这个，恺撒，你自己把它快点看完，因为这里面有关于你的十分重要的事情。"因此恺撒拿着这个卷轴准备开始看，但却被一路上向他致意的民众分散了注意力，虽然他好几次想看，这也是唯一他留下并握在手中的卷轴，但他始终没有看就进入了元老院。有些人说这个卷轴是另外人给他的，而阿提密多鲁斯难以接近恺撒，因为一路上他都被人群挤开。

66. 至此，事情似乎都是自发地进行着的。但是，在谋杀的地点，也就是元老们聚集的地方，有着一座庞培的塑像，这是庞培作为额外的装饰与他建造的剧院一起献给国家的，这清楚地显示了这一行动及其地点是某种神力的召唤和引导的结果。确实，据说在袭击前，喀西约曾将眼光转到庞培的雕塑上，向它默默恳求援助，虽然喀西约本人沉迷于伊壁鸠鲁教义。但是当可怕的阴谋近在眼前，危机的时刻就用神力鼓舞起来的激情压倒了他先前冷静的思考。

接下来，布鲁图·阿而拜那斯把恺撒的朋友强壮的安敦尼留在外面，故意与他进行长谈。但是恺撒进去了，元老们都站起身来向他致敬。布鲁图的一些同党围在恺撒椅子的后面，而另一些人则面对他，装作支持提利阿斯·西姆柏代表自己被流放的兄弟向恺撒提出的请求，他们站到请求人一边，随着恺撒来到他的椅子前。但恺撒坐下后，仍旧拒绝他们的请求。这些人不停地胡搅蛮缠，恺撒对他们发火了。提利阿斯突然用双手抓住了恺撒的袍子，把它从他的脖子上拉了下来。这就是开始动手的信号。卡斯卡第一个抽出短剑刺进恺撒的脖子，但这并不是致命伤，而且伤口也不深，因为开始动手做这样一件斗胆的大事时，他很自然地会有些慌张。恺撒转过身来，一把抓住了刀，紧紧握着，两人几乎同时大喊。被刺伤的用拉丁文喊道："可恶的卡斯卡，你想干什么？"刺人的人用希腊语对他的兄弟叫道："兄弟，帮一把！"

整个事件就这样开始了，对图谋不知情的那些人看到所发生的事情，都充满了惊愕和恐惧，他们不敢逃走，也不敢去帮助恺撒，甚至一声都不敢吭。参与谋杀的那些人都亮出了他们的短剑，恺撒被这些人团团围住，无论他朝哪一个方向转过去，他的脸和眼睛都遭到攻击，他像一头困兽一样被包围驱赶。他们每个人都讲好要刺他一刀，参与献祭，品尝牺牲。所以布鲁图也给他腹股沟重重的一刺。据记载，虽然恺撒对其他的人都奋力进行自卫，不停地朝各个方向急冲并大声叫喊，但当他看见布鲁图抽出了剑，他就用袍子蒙住他的头，倒在了庞培塑像的基座之下，不知道这是偶然的，还是谋杀者推他的。基座浸满了他的血，因此大家会以为是庞培在主持着对他敌人的复仇行动，这个敌人正躺在了他的脚边，浑身上下都是伤，还在颤抖着。据说他中了二十三剑；因为他们同时刺向同一个目标，所以厮杀中很多同谋者也被自己人所误伤。

67. 恺撒就这样死了，虽然布鲁图站出来，想要对发生的一切作一个说明，而元老们没人听，纷纷夺门而逃；结果群众惊恐万分，不明就里。有些人关上家门，有些人离开了柜台或店铺，跑来跑去。有的跑去看看发生了什么事，有的看到后又远远地跑开了。与恺撒关系最好的两个朋友安敦尼和雷必达偷偷地溜掉了，躲到了其他人家中。而布鲁图和他的同谋们仍沉浸在刚才的暗杀的兴奋之中，手握短剑，一起走出了元老院，向卡皮托山的朱庇特神庙前进，他们一点儿也不像是在逃亡，相反带着满意的笑脸和充满自信的神态。他们一路上号召民众恢复他们自己的自由，并邀请他们遇到的显赫人物加入到他们的队伍中。有些人也自愿加入到他们的队伍，就好像他们也参加了这次行动，应当分享其光荣似的，其中就有盖约·屋大维和林都拉斯·斯宾特。后来他们因为自己的虚荣心而付出了代价，被安敦尼和小恺撒判了死刑，而且并没有沾上他们所指望的名声，因为没有人相信他们参与了这件事；甚至惩罚他们的人也不是因为他们所做的，而是因为他们希望自己做的，而判他们死刑。

第二天，布鲁图下山来到民众之中，做了一番演说。人们只是听着，既没有对他们的所作所为表示憎恨，也没有表示赞同，只是陷入了死寂一般的沉默中，这说明他们在为恺撒感到惋惜的同时，又十分敬重布鲁图。元老院也试图调解，宣布大赦，他们决定把恺撒敬奉为神，甚至不变更他在位时所施行的最不起眼的措施；而对布鲁图一帮人，则分配给他们一些行省并授予适当的荣誉；因此所有人都认为这个事情已经以最适当的方式解决了。

68. 但是，当人们打开恺撒的遗嘱，看到其中写道给予每个罗马公民一份厚礼，当恺撒的遗体被抬着穿过广场，民众看见他身体伤痕累累、严重变形，这时他们再也不服从管束了；他们在他的遗体旁边堆满从会堂里取来的座椅、栏杆、桌子。人们点燃了它们，火化他的遗体。接着，人们高举着熊熊燃烧的木条，奔向谋杀者的家，想烧他们的房子。另一些人则在城中四处寻找他们，想亲自抓住他们，把他们撕成碎片。但是他们都被很好地保卫起来，没有落入民众的手中。有一个叫秦那的人是恺撒的朋友，据说，他在前一晚做了一个奇怪的梦。他梦见恺撒邀请他共进晚餐，当他说抱歉的时候，恺撒抓住他的手要他前去，虽然他反抗着不想去。当时，当他听说恺撒的尸体在广场上被火化，虽然对他的梦境有所疑虑,但出于对恺撒的尊敬他立刻前往那里,当时他还发着烧。看见他来的时候,有人问起他是谁,因此人群中有人说出了他的名字,这个名字在人群中流传,不一会儿,就变成了说他是杀害恺撒的人中的一个。因为在谋杀者中,有一个人也姓秦那,人们误把他当成了那个人。于是人们一拥而上把他给撕碎了。没有比这件事的发生更让布鲁图和喀西约害怕的了,过了没多少日子,他们就逃离了这个城市。他们死前的所作所为和所遭受的痛苦,我都在布鲁图的传记中说到了。

69. 恺撒死时年仅 56 岁,他比庞培只多活了不到四年。他冒着巨大危险毕生都在谋求权力和疆土;最后它们都已近在咫尺,但恺撒没能享用果实,只是图了个虚名。恺撒的荣耀引起了他的同胞的忌妒。然而,恺撒的守护神眷顾他的一生,甚至在他遭刺杀后,还跟随着他,为他复仇。刺杀他的人纵使逃到天涯海角,也都被一一找了出来,甚至连稍为染指这项阴谋的人都受到了惩罚。

在事件发展之中,最令人惊讶的事发生在喀西约身上。他在菲力比战败之后自杀,所用的就是那把刺杀恺撒的短剑。在天界诸事之中,在恺撒死后,出现了一颗大大的彗星,连续七天在天空中灿烂明亮,然后才消失;还有,太阳发出的光芒变得十分昏暗。在这一整年中,太阳显得苍白而没有光辉,它发出的热量也十分微弱和无力;流动的空气显得灰暗而沉重,因为那一点点温暖无法穿透它;果实干瘪,无法完全成熟,并因为寒冷的天气而枯萎凋谢。但是,在各种迹象中,没有比出现在布鲁图面前的幽灵更能显示出神对于恺撒被谋杀的不满。事情是这样的:当时他正计划将他的部队从阿比多斯带到另一个大陆上去,按照他的习惯,夜晚他躺在帐篷中不会马上睡觉,而是会考虑将来的问题;据说布鲁图是所有将领中睡眠最少的,那天他也自然的比其他人睡得晚。他似乎听到门边有声音,当他朝摇晃欲熄的灯光处看去时,他看见了一个可怕的、身躯极为硕大的人的模样。起先,他十分的恐惧,但是当他看到这个人一动不动,一声不吭,只是静静地站在他的卧榻边,他就问

二 恺撒传

他是谁。这个幽灵回答他:"我是你的厄运之灵,布鲁图,你会在菲力比再看到我。"这时候,布鲁图鼓起勇气说:"我会见你的。"然后这个幽灵就消失了。后来,当布鲁图与安敦尼和小恺撒在菲力比展开战斗。在第一场战斗中,布鲁图击溃了他的敌人,攻占了小恺撒的营地。但当他准备进行第二场战斗时,那个幽灵在夜里又来拜访了他,虽然他依然一言不发,但是布鲁图明白了自己的命运已经走到头了,于是专向危险的地方冲杀。但是,他在战斗中并没被打死;当他败退到一块高地上时,用利剑刺入自己的胸膛(据说他的一个朋友帮他把剑刺中要害),结束了自己的性命。

附录一　普鲁塔克著作目录

一　《道德论集》

第一卷

1. 论儿童教育
2. 年轻人应如何听诗
3. 论听演说
4. 如何辨别讨好者与朋友
5. 人如何意识到德行的进步

第二卷

1. 如何从敌人那里获益
2. 论交友
3. 论偶然
4. 善与恶
5. 致阿罗尼乌斯的安慰信
6. 保健要诀
7. 对新婚夫妇的建议
8. 七贤会饮
9. 论迷信

第三卷

1. 国王和统治者的格言

2. 斯巴达人的格言

3. 斯巴达人的传统习惯

4. 斯巴达妇女的格言

5. 妇女的勇敢

第四卷

1. 关于罗马的问题

2. 关于希腊的问题

3. 希腊和罗马的类似故事

4. 论罗马人的幸运

5. 论亚历山大的命运

6. 雅典人的名声是赢自战争还是源于智慧

第五卷

1. 伊希斯和冥神

2. 德尔菲神庙的字母 E

3. 论阿波罗的神谕

4. 论神谕的衰微

第六卷

1. 德性可教吗（残篇）

2. 论伦理德性

3. 论制怒

4. 论静心

5. 论兄弟之爱

6. 论子孙的孝敬

7. 恶习足以导致不幸吗（残篇）

8. 心灵的败坏是否比肉体的堕落更恶劣（残篇）

9. 论饶舌

10. 论好事之人

第七卷

1. 论爱财

2. 论温顺

3. 论妒忌与憎恨

4. 论不令人讨厌的自我称赞

5. 论神的惩罚的延迟

6. 论命运

7. 苏格拉底的守护神

8. 论流放

9. 致妻子的安慰信

第八卷

把酒畅谈（1—6）

第九卷

1. 把酒畅谈（7—9）

2. 爱情对话

第十卷

1. 爱的故事

2. 哲学家尤其应该与当权者交谈

3. 致一位无知的统治者

4. 老年人是否应当继续担任公职

5. 对政治家的谏言

6. 论君主制、民主制和寡头制

7. 不要借别人的东西

8. 十个演说家的传记集

9. 阿里斯托芬和米南达的比较传记

第十一卷

1. 论希罗多德的恶意
2. 论自然现象的原因

第十二卷

1. 论月界
2. 论冷的原理
3. 火和水哪个更有用
4. 陆地和海洋里的动物哪个更聪明
5. 动物无理智吗
6. 谈肉食

第十三卷上

1. 柏拉图的问题
2. 论《蒂迈欧篇》中灵魂的产生

第十三卷下

1. 论斯多亚派的自相矛盾
2. 斯多亚派的话比诗人的还要荒谬
3. 对斯多亚派的一般观念的批判

第十四卷

1. 伊壁鸠鲁实际上使幸福生活不可能
2. 答科洛特斯：为其他哲学家辩护
3. "隐秘无闻的生活"是一个好准则吗
4. 论音乐

第十五卷

1. 兰普利亚目录
2. 部分残篇

二 《希腊罗马名人合传》

第一卷
1. 忒修斯和罗慕洛
2. 吕库古和努马
3. 梭伦和普布利科拉

第二卷
1. 狄米斯托克利和卡米卢斯
2. 阿里斯提德和马可·伽图
3. 客蒙和卢库卢斯

第三卷
1. 伯里克利和费边
2. 尼基亚斯和克拉苏

第四卷
1. 亚基比德和克里奥拉努斯
2. 来山德和苏拉

第五卷
1. 佩洛皮达斯和马克卢斯
2. 阿格西劳斯和庞培

第六卷
1. 提摩勒昂和伊米尼乌斯
2. 狄翁和布鲁图

第七卷
1. 德摩斯提尼和西塞罗
2. 亚历山大和恺撒

第八卷

    1. 福西翁和小伽图

    2. 塞尔托里乌斯和尤蒙尼斯

第九卷

    1. 皮洛士和马略

    2. 德米特里和安东尼

第十卷

    1. 菲洛佩门和弗拉弥尼乌斯

    2. 阿基斯和克里奥米尼

    3. 提比略·格拉古和盖约·格拉古

第十一卷

    1. 阿拉图

    2. 阿塔薛西斯

    3. 伽尔巴

    4. 奥托

附录二　译名对照表

A

Abdera，阿布德拉
Abuletes，阿布里特斯
Abydos，阿卑多斯
Acarnania，阿卡那尼亚
Achaean，阿该亚
Acheron，阿克农
Achilles，阿基里斯
Acilius，阿西略
Actium，阿克兴角
Acuphis，阿卡菲斯
Ada，阿达
Adas，阿达斯
Adrasteia，阿德拉斯泰娅
Aeacus，阿伊阿库斯
Aedepsus，埃得苏斯
Aedui，爱杜伊人
Aemilius Paulus，埃米留斯·泡卢斯
Aeschylus，埃斯居罗斯

Aetolians，伊托利亚人
Afranius，阿夫拉涅乌斯
Agamemnon，阿伽门农
Agathobulus，阿伽色布卢斯
Agathon，阿迦同
Agesilaus，阿基希劳斯
Ajax，埃阿斯
Alba，亚尔巴
Albinus，阿尔拜那斯
Alcestis，阿尔克斯提丝
Alcetas，阿西塔斯
Alcibiades，亚西比德
Alcinous，阿尔喀诺俄斯
Alcman，阿尔克曼
Alcmeon，阿尔克迈翁
Alexander，亚历山大
Alexippus，亚历西朴斯
Alps，阿尔卑斯
Amazon，阿马宗
Amisodarus，阿米索达卢斯
Ammon，阿蒙

Amphias，安姆菲阿斯
Amphilochus，安姆菲洛库斯
Amphion，安菲翁
Amyntas，阿朋塔斯
Anacreon，阿纳克来翁
Anaxagoras，阿那克萨戈拉
Anaxarchus，阿那克萨库斯
Anchises，安喀塞斯
Androcottus，安德洛玛刻
Androcydes，安德罗西德斯
Antagoras，安泰格拉斯
Anticleides，安提克雷德斯
Antigenes，安提戈尼斯
Antigone，安提贡
Antigonus，安提柯
Antilibanus Mount，安提黎巴嫩山区
Antipater，安提帕特
Antiphanes，安提法奈斯
Antiphone，安提丰
Antisthenes，安提西尼
Antony，安敦尼
Apelles，阿派勒斯
Aphrodite，阿芙罗狄蒂
Apollo，阿波罗
Apollodorus，阿波罗多拉斯
Apollonius，阿波罗尼乌斯

Apollophanes，阿波罗法尼斯
Appian，阿庇安
Appius，阿彼阿斯
Appollodorus，阿波罗多罗斯
Arabian，阿拉伯人
Arapes，阿拉斯普斯
Aratus，阿拉突
Arbela，阿尔柏拉
Arcadians，阿卡狄亚人
Arcesilaus，阿基希劳斯
Archelaus，阿基劳斯
Archias，阿基亚斯
Archimedes，阿基米德
Archinus，阿基努斯
Archippus，阿基布
Archytas，阿契塔
Arethusa，阿瑞托莎
Argos，阿戈斯
Ariminum，阿里密浓
Aridices，阿里狄西斯
Ariovistus，阿利俄维斯塔
Aristander，阿瑞斯坦德
Aristarchus，阿里斯塔库斯
Aristeides，阿里斯泰德斯
Aristides，亚里斯泰迪斯
Aristion，阿里斯提翁
Aristippus，亚里斯提卜

405

Aristobulus，阿里斯多布卢斯
Aristocritus，阿瑞斯托克瑞特斯
Aristodemus，阿里斯托德姆斯
Ariston，阿瑞斯顿
Aristophanes，阿里斯多芬
Aristophon，阿里斯托封
Aristotle，亚里士多德
Aristoxenus，阿里斯托克塞诺斯
Ariusian，阿里乌思酒
Arrhidaeus，阿里迪乌斯
Artabazus，阿塔巴札斯
Artemidorus，阿提密多鲁斯
Artemis，阿尔忒米斯
Artemisium，阿忒米希文
Arverni，阿尔维尔尼人
Arymbas，阿里姆巴斯
Ascalaphus，阿斯卡拉弗斯
Asclepius，阿斯克莱皮乌斯
Asia，亚细亚
Asinius，阿西尼阿斯
Astyages，阿斯提亚基斯
Astydamas，阿斯蒂达马斯
Ateas，阿忒阿斯
Athena，雅典娜
Athenaeus，阿瑟尼斯
Athenian，雅典人
Athenodorus，阿特诺多汝斯

Athenophanes，阿特诺法涅斯
Athens，雅典
Athos，阿托斯
Atreus，阿特柔斯
Attalus，阿塔拉斯
Aufidius Modestus，奥斐丢斯·摩得斯图斯
Augeas，奥基阿斯
Aurelia，奥勒利亚
Autobulus，奥托布卢斯
Axones，阿克松奈斯

B

Babylonia，巴比伦
Bacchus，巴库斯
Bactrian，巴拉克拉斯人
Bagoas，巴高阿斯
Banon，巴农
Barca，巴尔卡
Barsine，巴西妮
Bathyllius，巴提留斯
Bato，巴图
Belgae，比尔格人
Belus，柏拉斯
Berecynthian，波力希恩塔
Bibulus，毕布拉斯
Bithynia，比西尼亚

Boedromion，波德罗米翁
Boeotia，波埃提亚
Boeotians，波埃提亚人
Boethus，波埃苏斯
Boidion，苞伊狄昂
Bona，玻娜
Brasidas，布拉西达斯
Britanni，不列塔尼
Brundisium，勃隆度辛
Brutus，布鲁图
Bucephalas，布西发拉斯
Byzantium，拜占庭

C

Caeneus，凯纽斯
Caepio，西彼俄
Caesar，恺撒
Caius Octavius，盖约·屋大维
Calanus，卡兰那斯
Callaici，卡雷西人
Callias，卡里阿斯
Callicratidas，卡里克拉提达斯
Calliope，卡利俄铂
Callisthenes，卡利西尼斯
Callistratus，卡里斯特劳图斯
Callondes，卡农德斯
Calpurnia，卡尔柏尼亚
Calpurnius，卡尔浦纽斯
Cambyses，冈比西斯
Camillus，卡米卢斯
Candaules，坎道勒斯
Canobic，卡诺比克
Capitol，朱庇特神庙山
Cappadocia，卡帕多西亚
Caranus，卡拉那斯
Caria，卡里亚
Carmania，卡曼尼亚
Carneades，卡尔尼亚德
Carthage，迦太基
Casca，卡斯卡
Caspian sea，里海
Cassander，卡桑德
Cassius，喀西约
Catiline，喀提林
Cato，伽图
Catulus，卡塔拉斯
Caucasus，高加索
Cebalinus，塞巴里纽斯
Cecrops，刻克洛普斯
Celeus，塞留斯
Ceos，凯俄斯
Cephisus，塞费苏斯
Ceraunian，塞劳尼安山
Ceraunus，克劳努斯人

407

Cerberus，斯尔比鲁斯
Cethegus，塞提加斯
Chaeredemus，凯伊莱德姆斯
Chaeremon，凯伊莱蒙
Chaeron，凯罗涅
Chaeroneia，克罗尼亚
Chalaestra，卡拉斯特拉
Chalcidian，卡尔奇底开人
Chares，卡瑞斯
Charmides，查密迪斯
Chios，基沃斯岛
Cicero，西塞罗
Cilicia，西里西亚
Cilician，希里西安人
Cimbri，西姆布赖人
Cinesias，西奈希亚斯
Cinna，秦纳
Cirrhaeans，克亥人
Cisalpine Gaul，山南高卢
Cissus，西萨斯
Citiean，西提恩
Clea，克莱娅
Cleisthenes，克利斯提尼
Cleitarchus，克雷塔图斯
Cleitodemus，克莱托戴姆斯
Cleitus，克雷塔斯
Cleomantis，克利奥曼提斯

Cleon，克里昂
Cleonae，克莱奥奈
Cleopatra，克娄巴特拉
Clio，克利俄
Clitus，克雷塔斯
Clodius，克罗狄
Clodones，克隆通尼斯
Cloelia，科洛伊莉亚
Clymene，克里谟奈
Codrus，科德卢斯
Coenus，科那斯
Colophon，科洛彭
Colotes，科洛特
Conon，克农
Corax，克拉克斯
Corduba，科都巴
Corfinium，科斐尼昂
Corinna，科琳娜
Corinth，科林斯
Corinthian，科林斯人
Cornelia，克莱莉亚
Cornelius Balbus，科尼利阿斯·巴尔保斯
Cosconius，科斯康尼阿斯
Cossaean，科萨亚人
Cossutia，科苏提娅
Cotta，科塔

Craneion，克瑞尼奥
Crassus，克拉苏
Crataidas，克拉泰达斯
Craterus，克拉特拉斯
Crates，克拉底
Cratinus，克拉底鲁
Cratippus，克拉底普斯
Crato，克拉多
Critobulus，克力多布卢斯
Crobylus，克罗比洛斯
Croesus，克罗伊斯
Croton，克罗同
Ctesiphon，克泰西丰
Curio，库里奥
Cydnus river，西德纳斯河
Cynic，犬儒
Cyprus，塞浦路丝
Cyrenaics，昔勒尼派
Cyrus，居鲁士
Cyzicus，齐兹库斯

D

Dactyls，达克提尔
Daesius，戴休斯
Daiphantus，戴方图斯
Damascus，大马士革
Damon，达蒙

Dandamis，丹达米斯
Danube river，多瑙河
Dardanelles，达达尼尔
Dareius，大流士
Decimus，狄西摩斯
Deinon，德农
Delian，戴里安
Delphi，德尔菲
Delphus，戴尔福斯
Demaratus，德马拉图斯
Demetrius，德米特里乌斯
Demus，戴墨斯
Dicaearcheiade，狄卡伊阿凯德
Dicaearchus，狄卡伊阿库斯
Dike，狄凯
Diodotus，狄奥多图斯
Diogenes，第欧根尼
Diogenianus，第欧根尼阿努斯
Dion，狄翁
Dionysius，狄奥尼修斯
Dionysus，狄俄尼索斯
Dioscorides，狄奥斯克里蒂斯
Dioscuri，狄奥斯库里
Diyllus，狄伊卢斯
Dolabella，多拉培拉
Dolon，多伦
Domitius，多米提乌斯

409

Dryad，德律阿德斯
Duris，杜里斯
Dyrrachium，提累基阿姆

E

Edonian，伊东尼亚人
Eirene，埃莱勒
Elaphebolia，伊拉菲波力亚
Electra，伊莱克特拉
Empedocles，恩培多克勒
Epameinondas，伊帕美农达斯
Ephesian，埃菲斯人
Ephesus，埃菲斯
Ephialtes，埃斐亚特斯
Epicharmus，埃庇卡摩斯
Epicurus，伊壁鸠鲁
Epicydes，伊皮齐德斯
Epimetheus，厄庇米修斯
Epirus，伊壁鲁斯
Eratosthenes，埃拉托斯特涅
Erigvius，埃瑞吉亚斯
Erythraeans，伊里斯拉人
Eryximachus，伊里西马库斯
Eryxis，伊里希斯
Eucles，欧克勒斯
Euclid，欧基里德
Eudoxus，欧多克索斯

Eumenides，欧墨尼得斯
Euphorion，尤福利翁
Eupolis，尤波力斯
Euripides，欧里庇得斯
Eurylochus，攸瑞罗卡斯
Eurymedons，尤里米顿斯
Euthycrates，尤提克拉底斯
Euxine，攸克塞因

F

Fabius，非比阿
Faunus，福那斯
Faustus，福斯都
Favonius，法佛尼阿斯
Flavius，非拉维
Florus，福罗卢斯
Fulvia，福尔维亚

G

Galba，加尔巴
Ganderite，刚得瑞特
Gaugamela，高加米拉
Gaul，高卢
Gedrosia，葛得罗西
Gela，盖拉
Germanicus，杰马尼库斯
Getae，赫塔费

Glaucus，格劳卡斯
Glycon，格里康
Gnathon，格纳松
Gobryas，柯比利亚
Gomphi，刚菲
Gordiun，高地亚
Gorgias，高尔吉亚
Granicus river，格拉尼卡斯河
Granius，格拉尼阿斯
Greek，希腊
Gymnosophist，天衣派信徒

H

Hades，哈得斯
Haemus Mount，希马斯山
Hagnothemis，哈格那西米斯
Hagnon，哈格农
Halicarnassus，哈里卡那萨斯
Hannibal，汉尼拔
Harpalus，哈帕拉斯
Hecataeus，赫卡忒乌斯
Hecatombaeon，赫卡通拜昂月
Hector，赫克托尔
Hedeia，海黛娅
Hegesianax，亥戈希阿纳克斯
Hegesias，海格西亚
Helicon，希里康山

Hellas，希拉斯
Hellespont，赫勒斯庞特
Hellespontine，赫勒斯庞提尼
Helots，赫洛人
Helvetii，赫尔维提亚人
Helvian，海尔维安
Hephaestion，赫菲斯提昂
Hera，赫拉
Heracleides，赫拉克莱德斯
Heracleitus，赫拉克莱图斯
Heracles，赫拉克勒斯
Hermaeus，赫马乌斯月
Hermes，赫耳墨斯
Hermione，赫耳弥俄涅
Hermippus，赫尔米波司
Hermogenes，海尔摩戈尼斯
Hero，赫罗
Herodicus，希罗底库斯
Hiero，希罗
Hieron，希伦
Hieronymus，希罗尼姆斯
Hipparchia，希帕基亚
Hipparchus，希帕库斯
Hippoclus，希泊克鲁斯
Hippocrates，希波克拉底
Hippomachus，希波马库斯
Hipponax，希波纳克斯

411

Hismenias，希斯麦尼亚
Hortensius，霍腾秀斯
Hyamis，希亚姆波利斯
Hyampeia，希岩皮亚
Hyampolis，希亚姆波利斯
Hydaspes river，希达斯皮斯河
Hyrcania，赫尔卡尼亚

I

Iliad，伊利亚特
Illium，伊里亚
Illyria，伊里利亚
Illyrian，伊利利亚人
Illyricum，伊里利库姆
Ino，伊诺
Iolas，伊奥拉斯
Iolaus，伊奥拉乌斯
Ionian sea，爱奥尼亚海
Iphicrates，伊菲克拉迪斯
Isaeus，伊塞奥斯
Isanricus，伊索里库斯
Ismenias，伊斯美尼亚
Ismenus，伊丝迈努斯
Isocrates，伊索克拉底
Issus，伊苏斯
Ister，伊斯特
Isthmus，科林斯地峡

Ixion，伊克西翁

J

Juba，朱巴
Julia，朱利娅
Junius，朱尼阿斯

L

Labienus，雷宾那斯
Lachares，拉卡莱斯
Lacydes，拉希迪斯
Lais，拉伊思
Lamprias，兰普里亚斯
Lampsacus，兰姆普萨库斯
Lapith，莱皮特
Lasthenes，拉斯提尼思
Leibethra，累波斯拉
Lentulus，林都拉斯
Leo，利奥
Leochares，利奥查瑞斯
Leon，里昂
Leonidas，利奥尼达斯
Leonnatus，利昂那塔斯
Leontiades，来翁提娅德斯
Leontion，莱文提昂
Lepidus，雷必达
Leptines，莱普廷斯

Lesbian，勒斯庇安
Lesser Armenia，亚美尼亚
Leuconia，科尼亚
Leuctra，柳克特拉
Libethra，里波斯拉
Libyan，利比亚人
Limnaeus，利姆尼奥斯
Limnus，利墨纽斯
Livy，李维
Locrians，洛克里斯人
Locris，罗克力斯
Lous，洛斯
Luca，卢卡
Lucanius，鲁坎纽斯
Lucius，鲁西乌斯
Lucullus，琉卡拉斯
Lupercalia，琉柏卡斯节日
Lusitani，吕息坦尼亚
Lutatius，琉塔提阿斯
Lycian，吕西亚人
Lycon，莱科恩
Lyctus，里克图斯
Lynceus，林修斯
Lysimachus，李希马库斯
Lysippus，莱西帕斯

M

Macedonia，马其顿
Macedonian，马其顿人
Maedi，米狄
Maeotis，麦伊奥提斯
Magnesian，马格尼西亚人
Malli，马利
Mantineia，曼提尼亚
Marcellus，马塞拉斯
Marcus，马可
Marius，马略
Martius，马尔休斯
Massilia，马塞利亚
Maximus，马克西马斯
Mazaeus，马扎亚斯
Medea，美狄亚
Medeia，美戴亚
Median，米底亚人
Medius，迈狄亚斯
Megabyzus，麦加培札斯
Megalopolis，麦格洛坡里斯
Megara，麦加拉
Melanippides，麦拉尼皮德斯
Melanthius，梅兰休斯
Meletus，梅利多斯
Melia，米利亚

Melicertes，梅里克泰斯
Memnon，迈农
Menaechmus，门奈赫莫斯
Menander，米南达
Menecrates，梅尼克拉迪斯
Menelaus，墨涅拉俄斯
Merope，墨洛珀
Messenia，美塞尼亚
Metellus，梅特拉斯
Metrodorus，梅特洛多诺
Midas，米达斯
Mieza，米尔泽
Miletus，米利都
Miltidades，米尔提亚德斯
Mimallones，美玛隆斯
Minos，米诺斯
Mithras，弥特拉斯
Mithres，米特莱斯
Mithridates，米特拉达梯
Mitylene，米提利尼
Moderatus，摩德拉特
Moeragenes，摩拉基耐斯
Molon，莫隆
Munda，蒙大
Murena，穆莱纳
Myron，米农
Myronides，米洛尼德斯

N

Nameless，无名之地
Nanarus，纳纳卢斯
Nasica，纳西卡
Naxos，纳克索斯岛
Nearchus，尼阿卡斯
Neileus，奈留斯
Neleus，奈留斯
Neocles，尼奥克勒斯
Neoptolemus，纽普托利马斯
Nepos，尼波斯
Nervii，纳尔维爱人
Nestor，奈斯托尔
Nicander，尼坎德
Nicias，尼西亚斯
Nicidion，尼西狄昂
Nicocreon，尼柯克雷恩
Nicomachus，尼克马库斯
Nicomedes，尼科美得斯
Nicon，尼柯恩
Niphates，尼发提斯
Nonacris，挪那克瑞斯
Novum Comum，新康谟
Numa，纽马
Numidians，努米底亚人
Nymphaeus，宁法乌斯

Nymphis，宁菲斯

Nysa，奈萨

O

Octavius，奥克达维

Ochus，奥库斯

Oeniadae，奥伊尼亚达伊

Oenophyta，奥伊诺菲塔

Olympia，奥林皮娅

Olympias，奥林匹娅斯

Olynthus，奥林杜斯

Onesicritus，欧奈西克瑞塔斯

Opheltas，奥菲尔塔斯

Oppius，俄彼阿斯

Orchomenians，奥克美尼亚人

Oreites，欧瑞坦特斯

Orestes，俄瑞斯忒斯

Orexarites，奥瑞赛瑞特斯

Oricum，奥瑞库姆

Oromasdes，奥罗马斯德斯

Orpheus，奥尔菲斯

Orphic，奥尔菲教的

Orsodate，奥索达特

Orthagoras，奥塔格拉斯

Ostia，奥斯提亚

Otus，奥图斯

Oxus river，奥克苏斯河

Oxyartes，欧克西亚提斯

P

Paeonian，培欧尼亚人

Pamphylia，帕姆菲利亚

Panaetius，潘纳修斯

Pantheia，潘德亚

Paphlagonia，帕夫拉高尼亚

Paris，帕里斯

Parmenio，帕曼纽

Parmeno，帕美诺

Parrhasius，培拉修斯

Parthia，帕西亚

Parthians，帕提亚人（安息人）

Pasiades，帕西阿德斯

Pasicrates，帕西克拉特

Patavium，巴达维乌姆

Patroclus，帕特罗克卢斯

Paulus，鲍鲁斯

Pausanias，保桑尼阿斯

Pausanius，保萨尼乌斯

Peisistratus，庇西特拉图

Peleus，佩列欧斯

Pella，培拉

Pelopidas，派罗皮达斯

Perdiccas，柏第卡斯

Pergamum，帕加马

415

Periander，派里安德
Pericles，伯里克利
Perinthus，坡任萨斯
Perioeci，珀里俄基人
Peritas，佩里塔斯
Persis，波西斯
Peucestas，朴塞斯塔斯
Phaeacian，腓伊基人
Phaethon，法松
Phanias，法尼亚斯
Phanocles，法诺克勒斯
Pharmacusa，法玛库萨
Pharos，发罗斯
Pharsalus，法萨鲁
Phaselis，发西利斯
Phayllus，帕乌洛斯
Pheidias，菲迪亚斯
Pheido，斐多
Pherecydes，菲莱齐德斯
Philinna，菲利娜
Philinus，菲里努斯
Philip，腓力
Philip the Acarnarria，阿卡那尼亚的腓力
Philistus，斐力斯图斯
Philo，斐洛
Philochorus，菲洛克卢斯

Philocrates，菲罗克拉特
Philoctetes，菲罗克忒忒斯
Philomela，菲洛梅拉
Philotas，菲罗塔斯
Philoxenus，菲洛克森努斯
Phocion，福基翁
Phocis，福基斯
Phoenicia，腓尼基
Phoenix，培尼克斯
Phormio，法米欧
Phrygia，福里基亚
Phrygians，福里基亚人
Phrynichus，斐利尼库斯
Phrynis，弗里尼斯
Phylarchus，菲拉库斯
Phyle，菲莱
Phyleus，菲留斯
Pierio，披埃里奥
Pinarus river，品那如斯河
Pione，皮奥勒
Pisidian，皮西地亚人
Pisistratus，庇西特拉图
Piso，派索
Pixodarus，披克索达洛司
Planudean，普拉努狄安
Plataea，普拉泰伊阿
Plataeae，普拉泰伊亚

Pleisthenid，普莱斯特尼德
Po river，玻河
Polemo，波莱梅
Polemon，柏莱蒙
Pollio，波利俄
Pollis，珀里斯
Polyaenus，波力阿诺
Polycleitus，波力克莱图斯
Polydeuces，波力丢休斯
Polymachus，波律玛库斯
Polystratus，波利斯特拉托斯
Pompeia，庞培娅
Pompey，庞培
Pontus，本都
Popilius，波彼略
Porcia，波西娅
Porus，坡拉斯
Poseidon，波塞东
Poseidonius，波塞多尼奥斯
Postumia，波斯杜米娅
Potamon，帕特蒙
Potheinus，波提努斯
Potidaea，波提代亚
Praesii，普拉西
Prancichus，普兰西库斯
Praxiteles，普拉克西特利斯
Procles，普卢克勒斯

Procne，普洛克涅
Promachus，普罗玛库斯
Propoetus，普洛波图斯
Proteus，普罗提亚斯
Protogenes，普洛塔戈勒斯
Proxenus，普洛克星那斯
Psammon，萨蒙
Psiltucis，普西尔图西斯
Ptolemy，托勒密
Publicola，普布里科拉
Publius，巴布利阿斯
Pydna，品达
Pulcher，普尔凯尔
Pyrson，皮尔森
Pythagoras，毕达格拉斯
Pythia，皮索
Pythian，皮希安
Pythocles，皮索克勒

Q

Quietus，奎埃图斯

R

Rhine river，莱茵河
Rhium，里温
Rhodes，罗德
Rhoesaces，罗萨西斯

417

Rhone river，隆河
Romulus，罗穆鲁斯
Roxana，罗克塞妮
Rubicon river，鲁比孔河

S

Sabbas，萨巴斯
Sabines，萨宾人
Salamis，萨拉米
Sambaulus，萨姆宝拉斯
Samians，萨摩斯人
Samos，萨摩斯
Samothrace，萨摩色雷斯
Sappho，萨福
Sardanapalus，萨达纳帕卢斯
Sardinia，撒丁尼亚
Sardis，萨提斯
Satyr，萨提尔
Scarpheia，斯卡菲亚
Scillustis，斯克鲁斯提斯
Scipio，西庇阿
Scourus，司考茹斯
Scylla，斯库拉
Scyth，斯基忒人
Scythia，西徐亚
Selene，西利妮（月神）
Scythian，西徐亚人

Seleucus，塞琉古
Selymbria，塞林布里亚
Semiramis，塞米拉米斯
Sossius Senecio，绍西乌斯·塞涅乔
Serapion，塞拉皮昂
Serapis，萨剌庇斯
Servilius，塞维利亚
Servius，色维乌斯
Sesostris，塞索斯特里斯
Setia，塞提亚
Sextius，沙斯提乌斯
Sicilian，西西里人
Sicyonians，西锡亚人
Silanion，希兰尼文
Simmias，西米亚斯
Simo，西摩
Simonides，西蒙尼德斯
Sinope，西诺普
Sisimithres，西西美垂斯
Sisyphus，西西弗斯
Soli，索利
Sophocles，索福克勒斯
Sorcanus，索尔卡努斯
Sositheus，索西德斯
Sotion，索什
Spartan，斯巴达人

Sphines，斯菲尼斯

Spinther，斯宾特

Spithridates，斯皮色瑞达提斯

Spurius Minucious，斯布里乌斯·米努西乌斯

Stageira，斯塔吉拉

Stasicrates，斯塔斯克瑞特斯

Stateira，斯塔苔丝

Stephanus，斯特发努斯

Strabo，斯特拉波

Stroebus，斯特罗布斯

Suetonius，斯韦托尼阿斯

Suevi，苏埃维人

Sugambri，苏甘布利人

Sulla，苏拉

Susa，苏萨

Symmachus，西马库斯

Syracusans，叙拉古人

Syria，叙利亚

Syrinx，西林克斯

Syrmus，西马斯

T

Taenarus，塔伊纳卢斯山

Tanais river，塔内河

Tanaquil，塔那奎尔

Tanusius，塔努西乌斯

Tarentum，塔伦同

Taxiles，太克西利斯

Teian，泰奥斯人

Teireos，特伊雷奥斯

Telemachus，忒勒马库斯

Telephus，特勒弗斯

Telesilla，泰来希纳

Telesippa，泰利丝帕

Telesphorus，泰勒斯弗罗斯

Telestes，特勒斯图斯

Telmessus，太米萨斯

Tencteri，顿克特里人

Tereus，蒂留斯

Termus，德谟斯

Terracina，特拉星那

Tettix，泰提克斯

Teutones，条顿人

Thais，苔丝

Thales，泰利斯

Thamyras，塔米拉斯

Thapsacus，萨普萨卡斯

Thapsus，塔普萨斯

Thasian，塔西安酒

The Horn of Plenty，富裕之号角

Theagenes，特阿真尼

Theangela，色安格拉

Thebans，忒拜人

419

Thebes，忒拜
Thelestus，特勒斯图斯
Themis，忒弥斯
Themistocles，狄米斯托克利
Themistogenes，狄米斯托格尼斯
Theocritus，色奥克里图斯
Theodectas，色奥德克塔斯
Theodorus，色奥多罗斯
Theodotus，狄奥多图
Theon，铁翁
Theophilos，西奥菲勒斯
Theophrastus，特奥弗拉斯特
Theopompus，色奥旁普斯
Theoxenia，特奥克赛尼亚
Theramenes，色拉米尼斯
Thermopylae，温泉关
Thersites，塞耳西忒斯
Theseus，忒修斯
Thesmotheteum，塞斯莫特东
Thespis，泰斯庇斯
Thessalian，帖撒利人
Thessalus，帖撒拉斯
Thracian，色雷斯人
Thrasonides，色拉索尼德斯
Thrasybulus，色拉希布卢斯
Thrasyleon，色拉希莱翁
Thrasyllus，色雷西路斯

Threskeuin，色雷斯库因
Thyads，提娅德斯
Tiber river，台伯河
Tigurini，提加里尼人
Tillius Cimber，提利阿斯·西姆柏
Timagenes，提马格尼斯
Timocleia，提莫克莱娅
Timocrates，蒂莫克拉底斯
Timotheus，提谟修斯
Titurius，提图里乌斯
Tolmides，托尔米德斯
Tralles，特拉利斯
Tigranes，提格拉尼斯
Triballi，特利巴利
Tusculum，图斯库鲁斯
Tyndares，廷达里斯
Tyre，提尔

U

Unseen，永无天日之地
Urania，乌拉尼亚
Usipetes，攸西彼提人
Utica，乌提卡

V

Valerius，发利略

Varro，发罗
Vestal，维斯太
Vetus，维都斯

X

Xanthus，克萨都斯
Xenocrates，克塞诺克拉底
Xenodachus，克塞诺达库斯

Xerxes，薛西斯

Z

Zela，西拉
Zeno，芝诺
Zeuxippus，宙西普斯
Zeuxis，宙克西斯
Zoroaster，琐罗亚斯